股市有风险·入市需谨慎

泰源隆投资理财系列丛书

ZHENGQUAN
TOUZIXUE

证券投资学

（下）

——证券投资成功的秘诀

刘钟海 / 著

经济管理出版社

ECONOMY & MANAGEMENT PUBLISHING HOUSE

图书在版编目（CIP）数据

证券投资学（下）——证券投资成功的秘诀/刘钟海著. —北京：经济管理出版社，2016.5
ISBN 978-7-5096-4307-5

Ⅰ.①证… Ⅱ.①刘… Ⅲ.①证券投资 Ⅳ.①F830.91

中国版本图书馆 CIP 数据核字（2016）第 068328 号

组稿编辑：勇　生
责任编辑：勇　生
责任印制：黄章平
责任校对：雨　千

出版发行：经济管理出版社
　　　　　（北京市海淀区北蜂窝 8 号中雅大厦 A 座 11 层　100038）
网　　址：www. E-mp. com. cn
电　　话：(010) 51915602
印　　刷：三河市延风印装有限公司
经　　销：新华书店
开　　本：720mm×1000mm/16
印　　张：29
字　　数：488 千字
版　　次：2016 年 6 月第 1 版　2016 年 6 月第 1 次印刷
书　　号：ISBN 978-7-5096-4307-5
定　　价：68.00 元

序 言
你也可以成为大师

为本书写序是一件很痛苦的事情，因为我完全不涉足股市，一看到波状的阴线、阳线就头疼。但当阅读到这部书稿的时候，我眼前一亮，发现它不但好读，更是一把打开财富大门的钥匙，也是开启人的心智的钥匙。

刘钟海站在大师的肩上发现了"过河的石头"，在这里他告诉你"石头"在哪里？你应该怎样绕过并利用隐藏在通往彼岸河中的"石头"。当你向你的人生目标迈出第一步时，你发现你的面前横着大小明暗的河流，而你只有蹚过了河，才能够攀爬高峰。

一个投资人应该历练出怎样的境界？被称为"大师中的大师"的德鲁克讲述过一个"三个石匠"的寓言，有人问三个石匠在做什么？第一个石匠回答说他在养家糊口；第二个石匠说他在干石匠活儿；第三个石匠说他在盖一座教堂……德鲁克眼中最棒的人当然是第三个石匠。不是每一个人都能达到第三个石匠的境界，而刘钟海正在做寓言中的"第三个石匠"，他用16年的实战与心血潜心构筑一座"超度心灵的教堂"，他的座右铭"耐心比头脑更重要"像启示格言般地成为这部书的核心理念，并贯穿始终。

16年前，刘钟海在一个中央国有企业组织部任职，有"工程"、"管理"双学士学位，然而他当时却"仗剑四顾心茫然"，他内心深处潜藏着的激情与冲动无法找到释放的空间。于是当市场经济的潮汐从蓝海边飘来，他就像一头久困的猎豹嗅到土地与丛林的气息一跃而出，不管前面是沟壑深涧还是泥沼险滩，他毫不犹豫地辞掉公职，为断后路，让新婚不久的妻子也一同辞掉公职，两个人南下深圳开始了16年的闯荡和漂流。

德鲁克有一句名言：每一个人都必须携带自己的开山刀。

刘钟海的"开山刀"就是他的激情、勇气与胆魄。他两手空空露宿街头，游侠似的带着妻子走到哪里哪里是家，后来初涉股市小试牛刀，为那些手握资金的散户炒家充当操盘手，他每天总是瞪着"白与夜"的两双眼睛，白的眼睛望着波状起伏的"阴阳双线"，夜的眼睛望着波谲云诡的市场，他帮别人猛赚了一把的同时也为自己带来了第一笔收益，获益者高兴之余慷慨赠与他5万元酬金，他立马用这5万元酬金在深圳最大的赛格电子市场租了一个铺面，做起了电脑经销商。那些日子他以双重身份在生意场与证券场之间游弋，在证券市场他是生意人，在生意场中他是股评分析师兼操盘手。那时候，经销电脑的利润大得惊人，钱来得太快了，一度他有一种"用耙子扒钱"的感觉，他很快赚够了一辈子都花不完的钱，他的第一桶金来得让他自己都有些瞠目结舌。

刘钟海如果这时选择放弃，专注做生意，他那时就可以成为一个富翁。他没有，而是嫌深圳的世界太小。1995年他奔向北京，倾全力投入股市，在索罗斯掀起的"亚洲金融风暴"的阴影下，法制尚不健全的中国股市更加充满变数，再加上自身的狂热盲目，刘钟海同许多投资者一样没有逃脱被"洗劫一空"的宿命。刘钟海血本尽失，铩羽而归。他在新疆首府乌鲁木齐注册了一家"海洋电脑公司"，坐在橱窗后做一个半死不活的老板对于他是一种面壁，其间他去报社工作过，做过广告策划，而心灵深处那一双魔眼却一刻不停地注视着那个吞噬过他血本又带给他激情的风云股市。

德鲁克说："有些事情大象能做，老鼠做不来。"刘钟海既不是大象也不是老鼠，他是一头猎豹，即使输得遍体鳞伤趴在地上也一刻不熄灭他重新跃入丛林的欲望。在大师们看来，时间与永恒是合二为一的，生命与死亡一样有意义，大象、老鼠、猎豹分别专注并擅长于自己领域的过程同样有意义。

1996年7月，刘钟海加盟乌鲁木齐宏源证券公司证券业务总部，先后任市场研究部经理、投资部经理，证券业务总部高级专家。2001年7月调进北京，在北京宏源证券股份有限公司信息咨询中心任总经理助理、研究中心常务总经理，负责公司战略、行业研究、公司研究和证券投资咨询及网站管理工作。其间在全国著名报纸杂志网站发表近100万字的研究报告和文章，他的部分研究报告被8家基金管理公司采纳并带来可观的经济效益。

刘钟海曾经是一个很成功的操盘手，1999年他管理资金达4.5亿元，半年获利7600万元，他所在的营业部成交量在全国3000个营业部排名第九，当年印花税上交1100万元。4.5亿元在当时是一个相当大的数额，他持续4年在公司投资部经理中实战排名第二，可观的业绩让刘钟海体味到驾驭风雨纵横江湖的酣畅与乐趣！此后因看空股市退出证券投资职业生涯，进入宏源证券北京总部从事研究咨询工作。再度杀回北京他已今非昔比，成为全国最有影响力的股评分析师之一，当时他在和讯以"猎豹"网名发表的著名帖子《大盘暴跌即将开始》，创造了和讯点击率历史纪录！

刘钟海作为北京宏源证券总部研究所的老总，已经进入这家全国最早上市公司的核心层，一方面站在高端望世界，另一方面又像江湖武林中的门派一样，江湖地位和武功火候离掌门人越近就越没有回旋的余地和闪避的空间，2005年他退出宏源证券，以后一直担任泰源隆投资咨询公司董事长兼总经理。

十年磨一剑！刘钟海用16年磨他的那一把"开山刀"，他一边在实战中左冲右突挥刀开路，一边潜入大师们的灵魂深处去聆听他们的心跳，他静下心来，触感大师们的心音韵律和思想脉搏，"历史骑在马上——人类却用脚走路"，先哲和大师们灿若晨星的智慧永远照耀着快马奔跑的脚步，同样也照亮了他"夜"的眼睛，他开始着手准备这部书稿。

投资股市是一场规则模糊的风险游戏，它根本无规律可循，雾里看花，水中望月，它就是这么神秘、荒谬、捉摸不定又残酷无情。茫然入市者总感觉危机四伏，周围漫布着海市蜃楼般的欺骗与陷阱，因为对不少人来说，这一场游戏赌的是他们一生的幸福、日常的生计乃至生命！就像刘钟海在本书中写到的，"散户是食草动物，庄家为食肉动物，食草动物离不开水草，而庄家就等在水草的隐蔽处伺机捕杀"。交易没有温情！交易永远是炼场！但怎样才能不被"狼"族捕杀？

"武功"是行走江湖必须具备的技术性能力，仅仅握有一把"开山刀"是杀不上峰顶的！要混迹江湖就得修炼上乘武功，去除心魔，炼就东方不败的吸功大法，若心魔不除，即便修炼成天下无敌的武功也终将会走火入魔毒发身亡！而怎样去除心魔？如何全身不败？交易市场上什么才是真正成功的交易？交易的最高境界是什么？投资还是投机？投机市场比拼什么？涨停杀跌如何放弃？你面临最大的敌人是谁？市场与世界走势趋向如何？练成上乘功夫的武功秘籍是什么，在哪里？

刘钟海用大师们的智慧破译大师们的机密，在本书中，他比照自己的实战血拼，从"投资哲学"、"投资理论"、"实证研究"、"跨市场研究"、"预测与展望"、"案例研究"、"案例分析"、"经典回顾"八个方面，诠释交易的最高境界，解析精典的个案实例，分析股市与市场的复杂关系，预测世界及市场的走向趋势。在我的阅读视野中，股票、金融、期货市场称得上大师的只有四个人，那就是道·琼斯、艾略特、江恩、嘉路兰。拿着他们的大作反复阅读，反复思考，最后得出了这样一个结论：四位大师著作的理论核心源自我们老祖宗的几部经典。他们只是把《周易》、《太玄》、《道德经》的理论精华具体地移用到自己的著作中去，甚至某些计算数据、测市方法都是从中国古代圣哲的著述中直接挪用的。相信四位大师都未曾读过中国的古代经典，但他们却用上了。发生这样撞车的事，只能用"凡是真理，都必具全息性、公理性"去解释了。

大道至简，股市真经，其实简单得可以，"高抛低吸"就这一招，但就是这一招，却又并不那么简单，它天文地理、历史人文、政治经济、人情世俗乃至惊喜悲哀无所不包。

能让人少走弯路，能帮助一些人实现他们的目标，让人人都成为高手，让高手与高手过招，使交易成为一种享受，"享受交易、乐在其中"，刘钟海告诉我这就是他写这部书的初衷。

打开书卷，触摸过先哲与大师们的心脉与投资机密，掩卷一想，顿悟：的确没什么大不了的，只要心与方法对了，你也可以成为大师！

韩　冰

2016 年 4 月 18 日

前 言
寻找证券投资成功的钥匙

2006年盛夏，从武汉、深圳、佛山和庐山巡回演讲归来，受听众和朋友的热情鼓励和强烈要求：写一本关于证券投资方面的书籍。我欣然承诺，因为这也是我多年的夙愿。笔者曾于1990年下海前往深圳淘金，一待就是四年，在那里度过了我人生中最美好的时光；回顾过去，几度沉浮，几度雄起！经历了同龄人没有经历过的各种人生滋味，欢乐与痛苦、成功与失败等不一而足，但最令我难忘的是与中国股市同成长、共命运的岁月。

欢乐与得失一言难尽，现就我最近在股票市场的投资感悟与同行共同切磋、共同交流，以不负读者的殷殷之托。

世界上有许多伟大的国际投资大师，比如索罗斯、罗杰斯、巴菲特、彼得·林奇，其一言一行，影响着投资者的生活和理念，这是不容置疑的。但是，是不是他们所有的观点都是一贯正确的呢？我看也未必。但是尊重大师的思路和想法是我们分析师的责任和义务。因为有位大师说：操作失败总就是那么几点原因，最大一个原因就是随大溜儿。所以我要做的就是要看到别人还看不到的东西。失败犯错不可怕，可怕的是每一次失败总结后还是犯老毛病。

快速致富是每个投资者强烈的愿望，许多初入股市的投资者都希望快速致富，这种浮躁的心态往往欲速则不达。很多人以为致富的先决条件是巨大的资金与庞大的信息网，以及超出常人数倍的能力。历史的经验证明，其实并非如此，只要你有足够的耐心与长远的投资计划，复利会使你走向真正的成功。

有一个古老的寓言故事是这么说的：一个爱下象棋的国王棋艺高超，在他的国度从未有过敌手。为了找到对手，他下了一纸诏书，诏书中说无论是谁，只要能打败他，国王就会答应他任何一个要求。一天，一个年轻人来到了皇宫，要求与国王下棋。经过紧张博弈，年轻人终于赢了国王，国王问这个年轻人要什么样的奖赏，年轻人说他只要一点点小小的奖赏，就是将他们下的棋盘上，在棋盘的第一个格子中放上一粒麦子，在第二个格子中放上前一个格子的一倍，每一个格子中都是前一个格子中麦子数量的一倍，一直将棋盘每一个格子摆满。国王觉得很容易就可以满足他的要求，于是就同意了。但很快国王就发现，即使将国库所有的粮食都给他，也不够1%。因为即使一粒麦子只有1克重，也需要数万亿吨的麦子才够。尽管从表面上看，他的起点十分低，从一粒麦子开始，但是经过很多次的乘积，会迅速变成庞大的数字。

为什么？答案是：真正的成功都是复利所致，如果一个人在20岁开始以1万美元投资，如果可以保证每一年的复合增长率是35%，等到他70岁时，就可以拥有328亿美元的资产，这就是复利的效果，无以复加。

李嘉诚先生从16岁开始创业到73岁，白手起家57年，家产就已达126亿美元，这是一个天文数字，对于普通人是不可想象的，李嘉诚也因此成为世界华人的首富。但是我们仔细来算，如果我们有1万美元，每一年复利可以达到28%，用同样时间，就可以做到同李嘉诚一样出色。猛然看，一年28%的利润并不高，我们也许会在一两个星期的时间里获得比这高得多的收益，但事实上，成功的艰难不是在于一两次的暴利，而是持续的保持。

比如说沃伦·巴菲特，他被称为美国股市的股神，一个白手起家，资产达300亿美元的投资人，每年的投资复合收益不到30%。乔治·索罗斯被称为金融领域的投资大师中的大师，在过去的20多年中，每一年的复合平均收益率也只有大约35%，就使所有投资人望尘莫及，并且索罗斯是在全世界的股票市场、黄金市场、货币市场及期货市场中不断投机，利用财务杠杆，以及买空卖空才做到的。因此我们可以得知成功是成年累月积累而成的，并不是一朝一夕的暴利所致。

所以说成功的关键就是端正态度，设立一个长期可行的方案持之以恒地去做，成功会离我们越来越近。

以下是一组精彩数据，可以再次证明这一重要观点：

世界著名股票大师的年均盈利率

（一）江恩（1878~1955）

最具传奇色彩的技术分析大师。他在 72 岁时说：可以期待的盈利定在 25% 的年复利比较合适。

（二）本杰明·格拉罕（Benjamin Graham，1894~1976）

被喻为"华尔街教父"和"证券分析之父"，是巴菲特等许多成功投资家的启蒙宗师。其 1948 年创立的基金（GEICO）到 1972 年的 24 年里增长了 80 倍以上，年均复利增长在 20% 以上。

（三）沃伦·巴菲特（1930~　　）

当代最伟大的投资家。1994 年，他超过其好友比尔·盖茨，成为世界首富。在 40 年的职业生涯中，年复利增长达 28.6%。

（四）彼得·林奇（1944~　　）

麦哲伦基金的基金经理人。被称为"首届一指的基金管理者"，"投资界超级巨星"。在他操盘的 13 年里，创造了报酬率高达 2703.12% 的成长纪录，年复利增长率为 29%。

（五）乔治·索罗斯（1930~　　）

量子基金创始人及经理人。被称为"市场驱动者"和"金融界的超级明星"。从 1969 年以来的 20 多年间，每年的复利报酬率为 35%，只有 1981 年赔钱，近几年很背运。

结论是：真正的成功者都是日复一日的日积月累而成为巨富的，永远不要抱着一朝暴富的态度操作，这是异常危险的。

而我的座右铭是："耐心比头脑更重要！"

过去，在宏源证券我曾经提出过四个最重要，即选时比选股更重要，理念比技巧更重要，安全比利润更重要，决策比研究更重要。现在的感悟是耐心比头脑更重要，即不论你使用什么方法选股或挑选证券投资基金，最终的成功与否取决于一种能力，即不理睬环境的压力而坚持到投资成功的毅力。决定投资能否成功的往往不是头脑而是耐力，即一个"忍"字，敏感的投资者不管他多么聪明，往往经受不住命运不经意的打击，被击中了自己最薄弱的环节，而被市场淘汰。

"忍"实质上是一种动态的平衡，为什么在上升通道中空方要忍，为什么在下降通道中多方要忍，这只不过是一种形式的转换，最终显示旗鼓相当的格局，既不要被利空所伤，也不要因利多所陶醉。所以我想，从一连串的失败中悟得"忍"，比成功中悟得"忍"或许更重要。多少人沉默得金，多少人功亏一篑，都是因为不懂得"忍"的真正内涵。"忍"能帮助我们透过迷惑获得真谛。低位钝化的技术指标，是一种新生力量的积蓄，是一种潜在的鞭笞，因此，一个人能不能成功就看他是不是善于利用自己的长处，善于纠正自己的弱点。所以我说耐心比头脑更重要，这可能是我16年来最大的收获，炒股票就如同人一生的起起落落，大概就是这个理儿。

综上所述，攀登千万富翁高山的道路有两条：一条路曲折而又漫长，这需要耐心；另一条路短而有捷径，急功近利。你愿意走出第一步吗？

千万富翁这座山并非高不可攀。成千上万的登山者已经登上了山顶。但是，还是需要你做一些认真的计划、准备和训练工作。成为一个真正的千万富翁远远不如攀登珠穆朗玛峰那样困难、危险，但是有很多东西是相似的。千万不要再做摸着石头过河的傻事了，为什么不可以问一下过河的人：石头在哪里？本书会成为你经验丰富的登山向导来指引你爬上那个山顶！

你如果能获得这本书，就如同获得了一张千万富翁的藏宝地图，但是需要强调的是，仍然还需要一系列的强化训练——本书将为你提供！你还需要严守规则和纪律，这是必须的游戏规则，只有这样，你才能坚持到底，本书将为你提供一系列的支持系统。

每个人都有自己的视角和方法，巴菲特的根据是永远不断的需求，他只关注这一类，当然他还有其他很特别的分析手段；索罗斯更宏观一些，他只看报纸，是捕捉趋势并且能推波助澜的人；罗杰斯说：我成功投资的经验，是用历史分析的方法来发现变化，当一个好的趋势来的时候，找到非常便宜的投资品种，然后长期持有，这种变化趋势往往会持续数年，这就是投资家的眼光，他略过了枝节，只抓核心，而实际的操作者，却很容易被一些枝节问题挡住视线，结果自然不同。所以学习这些，大家不能走入分析的误区，越简单越好，模糊的准确比精确的错误更重要。否则那可就踏入误区，走火入魔了。

因此，我要讲的是独特个性和方法。在漫漫投资咨询生涯期间，我无事就想啊想，如何才能战胜股市、战胜自我。著名股评家灵犀在其《寂寞高手》一书中就这样写道："股市、期市是打不完的战役，愚笨的人就兢兢业业地和电脑斗，一般的人百般无奈地和消息斗，聪明的人分分秒秒地和自己斗。"

阅读中外股市成功人士如巴菲特、索罗斯、李费佛等人的专著，你会发现他们成功之其他几项要素外，还有一个更加独特的要素就是他们独特的思维和方法。

罗杰斯曾经说过："我一直要等到钱堆在角落里，我所要做的仅仅是走过去拾起那些钱，在此期间我什么事也不做。"那么：

（1）怎样算是钱堆在角落里？

（2）怎么会形成钱堆在角落里的情况？

（3）其他人为什么不能在罗杰斯之前把钱拿走？

答案是：钱堆在角落，是视角的问题，长期的眼光，历久的经验，决定了他的看点就不一样。就像我们看画家画画，一般不看到中间或最后，是不知道他要画什么的，可是熟悉他的就不一样，落笔就知道他要画什么，这样的情况当然我们看不到，他能看到。

大地山川什么样？游历一下是一种感觉，到飞机上面去俯视一下又是另一种感觉了，平视的感觉很容易建立，从小就这么看的嘛，俯视一下的感觉呢，过去能坐飞机的人少，现在条件不一样了，会有更多的机会，只要注意，不断历练，会有收获的。

美国世界级的"天才理财家"巴菲特，他在证券投资方面的成就可以称得上是前无古人、后无来者，他的股市投资的两个最显著的特点是：

（1）按照股票的内含价值买卖股票；

（2）长期投资。

巴菲特的独特的投资策略和勤奋的工作使其投资管理的基金每一年都实现了他青年时定下的雄心勃勃的投资目标——"赢市场十个百分点"。

美国超级投机专家索罗斯，将其基金命名为"量子基金"是基于这样一种理念，他认为市场就像物理学研究的量子一样经常处于不稳定状态。投资者如果能对明显的事物问个为什么，将赌注下在别人意想不到的地方，才能获大利。索罗斯的投资原则是：要确定自己能承担风险的大小，在开始时投入少量资金，当某种倾向明显时再慢慢地加大筹码。投资者不必事事神机妙算，只要比别人更了解某种事物，就不难以有限的资金和信息最终胜出。

19世纪初美国最伟大的股票和期货投机家李费佛，他在《股票作手回忆录》中这样写道："在多头市场里看多，在空头市场里看空。""在多头市场里你的做法就是买进和紧抱，一直到你相信多头市场即将结束时为止，要这样做，你必须研究整个大势，而不是研究内幕消息及个股的特殊要素，然后忘掉你所有的股票，永远忘掉！任何所能学到的一个最有帮助的事情是放弃，尝试抓住最后一档或第一档。这两档是世界上最昂贵的东西。"

华尔街最顶尖的资深人士奥尼尔，是全球600位基金经理人的投资顾问，并且担任资产超过两亿美元的新美国共同基金经理人，他在《笑傲股市》一书中这样写道："要成为股市赢家的法则是不买则已，要买就选领导股，绝不买落后股，不买同情股，全心全力锁住领导股。"

综上所述，股市的复杂性决定了世界上没有一种通用的正确的股市投资理论或技术方法，也没有一种获利方法能放之四海而皆准。假如这个世界股市中只有胜者，没有输者，那么盈利者的钱又从何而来呢？我想成功的人之所以成功，就在于他们机智、灵活地顺应了特定的市场趋势和特定的环境而产生了使他们自己成功的独特的投资理念和操作方法。这就是本书所要讲的和所要说的主要思想，也正是我辈所要奋斗的目标和动力之源泉。

我的成长历程：

工作经历

2001年7月至今　泰源隆投资咨询公司董事长兼总经理。

2001年7月至2005年5月　在北京宏源证券股份有限公司信息咨询中心任总经理助理、研究中心常务总经理，负责公司战略、行业研究、公司研究和证券投资咨询、网站管理等工作。本人在全国著名报纸杂志网站发表200多篇近100万字的研究报告和文章。特别是部分研究报告被8家基金管理公司采纳，产生可观的经济效益。

1996年7月至2001年7月 乌鲁木齐宏源证券公司证券业务总部市场研究部经理、投资部经理，证券业务总部高级专家（部门副总经理级）。

曾经管理资金高达4.5亿元，在1999年6月30日，半年获利7600万元。我所在的文艺路营业部的成交量在全国3000个营业部排名第九，其中1/3的成交量是我们交易的。当年印花税就上交了1100万元。4.5亿元在当时应该是最大的数额了！而且我于1998~2001年连续四年在公司投资部经理中实战排名第二。此后因看空股市退出证券投资职业生涯，调往北京从事研究咨询和管理工作。最有意思的是当时在和讯以"猎豹"网名发表了著名的帖子《大盘暴跌即将开始》，创造了和讯点击率历史纪录！

教育培训学习经历

1999年，参加全国首批证券投资咨询分析师资格考试，并取得首批全国证券投资咨询执业资格证书。

1988年8月至1990年8月 辽宁阜新矿业学院企业管理系企业管理专业。

1981年7月至1985年7月 山西矿业学院采矿工程系采煤专业。

奔向自由，创建泰源隆

我在宏源证券奋斗了10年，把最美好的青春和时光都无私奉献给了宏源。宏源是我家，我是宏源人，我不止一次在《宏源人》导报上发表这类看法，我曾经为我是个宏源人感到无上的光荣和自豪。在宏源证券工作期间，我兢兢业业，勤勤恳恳，从一位普通员工晋升为部门副经理、经理、总经理助理、高级专家（部门副总经理级），2004年7月通过竞聘担任研究中心总经理。我对宏源证券的感情不是一朝一夕形成的，我的成长与宏源证券的领导特别是何加武、刘丁平、刘东先生的关心和爱护是分不开的。这常常使我感激涕零，终生难以忘怀！但是不该发生的事情发生了！

我选择离开了宏源证券，离开了我热爱的天堂，奔向了地狱和财务自主以及人身自由，开始了泰源隆创业的新人生。

我在2004年7月主持宏源证券研究中心工作以来，工作是有起色的，这是有目共睹的。我把研究中心的功能定位从花瓶型转变为买方型，并逐步向卖方型转变。我把研究中心的管理从放任自流型向任务导向型转变，把研究中心的机制从只注重做表面文章向研究创造价值转移。虽然我只主持了仅仅一年研究中心的工作，但是可以说，所创造的经济价值和示范效应是我人生中一段最好的最难得的经历。

关于我的工作能力和表现，20年的工作实践能证明，而且我相信：我是一个合格的管理者和优秀的专家。

因此，我有信心和能力把泰源隆打造成全国一流的投资咨询机构！而且我相信泰源隆这个"10＋1"团队组合是全国投资咨询机构中最佳的！

在2006年牛市行情中，我们泰源隆投资咨询公司选择资源类、商业板块、人民币升值、并购重组四条主线，作为当年行情的突破口，成功顺应了市场资金主流方向，获得了巨大成功。个股平均涨幅超过200%。它们分别是天威股份、航天机电、山西汾酒、上电股份、宝钛股份、新华百货、山东黄金、广电股份、茅台、小商品城、吉镍业、宏达股份、中粮地产、新疆屯河、山东铝业、中国石化、招商银行、石炼化、宝利地产、大秦铁路等一大批股票拔地而起，在我们的引导下市场主流资金也已参与进来，并在市场中掀起了牛市风波。

我们个股选择确实牛、牛、牛！大盘预测更是一流，在2006年初泰源隆投资成功预测了跨年度行情即将展开，第一目标1300点，第二目标1500点，甚至更高，详细请看《北京现代商报》凌佳的报道。2006年7月23日，我们参加了中央人民广播电台在深圳、佛山举办的备战期货股指报告会，明确指出，未来20年的大牛市即将展开。无数事实证明我们这个团队在全国无论是个股还是大盘都是一流的、名副其实的！

无论如何，在我事业生涯的早期我很顺利地就获得了一些成功，而这些成功更应该称为走运。我很容易地就获得了大量的金钱而我花费或者说损失得也很容易。但是我从没有丧失勇气。我始终坚信我在每次逆境之后都会变得更出色，因为我从逆境中获得了经验。经验只有从实际训练中才能获得。

有句古语说："能登上金字塔顶的生物只有两种：鹰和蜗牛。"鹰能到达金字塔顶，归功于它与生俱来的凶猛和有一双善飞的翅膀。而与鹰不同，蜗牛能到达金字塔顶，主要是靠它永不停息的执着精神。如果把成功（也就是达到你自己所设定的人生目标）比喻成金字塔顶的话，鹰凭着它的天赋轻而易举地登上了金字塔顶，而蜗牛却只能依靠脚踏实地与勤奋。可惜的是，现在生活中的人们，过于浮躁，急功近利，没有鹰的天赋还嘲笑蜗牛的执着。我希望自己做一只脚踏实地的蜗牛，不管成功与否。

月有阴晴，人有善恶，自然界有很多事物尚不是我们人力所能为的。我们能改造的只有我们自己的心态和我们对待世界、对待周边人的看法，具有一种宽容的处世哲学。对那些伤害过我们、带给我们伤痛的人，我们也应该记得：正是他们让我们对这个世界有了更深刻的认识，我们不仅要学会用一颗感恩的心去体会真情，更要学会用一颗感恩的心去驱逐伤害。

愿自己成为一个谦虚而知足的人，把生活中所有的苦难都当做上帝赐予我的礼物。未经历寒冷，怎知道温暖；未体验艰辛，怎知道甘甜。我愿把所有的痛苦和不快乐都藏在心底，当做生活给我的历练，用一颗感恩的心去微笑着面对世界。

本书是本人将自己一生投入中国证券市场的亲身经验和探索心得，以极其深度的思维，用血和泪、情与痴凝聚成一套自己独特的股市实战分析理论和投资操作法则的处女作。

本书通过对所有公开信息面的详尽分析，解剖了各种类型国际投资大师的心得，对证券市场的特殊规律进行深刻的研究和探索；运用哲学、心理学、逻辑学和经济学等方面的分析方法，引导广大投资者跟踪、判断市场主流资金实战时无意之中透露出来的蛛丝马迹，剖析他们的操盘意图，精确地了解其真正目的所在，于斗智、斗勇、斗心态之中，稳居不败之地。

在本书成书之际，本人在这里十分感激曾经给予我巨大帮助支持的众多朋友和同仁！尤其是对我在武汉、深圳工作期间，给予本人鼎力资助的刘明和胡源先生示以衷心的感谢！本人也诚挚地对中央人民广播电台资深记者林耘先生和原《信息早报》总编叶建华、山东兖州煤业董事会秘书陈广水的无私指点表示谢意！我还要感谢上海万国测评、上海财汇咨询、中国华尔街、中国国际期货和广州飞狐软件公司，如果没有他们提供的神奇的技术图表和完整的数据库，本书恐怕永远完不成！

本书最后奉献给我深爱的女人和孩子：胡秀莲和刘奕君！没有他们就没有我快乐的昨天、今天和明天！

目　录

第一章　投资哲学

第一节　证券投资大智慧：天人合一

有过多年征战股市经验、经历过股市牛熊交替的投资人都不会不明白：在股市中最重要的是中长期稳健获利。而正确的投资哲学思想才能保证投资人在股市中长期稳健获利，而不是五花八门的技术套路，这才是投资成功关键中的关键！有90%的投资大众不会认可这一点，他们一生都沉迷于钻研高深莫测的技术方法，所以他们最终都逃脱不了亏损的命运，甚至被股市彻底消灭也弄不明白自己真正的错误之处。

那么，投资大智慧究竟从何处寻找？为此，1995年末，《上海证券报》发起了"证券市场大智慧"的大讨论，举国轰动。国内最早的股市分析师、《股市动态分析》创始人及主编、新兰德集团总裁王师勤博士，抱着要把真经度与人的善良愿望，于2004年撰写了一组投资理念的文章，与读者分享他10年的股市感悟，文章发表，好评如潮。看来这个话题经久不衰。

一、探求大智慧的历史足迹

100多年前，查尔斯·道创立了"道氏理论"，成为技术分析的开山鼻祖。此后，江恩和艾略特等人发展完善了技术分析的理论体系。尽管如此，人们在运用技术分析工具时总会发现这样那样的缺陷或误区，在面对同一张图表时总会有见仁见智的看法。于是，指标大师韦尔德反戈一击，全面否定技术分析的市场价值，认为大众都用技术分析工具来预测，有时就会失灵，因此推崇"无招胜有招"的顺势而为的投资智慧。

60多年前，本杰明·格雷厄姆与大卫·陶德（David Dodd）合著的《有价证券分析》一书问世了，从而奠定了格雷厄姆的"财务分析之父"的地位。在微观基本分析方面，格雷厄姆成为巴菲特、彼得·林奇等股王股圣的启蒙大宗师。巴菲特曾虔诚地说过：在许多人的罗盘上，格雷厄姆就是到达北极的唯一指标。大卫·刘易斯甚至说：格雷厄姆的证券分析学说是每一位华尔街人士的"圣经"，而他则是当之无愧的华尔街教父。但是，这位教父于1976年去世前不久，在接受美国《财务分析师》（Financial Analysts Journal）杂志的访谈中，却宣布他不再信奉基本分析流派，而最终相信"效益市场"理论。他认为，靠证券分析方法中刻意创立的分析技术，已不再能发现超值获利的投资机会。在他的《有价证券分析》出版的年代，确实存在这样的机会。但是现在，情况已经大大不同了。当整个投资行业都在用同样的方式来发掘超值股票时，分析的成本就极大地提高了。因此，格雷厄姆最后宣称，他最终站在了"效率市场"理论一边。

股市真经，简单的可以说，就是"高抛低吸"这么一招，但是要真正认识股市，可就不简单了。天文地理，人文历史，政治经济，人情世故乃至惊悲喜哀，情绪起伏……无所不包，股市是一部永远读不透的"天书"。

二、东方圣哲的大智慧

东方圣贤大多出生在2000多年前，那个时代还没有股市，我们不可能也没必要从他们那儿学习操作层面的技巧，而是要从他们那儿学习修身养性层面的大智慧。有人说得好：股市小人生，人生大股市，能悟透个中真谛亦难矣！

老子的道学是大智慧，因此有人说，老子是不可悟透、不可说尽的神秘哲人。他主张抛弃一切心机与智巧，权谋家却视他为宗师，兵家又奉《道德经》为宝训，皇帝更从中悟出治国安邦的方略。他不建学说，不立功业，弃绝智慧的人，竟成了道家的仙祖，俗人心目中最大的智者。

人要在社会中获得成功，则必须达到天时、地利、人和的和谐统一。在股市投资尤其如此。天时代表适当的时机、时间、节气因素，地利则代表股价当前的位置是否有利，人和代表了发行股票的企业经营管理状况是否呈现持续成长、健康发展的态势以及投资人心态的平和。这是几百年来中外股市铁的印证，是几百年来成功投资大师们获取大利的最本质所在。

真理往往是掌握在少数人手里的，股市定律尤其如此。被投资大众所忽略的并为人熟知的再简单不过的那些东西，却是投资大师们赚取大利的最本质依据。国学大师王国林有几句绝妙好词，用来形容股市悟道再恰当不过：为伊消得人憔悴，衣带渐宽终不悔；独上高楼，望断天涯路；众里寻他千百度，蓦然回首，那人却在灯火阑珊处。也许只有真正经历过身心磨难的人，才会最终悟出什么是最珍贵的。纵观中外股市几百年的兴衰史，投资大众前赴后继找寻股市真谛，最终悟道者并能因此而获取大利者寥寥无几，而那些亏得一塌糊涂的投资者，无一例外不是至死都在找寻所谓的股市技术绝招，妄想找寻到一种独步股林、随时随刻都能从股市掘金的神仙妙招。浑然不知正应了"练拳不练功，到老一场空"的武谚所云之悲惨境地。

"股道至简"——复杂而高深的技术套路或理论永远不是股市成功者的亲朋好友。投资人要在股市中盈利，其投资思想必须绝对正确，投资方式力求至简。股市中长期稳健盈利并不在于拥有所谓高超看盘技术或理论或方法或策略，而在于投资人是否始终拥有正确的投资思想。只要思想一混乱，投资人的盈利行为就会大打折扣。

人们往往对简单的真理视而不见，因为他们觉得这是对他们智商的侮辱，难度越大的事情，人们往往越乐此不疲，因为它具有足够的刺激性和挑战性，而对于简单的方法，人们往往不屑一顾。 投机市场的游戏就是一个管理和控制风险的游戏，而不是追求利润的游戏，估计很多人不同意这样的看法，但这是我的理解。盯住止损，止损是自己控制的；不考虑利润，因为利润是由市场控制的！

太聪明的人在股市中不一定会成功。股市就像一座迷宫，许多的人准备了尽可能多的方法技术，试图穿过迷宫随意掘金。然而这些尽可能多的方法技术和理论让他们痴迷，让他们思维混乱，看不清大势，逐渐丧失了应有的大局观，反而是更偏离了股市的本质，离盈利越来越远。这种感觉是我征战股市多年的一种深层感悟，不知其他资深人士是否有同感。这真是一个矛盾误区，我们在股市中懂得越多，盈利却越来越困难。深思之后，我终于明白，股道至简，我们丢弃了最宝贵的东西，却让错误的另一半主导了我们的思维。原来如此！

股市是海洋，深不见底，有太多的宝藏等待我们去挖掘，也许穷尽一生都不能令我们满足。 股市如人生，总会跌宕起伏，不会平平坦坦，一帆风顺。股市亦如棋，一招不慎，则可全盘皆输。

综观中外投资大家成功之道，其集大成的重要原因不在于追逐股票日间的追涨杀跌，而在于他们的大局观和事业心。这些成功的人士，无一不将投资作为毕生的事业来经营。在他们集大成之前，无一不是经历了多年的股市沉浮，才真正领悟了股市操作的真谛。

江恩花费了近 10 年的时间在大英博物馆研读自然、历史、经济、股票交易的历史，才成就江恩理论。大炒家利弗莫尔花费近 12 年的时间才真正完成了股票交易的学习，悟出真道。暂时的失败和破产并没有击垮他们，反而是更坚定了他们获取成功的信心和决心。他们的坚毅和执着追求也最终获得了回报，创立的理论和投资思想影响着几代人。

在自然辩证法的规律下的自然运动是不以人的意志为转移的，我们只有顺其自然，游走于自然界的发展趋势中才能获利，任何违背自然规律的小聪明、小动作都只能是自取灭亡。知识无穷尽，学术有专攻，要想在股海中立足并取得成果，只有把自己融入天、地、人和电脑四位一体的整体中才能做到天、地、人、科学技术合而为一，才能进退自如，才能有所收获，因此要炒股必须先练心，只有达到天人合一的境界，才能战胜股市。

第二节　股市成功操作的最高方法是哲学思辨

一、股市哲学：正确的市场认识论

哲学给人旷达的胸怀、奋斗的勇气和宽广的视野，以及透过现象看本质的思想，因此，只有深刻研究哲学后才能明白中国股市的潮起潮落，只有在股市中经过痛苦涅槃，才能浴火重生。正确的股市哲学思想来源于痛苦的股市心路历程，只有在无数的股市磨难中脱胎换骨，才有正确的股市哲学思想产生。

中国的古典哲学思想是老子的《道德经》和包容天地万物的《易经》中的自然辩证法，就是阴阳五行互相转换的思想。世界每天都在进行着黑夜与白天的转换，每年都是冬去春来夏去秋归，但世上的一切事物却都变了样。股市也在潮起潮落中洗礼着中国 7600 万股民的心灵，股市中大盘及个股的一根根阴线与阳线刺激着大户、散户、庄家和机构们的每一根神经，悲欢之中度过一天又一天，而他们每天在股海中盲目地追涨杀跌，不断的买进卖出中早已把自己搞得一头雾水不辨东西，最后的结果是大户变散户、一年更比一年穷，坐庄的变股东被高位套牢成了人们仰首观赏的猴。当年资金雄厚的券商一家家接连破产清算，更有那坐拥百亿的基金经理们手中的基金一只只跌破面值亏损累累。如果学习了中国古典哲学后再去看中国股市，你就像翱翔在天空中的鹰，因为飞得高看得远，视野广阔视力敏锐，监视着广阔的天地和潮起潮落的中国股市，清晰的思路立刻就会展现在人们的眼前。

认识论和方法论是我们认识事情的根本，没有认识论，方法论也是无法展开的，认识论是关于知识的问题，也就是对事物认识的概念性的东西，要达到认识论的高度，就要在方法论上有深入的研究，因此方法都是必需的。方法论一般的经过世人的总结，就有了以前我们学习过的对立统一，质量互变，否定之否定，以及分析与综合。

过去，人们只是把分析与综合当做一种形式逻辑方法来用，仅仅把它应用于对静态或常态事物的认识中。实际上，它更应是辩证逻辑方法，更适应于对一切动态的事物的发展过程的认识。世界的一切事物从整体上看都是按照分析与综合的规律发展的。人们必须从分析与综合的角度认识它们，才能全面认识一切事物整体的本质。从人的认识规律看，人类无论认识什么事物，都首先必须进行分析，以认识事物的各个局部本质，然后在此基础上，去认识它的各个方面与各个局部之间的一切内在本质联系，只有经过这样的分析与综合阶段，才能从整体上认识事物的全部本质。

从分析到综合，这是每个人参与市场必不可少的过程，动态的、历史的市场运行过程，使得我们的方法也要有明确的适应，不管是变化最快的金融市场还是其他市场，都要形成这种分析与综合的过程。从每一个市场现象入手，分析现象背后的本质，然后把诸多现象综合，去认识更深层次的本质，不单在具体，而且在全局上也能把握，这是我们探讨认识论的本意，如果仅仅停留在对个别现象的认识上，你还是无法认识全局。股谚说：读懂大势赚大钱。这个大势就是由你无数的分析到综合的积累过程所形成的，不断地进行分析与综合的过程，完善你的操作系统，这是我们每个参与者所要做的工作。

从而，方法论是必须要掌握的，但不是停留在过去所形成的形式逻辑的分析过程，而是要辩证地上升到哲学层面来认识，这样在认识市场的过程中才更能到达事物的本质。

二、股市成功操作的最高方法是哲学思辨

这里说的"成功"，不是指一次或几次的成功，而是一种持续不断稳定增长的成功。绝大多数人在股市中，都有过一次或几次成功，甚至有巨大成功的经历，但能在股市中经常获胜盈多亏少，能 5 年、10 年、30 年都可以一直取得稳定盈利成绩的高手，却又寥若晨星，为数极少。这是为什么呢？"独上高楼，望尽天涯路"，路在何方？

有着"经营之神"美誉的台湾大企业家王永庆有这样一种观点：

办企业有三层境界。

其一，创业阶段，在这个时期，创业者的勇气与经验是企业成功的首要条件。

其二，发展阶段，在这个时期，经营技巧与管理方法成为了企业家赖以制胜的手段，而此时，勇气与经验则已退居其后。

其三，规模阶段，在这个时期，要想让企业继续发展稳定前进，企业家原有的那些什么经验、技巧、方法等，都已远远不能担此重任了。此时，企业家能依靠其持续获胜的法宝，便是正确的哲学理念。

万科的王石提出"高于 25% 的利润就不能做"的理念，从此造就了万科房产精品意识与优质名牌。万通的冯仑悟出"许多事我们不能做"的结论，故而引导万通大规模从其他领域退出，只图再创专业辉煌。东方集团总裁张宏伟尽管已手执数十个亿的资产经营大权，但他信奉的仍是"仗要一个一个来打，专注全力打歼灭战"。这三位成功者，便都已是在用哲学理念办企业了。

哲学理念的运用，则是对"活"的技巧方法的一种修正。同时，它也是对"经验"呆板特性的高层次回归。列宁说："仿佛是向旧的东西回复"，螺旋式发展。运用某种哲学理念，就是从无数的"经验"，无数的现实实例中抽象出某种带普遍规律性的、相对稳定的、而又能引导走向成功的理念性尺度，并以此去应对各种纷纭复杂变化不定的情况，即以己之"不变"，去应对世事的"万变"。一种哲学理念上的"不变"与仅仅一种"经验"的模式，看似相同，而在本质上却已是天差地别，前者是后者的质与量上的巨大飞跃。"经验"的产生只是来自特殊个别的场合，而一种哲学理念却源于抽象于千千万万的不同情况。因而，"经

验"只能指导人们在特殊个别的场合下取胜，哲学理念却可以引导人们在相当多的情况中成功。

在 1992 年中国千载难逢的那场房地产业热潮中，有人曾经在海南建两幢高楼，一转手半年就猛获暴利 8000 万元，便洋洋自得自以为是地想做中国的房地产大王。然而，几年之后，这个人便消失得无影无踪，不要说在房地产业界，就是在企业界中，也再不见经传。但确立了"25%以上的利润不能赚"理念的万科公司，却举着优质品牌意识的旗帜，一步一步从深圳杀向了全国，不声不响地进入到中国房地产业界的首列巨头之中。是获 80%暴利的方法厉害，还是只要 25%以下的小利的理念为高？

股市操作的技巧有很多，十八般兵器也确各有一些作用。但普遍常见的问题是，即便你熟知了这些明白记载于书本、生动授予自各路高手的炒股技巧，你却还是难以在股市做一个长久稳定的赢家。正如学习的是同一部《孙子兵法》，相当多的将帅们却仍难以像韩信、难以成为军事家一样。回过头来，我们若仔细审阅、体会、倾听这 10 多年来生存与发展在深沪股市高手们的忠言，或再深入些去研究 200 多年来曾在和仍在华尔街上奋斗并屡屡获胜的大师们的教导，那么，我们就会明白理解那些充满了哲学理念的、看似简单平白而实有深刻内涵的告诫，才真正是我们努力探寻的在股市中长久稳定的生存与发展之道。

巴菲特曾经说过他的投资理念有两条：第一条，永远不亏损；第二条，永远记住第一条。 国际大炒家索罗斯说：我相信自己会犯错误。 因此，我便不会被错误拖进泥潭、绝境，不会遭受全军覆没的命运。华尔街不败高手马克·魏斯坦说：像猎豹那样潜伏，机会是等来的；像麻雀那样出击，只叨小利，绝对不要包含风险的利润。

对经验、技巧，我们都不可不记取，不可不学习、掌握。 没有经验，我们便会陷入纸上谈兵的绝境。没有技巧，我们则只会沦为靠天吃饭、凭运气而活的平庸之辈，而且最终难逃灭顶之厄运。然而，我们若真想做一名股市高手，就更不能不探索、学习，在心中牢牢树立并实施某些正确的哲学理念。缺乏正确的哲学理念，我们拥有的经验、掌握的技巧，就都缺乏了一个正确的指南，缺少了一个成功的灵魂。而一旦具有了这个指南、这个灵魂，一切一切的经验与技巧，才会变得真正生动而无比有效起来！

第三节　股市高手的最高投资境界：
简单、平静和快乐

一、境界是什么

境界是一个行业中顶尖高手所具备的非同寻常的思想或者称之为理念。思想产生财富，要想在股市中成为稳定获利的赢家，就必须掌握境界。炒股人就像走江湖的侠士，炒股软件是他的兵器，技术、基本分析是武功。思维、意识、习惯的问题，才是至高无上的本领，是根本。敢进入股市的人都是各行业的精英，大部分都取得骄人的业绩和成就，由于无法克服人性战胜自我，自己将永远无法战胜股市，他们真正缺乏的就是我说的境界，这是既难懂又难学，让人无从下手，可它又是唯一的战胜股市的最根本的方法。

千百年来，人类思想史上具有永恒价值的处世智慧包含于三大奇书：一是意大利马基雅维里的《君主论》，二是《孙子兵法》，三就是《智慧书》。《君主论》主要是针对那些处心积虑希望取得或保有王权的帝王而写；《孙子兵法》则主要针对那些运筹帷幄的将帅而写；《智慧书》却是为每一个人写的书，它以一种令人惊异的冷峻的客观态度极深刻地描述了人生处世经验，为人们提供了战胜生活中的尴尬、困顿与邪恶的种种玄机妙策。通过这些多姿多彩的人生格言，人们不仅获得了克服生活中可能出现的逆境的良方，更重要的是增强了对生活的理解和洞察力。用在股市里，管理机构、主力、散户，不就是一个《君主论》和《孙子兵法》的斗法主体吗？而《智慧书》恰恰是心领神会的世外高人。

炒股，与其他行业有一个很大的不同之处，那就是"绝大多数人最终都必须成为失败者"的残酷性！请注意：在这里我用的是"必须"这个词！就是要说明这一点毫无疑问也毫无商量的余地，所有的人都必须承认这一点，虽然这很残酷，却是事实。所有的人都要正视且重视"绝大多数人最终都'必须'成为失败者"这个残酷的事实。除非你捞了一票之后就金盆洗手了，否则，只要你继续玩下去，那么你就有90%的可能性最终成为失败者。这一点是与其他行业的致命区别，从历史的角度来看，股市其实就是一个大筛子。

炒股票，事关金钱，难免有点举轻若重，难免有点有备无患，这是常理。证券投资者对金钱的拥有无疑是令人日思夜想的追求，那么如何才能追求得到它呢？我以为需要具备以下四个条件：

KASH＝CASH

KASH 是四个英文单词的缩写：Knowledge，Attitude，Skills 及 Habit，意思是只要具备"专业知识"、"正确或正面的态度"、"技巧"及"良好习惯"四要素，就能创造佳绩。KASH 与 Cash（金钱）发音相同，意指只要能具备 KASH 四要素，现金就会随之而来，即 KASH＝CASH。

知识（Knowledge）内涵包括公司、产品与服务、顾客、竞争状况及专业。因为这些信息经常改变及扩增，所以知识的取得必须是一持续性的过程。

态度（Attitude）主要是指个人对于某人、事、物所持有的正面或负面反应。不管从事什么职业、在什么级别，态度最重要。有了正确的态度，在面对拒绝或挫折时，才能轻易克服，并且保持积极热忱。

技巧（Skills）一般意义上是指达成目标与落实策略的种种具体做法或行动，对于专业人员而言，则重点是指专业技能。自己从事的岗位会因企业的不断发展而提升岗位任职要求，个人只有不断学习、积累，提升技能，才能适应发展，不会被淘汰。

习惯（Habit）就是一旦发现某种可以帮助我们方便地完成事情的方法后，我们就会倾向于重复使用这种方法，而不会有进一步的思考。养成良好的学习习惯、工作习惯和生活习惯，才能更好地发挥自身的优势，所谓习惯改变命运。

二、高手七种出神入化的境界

炒股最重要的是心态，而不是所谓的技术分析和基本面分析，炒股乃至所有技术的最高境界，简单地说，其实就是一种心灵上的升华。你脱离了大众思维模式，你达到了这种心灵上的境界，才可以成为寂寞高手。那么，寂寞高手们的心是什么样的呢？所谓天下万事万物，其理相通。

自信。弗吉尼亚说，"像我们这样一种充满幻想的生物，比其他任何生物都更需要相信自己。如果没有自信，我们就只是摇篮里的娃娃"。是啊，自信对于"我们这样一种充满幻想的生物"来说，的确是至关重要的。朋友，如果你总是想随大溜儿，那只能说明你缺乏自信。没有自信，你对犯错的恐惧迟早将使你失去思考和做决定的能力。没有独立的判断力，人云亦云，你迟早会发现自己是股票投资的失败者。

热爱。何谓热爱呢？热爱是说，你必须对你所爱的那个对象全心投入。你必须要全心的投入，就像著名炒家杰西·利弗莫尔说的，"炒股是极其艰难的行业，想在这一行业中立足，你或者全心投入，或者很快就从这一行消失。"专心是在任何行业成功的基本要求。而只有能够忍受孤独、能够耐得住寂寞者，才可能比别人更专心地研究学问。虽然股票是极其普通的行业，用不着很大的资本，也没有很多专门的知识。但是千千万万人都在这行打滚，你要做得比他们更好，凭什么？普通人每天工作八小时，你也工作八小时的话，你也只会是普通人中的一员。想比普通人站得更高，看得更远，只有依靠八小时以外的努力。所以，"全心投入"就显得至关重要了。

孤独。孤独是高手的第三种境界，因为只有敢于孤独且甘于孤独的人，才可能脱离大众思维模式，也只有这种人，才有可能达到那种"泰山崩于前而色不变"之最高境界。著名证券炒家陈江挺说，在证券投机行业里，几乎所有成功的投资者都是孤独者。李敖说："古往今来，多少仁人志士，最后都毁掉了，随波逐流，失去了自己。原因不在他们不优秀，而在他们怕孤立。为了怕孤立，该说的，他们不敢说；为了怕得罪人，该做的，他们不敢做。他们渴望活在同志里、群众里，名为合群，实为自丧，沦落到这种地步，自己就只会作秀，不会做人了。这种人，只是群居动物，不再是特立独行的人了。"

勇气和胆略。是我理解的第四种境界。在股市里，决定盈亏的时刻，每年只有那么有限的几次，就是你资金盈亏平衡点的位置。在股市里，决定你股运的，一年也只有那么有限的几次，就是你是否在底部买了，是否在顶部卖了。勇气和胆量本身就是一种自然的智慧，是体力和向往的智慧；在事态的关键的时候，只有靠勇气和胆量来一决高下、一决输赢。

简单。是我所理解的高手的第五种境界。能做到这两个字的境界，绝不是件容易的事情。正如一段乐曲如果能凝结成一个音符，这样的音乐才能从骨子里打动人；一颗"棋精"能让一盘棋满盘皆活，才能让对手心悦诚服。或者可以这么说：简单中蕴涵着深刻，简单是心血的凝结！

平静。是我所理解的第六种境界。泰山崩于眼前而不为所动，又怎么会被一片树叶遮住眼睛呢。心平，才能平和地对待大众的浮躁；心静，才能冷静地观察到纷纷扰扰的表象背后的本质。胜，不为所骄；败，亦能吸取教训。当一个投资者可以真正平静地对待这一切之后，那么他的投资观甚至生活观、世界观就都得到了升华。平静中，积蓄的是一种力量，这是一种不断奔向成功目的地的力量。

快乐。是我理解的第七种境界，也是心灵的最高境界。炒股的最高境界就是掌握人性与波浪理论。要成为股市的顶尖高手，就必须学会波浪理论，学会波浪理论也不能确保获利，还需要境界一并掌握。市场就是人性的市场，波浪就是人性的汇集，波浪理论就是股市的真谛。有一个简单的方法可以判断是否进入了最高境界，那就是永久的轻松自如、享受交易、乐在其中。

《羊皮卷》是我喜欢的一本励志的好书，作者奥格认为成功需具备五个基本的要素：目标、成功率、成功的代价、满意度、精神世界的思想和信仰。这也正是每个人想成功达到为之努力直至得到自我欣赏以及周围人的肯定，终归是一种享受和快乐。等我看到这里的时候，我突然明白原来成功即是个人内心深处衡量自我价值观的一把尺子，当个人欲望与个人行为相吻合时，无疑你是成功的，也许一个人的满意度是来自财富的积累，而另一个人则来自创作的乐趣，更有甚者是来自于一顿丰盛的晚餐，仅此而已。

投资就是一种生活，生活也就是一种投资，只不过投资的目的是价值，投资只是生活的一部分，而生活的最终目的是幸福。投资人在投资中奉行的往往是与在生活中相同的基本准则，因此懂得如何追求真正幸福生活的人也就懂得如何进行价值投资。学习古代圣贤的智慧，借鉴当代杰出人士的成功之道，既会给我们的生活抉择也会给我们的投资选股以许多启迪。

19世纪中叶，在动荡的欧洲有一位叫乔治·桑德的女士曾这样对幸福定义：由个人之努力而备感幸福，一旦得知幸福的要素——简单的品位、些许的勇气、略微的自律、心爱的工作以及清白的良心——于是幸福就不再是一个迷茫虚幻的梦。大多数人何尝不想这样呢？可往往现实生活中就连如此简单的"幸福"也近乎奢望！为什么？答案是不满意！

满意和快乐，很大程度上源自于一个态度，这对每个人来说都不缺乏，因为它来自内心，是我们灵魂深处蕴藏的珍宝。

三、计划你的交易，交易你的计划

在交易场人性的一切弱点都会暴露无遗。成功的交易者是技巧、心态和德行的统一，三者不可分离。交易的最高境界是无我、无欲、无喜、无忧、无恐惧。成功的交易者总是睁着两只眼，一只望着市场，一只永远望着自己。任何时候，最大的敌人，就是你自己。校正自己，永远比观察市场重要。

从本质上讲，预测从属于主观。一切必须由市场来决定，市场永远是客观的，不是以交易者的主观来决定的。跟着市场行动，抛弃任何主观的东西，是成功交易者的前提。建立起你的交易系统，放弃预测，放弃恐惧，也放弃贪婪和欢喜，一切由你的交易系统决定出入市。机遇是留给肯下苦功、目光远大的人的；留给不受眼前行情起伏震荡、有完全思想准备的人的；留给有博大的胸襟气度和顽强的意志品质、优秀的人格魅力的人的。

其实资本市场的实质就是资本再分配，最高的境界就是心态的较量。大多数人都要过战胜自己这一关，能尽快意识到自己的弱点才有可能少走弯路！风险投资不全是赌博，但带有严重的此类的性质，玩的就是心态，赢时要放胆，输时要舍得放弃。看对行情赚到钱没什么了不起，看错行情亏了钱还能不受影响接着下单才厉害，自己不是输在盈利能力。允许自己犯错并能控制自己的亏损应该是最终的目标。战胜自己是很难的，我觉得能明白自己的毛病并想办法去避开比较现实。

只做自己有把握的行情，做单不用想得那么复杂，简单有效就行。根据自身特点找到合适的方法，就能在市场活得长久，纪律和心态控制比技术提高更重要。男儿在世，一诺掷地，自当溅血赴约，然投机市场，比拼的是放弃的技巧，似不宜过分执着为好。

成功投资大师们其实早已给出了答案，这个答案是那样的质朴和简单，足以让90%的投资大众忽略。我们总是沉迷于游戏之中，却只有少数人会去关注游戏的规则，所以只有这少数人能够玩赢游戏，享受其中的乐趣！

任何时候忘记了去尊重市场，都会铸下大错。在不同的市场环境下采取什么样的战略战术才是长期成功的关键。思考创造了人，多想想，想透彻点，盲从会死人的。任何一种方法固定下来都能最终盈利，只是科学控制仓量的学问。久错必对，久对必错，取长去短，少取长活，不战则已，战则必胜。有成绩后可以放弃，而在受到挫折后绝对不可放弃。

金融交易的全部就是要有一套有效的价格趋势策略，加上良好的资金管理和风险控制机制。用"分散"而"持久"的手段，在投机市场上长期地占有概率优势，而不是孤注一掷。既然是做趋势就不应该经常换短线来做，因为趋势和短线考虑的角度是不同的，手法也不一样。操作方法到一定程度要继续改善也是很难的，因为无论如何都有出错的概率存在。

永远不要把自己置于危险境地，永远不要承担过度的风险。只要你在入场前确定了自己能够承受得起的风险，从原则上来说那就是个好交易。"计划你的交易，交易你的计划"，说起来很容易的一句话，但是你是否能够"交易你的计划"，却是最关键的一点，也是最难执行的。

第四节　《道德经》与股市：道，可道，非常道

道，可道，非常道。这是《道德经》的开篇之言，其大意是："道"可以用言语来说明，就不是常"道"。用股市语言来说就是，规律可以用言语来表述，就不是恒常的规律了。人法地，地法天，天法道，道法自然。这里的"法"字是效法、学习之意。南怀瑾先生认为，这是老子千古不易的密语，为老子思想的精华所在，告诉了我们做人做事的法则。道氏理论与波浪理论都是"人法地"（人从海洋波动中领悟到股市运作法则）的案例。江恩理论与螺旋周期理论都是"地法天"（天体与地球运动对人的情绪波动有影响作用）的案例。基本派大师格雷厄姆晚年时最终相信"效益市场"理论，技术派大师韦尔德最后推崇"无招胜有招"的顺势智慧，都是老子的"道法自然"的脚注。南怀瑾认为，这儿的"自然"之意是："自"便是自在的本身，"然"是当然如此。关于《道德经》与股市的解释，我看过几个版本，各有不同的解释，但是汪洋证券源泺潼的观点，我最认同，那么，这里我就综合大家的观点谈谈这个哲学命题吧？

一、道体

道，可道，非常道；名，可名，非常名。无名，天地之始；有名，万物之

母。故，常无欲以观其妙，常有欲以观其徼。此两者，同出而异名，同谓之玄。玄之又玄，众妙之门。

解：在股市中如果你得道了，你想是赢家就是赢家，想是输家就是输家。同是一张技术图表，各有各的看法，但真理只对应一种看法，这个真理就是道，是说不出的东西，是不能被命名的一种恍惚的东西；如果可以说出来的话，就不是真正的道了；你也不能给它取个名字叫什么，如果真的给它取了一个名字的话，就是给它下了一个一成不变的定义，也就不能随着股市的变化而随时反映股市运行的轨迹了。未开市前，我们不能说这股市到底是什么，而这时正是它的初始状态，它已经包藏了将来的一切，这就叫做无名。我们在分析股市运行规律时用了很多名字，这些名字不过是过往运行轨迹的总结，是股市已经发生过的变化而已。当我们没有参与股市时，往往能正确判断股市的涨跌，这是因为我们在无欲的状态下感受到了道的微妙，而我们参与股市时往往追涨杀跌判断失误，是因为我们以有欲的心态期望股市向某个方向发展而只看到了股市的表面现象。这两种正确与错误的判断都出自我们的心，都是很玄妙的东西。如果你能清楚明白这两种玄妙的东西的原因，而使自己融会到股市的表象中并与它息息相通做出正确的判断，你就得道了。

二、养生

天下皆知美之为美，斯恶已。皆知善之为善，斯不善已。有无相生，难易相成，长短相形，高下相盈，音声相和，前后相随。是以，圣人处无为之事，行不言之教。万物作而弗始，生而弗有，为而弗恃，功成而弗居。夫惟弗居，是以不去。

解：全国人民都认为股市是脱贫致富的好场所，都在进入股市，这股市就是陷阱了；股票是个好东西而且天天涨，全国人民都争相满仓再没人来买，这股票就成坏东西了。所以说，空仓满仓相互生成，买和卖彼此相成，高和低相对，涨和跌相依，无论多高的价都有人买，无论多低的价都有人卖。所以，作为股市赌圣，不会言说股市的不对，随手一笔买卖不会操作反向。股市发展自有规律，不能要求在最低点让所有人满仓，在最高点让所有人空仓。股市的魅力就在于每时每刻、每个价位都有成交，股市给了每个人买卖机会而又不强求你在什么点位去买卖，它满足了每个人的买卖欲望而又不是为了股市本身。正因股市不以自身的存在而存在，所以它才能永远波动存在下去。

三、安民

不尚贤，使民不争；不贵难得之货，使民不为盗；不见可欲，使心不乱。是以圣人之治，虚其心，实其腹，弱其志，强其骨。常使民无知无欲。使夫智者，不敢为也。为无为，则无不治。

解：股市的设立是为了国家的利益，但不鼓励顶级的股市炒家，这样就可以使民众安心投资。不宣传股市是摇钱树，就可避免民众倾家荡产地投资于股市；投资于股市不要有贪婪之心，人们才能安心工作而不心慌意乱。因此妥善处理股市与投资的关系应该顺应其自身的发展规律，人们投资于股市应是饭后茶余的事，正常的情况是吃饱饭，身体健康，优哉游哉地生活。股市按照自身的规律上下波动地向前运行，让人们感到那是一种自然规律，参与不参与是很自然的事情；庄家对股价的拉抬打压是庄家的事，大家对其无动于衷，这样也就不会有庄家了。这样的股市不用什么多余的法律、法规约束，让它顺其自然地发展，这个市场也就没有什么不能治理的了。

四、无源

道冲，而用之或不盈。渊兮，似万物之宗。挫其锐，解其纷，和其光，同其尘。湛兮，似若存。吾不知谁之子，象帝之先。

解：你能看到股市中道的模样吗？当然不能。但你能时常感受到它的存在，感受到股市就是不依人的意志在运行。冥冥中一只看不见的手在推动着股市的运动，这种无穷无尽的、深不可测的东西就是股市的原动力。这个原动力抵消了外在的政策人为因素，解散了各种利好利空，让所有东西都融汇到了原动力中，甚至它也完全融汇了像尘埃般的每一宗买卖笔数，而且照样地按它自身的规律运行。这只看不见的手仿佛浩浩瀚瀚但又存在，我们不知道它是哪里来的东西，好像股市还没有设立之前它就存在了。

五、虚用

天地不仁，以万物为刍狗；圣人不仁，以百姓为刍狗。天地之间，其犹橐龠乎？虚而不屈，动而愈出。多言数穷，不如守中。

解：春夏秋冬、刮风下雨，使得万物有生有死，天地不会因为万物的生死而欢乐悲戚。股市的存在是因为有人赚钱有人亏钱，是因为几家欢乐几家愁而不偏袒赚钱或亏钱的人。总的来看，股市就像风箱一样，时而空的一方多，时而多的一方多，但多空双方始终平衡，任何一方言多就失去了平衡，风箱或股市也就穷尽而不复存在了，因此，这一平衡是股市存在的基础，它始终要回到这个平衡中心上来。

六、成象

谷神不死，是谓"玄牝"。玄牝之门，是谓天地根，绵绵若存，用之不勤。

解：股市中有一只看不见的手孕育着股市，这只手可谓神秘。神秘的大门始终打开着，它就是股市的灵魂，伴随着股市的存在而存在，连绵不断，这就是股市自身的规律。

七、韬光

天长地久。天地所以能长且久者，以其不自生，故能长生。是以圣人，后其身而身先，外其身而身存。非以其无私邪！故能成其私。

解：股市之所以能够长久地存在下去，它并不是在造就股市自身，而是不断造就上市公司和一批股民从而使自己永远地存在下去。股市高手，在股市暴涨人人赚钱时，他坐后观看不去建仓，让大家赚钱，好像落后于大众，实际上他是走在了大众的前面；股市暴跌，抛盘汹涌，人人都在保存实力时，他开始建仓行动，好像他没有像大众那样保存实力，实际上他已经保存了实力，在股市上也立下了脚跟。这是他无私的表现吗！正因为他脱离了股市，反而使自己与股市更加紧密。

八、易性

上善若水。水善利万物而不争，处众人之所恶，故几于道。居善地，心善渊，与善仁，言善信，政善治，事善能，动善时。夫唯不争，故无尤。

解：善的人好像水一样。水善于滋润万物而不与万物相争，停留在众人都不喜欢的地方，所以最接近于"道"。最善的人，所处的位置最自然而不引人注目，心胸善于保持沉静而深不可测，待人善于真诚、友爱和无私，说话善于恪守信用，为政善于精简处理，能把国家治理好，处事善于发挥所长，行动善于把握时机。要在股市上运作得出神入化，就要抛开私欲、抛开赚钱的愿望去养育股市中的一切，但这正是众人不愿抛弃和厌恶的行为，然而正因为不争回报，才能真正地贴近股市，使自己融入股市的规律中，使股市成为自己，自己成为股市。在这样的境地中，心中坦坦荡荡，自己站在了广阔无际的股市长河中；自己的心声就是股市的脉搏，渊源深沉；自己广博的仁爱普照着这个股市，因此他能正确地评价这个市场；能够顺利地处治这个市场；能够得心应手地发挥自己的所长；能够随时随地地把握市场的节奏进行买卖。在这种坦荡、与世无争的状态中进行交易，既没有涨的恐惧，也没有跌的恐惧，故毫无忧虑可言。

《易经》是我国传统文化的瑰宝，有万经之首之称，它在中国几千年的文明史中占有无可替代的作用，其本质是运用科学的阴阳观来解释事物的发展及变化。

提及《易经》不能不提阴阳，而提阴阳，又不能不提太极图。太极图由阴阳相拥而成，组成一环抱圆圈。我们的祖先就是用这一简洁的图形生动地表达了事物变化的阴阳观。在图中我们可以看到阴阳互抱的阴阳两鱼，阴中有阳，而阳中又有阴的平衡状态。其分割阴阳两部的 S 形曲线又明确地告诉我们事物都是螺旋状态不断变化，永不停息。世界上任何事物的变化都遵循太极图的形态，表现了事物由太极生两仪的现象及事物变化的过程，而事物变化的过程如更进一步地探讨也就有了太极→两仪→四象→万物的结论，而先天八卦图正是表达这种事物变化规律的图像。先天八卦图中的八卦由乾、兑、离、震、巽、坎、艮、坤八卦组成，其每一卦代表了事物发展过程的状态。

先天八卦图到底是如何反映事物变化状态的呢？你只要顺时针看就会一目了然。当事物变化至坤卦时，表明了事物已至极坏或极低，那么物极必反，股市连续下跌就要反弹。这样是不是太好理解了？所谓反弹就是连续阴线后出现阳线。而乾卦呢？恰恰是连续上升后会有回调的可能。所谓亢龙有悔，你看，道理是多么朴素、简单。无论是股市、期货、外汇，凡是金融市场的变化走势，都可用阴阳的 K 线图表示，其阴阳观是我们的祖先对事物认识的辩证观。K 线阴阳图直观地反映了参与股市中人群的观点。无须变换，阴就是人们看跌，阳就是人们看涨，不用什么起卦、摇卦，短小的波动可能有来自外界的影响，但事物的变化规律是任何人也改变不了的。这就是所谓的天意。而我们直接用 K 线表示当前的阴阳状态看在先天八卦图所处位置的卦象，就能清楚地表现出股市的过程状态。

有的人对周易能够对未来的进程做出准确的预测感到很迷惑，其实，这并不奇怪，现代系统工程科学为了确定系统的目标函数，首先需要对系统进行一下预测，周易也是系统论，甚至它的系统性内涵还远远没有被发掘出来，它能够对未来做出准确的预测确实没有什么值得奇怪的。

中国先人对类比思维的娴熟的应用，是中国古代学术的逻辑思维方面的起源，因为我们的历史传统包括我们的文字都具有类比的系统的特征，在系统科学越来越重要的今天，我认为系统科学必将成为科学的领袖，成为科学的国王，而数学则是王后，中国人必须要做出更大的贡献，也一定能做出更大的贡献。

第五节 《孙子兵法》与股市：兵者，诡道也

作为世界三大奇书之一的《孙子兵法》可以称得上是当代最具影响力的有关策略方面的著作。它现在不仅被广泛地用于政治竞争和军事竞争，而且也被广泛地用于具有普遍意义的商业竞争和投资竞争。《孙子兵法》的魅力在于它是中华五千年文明的结晶，它蕴涵了普遍的、朴素的、辩证的真理。更重要的是，其文笔简约，正因为简约，可以引申出无限的联想和解释，言简意赅，内涵深厚，高屋建瓴，高瞻远瞩。黄丽彬作为证券分析师对股市与《孙子兵法》的理解最为深刻，值得借鉴，他认为：战争虽然有一定的物质前提，但最终还是人与人之间的博弈，这和我们在证券市场中的情况极为相似。而《孙子兵法》中的诡道十二法，就是针对人性的弱点而制定出来的。

孙子曰：兵者，诡道也。故能而示之不能，用而示之不用，近而示之远，远而示之近，利而诱之，乱而取之，实而备之，强而避之，怒而挠之，卑而骄之，佚而劳之，亲而离之。攻其不备，出其不意。此兵家之胜，不可先传也。

"能而示之不能，用而示之不用"，翻译成股市语言就是"涨而示之跌，跌而示之涨"，涨是根本，跌是表现；或者跌是根本，涨是表现。股票，玩的就是心计，玩的就是心理战，在股票大涨前通常庄家都要做一个空头陷阱，让散户们交出自己手中的股票，这就是所谓的"涨而示之跌"；而庄家要出货的时候，就拼命地在各媒体中大吹特吹其业绩有多好，题材有多棒，制造多头陷阱，以便庄家

拉高出货，而散户们就只能乖乖地交出自己手中的现金，换回的却是高高在上的股票，等待他们的只能是漫漫熊途，这就是"跌而示之涨"。

"近而示之远，远而示之近"，又是什么意思呢？举例来说，主力近期要拉一只股票，但它会让散户们感觉这只股票虽然不错，但是还没有到拉升的时候，这就叫做"近而示之远"，庄家近拉，散户远观，到股价真的涨起来的时候，散户们可能还会到处跟人说他原来是如何如何地看好这只股票，果然涨了吧，然后庄家再玩一招"远而示之近"，拉一根大阳，做好指标，让散户们杀进去，然后再以一根或几根阴线把股价打下来，散户们果然又乖乖地交出股票，然后再以大阳拉上去，周而复始！这就是"远而示之近"，远是涨，近是跌，远是目的，近是手段。

"利而诱之，乱而取之"又是何意呢？以利诱之，例如，拉一根大阳线，让散户们以为有利可图，等杀进去，才发现已经到顶了，第二天再拉一根阴线，如果散户不交出手中的股票，就再拉一根阴线，总之一定要散户交出低价的筹码，然后反复几次，让散户的心态彻底做坏，乱中取胜，所谓的乱，其实是敌方心态的乱，这叫做敌乱我不乱，然后再根据当时敌方的心态，耍一点平时骗不了人的小手段，乱中取胜。

"实而备之，强而避之"又做何解呢？当敌人实力过于强大，我们就避其锋芒，严加防备。毛泽东主席在井冈山革命斗争初期，为红军游击战制定了"敌进我退，敌驻我扰，敌疲我打，敌退我追"的"十六字诀"基本方针，其实就是对"实而备之，强而避之"的最好翻译和解释。运用于股市，所谓个股敌不过大盘，如果大盘空方实力过于强大，大盘非常之弱，这时候就尽量避免操作，就算操作也只能用小仓位资金，用以减小系统性风险。当多空双方都很疲弱，大盘走稳，他们再杀进去，在加速下跌的市道中，无人可以赚钱，减少操作是中国股市中保存自己最好的方法。

"怒而挠之，卑而骄之"，指的是我们要利用敌方的性格弱点，始终把握主动。虽然每个人的性格都有不一样的地方，但在证券市场上，散户和机构都有一定的性格特点，比如说散户容易冲动，容易恐慌，也容易乐观，因恐慌而割肉，因乐观而被套的比比皆是；而机构则比较理智，但是由于其资金较多，建仓和出货需时较多，所以要考虑的东西较多，经常会贻误战机。这就是证券市场中两类人的性格特点，我们把握了其性格特点，便可以因人而异地制定自己的投资计划。

"佚而劳之，亲而离之"，指的是要想尽一切办法进行破坏和骚扰，使敌方总是处于运动中，把其优势变为劣势。总之，尺有所短，寸有所长，有时敌人的最强处恰恰就是其弱点，这一点很关键，而更关键处是如何让敌人自动地把自己的优势变为劣势。用的就是"以利诱之"这一招，不怕敌人不中计。

孙子曰：军无辎重则亡，无粮食则亡，无委积则亡。军争之难者，以迂为直，以患为利。故迂其途而诱之以利，后人发，先人至，此知迂直之计者也。知迂直之计者胜，此军争之法也。

一支军队没有辎重就会失败，没有粮食就不能生存，没有物资储备就难以为继。在股市中也一样，一般来说，投资者手中既要有股票，也要有资金，绝对的空仓和绝对的满仓从长期来说，对投资者都不是一件好事。孙子的这一段话，可以指导投资者如何管理好自己的资金。

争夺制胜条件最困难的地方，在于要把迂回的弯路变为直路，要把不利转化为有利。同时，要使敌人的近直之利变为迂远之患，并用小利引诱敌人，这样就能比敌人后出动而先抵达必争的战略要地。这就是掌握了以迂为直的方法，也就是制胜之道。

在股市中，何谓直，何谓迂。直者，满进满出也；迂者，分步进出也。每次都满仓杀入杀出的股民，他们犯了一个战略上致命性的错误，那就是他们总是自觉不自觉地把市场当成一个单边市场，或者上涨，或者下跌，他们以为这样可以增加他们手中资金的运用效率。其实恰恰相反，他们的资金效率是最差的。所以，永远不要把自己的资金完全暴露在市场中，永远不要满仓，这是一种战略上的资金安排，如果我们想在市场中长期稳定地保持盈利的话，这是我们一定要遵守的纪律。

那何谓以迂为直的资金管理方法呢？那就是必须分批建仓，分笔建仓。一般来说，只有前一笔仓位处于盈利的状态下，才能加仓建下一笔仓位，下一笔仓位又处于盈利状态，才再加仓。技术分析之所以有效，其前提之一即是股票会沿趋势运行，也就是说，一旦你的某一个仓位处于盈利，那么，其趋势就是向上的，可以加仓，而相反，如果你的仓位处于亏损，这就说明趋势是向下的，必须止损出局，而不是加仓。

孙子曰：兵者，国之大事，死生之地，存亡之道，不可不察也。故经之以五事，校之以计，而索其情：一曰道，二曰天，三曰地，四曰将，五曰法。道者，令民于上同意，可与之死，可与之生，而不危也；天者，阴阳、寒暑、时制也；地者，远近、险易、广狭、死生也；将者，智、信、仁、勇、严也；法者，曲制、官道、主用也。凡此五者，将莫不闻，知之者胜，不知之者不胜。故校之以计，而索其情，曰：主孰有道？将孰有能？天地孰得？法令孰行？兵众孰强？士卒孰练？赏罚孰明？吾以此知胜负矣。将听吾计，用之必胜，留之；将不听吾计，用之必败，去之。计利以听，乃为之势，以佐其外。势者，因利而制权也。

《孙子兵法》为兵法中的"圣经"，它的每字每句都包含着深刻的哲理。而投资者想要在证券市场中稳定地获利，也必须考虑以下五个方面的内容：

一曰资金。孙子曰："兵者，国之大事，死生之地，存亡之道，不可不察也。"意思是：战争是国家的大事，直接关系到人民大众的生死，也关系到国家的存亡。所以，必须审慎思考、体察才行。在股市里，金钱的输赢，直接关系到投资者的身家性命，没有把握赚钱的投资者最好不要轻易介入，不可匆忙投入股市。资金是投资者的武器，资金一定要是自己的，这样才可以与之生，可以与之死。而借钱炒股，钱不是自己的，关键时刻，不能与己同生共死，后患无穷。

二曰大盘。大盘是我们投资股票时的大环境，所谓个股敌不过大盘，就是要投资者们注意规避系统性风险。

三曰个股。大盘再好，投资的个股不好，也不会有好的收益，所以一定要选好个股，战胜大盘。

四曰素质。这里所说的素质指的是投资者自身的素质，其中包括智、信、仁、勇和严这五方面。意思是：作为一个军事将领必须具备才智、威信、仁爱、英勇、严肃等素质。对于股票市场的主力，一般的投资大众又敬又畏，爱跟着"搭轿"，又怕被套牢。实际上，主力就像统率千军万马的将领，是股市中难得的人才。正所谓"千军易得，一将难求"。

五曰纪律。纪律就是规矩，没有规矩不成方圆，这在证券市场中尤为重要，投资者一定要有自己的投资策略，而制定了的投资策略轻易不能更改，只要到了自己制定的买入点，就坚决杀入，只要到了自己的卖出点，就坚决出局，千万不能因为恐惧或者贪婪而更改自己的原定计划。

第六节　动物世界与股市：狼图腾

一、动物世界

除了研究股市，我的最大爱好就是看中央电视台赵忠祥主持的"动物世界"，我总是把动物世界和股市联系起来。在非洲大草原上，生长着各种动物，有食草的牛、河马、鹿、羊、长颈鹿、马、猪、兔子等，也有食肉的狮子、豹子、狼、老虎、豺、鬣狗、鳄鱼，还有天上飞的也是食肉的老鹰、秃鹫等。食肉动物就守在水源旁边，单等那些口渴难耐的食草动物来喝水的时候，突然从草丛里跃出，向它的猎物扑去，可怜那些猎物不久就成了它们的口中美食了。

我总是想，这些食草动物，生来就是给这些食肉动物吃的。因为它们都离不开水源和草地，其中食肉动物就像是股市中的大鳄——庄家，而那些散户则像非洲草原上的食草动物。庄家制造内幕消息，让散户动起来，跑起来，庄家再把股价拉高，引诱散户上当买进，到适当的时候，庄家就像食肉动物一样，一口就把散户吃掉了。庄家守在股市中，就像食肉动物守在水源旁边一样，散户为了钱，也总要来股市中，就像食草动物口渴一样，总要找水喝。而散户也像食草动物一样，也是吃了一茬又一茬，总是吃不完的。老的去了，新的又来了，子子孙孙无穷尽也。

庄家又像猎豹，猎豹是世界上跑得最快的动物，能够捕获草原上的任何动物，但是它会等到完全有把握的时候去捕捉猎物，它可以躲在树丛中等上一周，就是等那正确的一刻，而且它等待捕捉的并不是任何一只羊，而是一只有病的或跛脚的小羚羊，只有当万无一失的时候，它才会去捕捉。这就是真正专业式的交易方式的缩影。

庄家又像苍鹭，一只苍鹭肚子饿得发慌，它瞪着眼睛，注视着池中小鱼。突然，它飞到附近的树林中衔来一根嫩枝，折成几段丢进池中，并不时用嘴移动嫩枝。水中鱼儿误以为是小虫，便浮出水面抢食，苍鹭趁机饱餐一顿。

食草动物所吃的草，就像散户在股市中喝的庄家们的残羹剩饭一样，待散户们辛辛苦苦地赚了几个小钱，突然有一天，却被庄家全吃掉了。散户们没有资金、信息，就像食草动物没有食肉的牙齿一样，他们总是斗不过食肉动物——庄家。

有人把股市比做非洲大草原，而这里的青草就是股票，上市公司就是收割机，永远也装不满，而基金就像是大象，券商则是雄狮，私募基金是猎豹，速度最快，大户们则是鬣狗，群居有耐力，机构投资者则是长颈鹿，它们是这里的绅士，伸长脖子专吃高处的树叶，法人投资者是猎隼，从天而降，它们是老天的宠物，而某些人的老鼠仓则像是秃鹫，以腐肉为食，得来全不费工夫，而且具有极强的免疫力。而为数最多的则是散户，就像羚羊一样漫山遍野，一眼望不到边，它们总是被其他动物追着跑，跑不动就被吃了。

二、狼图腾

风靡全国的姜戎的畅销书《狼图腾》同样给了我看"动物世界"一样的享受。这是一本非常独特的小说，从一个插队知青的视角讲述人与狼的关系，狼性与羊性的博弈，以及草原的没落。尤令我惊异的是狼所表现出的智慧，人与狼群斗争的艺术竟一点不异于人与人之间的争斗，难怪草原狼培育出的民族在世界史上曾经那样的横行无忌。强者必具有两种能力，或有自己创造财富的能力，或有伤害别人的能力。农耕民族和游牧民族正是分别具备了这两种能力的极端，才产生出几千年的纠缠较量，直至草原在工业文明压迫下彻底没落才得停息。

狼本凶残，人们对它憎之入骨。然而动物学家却列出其许多优点。狼的智慧。这一点在草原狼捕杀猎物的时候体现得淋漓尽致，它们的每一次进攻都堪称经典。它们不打无准备之仗，踩点、埋伏、攻击、打围、堵截，组织严密，很有章法。好像在实践《孙子兵法》中的"多算胜，少算不胜"。在狼与人的争斗中，这种智慧也随处可见。为了不使狼群暴露，独处而被人发现的狼，往往逃向与狼群相反的方向。牺牲自己，保全群体。这绝非聪明，而是智慧。

狼的勇敢。狼从来都不畏惧死亡。它们为了冲垮马群，不惜牺牲老弱的狼去撕外围壮马的肚皮，与马同归于尽。与群狗的争斗中狼也是前赴后继，即便是战斗到最后一条也毫不畏惧。在那片草原上它们是实实在在的王者，谁与争锋？

狼的生命力，狼的团队精神，以及狼的军事才能，狼的骄傲，狼的血液中狼的 DNA 中永远都有一种狼的精神，是那么的让人可畏，让人崇拜。它教会了当地牧民创造许多的财富，是当地牧民真正的图腾。

狼嗅觉灵敏。据说狼的嗅觉比狗强 10 倍，十里八里之外的猎物甭管藏哪儿，经它一嗅，立马嗅到。庄家有此等功夫，就能洞察大市变化，多空嗅觉灵敏，抄底逃顶，出入自如，将股市当做超级提款机。

狼反应迅速。狼一旦发现猎物，会毫不迟疑地立即扑向猎物。

狼耐性充足。狼有时见着猎物下不了嘴的时候，便耐着性子等。盯住了，蝴蝶飞，鲜花摆，干扰不了它；猎物隐遁，猛兽在侧，它不着急。一俟时机成熟，跃然而起。股市许多时候是牛皮市，温吞水时就需要耐心。

狼群团结协作。狼身量不大，但常猎杀比它更大更凶的动物。秘诀在于它一旦决定和大家伙比试，便一声呼啸，群狼便从四面八方而来，你咬脖子，我咬腿，大家伙便轰然倒下，所以人常说恶虎难斗群狼。

第七节　武功秘籍与股市：最厉害的武功当属葵花宝典

在著名的论坛和博客当中，我们可以看到许多对金庸武功的探讨话题，我虽然不懂武功，但为了研究股市，也是个金庸迷。中国文化中有一种神奇的东西叫武功。和中医一样，是一种经验的总结。主要练功方法是靠悟性和机遇。金庸大师在《射雕英雄传》中描述的郭靖和后来的杨过，都是这样练成武功的。只是到了真正的武林泰斗张三丰这里，武术才进入到哲学高度。那就是颠覆了"先发制人，后发制于人"的传统思想，确立了后发制人的全新思想。后发制人的思想确立了，就需要在实践中摸索。"后"多少时间为好？就是别人出招，多长时间接招？太早了不成，别人有可能是假动作，太晚了也不成，这就需要练习。见招拆招才好。在股市中第一功法，就是确立后发制人的思想。

看过金庸大师《侠客行》的人，都会记得侠客岛上那一套神秘的武功。当我们把大量时间用到分析股市的 K 线图，试图从中找到秘密的时候，不正是犯了龙木二岛主的错误。当我们穷尽一生时间耗在这里找其秘诀的时候，会不会到头来，也得出这样的结论，原来我们都错了。股市的 K 线图，不就是用钱画出的路线吗？我们往别的地方联想那么多做什么？侠客岛的秘密，不需要识字。股市的秘密不需要智力，天天费脑子的人，一定无法找到真正的秘诀，不是吗？所以，任何事先的分析都是毫无意义的徒劳。我们可以证明这一点。

金庸大师在《笑傲江湖》中，描述了一种武功叫葵花宝典。拥有它的人号称东方不败，可算是天下第一。特征是速度极快，使一个绣花针，可以同时打击天下第二任我行，第三令狐冲和天王老子三个。这一宝典，练武之人，人人欲得，引发江湖百年波涛。

最要命的是第一句话，"欲练神功，必先自宫"。天下武术，都是越练越难，只有葵花宝典，最难的却是第一步。若不自宫，会有什么情况发生呢？那就是欲火焚身而亡。不知道金大侠炒过股没有，但是他所描述的江湖，却是和股市极为相像的。庄家的功力和任我行相似，吸星大法，靠吸取别人的功力，战胜别人不难，但是结果不妙。要么被阴谋推翻，要么自我膨胀而死。

令狐冲代表了不入江湖，也就是不炒股，以另外特技发财的人。东方不败则代表散户高手。金大侠说了，"欲练神功，必先自宫"，自宫也就是我们常说的止损了，这样才能高速，才能东方不败。明白了股市与武功的关系。我们看看真实的世界，体会一下股神成功的心路。

关于巴菲特的故事，我们可以知道这位股神的成功轨迹。

（1）巴菲特一定赔过钱，并且一定曾有过彻底绝望，否则无法修炼到"神"的层面。

（2）巴菲特一定是确定了一个思想，商人要赚钱，就得低进，这样才能高出。所以一开始做股票的时候，一定是买低价的，别人以为是垃圾股，但是仍有价值的，等高了再把它卖掉。这样的获利思想，只能保障不亏稳赚，是无法成就股神的事业的。因为这样的机会需要等待。

（3）真正成就巴菲特事业的，是他接受了现在的助手的建议和思路，就是买好股票长期持有。就是说不用等待，需要的是寻找，在一种确保获利的模式下，不断工作。

（4）中国股市在没有股改之前是一个大赌场。只是现在才刚刚产生了另外一种赚钱的可能，就是做真正的股东，像巴菲特、保罗·盖蒂这样控股赚钱，享受企业赚钱的利益。现在在理论上讲有了这样的途径。

金庸大师的武侠世界里还有一个"逍遥派"，学习该派武功时，必须先废掉其他功夫，否则学习效果会大打折扣。逍遥派的厉害在于，任何一种武功都有一个修成正果的过程，如少林派学完72种神技需要60年的时间，武当派则可能需要40年，而逍遥派则能在短时间内使修炼者达到极高的功力。原因是逍遥派掌握了上乘武功修炼的秘诀，能借助自然的力量，完成自身小宇宙的良性循环。且在修炼武功的同时，可以享受美好人生，超出单一武功修炼的境界，悟通天地循环的道理，达到触类旁通、天人合一的境界。每一个流派都有自己相生相克的体系，如果你忘不了少林派的一招半式，或者武当派的吐纳法门，你就领会不了逍遥派的独门心法，有时一不小心，还会走火入魔。所以能被逍遥派祖师看中的人少之又少，绝顶武功总是少数人掌握。

因此股市逍遥派的弟子，必须先忘掉过去所学，从头打根基。记住如下不二法门：顺天应势，伺机而动，时机一到，一击即中。"天"就是自然规律，"势"就是市场趋势，"机"就是转折时机。努力地排除干扰，领悟逍遥派的法门，修炼心态，这是一个痛苦的过程。很多人最终会被淘汰，这符合事物发展的"二八规律"，即20%的人赚80%的钱。能挺过这个阶段的人，可以进入兼收并蓄阶段，可将其他流派的招招式式拿来，用逍遥派的法门一对照，再一发挥，马上发现功力大增，可化朽木为神剑，能以四两拨千斤，这是一个不断成长、脱胎换骨的过程。

随着"术"与"道"的领悟越来越深，炒股技术突飞猛进，好股信手拈来，买卖随心所欲。不再需要花太多时间在股市了，股市回归到它本来的面目，涨涨跌跌，自有天定；生活也回归到它本来的面目，起起落落，自在人心。懂得了享受生活，对股市的理解就越来越深刻，越来越坦然，慢慢接近"心中有股，手中无股；手中有股，心中无股"的逍遥境界。终有一日，股市逍遥神功，大功告成。

江湖上，真正有实力的武林高手想扬名立万，总是等待最好的时机，直接找武林盟主挑战，一战成名。股市里，也不要与小兵小虾恋战，积聚力量，抓住每一波的领头羊，就能圆满完成全年的投资计划。天天想抓一个会涨的股票，就是想天天与高手比试武功，即使打得赢，也累死你，何况多做多错，阴沟里也会翻船，白白弄得自己内力耗尽，遍体鳞伤，"嗜赌者不赢，嗜武者不胜"。

第八节　股市运行规律及其重要特征

从哲学的角度来讲，我们透过自己的理性进行认真深入地思考则会使我们的思想越来越接近真实的世界；我们无法确知世界本来的面貌，我们只能根据自己的认识来了解世界。不同的人对同一世界会有不同的认识，并得出不同的结论，这很正常，世上没有唯一的答案。股市变化像宇宙间万事万物一样具有自身内在的规律性，它不是单一经济问题，而是自然、社会、股市人三者关系的问题。认识、理解、尊重股市规律，才能更好地建设股市、发展股市和投资股市。

一、股市规律的客观性

它是指股市运行规律不随人的主观意愿而改变的物质属性，任何违背其规律的信息干预（包括政策、经济、政治、战争、外交、上市公司业绩等信息因素）都将遭到规律的惩罚，像过去上市公司利用各种手段制造假消息、假业绩以及各路庄家恶性炒作股票之行为，市场将要付出血的代价。股市客观性是指股市作为人类社会经济活动的产物，体现着人在自然力量约束下心理思维行为的变化，股市除受自然力量支配外，还受到社会因素包括国家政策、法规、经济、政治、外交、战争、贸易、利率、失业、公司业绩等因素影响。在经济全球化的今天，在经济政策法规制定上，我们力求公正、公平、合理、实用，符合在社会发生剧变时的客观现实要求，循序渐进，锐意改革，探索发展。坚决惩治在经济领域制造各种假消息、假业绩等各种经济犯罪。在政府建设上，完善政府自身发展的各种法规，力求创造一个公正廉明、政策透明、与时共进的政府新形象，建设物质与精神、人类社会与自然环境全息协调发展的新社会。在对外关系上，努力与世界各国尤其邻国发展互利、互惠、互尊的平等友好关系，争取一个良好的外部发展条件。在利益关系上，平衡社会发展过程中各阶层的利益，保持一个相对安宁的社会发展环境，在发展中解决矛盾（包括失业与就业、落后与先进、贫穷与富裕等），为股市发展营造上等环境。总之，社会各方面因素关系合理与否、正确与否，必将影响股市多空双方心理、思维、行为，最终影响股市走势。

二、股市是权力和资本的意志

政策意志的最终目标是较为彻底地改变市场结构，从而实现长远利益最大化。证券市场也不能超越"元规则"。翻看中国历史，按照《潜规则》一书的说法，决定规则的规则均是"暴力最强者说了算"。这里所说的"暴力"未必就是字面意义上的暴力，更多是指拥有合法伤害权，或者说拥有让对手得不偿失的绝对能力。作为结构的缔造者，结构的终端利益必然最大，同时拥有着绝对力量通过改变结构来改变自己的利益空间。换句话说，任何规则的改变必然遵循一个规则：目标利益最大化。证券市场作为这个大结构中的一个小结构，必然被同质化，否则就会失去存在的规则基础。因此，证券市场有各种原则几乎千万条，但"厉害"关系始终只有一条："圈钱"才是硬道理。另外，从上层建筑来看，尽可能支持"圈钱"可以使自己的利益最大化，而成本未必会由自己来买单，即使有，也只剩下几乎可以忽略的道德概念。这有点近似于历史上的战国时代，或者每一个军阀混战的岁月，为了自身利益的最大化，短视在所难免。

在广义生产中，在生产、分配、交换过程中权力力量占优势地位，权力力量较大者获得较多的利益，呈正相关关系；权力力量对比的差距与社会生产效率呈负相关关系。这种规律性现象，称为权力力量定律，或权力力量规律。如俗话说"店大欺客，客大欺店"，"谁权大实力大，谁得的多"就是这个意思。权力力量定律是经济生活的重要客观规律，你权力力量、地位实力大了，你就会获得较高的收入。权力客观规律与供求定律是影响经济生活的两大因素，是决定、影响社会经济生活的两大重要规律。股市是资本市场，资本说了算，散户那点钱无足轻重，控股权才是资本。

三、股市公平和市场效率正相关

公平与效率正相关是社会经济的规律性现象，是生产生活的客观规律。"一个社会公平了，这个社会就经济发达，物产丰富，国家富强，人民幸福；不公平了，经济衰退，国家穷困衰败，人民受苦受难。"就中国股市来说，为了使市场稳健发展，广大投资者从证券市场受益，中国证监会等管理层就要用政策制度，并不断调整政策制度，保持公平状态，建立静态、动态平衡机制及制度，使股市保持公平状态，使投资者的权益受到有效的保障。

从中国股市的发展过程来看，由于历史原因，市场规则开始时就被扭曲，融资论导致的市场规则完全有利于上市公司，其在市场得益多多，乱募集资金和滥用资金，使公司投入和产出不合理，上市公司对股市资金的无限需求，成为股市资金的无底黑洞。同时，市场的各参与主体也不是平等的，市场庄家操纵市场，把股价玩弄在股掌中，股市有时甚至比赌场还黑，这就谈不上中小投资者公平问题了。由于造成大量投资者亏损，甚至逃离市场，直接导致市场丧失效率。2003年以前，由于管理层政策制定的阶段性和不规范性，参与市场中的券商、投资者产生利益失衡，导致管理层加大监管，强制纠错，股指大幅下滑，股民亏损累累，投资者加速离开市场，股市供求开始失衡，导致与社会其他行业的利润存在落差。这种不公平就影响到市场效率的发挥。只有规则公平的股市才能有高效率的市场运行。

在股市研究中，要注意到这种公平的相对性、公平与不公平的可转换性，公平和市场运行效率的相关性，对管理者推出相关的政策和规定就会有预见性和前瞻性，这种超前的意识正是股市生存中最珍贵的东西。

第二章 投资理论

第一节 道氏理论：趋势的晴雨表

道氏学说是股市投资中最早提出的股市技术分析理论。其核心是如何通过股票价格或股市指数的历史轨迹来分析和预测其未来的走向和趋势。道氏理论是所有市场技术研究的鼻祖。道氏理论的形成经历了几十年。1902年，在查理斯·道去世以后，威廉·P.哈密顿和罗伯特·雷亚继承了道氏的理论，并在其后有关股市的评论写作过程中，加以组织与归纳而成为今天我们所见到的理论。他们所著的《股市晴雨表》、《道氏理论》成为后人研究道氏理论的经典著作。值得一提的是，这一理论的创始者——查理斯·道，声称其理论并不是用于预测股市，甚至不是用于指导投资者，而是一种反映市场总体趋势的晴雨表。大多数人将道氏理论当做一种技术分析手段——这是非常遗憾的一种观点。其实，"道氏理论"的最伟大之处在于其宝贵的哲学思想，这是它全部的精髓。雷亚在所有相关著述中都强调，"道氏理论"在设计上是一种提升投机者或投资者知识的配备或工具，并不是可以脱离经济基本条件与市场现状的一种全方位的严格技术理论。

19世纪20年代《福布斯》杂志的编辑理查德·夏巴克，继承和发展了道氏的观点，研究出了如何把"股价平均指数"中出现的重要技术信号应用于各单个股票。而在1948年出版的由约翰·迈吉、罗伯特·D.爱德华所著《股市趋势技术分析》一书，继承并发扬了查理斯·道及理查德·夏巴克的思想，现在已被认为是有关趋势和形态识别分析的权威著作。

道氏理论：道氏理论有极其重要的三个假设，与人们平常所看到的技术分析理论的三大假设有相似的地方，不过，在这里，道氏理论更侧重于其市场含义的理解。

假设1：人为操作——指数或证券每天、每星期的波动可能受到人为操作，次级折返走势也可能受到这方面有限的影响，比如常见的调整走势，但主要趋势不会受到人为的操作。

有人也许会说，庄家能操作证券的主要趋势。就短期而言，他如果不操作，这种适合操作的证券的内幕也会受到他人的操作；就长期而言，公司基本面的变化不断创造出适合操作证券的条件。总的来说，公司的主要趋势仍是无法人为操作，只是证券换了不同的机构投资者和不同的操作条件而已。

假设2：市场指数会反映每一条信息——每一位对于金融事务有所了解的市场人士，他所有的希望、失望与知识，都会反映在"上证指数"与"深圳指数"或其他的什么指数每天的收盘价波动中；因此，市场指数永远会适当地预期未来事件的影响。如果发生火灾、地震、战争等灾难，市场指数也会迅速地加以评估。

在市场中，人们每天对于诸如财经政策、扩容、领导人讲话、机构违规、创业板等层出不穷的题材不断加以评估和判断，并不断将自己的心理因素反映到市场的决策中。因此，对大多数人来说市场总是看起来难以把握和理解。

假设3：道氏理论是客观化的分析理论——成功利用它协助投机或投资行为，需要深入研究，并客观判断。当主观使用它时，就会不断犯错，不断亏损。

一、趋势分析是道氏理论的核心

股票指数与任何市场都有三种趋势：短期趋势，持续数天至数个星期；中期趋势，持续数个星期至数月；长期趋势，持续数月至数年。任何市场中，这三种趋势必然同时存在，彼此的方向可能相反。因此，市场具有级别之分并互为存在，对其的分辨尤其重要。

主要走势代表整体的基本趋势，通常称为多头或空头市场，持续时间可能在一年以内，乃至于数年之久。正确判断主要走势的方向，是投机行为成功与否的最重要因素。没有任何已知的方法可以预测主要走势的持续期限。因此，对于市场，不去主动预测趋势的时间范围，需要关注的是方向是否改变。

主要的空头市场是长期向下的走势，其间夹杂着重要的反弹。它来自于各种不利的经济因素，唯有股票价格充分反映可能出现的最糟情况后，这种走势才会结束。因此，物极必反是解决空转多的关键，其心理意义建立在市场对于其本身的过度反应。

主要的多头市场是一种整体性的上涨走势，其中夹杂着次级的折返走势，平均的持续期间长于两年。在此期间，由于经济情况好转与投机活动转盛，所以投资性与投机性的需求增加，并因此推高股票价格。多头市场有三个阶段：第一阶段，人们对于未来的景气恢复信心；第二阶段，股票对于已知的公司盈余改善产生反应；第三阶段，投机热潮转炽而股价明显膨胀——这阶段的股价上涨是基于期待与希望。因此，每一轮多头都夹杂着回档的要求，但是一旦多头环境形成，则不会轻易改变。

次级折返走势是多头市场中重要的下跌走势，或空头市场中重要的上涨走势，持续的时间通常在三个星期至数月；此期间内折返的幅度为前一次级折返走势结束之后主要走势幅度的33%~66%。次级折返走势经常被误以为是主要走势的改变，因为多头市场的初期走势，显然可能仅是空头市场的次级折返走势，相反的情况则会发生在多头市场出现顶部后。因此，折返运动是辨认市场走向的关键钥匙，其存在的时间往往占多头或空头市场的一半以上。

二、道氏理论的基本观点：相互验证的原则

两种指数必须相互验证——这是道氏理论中最有争议也是最难以统一的地方，然而它已经受到了时间的考验。任何仔细研究过市场记录的人士都不会忽视这一原则所起到的"作用"。而那些在实际操作中将这一原则弃之不顾的交易者总是要后悔的。这就意味着，市场趋势中不是一种指数就可以单独产生有效信号。

交易量跟随趋势——其意思就是主要趋势中价格上涨，那么交易活动也就随之活跃。一轮牛市中，当价格上涨时交易量随之增长。而在一轮熊市中，价格跌落，当其反弹时，交易量也增长。当然，这一原则也适合于次等趋势，尤其是一轮熊市中的次等趋势中，当交易行为可能在短暂弹升中显示上升趋势，或在短暂回撤中显示下降趋势。但对于这一原则也存在例外，而且仅根据几天内的交易情况，或者更不用说单一交易时间段都是不够的，只有一段时间内全面相关的交易情况才有助于我们做出有效的判断。进一步而言，在道氏理论中市场趋势的结论性标志是在对价格运动的最终分析中产生的。交易量只是提供一些相关的信息，有助于分析一些令人困惑的市场行情。

直线可以代替次等趋势。在道氏理论术语中，一条直线就是指数做横向运动，一般横向运动两到三周，有时甚至数月之久，在这一期间，价格波动幅度大约在 5%或更低一些。一条直线的形成表明了买卖双方的力量大体平衡。当然，最终或者一个价格范围内已没有人售出，那些需要购入的买方只得提高出价以吸引卖方，或者那些急于脱手的卖方在一个价格范围内找不到买方，只得降低售价以吸引买方。因而，价格涨过现存"直线"的上限就是涨势的标志；相反，跌破下限就是跌势标志。总的说来，在这一期间，直线越长，价格波动范围越小，最后突破时的重要性也越大。

直线经常出现，以至于道氏理论的追随者们认为它们的出现是必需的，它们可能出现在一个重要的底部或顶部，以分别表示出货或建仓阶段，但作为现行主要趋势进程中的间歇，其出现较为频繁。在这种情况下，直线取代了一般的次级波浪。当一指数要经历一个典型的次等回调时，在另一指数上形成的可能就是一条直线。值得一提的是，一条直线以外的运动不论是涨还是跌，都会紧跟着同一方向上一个更为深入的运动，而不只是跟随因新的波浪冲破先前基本趋势运动形成的限制而产生的"信号"。在实际突破发生之前，并不能确定价格将向哪个方向突破。

仅使用收市价。道氏理论并不注重任何一个交易日收市前出现的最高峰和最低点，而只考虑收市价，即一个交易日成交股票最后一段时间售出价格的平均值。这是又一条经历了时间考验的道氏原则。

只有当反转信号明确显示出来，才意味着一轮趋势的结束。这一原则可能比其他道氏原则更招致非议。但如果对其理解正确，正如其他原则一样，这一原则同样也是建立在实践检验基础上的，也的确具有可行性。对于过于急躁的交易者，这无疑是一个警告，告诫交易者不要过快地改变立场而撞到枪口上。当然这并不是说当趋势改变的信号已出现时还要做不必要的拖延，而是说明了一种经验，那就是与那些过早买入（或卖出）的交易者相比，机会总是站在更有耐心的交易者一边。他们只有等到自己有足够把握时才会采取行动。牛市不会永远上涨而熊市也迟早会跌至最低点，当一轮新的基本趋势首先被两种指数的变化表现出来时，不论近期有任何回调或间歇，其持续发展的可能性都是最大的。

第二节　格雷厄姆理论：安全边际学说

股市向来被人视为精英基本之地，华尔街则是衡量一个人智慧与胆识的决定性场所。本杰明·格雷厄姆作为一代宗师，他的金融分析学说和思想在投资领域产生了极为巨大的震动，影响了几乎三代重要的投资者。

1934 年年底，格雷厄姆完成了他酝酿已久的《有价证券分析》这部划时代的著作，《有价证券分析》一书所阐述的计量分析方法和价值评估法使投资者少了许多的盲目，增加了更多的理性成分。这本著作一出版就震动了美国和华尔街的投资者，一时之间，该书成了金融界人士和投资界人士的必读书目。格雷厄姆也从此奠定了他"华尔街教父"的不朽地位。

在格雷厄姆写作《有价证券分析》的同时，菲利普·费舍提出了费舍学说。费舍学说认为可以增加公司内在价值的因素有两个：一是公司的发展前景，二是公司的管理能力。投资者在对该公司投资之前，必须对该公司进行充分的调查。费舍认为，在判定该公司是否具有发展前景时，不必过于看重该公司一两年内的销售额年度增长率，而是应从其多年的经营状况来判别；同时，还应考察该公司是否致力于维持其低成本，使利润随销售增长而同步增长，以及该公司未来在不要求股权融资情况下的增长能力。在考察公司的管理能力时，应注意管理人员是否有一个可行的政策，使短期利益服从长远利益；管理人员是否正直和诚实，能否处理好和雇员之间的工作关系，以及公司之所以区别同业中其他公司的业务或管理特点。费舍学说主张购买有能力增加其长期内在价值的股票。

一、投资和投机的区别

格雷厄姆《有价证券分析》与道氏学说和费舍学说研究的着眼点是截然不同的，他所涉及的是一个到他为止尚无人涉足的领域。首先，格雷厄姆统一和明确了"投资"的定义，区分了投资与投机。在此之前，投资是一个多义词。一些人认为，购买安全性较高的证券如债券是投资，而购买股价低于净现值的股票的行为是投机。而格雷厄姆认为，动机比外在表现更能确定购买证券是投资还是投机。借款去买证券并希望在短期内获利的决策不管它买的是债券还是股票都是投机。在《有价证券分析》一书中，他提出了自己的定义："投资是一种通过认真分析研究，有指望保本并能获得满意收益的行为。不满足这些条件的行为就被称为投机。"

格雷厄姆认为，对于一个被视为投资的证券来说，资本金必须有某种程度的安全性和满意的报酬率。当然，所谓安全并不是指绝对安全，而是指在合理的条件下投资应不至于亏本。一旦发生极不寻常或者意想不到的突发事件也会使安全性较高的债券顷刻间变成废纸。而满意的回报不仅包括股息或利息收入而且包括价格增值。格雷厄姆特别指出，所谓"满意"是一个主观性的词，只要投资者做得明智，并在投资定义的界限内，投资报酬可以是任何数量，即使很低，也可称为是"满意"的。判断一个人是投资者还是投机者，关键在于他的动机。

要不是当时债券市场的表现很差，格雷厄姆有关投资的定义也许会被人们所忽视。在 1929~1932 年短短 4 年间，道·琼斯债券指数从 97.70 点跌至 65 点，许多人因购买债券而破了产。债券在人们的心目中不再被简单地视为纯粹的投资了，人们开始重新审视原来对股票和债券的投资与投机的粗浅性认识，格雷厄姆适时提出的投资与投机的定义，帮助许多人澄清了认识。

格雷厄姆的《有价证券分析》在区分投资与投机之后，所做出的第二个贡献就是提出了普通股投资的数量分析方法，解决了投资者的迫切问题，使投资者可以正确判断一只股票的价值，以便决定对一只股票的投资取舍。在《有价证券分析》出版之前，尚无任何计量选股模式，格雷厄姆可以称得上是运用数量分析法来选股的第一人。

美国华尔街股市在 1929 年之前，其上市公司主要是铁路行业的公司，而工业和公用事业公司在全部上市股票中所占份额极小，银行和保险公司等投机者所喜欢的行业尚未挂牌上市。在格雷厄姆看来，由于铁路行业的上市公司有实际资产价值作为支撑，且大多以接近面值的价格交易，因而具有投资价值。

二、股市暴跌的三种原因

19 世纪 20 年代中后期，华尔街股市伴随着美国经济的繁荣进入牛市状态，无论是上市公司的种类，还是股票发行量均大幅度增加。投资者的热情空前高涨，但大多数投资投在房地产方面。尽管房地产公司曾显盛一时，但接下来的是一系列房地产公司的破产，而商业银行和投资银行对此却未引起足够的警觉，去关注风险，反而继续推荐房地产公司的股票。房地产投资刺激了金融和企业投资活动，进而继续煽起投资者的乐观情绪。正像格雷厄姆所指出的那样，失控的乐观会导致疯狂，而疯狂的一个最主要的特征是它不能吸取历史的教训。

在《有价证券分析》一书中，格雷厄姆指出造成股市暴跌的原因有三种：①交易经纪行和投资机构对股票的操纵。为了控制某种股票的涨跌，每天经纪人都会放出一些消息，告诉客户购买或抛售某种股票将是多么明智的选择，使客户盲目地走进其所设定的圈套。②融资给股票购买者的金融政策。20世纪20年代，股市上的投机者可以从银行取得贷款购买股票，从1921年到1929年，其用于购买股票的贷款由10亿美元上升到85亿美元。由于贷款是以股票市价来支撑的，一旦股市发生暴跌，所有的一切就像多米诺骨牌一样全部倒下。直至1932年美国颁布了《证券法》之后，有效地保护了个人投资者免于被经纪人欺诈，靠保证金购买证券的情形才开始逐渐减少。③过度的乐观。这一种原因是三种原因中最根本的，也是无法通过立法控制的。

1929年发生的股市大崩溃并非投机试图伪装成投资，而是投资变成了投机。格雷厄姆指出，历史性的乐观是难以抑制的，投资者往往容易受股市持续的牛市行情所鼓舞，继而开始期望一个持久繁荣的投资时代，从而逐渐失去了对股票价值的理性判断，一味追风。在这种过度乐观的市场上，股票可以为任何价格，人们根本不考虑什么数学期望，也正是由于这种极度的不理智，使投资与投机的界限变模糊了。

三、股市投资方法研究

当人们遭受到股市暴跌带来的巨大冲击时，购买股票再一次被认为是投机，人们憎恨甚至诅咒股票投资。只是随着经济的复苏，人们的投资哲学才又因其心理状态的变化而变化，重拾对股票投资的信心。在1929年股市暴跌后的二十几年里，许多学者和投资分析家对股票投资方法进行研究分析。格雷厄姆根据自己多年的研究分析，提出了股票投资的三种方法：横断法、预期法和安全边际法。

1. 横断法

相当于现代的指数投资法。格雷厄姆认为，应以多元化的投资组合替代个股投资。即投资者平均买下道·琼斯工业指数所包括的30家公司的等额股份，则获利将和这 30 家公司保持一致。

2. 预期法

又分为短期投资法和成长股投资法两种。

（1）所谓短期投资法，是指投资者在 6 个月到 1 年之内选择最有获利前景的公司进行投资，从中赚取利润。华尔街花费很多精力预测公司的经营业绩，包括销售额、成本、利润等，但格雷厄姆认为，这种方法的缺点在于公司的销售和收入是经常变化的，而且短期经营业绩预期很容易立即反映到股票价格上，造成股票价格的波动。而一项投资的价值并不在于它这个月或下个月能挣多少，也不在于下个季度的销售额会发生怎样的增长，而在于它长期内能给投资者带来什么样的回报。很显然，基于短期资料的决策经常是肤浅和短暂的。但由于华尔街强调业绩变动情况与交易量，所以短期投资法成为华尔街比较占优势的投资策略。

（2）所谓成长股投资法，是指投资者以长期的眼光选择销售额与利润增长率均高于一般企业平均水平的公司的股票作为投资对象，以期获得长期收益。每一个公司都有所谓的利润生命周期。在早期发展阶段，公司的销售额加速增长并开始实现利润；在快速扩张阶段，销售额持续增长，利润急剧增加；在稳定增长阶段，销售额和利润的增长速度开始下降；到了最后一个阶段即衰退下降阶段，销售额大幅下滑，利润持续明显地下降。

格雷厄姆认为，运用成长股投资法的投资者会面临两个难题：一是如何判别一家公司处在其生命周期的某个阶段。因为公司利润生命周期的每个阶段都是一个时间段，但这些时间段并没有一个极为明显的长短界限，这就使投资者很难准确无误地进行判别。如果投资者选择一家处于快速扩张阶段的公司，他可能会发现该公司的成功只是短暂的，因为该公司经受考验的时间不长，利润无法长久维持；如果投资者选择一家处于稳定增长阶段的公司，也许他会发现该公司已处于稳定增长阶段的后期，很快就会进入衰退下降阶段，等等。二是如何确定目前的股价是否反映出了公司成长的潜能。投资者选定一家成长型公司的股票准备进行投资，那么他该以什么样的价格购进最为合理？如果在他投资之前，该公司的股票已在大家的推崇下上升到很高的价位，那么该公司股票是否还具有投资的价值？在格雷厄姆看来，答案是很难精确确定的。

3. 安全边际法

如果分析家对于某公司未来的成长持乐观态度，并考虑将该公司的股票加入投资组合中去，那么，他有两种选择：一种是在整个市场低迷时买入该公司的股票；另一种是当该股票的市场价格低于其内在价值时买入。选择这两种方式购买股票主要是考虑股票的安全边际。

但格雷厄姆也同时指出，采用第一种方式进行投资，投资者将会陷入某些困境。首先，在市场低迷时购买股票容易诱导投资者仅以模型或公式去预测股票价格的高低，而忽视了影响股票价格的其他重要因素，最终难以准确预测股票价格走势。其次，当股市处于平稳价格时期，投资者只能等待市场低迷时期的来临，而很可能错过许多投资良机。因此，格雷厄姆建议投资者最好采用第二种方式进行投资。投资者应抛开整个市场的价格水平，注重对个别股票内在价值的分析，寻找那些价格被市场低估的股票进行投资。而要使这个投资策略有效，投资者就需要掌握一定的方法或技术来判别股票的价值是否被低估了。这就引入一个"安全边际"的概念，而用来评估某些股票是否值得购买的方法就是安全边际法。

所谓安全边际法，是指投资者通过公司的内在价值的估算，比较其内在价值与公司股票价格之间的差价，当两者之间的差价达到某一程度时（即安全边际）就可选择该公司股票进行投资。很明显，为了应用安全边际法进行投资，投资者需要掌握一定的对公司内在价值进行估算的技术。格雷厄姆认为，公司的内在价值是由公司的资产、收入、利润以及任何未来预期收益等因素决定，其中最重要的因素是公司未来的获利能力。因为这些因素都是可以量化的，因此，一个公司的内在价值可用一个模型加以计量，即用公司的未来预期收益乘以一个适当的资本化因子来估算。这个资本化因子受公司利润的稳定性、资产、股利政策以及财务状况稳定性等因素的影响。

格雷厄姆认为，由于内在价值受投资者对公司未来经济状况的不精确计算所限制，其结果很容易被一些潜在的未来因素所否定。而销售额、定价和费用预测的困难也使内在价值的计算更趋复杂。不过这些均不能完全否定安全边际法。经实证研究发现，安全边际法可以成功地运用于以下三个区域：一是安全边际法运用于稳定的证券，如债券和优先股等，效果良好；二是安全边际法可用来做比较分析；三是安全边际法可用来选择股票，特别是公司的股票价格远远低于其内在价值时。

不过，格雷厄姆同时指出，内在价值不能被简单地看做是公司资产总额减去负债总额，即公司的净资产。因为公司的内在价值除了包括它的净资产，还包括这些资产所能产生的未来收益。实际上，投资者也无须计算公司内在价值的精确值，只需估算一个大概值，对比公司股票的市场价值，判断该公司股票是否具有足够的安全边际，能否作为投资对象。

格雷厄姆虽然比较强调数量分析，但他并不否定质量分析的重要性。格雷厄姆认为，财务分析并非一门精确的学科。对一些数量因素，包括资产、负债、利润、股利等进行的量化分析是估算公司内在价值所必需的，但有些不易分析的质量因素，如公司的经营能力和公司的性质也是估算公司内在价值所必不可少的。缺少了对这些质量因素的分析，往往会造成估算结果的巨大偏差。以致影响投资者做出正确的投资决策。但格雷厄姆也对过分强调质量因素分析表示担忧。格雷厄姆认为，当投资者过分强调那些难以捉摸的质量因素时，潜在的失望便会增加。对质量因素的过度乐观，也使投资者在估算公司内在价值时采用一个更高的资本化因子，这会促使投资者去购买潜在风险很高的证券。

在格雷厄姆看来，公司的内在价值大部分来源于可量化的因素而非质量因素，质量因素在公司的内在价值中只占一小部分。如果公司的内在价值大部分来源于经营能力、企业性质和乐观的成长率，那么就几乎没有安全边际可言，只有公司的内在价值大部分来源于可量化的因素，投资人的风险才可被限定。

四、一个成功的投资者应遵循的两个投资原则

一是严禁损失，二是不要忘记第一原则。根据这两个投资原则，格雷厄姆提出两种安全的选股方法。第一种选股方法是以低于公司 2/3 净资产价值的价格买入公司股票，第二种方法是购买市盈率低的公司股票。当然，这两种选股方法的前提是这些公司股票必须有一定的安全边际。格雷厄姆进一步解释说，以低于公司 2/3 净资产的价格买入公司股票，是以股票投资组合而非单一股票为考虑基础，这类股票在股市低迷时比较常见，而在行情上涨时很少见。由于第一种方法受到很大的条件限制，格雷厄姆将其研究重点放在了第二种选股方法上。不过，以低于公司 2/3 净资产的价格买入股票和买入市盈率低的股票这两种方法所挑选出的股票在很多情况下是相互重叠的。

格雷厄姆的安全边际学说是建立在一些特定的假设基础上的。格雷厄姆认为，股票之所以出现不合理的价格在很大程度上是由于人类的惧怕和贪婪情绪。极度乐观时，贪婪使股票价格高于其内在价值，从而形成一个高估的市场；极度

悲观时，惧怕又使股票价格低于其内在价值，进而形成一个低估的市场。投资者正是在缺乏效率的市场修正中获利。投资者在面对股票市场时必须具有理性。格雷厄姆提请投资者们不要将注意力放在行情上，而要放在股票背后的企业身上，因为市场是一种理性和感性的掺杂物，它的表现时常是错误的，而投资的秘诀就在于当价格远远低于内在价值时投资，等待市场对其错误的纠正。市场纠正错误之时，便是投资者获利之时。

1936年，继他的《有价证券分析》后，格雷厄姆又出版了他的第二本著作《财务报表解读》。20世纪三四十年代是格雷厄姆著作的高产年代。继《财务报表解读》之后，格雷厄姆又于1942年推出了他的又一部引起很大反响的力作《聪明的投资人》。这本书虽是为普通投资者而写，但金融界人士也深深地被书中的智慧光芒所倾倒。它再一次巩固了格雷厄姆作为一代宗师的地位。

格雷厄姆在《聪明的投资人》一书中再一次清楚地指出，投资与投机的本质区别：投资是建立在敏锐与数量分析的基础上，而投机则是建立在突发的念头或是臆测之上。二者的关键在于对股价的看法不同，投资者寻求合理的价格购买股票，而投机者试图在股价的涨跌中获利。作为聪明的投资者应该充分了解这一点。其实，投资者最大的敌人不是股票市场而是他自己。如果投资者在投资时无法掌握自己的情绪，受市场情绪所左右，即使他具有高超的分析能力，也很难获得较大的投资收益。

五、奔向地狱

格雷厄姆曾讲述了股市的寓言，借此来说明时时预测股市波动的愚蠢。为了说明投资者的盲目投资行为，格雷厄姆讲了一则寓言"奔向地狱"。当一位石油勘探者准备进入天堂的时候，圣·彼得拦住了他，并告诉了他一个非常糟糕的消息："你虽然的确有资格进入天堂，但分配给石油业者居住的地方已经爆满了，我无法把你安插进去。"这位石油勘探者听完，想了一会儿后，就对圣·彼得提出一个请求："我能否进去跟那些住在天堂里的人们讲一句话？"圣·彼得同意了他的请求。于是，这位石油勘探者就对着天堂里的人们大喊："在地狱里发现石油了！"话音刚落，天堂里所有的人都蜂拥着跑向地狱。圣·彼得看到这种情况非常吃惊，于是他请这位石油勘探者进入天堂居住。但这位石油勘探者迟疑了一会儿说："不，我想我还是跟那些人一起到地狱中去吧。"格雷厄姆通过这则寓言告诫投资者切忌盲目跟风。

证券市场上经常发生的一些剧烈变动，很多情况下是由于投资者的盲目跟风行为，而非公司本身收益变动的影响。一旦股市上有传言出现，许多投资者在传言未经证实之前就已快速而盲目地依据这些传言买入或卖出股票，跟风盖过了理性思考，这一方面造成股价的剧烈波动，另一方面常常造成这些投资者的业绩表现平平。令格雷厄姆感到非常费解的是，华尔街上的投资专业人士尽管大多都受过良好的教育并拥有丰富的投资经验，但他们却无法在市场上凝聚成一股更加理性的力量，而是像旅鼠一样，更多地受到市场情绪的左右，拼命地追逐市场的形势。格雷厄姆认为，这对于一个合格的投资者而言是极不足取的。

由于一个公司的股价一般都是由其业绩和财务状况来支撑的，因此投资者在投资前要判断一家公司股票的未来走势，其中很重要的一点就是需要准确衡量公司的绩效。

衡量一家公司收益好坏的指标有很多种，如每股净收益可以直接体现公司获利程度的高低，投资报酬率可以考察公司全部资产的获利能力等，但格雷厄姆比较偏爱用销售利润率作为衡量公司收益性的指标，因为该指标不仅可以衡量公司产品销售收入的获利能力，而且可以衡量公司对销售过程成本和费用的控制能力。公司产品销售过程的成本和费用越低，公司销售收入的获利能力就越大。由于公司的大部分收入一般来源于主营业务收入，即产品销售收入，因此，通过销售利润率可以判断出一家公司的盛衰。

衡量一家公司的盈利是否稳定，格雷厄姆认为，可以 10 年为一期间，描绘出每股盈余的变动趋势，然后拿该公司最近 3 年的每股盈余与其变动趋势做一比较，若每股盈余的水平是稳定上升的，则表示该公司的盈利水平保持了 100% 的稳定，否则，在大起大落的背后一定有某些隐含的市场原因、产品问题或者偶然因素，它们有可能对今后的盈利构成某种程度的威胁。这一指标对于发展中的小型企业尤其重要。

衡量每股盈余的成长性一般采用盈余增长率这一指标。盈余增长率是一家公司在最近 3 年中每股盈余的年平均增长率，它既能反映出公司的生存能力、管理水平、竞争实力、发展速度，又可以刻画出公司从小变大、由弱变强的历史足迹。格雷厄姆认为，这一指标对于衡量小型公司的成长性至关重要。

公司的财务状况决定其偿债能力，它可以衡量出公司财务的灵活性和风险性。如果公司适度负债且投资报酬率高于利息率时，无疑对公司股东是有利的，但如果举债过度，公司就可能发生财务困难，甚至破产，这将给投资者带来极大的风险。衡量公司是否具有足够的偿债能力，可以通过流动比率、速动比率、资产负债率等指标来考察，如流动比率为 2，速动比率为 1 时通常被认为是合理的。

股票的历史价格虽不是衡量企业绩效的关键因素，但它可以从一个侧面反映公司的经营状况和业绩好坏。股票价格就好比公司业绩的一个晴雨表，公司业绩表现比较好时，公司股票价格会在投资者的推崇下而走高；公司业绩表现不理想时，公司股票价格会在投资者的抛弃下而走低。当某一种股票定期地因为某些理由下降或因一头热而下跌时，这无疑是告诉投资人，该公司的价格的长期走势可以靠着明察而予以判断。

六、 格雷厄姆向投资者提出下列忠告

1. 做一名真正的投资者

虽然投机行为在证券市场上有它一定的定位，但由于投机者仅仅为了寻求利润而不注重对股票内在价值的分析，往往容易受到"市场先生"的左右，陷入盲目投资的误区，股市一旦发生大的波动常常使他们陷入血本无归的境地。而谨慎的投资者只在充分研究的基础上才做出投资决策，所冒风险要少得多，而且可以获得稳定的收益。

2. 注意规避风险

一般人认为在股市中利润与风险始终是成正比的，这是一种误解。格雷厄姆认为，通过最大限度地降低风险而获得利润，甚至是无风险而获利，这在实质上是高利润；在低风险的策略下获取高利润也并非没有可能；高风险与高利润并没有直接的联系，往往是投资者冒了很大的风险，而收获的却只是风险本身，即惨遭亏损，甚至血本无归。投资者不能靠莽撞投资，而应学会理智投资，时刻注意对投资风险的规避。

3. 以怀疑的态度去了解企业

一家公司的股价在其未来业绩的带动下不断向上攀升，投资者切忌盲目追涨，而应以怀疑的态度去了解这家公司的真实状况。因为即使是采取最严格的会计准则，近期内的盈余也可能是会计师所伪造的。而且公司采用不同的会计政策对公司核算出来的业绩也会造成很大差异。投资者应注意仔细分析这些新产生的

业绩增长是真正意义上的增长，还是由于所采用的会计政策带来的，特别是对财务报告的附注内容更要多加留意。任何不正确的预期都会歪曲企业的面貌，投资者必须尽可能准确地做出评估，并且密切注意其后续发展。

4. 当怀疑产生时，想想品质方面的问题

如果一家公司营运不错，负债率低，资本收益率高，而且股利已连续发放了一些年，那么，这家公司应该是投资者理想的投资对象。只要投资者以合理的价格购买该类公司股票，投资者就不会犯错。格雷厄姆同时提醒投资者，不要因所持有的股票暂时表现不佳就急于抛弃它，而应对其保持足够的耐心，最终将会获得丰厚的回报。

5. 规划良好的投资组合

投资者应合理规划手中的投资组合，一般手中应保持25%的债券或与债券等值的投资和25%的股票投资，另外50%的资金可视股票和债券的价格变化而灵活分配其比重。当股票的盈利率高于债券时，投资者可多购买一些股票；当股票的盈利率低于债券时，投资者则应多购买债券。当然，格雷厄姆也特别提醒投资者，使用上述规则只有在股市牛市时才有效。一旦股市陷入熊市时，投资者必须当机立断卖掉手中所持有的大部分股票和债券，而仅保持25%的股票或债券。这25%的股票或债券是为了以后股市发生转向时所预留的准备。

6. 关注公司的股利政策

投资者在关注公司业绩的同时，还必须关注该公司的股利政策。一家公司的股利政策既体现了它的风险，又是支撑股票价格的一个重要因素。如果一家公司坚持了长期的股利支付政策，这表示该公司具有良好的"体质"及有限的风险。而且相比较来说，实行高股利政策的公司通常会以较高的价格出售股票，而实行低股利政策的公司通常只会以较低的价格出售股票。投资者应将公司的股利政策作为衡量投资的一个重要标准。

第三节 江恩理论：规则重于预测

人们所以投身股票市场，是为了实现利用自己的智慧获得巨大收益的理想。

在股市中，智慧对最终结果的决定性作用，比其他任何行业都表现得更为明显。正因为这样，股市历史上曾经成功的千千万万的炒家多数湮没无闻，而江恩却因为他独特的炒作智慧成了全球股市的偶像型人物。

任何炒家在炒作中，不可能离开数学。但应用不同的数学，结果就会千差万别。江恩的数学是有关天文的。为了形象地表达关于天文的某些数量关系，他又应用了几何学。这颇有些能掐会算的诸葛亮味道。事实上，江恩在世界金融界的形象，正是一位伟大的先知。江恩说，我们拥有一切天文学和数学上的证明，以决定市场的几何角度为什么及如何影响市场的走势。如果你学习时有所进步，而又证明你是值得教导的话，我会给你一个主宰的数字及主宰的字句。45 年间，江恩在华尔街纵横捭阖，总共赚取了 5000 多万美元，相当于现在的 5 亿多美元。他的投资成功率，据称高达 80%~90%。

江恩更伟大的地方还在于，他深刻认识到自己的炒作理论和成功经验，应该是全人类的共同财富。江恩在晚年著书立说，把自己的市场感悟传之后世。这种境界，可不是随便什么领域的高人都能达到的。

一、江恩的生平

1. 江恩的基督教背景

江恩具有浓厚的基督教背景，是一名极为虔诚的基督徒。这在美国这样的国家里毫不奇怪。问题是江恩宣称自己在《圣经》中发现了市场的循环周期，就不能不引起我们特别的重视。基督教是信仰上帝的，而上帝是全知全能的，这就使得虔诚的信徒存有敬畏上帝的心理。有这种文化背景和没有这种文化背景是完全不一样的。事实上，当你了解了真正的江恩理论，赚钱可说易如反掌的时候，很容易产生自我膨胀的心理现象，唯我独尊，不可一世。而一支骄傲的军队必定是会走向失败的。

这就可以理解，为什么江恩技术水平已经达到了特定时间特定价位的程度，居然还要制定买卖 21 条守则。那是因为无论什么人，在全知全能的上帝面前都是渺小的；无论怎样努力，所取得的成绩都是极为有限的。这也不是什么迷信。上帝作为一种终极信仰，一定程度上可以认为是宇宙规律的代名词。而对于宇宙中一定存在的终极规律，一个人、一个团体、一个种族、一个时代甚至整个人类只能明智地承认自己的无能。没有办法，这叫做以有限认识无限。

江恩的 21 条买卖守则出现在他晚年所出的一部书——《江恩：华尔街 45 年》当中。不容讳言，45 年中他曾经爆仓 40 次。江恩认识到了人这种感情动物的局限。除了制定自己必须遵守的纪律之外，只能对基督教更加虔诚。他把求索的目光投向上苍，投向冥冥之中的天国，全神贯注地谛听着福音。

这种虔诚的集中表现，就是江恩宣称，他从《圣经》中发现了循环周期。爆仓 40 次的江恩一定是个对市场涨落刻骨铭心的江恩。一个在极度荣耀和极度落魄之间宽幅震荡的江恩。一个陷入了痛苦的精神炼狱而又从中粲然走出的江恩。他谦卑地向上帝交上了他的作业。炒股不能不是功利的。炒股又必须是超越功利的。江恩的成功经历告诉我们，矢志不改，不懈追求，日积月累，融会贯通，是在股市成功的不二法门。

2. 江恩的游历学习经历

股票市场的走势循环往复，具有非常直观的周期性特征，这就促使有心人去寻找它的运行规律。江恩为了寻找市场波动的自然定律，用了漫长的 10 年时间去游历。这段经历无疑开拓了他的视野，更丰富了他的思路。江恩到过文明古国埃及，那里有谜一样的金字塔，今天我们知道，金字塔与神奇数列关系颇深；另一个文明古国印度不仅是阿拉伯数字的故乡，而且是一个宗教的国度，还盛行开启智慧的瑜伽术。说这些对江恩理论的形成一点影响也没有显然是不现实的。在英国，江恩用了九个月的时间泡在纽约的图书馆和大英博物馆，研究过往的市场交易记录和华尔街大炒家的操作手法。夜以继日地工作终于获得了回报，一些成功炒家的交易秘诀被他掌握，盈利已经不是什么问题了。但是，江恩还想走得更远。在市场上应用某种数学公式是管用的，它为什么管用？隐藏在它背后的深层次机理是什么呢？经过反复的研究他得出了结论：规律。像日月运行，像斗转星移。原来，市场波动就像星月运行一样，井然有序，可推可演。

正是这种锲而不舍的追求，使江恩总结出一套以自然规则为核心的交易方法。这种交易方法类比于星象的周期运动，在市场交易中体现为"波动法则"。掌握了这个法则的人，便可以如同知道太阳何时升起一样，预报股票特定时间的准确价位。江恩甚至还提前一年画出走势图，用来证明该方法的准确性。实力来自于游历的十年，更来自于生命不息、探求不止，不断提升自我、完善自我的伟大人格。江恩在 1949 年出版的《如何在商品期货交易中获利》一书中写道：在过去的 40 年里，我年年研究和改进我的理论。我还在不断地学习，希望自己在未来能有更大的发现。

实际上，这种不倦探索、不懈追求的精神，仍然和江恩的基督教背景有关。这是因为，基于对无限绝对的上帝的敬仰和信奉，基督徒深深感到人世的卑微有限，人生在世的束缚和界定使基督徒虽然"生活在这个世界"却又"不属于这个世界"，也就是不可以因为有限的人生业绩而放弃对终极关切和永恒的追求，现实生存的全部意义在于超越现实。正是这种对人生的深刻体会和非凡洞察，使基督徒能够在"基督受难"以"拯救世人"的信仰精神的烛照下，积极入世，奋发有为，不奢望轻而易举的成功，也不迷惑于一事一时的成败，既有逼人的灵气和远大的目光，又能够脚踏实地，知行合一。虔诚的基督徒江恩在股票投资领域所获得的巨大成功，在某种意义上是理念的成功，文化的成功，信仰的成功。

二、江恩理论的内容是什么

事实上，我们今天所了解的江恩测市技巧方面的理论，可以概括为两个层面。一个层面是技术层面，它包括江恩四方形、角度线、六角形、轮中之轮等；另一个层面是原理层面，它包括星象学、几何学、数字学、波动法则、主宰的字句以及江恩在推崇《圣经》中所透露出来的对于客观规律的部分描绘。按照我们中国人的说法，这两个层面一个是道，一个是器，一个形而上，一个形而下。技术层面是为原理层面服务的，是用来解释、说明、演示原理的。有了这样一个大致的分类，我们对于江恩理论的研究，就不至于毫无头绪，而是始终高屋建瓴，主次分明，这就有可能去伪存真，由表及里，逐步达到揭开江恩理论神秘面纱的目的。

江恩理论中，还有一些关于交易策略方面的东西，如交易 21 条守则，等等。这些是江恩理论中更加实用，更有价值，在某种程度上可能更有特色的东西。因为任何股市理论如果不能进入实战，不能产生财富，理论本身也就失去了存在的意义。江恩的经历表明，如果我们确实掌握了江恩的预测方法，那么，像他那样在一个交易日内 8 次买卖到即市交易的短线顶部和底部并非没有可能。荣耀正是由此产生。爆仓也是由此产生。就是说，并不是所有的短线顶底都适合交易。如何最大限度地把握机会、规避风险，是江恩交易法则的精髓，也是江恩理论的重要组成部分。

三、破解江恩理论：天体运行的规律就是自然法则

江恩一再指出：自然法则是股市波动的基础，天体运行的规律也就是自然法则制约着人们生活生产实践活动，现在的问题是股市与自然法则有什么关系？江恩在其带几分自传性质的寓意小说《空中隧道》中说道："我坚信《圣经》是人类了解未来进程的钥匙，我的关于未来与历史再现之学说完全启蒙于《圣经》。"上帝说道："假设你能发现天空的模样，你为什么不能发现时间的信号呢？""我发现了国家、人类和市场的历史中不断出现的大、小时间因素。""宇宙万物都处在周期性循环运动之中，不论是具体的还是抽象的、物质的还是精神的。""任何事情都按照固有的周期循环发生，人类的生活、国家、股票市场全无例外。"

《圣经》的传道书中指出："已有的事后必再有，已行的事后必再行。日光之下并无新事。万事均有定时，凡事都有定期，现今的事也早已有了，将来的事也早已有了。并且上帝使已过的事重新再来。日头出来，日头落下，急归所出之地。江河都往海里流，海却不满，江河从何处流，仍归何处去。"上帝当然是不存在的，是天体运行的规律使宇宙万物都处在周期性循环运动之中。月亮绕地球一周需要 29 天 12 小时 44 分 2.8 秒，地球绕太阳一周需要 365 天 5 小时 48 分 46 秒，而整个太阳系以每秒 19.75 公里围绕银河系之一点转动，银河系又以每秒 250 公里之速度向宇宙某点旋转。循环是无终止的，转过去还得转回来。股市也是一样，涨完了就跌，跌完了就涨，循环往复，再也变不出什么花样。

四、买卖规则重于预测：这就是江恩获胜的真正秘诀

当我们从整体上研读江恩时，便可发现，作为预测大师的江恩与市场高手的江恩，虽然是同一个人，但他却是清清楚楚、冷静异常地将自己的预测理论与实践操作分开了：预测固然认真，江恩有段时期每年出版一部他对市场和经济形势的预测书，但在实际操作中，他却不是完全让预测牵着自己，相反，他只遵守自己建立的买卖规则，他让预测要服从买卖规则！预测正确、不违背其买卖规则，他照预测方向操作；预测不对时，他用买卖规则（例如止损单）或修正预测，或干脆认错退出。

然而，至今还有许多股市投资人以为江恩是纯粹凭其神奇理论赢得了市场胜利，于是光顾着去研究挖掘江恩的理论体系，期望一旦握到了江恩的那片金钥

匙，便可像江恩一样从此在股市中百战百胜了。而这，实在是一个认识上的偏误。还有不少人在寻找探索其他的预测方法，也期望有一天会找到那种令他一劳永逸百战百胜的秘密武器，从此让他轻轻松松叱咤股市永操胜券。可惜，这都像想制造永动机一样，是人们对预测股市理论价值在认识上的一大误区。

五、江恩的21条股票操作买卖守则

（1）每次入市买、卖，损失不应超过资金的1/10。

（2）永远都设立止损位，减少买卖出错时可能造成的损失。

（3）永不过量买卖。

（4）永不让所持仓位转盈为亏。

（5）永不逆市而为。市场趋势不明显时，宁可在场外观望。

（6）有怀疑，即平仓离场。入市时要坚决，犹豫不决时不要入市。

（7）只在活跃的市场买卖。买卖清淡时不宜操作。

（8）永不设定目标价位出入市，避免限价出入市，而只服从市场走势。

（9）如无适当理由，不将所持仓平盘，可用止赚位保障所得利润。

（10）在市场连战皆捷后，可将部分利润提取，以备急时之需。

（11）买股票切忌只望分红收息（赚市场差价第一）。

（12）买卖遭损失时，切忌赌徒式加码，以谋求摊低成本。

（13）不要因为不耐烦而入市，也不要因为不耐烦而平仓。

（14）肯输不肯赢，切戒。赔多赚少的买卖不要做。

（15）入市时落下的止损位，不宜胡乱取消。

（16）做多错多，入市要等候机会，不宜买卖太密。

（17）做多做空自如，不应只做单边。

（18）不要因为价位太低而吸纳，也不要因为价位太高而沽空。

（19）永不对冲。

（20）尽量避免在不适当时搞金字塔加码。

（21）如无适当理由，避免胡乱更改所持股票的买卖策略。

第四节　索罗斯反射理论：炼金术

索罗斯，1930 年出生于匈牙利，犹太人，1968 年创立"第一老鹰基金"，1993 年登上华尔街百大富豪榜首，1992 年狙击英镑净赚 20 亿美元，1997 年狙击泰铢，掀起亚洲金融风暴。

索罗斯的核心投资理论就是"反射理论"，简单地说是指投资者与市场之间的一个互动影响。理论依据是人正确认识世界是不可能的，投资者都是持"偏见"进入市场的，而"偏见"正是了解金融市场动力的关键所在。当"流行偏见"只属于小众时，影响力尚小，但不同投资者的偏见在互动中产生群体影响力，将会演变成具主导地位的观念。就是"羊群效应"。

一、索罗斯的逻辑

因为人类的认识存在缺陷，那么他能做的最实际的事就是关注人类对所有事物的那些存有缺漏和扭曲的认识——这个逻辑后来构成了他的金融战略的核心。人非神，对于市场走势的不可理解应是正常现象，然而当市场中绝大多数投资者对基本面因素的影响达成共识，并有继续炒作之意时，这种认知也就处于危险的边缘了。市场中为什么会出现失败的第五浪以及第五浪延长后往往出现 V 形反转，以索罗斯的哲学观，我们就很容易找出答案了。

古典经济学理论家们所建立的完全自由竞争模式，即在一定条件下，对自身利益的无节制的追求将使资源得到最佳的配置，从而达到平衡。而这种平衡不仅在现实生活中没有出现过，在价格波动剧烈的金融市场中更是不可能发生的事情。他认为，供求关系不仅受客观因素的影响，更重要的是体现了市场参与者对市场行为的预期，而这些行为正是由这些预期所决定的。所以预期在供求关系的发展中起着举足轻重的作用。

二、索罗斯的投资观念

人们并不能对自己所处的环境做出完全的认识，因此人们根据预期做出买、卖决定，对市场价格形成影响，同时这种市场行为又反过来影响着其他参与者的预期。"不仅是价格的涨势汹涌吸引了众多的买家，而且买入行为本身也会推动价格继续上扬。形成一个自我推进的趋势"。他认为，人的认知并不能达到完美，所有的认识都是有缺陷的或是歪曲的，人们依靠自己的认识对市场进行预期，并与影响价格的内在规律价值规律相互作用，甚至市场的走势操纵着需求和供给的发展，这样他就得到了一个结论，我们所要对付的市场并不是理性的，是一个无效市场。

这种理论与传统的经济学理论是互不相容的。有效市场理论认为，市场的运转有其自身的逻辑性和理性，市场的发展最终是走向一个平衡点，而达到这个平衡点的前提条件，一是人们能够在任何指定的时间完美地掌握市场信息，二是市场价格能反映所有有效的信息。

通常大多数分析师秉承有效市场理论有自己所掌握的信息以及对目前价格分析，强化了当前趋势的发展，在大众的推波助澜下，使市场更加趋于非理性，成为无效市场。金融市场在不平衡中运转，市场参与者的看法与实际情况之间的差距不可避免。由于我们的精力有限，认知程度的不完美，因此发现市场预期与客观事物间的偏差，发现市场可能出现过度非均衡的倾向，不仅是索罗斯投资的秘诀之一，更值得大众投资者关注。

索罗斯认为，盛极而衰，物极必反。自然规律的运作与人们对它的理解无关，人类影响自然的唯一途径是理解并应用这些规律，而金融市场并不遵循那种独立于任何人思想的自然规律。任何预测未来的想法都是有偏见和不全面的，参与者在偏见的基础上进行操作，而且偏见本身对事态的进展产生影响，于是就可能给人这样一个印象：人们可能准确地预测未来。但事实上是目前预期反映的并非是纯粹的未来事态，而是已受到目前预期影响的未来事态。把握盛衰发生的时机非常关键，因为这时往往是市场主流偏向强烈之时，杀伤力也是比较强的，只有采取恰当的投资策略，有计划建仓，才能充分利用这种不稳定的市场状态所带给我们的投资机遇。

索罗斯认为，金融市场动荡不定，混乱无序。游戏的规则是把握这种无序，这才是生财之道。通过投资于不稳定状态的市场，虽然他的理论并不完美，但最终使他获得"投资大师"、"全球最佳投资经理"的桂冠。按照索罗斯的理论理解，金融市场运行的内在规律并不是独立运行的，市场参与者的观点、偏见及心理因素都对事物的发展起到促进或制约的作用，以至于最终的发展可能出乎大多数人的预料。可以说市场的运行并不是逻辑的，更多的是心理的，是基于群体本能的。对某一事物的不同认识与预测，往往是造成混乱的主要原因。索罗斯认为，"金融市场上的成功秘诀在于具备能够预见到普遍预期心理的超凡能力，至于对现实世界的精确预言则并非必要"。

三、索罗斯的操作方法

投资在先，调查在后。这意味着提出假设，建立头寸，小试牛刀考验假设，等待市场证明正确与否。如果证明其假设是正确的，则追加头寸，否则及时撤出。有时候确认一个走势需要花费相当长的时间，很可能在他犹豫不决之时，市场走势已经开始逆转了，因此提出假设后立即建立头寸有助于抓住最佳投资时机。

索罗斯投资成功的关键在于其哲学的思维，他知道，人们对事物的认知总是存在缺陷，无论确立了何种假设，在某一特定时段内投资者的想象必是错误的，也就是说这种假设是基于假设中必然存在的某些缺陷之上。成功的关键是在市场的演绎中不断地寻找对自己至关重要的缺陷。关注其对投资行为的影响。当索罗斯与罗杰斯开创量子基金时，他们是有分工的。罗杰斯充当分析师，索罗斯则是决策者，他们遵循先投资、后考察的套路，索罗斯投资在先，罗杰斯考察在后。

索罗斯投资理论的重要实用价值在于其利用反射理论，来发掘过度反应的市场，跟踪市场在形成趋势后，由自我推进加强最后走向衰败的过程，而发现其转折点恰恰是可以获得最大利益的投资良机。

四、按照索罗斯的理论，盛衰现象发生的主要顺序

（1）市场发展的趋势尚未被认定。

（2）一旦趋势被认定，这种认定将加强趋势的发展，并导致一个自我推进过程的开始。随着现行趋势和现行偏斜观念的互相促进，偏见被日益夸大。当这一过程发展到一定阶段，"极不平衡态"的条件即告成熟。

（3）市场的走向可以得到成功的测试：市场趋势和市场人士的偏见都可以通过各种外界的冲击而一遍又一遍地受到测试。

（4）确信度的增加：如果偏见和趋势都能在经受各种冲击之后依然如故，那

么用索罗斯的话来说就是"不可动摇的"。这一阶段为加速过程。

（5）现实与观念的决裂：此阶段的出现标志着信念和现实之间的裂痕是如此之大，市场参与者的偏见已经显而易见了，此时高潮即将来临了。

（6）终于，一个镜面反射型的、能自我推进的过程向着相反方向发生了。此时人们对市场的看法不再起推动作用，原有趋势停滞不前，另一种声音开始影响市场，原有市场信心开始丧失，这时市场开始向相反方向转换，这个转换点叫做"交叉点"。为崩盘加速阶段。

第五节 亚当理论：顺势而为

几乎所有的成功投资者和投机者都有这样的观点：顺势而为是投机赚钱的主要诀窍。亚当理论是主张"顺势而为"的投资理念的代表，1987 年由韦特·J.W.韦登提出。韦特早期是技术分析指标的推崇者，著名的强弱指标（RSI）就是他发明的。此外如动力指标（MOM），市价波幅和抛物线指标等也是他的杰作。这些指标沿用至今，仍受到广大投资者的欢迎。但奇怪的是，韦特后来的思想却发生了天翻地覆的变化，发表的一些文章，彻底地推翻了先前这些指标，取而代之以崭新的亚当理论。

亚当理论认为，在投机市场中，没有任何一个技术分析指标可以相当准确地推测后市的趋向。每一套技术分析工具都有其固有的内在缺陷，依赖这些并不完善，也无法完善的技术分析指标和工具去推测去向不定、变幻莫测的后市趋向，肯定会出现许多失误。没有人能够准确地预料到市场涨、跌何时结束，盲目地、主观地逃顶或抄底都在事后证明不是逃得过晚就是抄得过早。所以亚当理论主张，投资者应放弃迷信技术指标或工具的做法，及时认清身处的市势趋向，并顺势而为。

一、一个形象的故事

韦特还以自己为例，编了一个非常形象的故事：

故事的主人公其实就是王尔德先生：在某个海岛上，有一位著名的波浪理论专家——"精确先生"，今年 34 岁，正值年富力强的大好年华。"精确先生"以测市准确闻名于世，4 年前辞去金融机构的高职，自行开办了投资公司，其所管理的基金在四年内获利超过 10 倍，成绩斐然。

1988 年 3 月 18 日，"精确先生"根据其所专长的波浪理论预计"小岛指数"将可能在短期内冲上 2900 点，于是在 2600 点水平买入了股票指数合约 5000 张。

3 月 21 日，小岛指数下跌 4.8 点；

3 月 22 日，小岛指数下跌 8 点；

3 月 23 日，下跌 32.89 点；

3 月 24 日，小岛指数继续下跌，下午 3:25，指数再下跌 15 点，跌破 2550 点水平。

"精确先生"开始感到情况不妙，他此时精神紧张，开始产生强烈的挫折感。将要收市了，"精确先生"仍然呆坐在办公室内，对着电脑上显示的行情数据不知所措。

3:26，"精确先生"5 岁的独生女儿"小精灵"推门而入，对着"精确先生"嚷道："爸爸，您不是答应今天带我坐船出海环游小岛吗，我已经准备好了……"

"小精灵"看到"精确先生"全无反应，神情凝重，于是走到"精确先生"身旁。

"爸爸，您是不是不舒服了？"

"啊，没事儿，只不过指数该往上走的时候却偏偏向下走，真有些搞不懂。"

"爸爸，电脑屏幕上的那几条线就代表指数吗？"

"对。"

"爸爸，我不懂指数，也不懂股票期货，但那几条线明明是要继续向下走的，对吗？"

"宝贝，你不会明白的。不论根据波浪理论，还是根据银证测市系统，小岛指数都应该向上反弹，上冲到 2900 点附近，但是过去四天，小岛指数连跌四天。"

"我知道，但这条线似乎还要再往下跌。"

"宝贝，你真的不懂。神奇指标也说指数应该反弹，所有的测市系统意见一致，指数实在没有下跌的道理。"

"小精灵"感到迷惑，又聚精会神地看了看电脑屏幕上的线条。

"爸爸，您说的那些东西我完全不懂。但现在这些线条确实是在向下走，这表示它还会继续向下走，对吗?"

"精确先生"望了望小女儿，再望望电脑屏幕，拿起电话吩咐经纪人沽出指数合约 8000 张，由多仓转变为沽仓。

3 月 25 日，指数下跌 44.47 点;

3 月 28 日，再下跌 33.15 点。是日，"精确先生"平仓反败为胜。

自此以后，"精确先生"态度大变，不再研究什么波浪或指标。顺势而为，投资业绩也日有进展，生活惬意。

二、亚当理论的主要内容

（1）在介入投机市场前，一定要认清该市场的趋势是上升还是下跌，在升市中主要以做多为主，在跌市中则以沽空为主，切记买卖方向不要做错，即在升市做空、跌市买涨是最愚蠢而且相当危险的。

（2）买入后遇跌，沽出后却升，就应该警惕是否看错大势，看错就要认错，及早投降，不要和大势为敌。不要固执己见，要承认自己看错方向，及早认识错误则可将损失减到较少的程度。在未买卖之前一定要订立止损位，并且不随意更改既定的止损位。切忌寻找各种借口为自己的错误看法辩护，因为那样只会使自己深陷泥潭，损失更大。在投机市场中，不要把面子看得太重，看重脸面则损失票面也。

（3）抛弃迷信技术分析指标或工具的做法，各种技术分析、技术指标均有缺陷，过于依赖这些技术分析指标的所谓买卖信号，有可能使资金遭遇被套的危险，那些相反理论买入法或马丁基的加码法教人越跌越买并不是好的投资理论和方法，这些做法应坚决摒弃。

三、亚当理论提出期货买卖的十大戒条

（1）一定要认识市场运作，认识市势，否则绝对不买卖。

（2）入市买卖时，应在落盘时立即订下止损价位。

（3）止损价位一到即要执行，不可以随便更改，调低止损位。

（4）入市看错，不宜一错再错，手风不顺者要离，再冷静分析检讨。

（5）入市看错，只可止损，不可一路加注以平均价位，否则可能越蚀越多。

（6）切勿看错市而不肯认输，越错越深。

（7）每一种分析工具都并非完善，一样会有出错机会。

（8）市升买升，市跌买跌，顺势而行。

（9）切勿妄自推测升到哪个价位或跌到哪个价位才升到尽，跌到尽，浪顶浪底最难测，不如顺势而行。

（10）看错市，一旦蚀 10%就一定要当机立断，重新来过，不要蚀本超过10%，否则再追翻就很困难。

但凡真要领悟亚当理论非要 5 年以上的股市磨炼，同时要具有深厚的指标运用功底。如同文中所说的"精确先生"那样，以测市准确闻名于世。只有精确过后才能发觉混沌，也就是说只有有了精确的感受，才能真正明白什么是趋势。趋势不是市场能预测出来的。可我们许多人恰恰忘记了是历史造就英雄而不是英雄造就历史这个哲学命题。没有人能每次精确预测事态而不出错。然而过于自信往往造成天才交易者一朝灭亡，这些都是历史的教训。

经历过成功与失败的人才能成熟，股市也是一样，要顺势，就要否认自己以前的行为并非正确，而这个正是许多固执者不能接受的。否认自己意味着首先要承认自己的失败！这对许多人来说是难以忍受的痛苦。这都是我经历过的煎熬。所以当我沿着王尔德先生走过的路走到如今，内心特别有感受，感觉东西方精神层次上的强烈共鸣，越过时空与距离，我相信即使几百年后的人们当有这等感受也会同样浑身肃穆与激动！

其实，当你承认自己是个弱者，不能主动与大势相抗衡的时候，你将发觉自己的智慧之门被打开，从此思维自由纵横。如老子所言"抱残守缺，如婴儿之柔弱"。

第六节　波浪理论：爱之深、恨之切的学问

在很多使用技术分析的投资人眼中，《波浪理论》是一门既叫人爱，也叫人恨的学问。自然而然，市场中也因此分出了对立的观点。不喜欢的投资人认为这是一门精致的伪科学；喜欢的投资人认为它揭示了市场内在循环的奥秘。

从帕彻特先生写的《波浪理论》，我们可以看到《波浪理论》提供的是一种首

先限定可能性然后按相对可能性排序的手段。《波浪理论》的效用是将可行的替代方案减到最少。这其中的最佳解释被称为"完美数浪",是满足最多的波浪理论构成原则的一种方法;而其他的解释也相应得到排序。因此,面对在任何特定场景出现的种种可能,正确使用《波浪理论》的方法是考虑所有的可能性和相应的概率顺序。而这种顺序是可以明确确定的。但不要把概率的顺序与肯定出现的某个特定的结果看成等同的;只有在极少数的情况下,才有可能确切地知道市场的运行。但同样就是在概率论的基础上,我们也应该明白,即使存在相当高的概率,它有时也会出错!

自 20 世纪 30 年代其奠基者 R.N.艾略特发现波浪理论以来,艾略特波浪理论已作为一个合理的市场分析和预测工具而被人广为接受。就如同其有时被称呼的那样,波浪理论是对人群行为的细致描述。它显示出大众心理从悲观走向乐观并循环往复,自然有序地形成特殊的可度量的模式。能把行动中的这个现象看得最清楚的地方是金融市场,它以价格运动的形式记录下投资者心理的变动。R.N.艾略特将股票市场数据作为他的主要研究工具,分离出会在市场价格数据中反复出现的 11 种运动模式或者叫做波浪。

艾略特将这些模式予以命名、定义并做出图示。然后,他描述了这些模式是如何连接在一起以形成同样模式的较大版本,以及这些模式逐一相连以构成再大些尺寸的同一模式的方式,等等。波浪理论就是一连串的价格模式以及对其在市场运动的全部路径中可能出现之处的解释。市场通常要经历增长期和随后而来的停滞或衰退阶段,这些时间段落将整合为规模不断增大的相似模式。艾略特波浪理论显示了市场以五浪模式顺较大趋势而行,然后在继续较大趋势之前,以三浪或五浪调整浪的形式回撤。

一、艾略特波浪理论的基本原则

(1)波浪理论总体上属于趋势理论,认为价格运动呈趋势运动且该趋势具有规律性。

(2)价格运动呈涨、跌交替循环,"波浪"其实指的就是行情的涨跌交替循环,每次循环结束再进入更高一级循环,由此往复直至无穷。

(3)波浪理论认为,价格运动主要表现为以上升趋势为主、下跌趋势为辅,下跌是对上升的调整;从总体来看,其运动特征之一是每次下跌调整的底部在不断抬高。

（4）波浪理论认为，当价格进入阶段性的下跌趋势时，其间局部发生的上升走势就不再是趋势的主导，而"降级"为对下跌趋势的调整——俗称"反弹"；在一般情况下每次反弹都会受阻于此前的次高位。

（5）组成波浪理论的三大部分内容是：浪的级数、浪的形态、浪的规模，对应的分析技巧是：趋势分析、图形分析和黄金分割计算法。

波浪理论最吸引人的地方就在于它的目标测算，而目标测算的基础是波浪的性质，即待测算运行目标的行情是推动浪还是调整浪，波浪性质不同，测算方法也就不一样。确认波浪性质则取决于对行情趋势的确认，与行情趋势方向相同的就是推动浪，否则就是调整浪。

波浪理论属于循环周期理论的旁支，较为注重股票价位的腾落，以及价位行走的态势。波动原理有三个重要概念：波的形态、波幅比率、持续时间。波动原理具有独特的价值，其主要特征是通用性及准确性。通用性表现在大部分时间里能对市场进行预测，许多人类的活动也都遵循波动原理。但是艾略特之研究是立足于股市，因而股市上最常应用这一原理。准确性表现在运用波动原理分析市场变化方向时常常显示出惊人的准确率。波浪理论的盲点，即当波浪形态演变成为较复杂的调整浪或横行整理时，循环周期的分析，正好弥补波浪理论之不足，形成双剑合璧、无懈可击的股市法宝。

数浪最大的要点在于随时观察价格变动，客观地认知市场，抛弃一切主观的幻想与恐惧心理。艾略特认为，成交量与波浪类型无相关性，但有时也可用做数浪和推测未来趋势的工具。并且认为在任何牛市，成交量自然地随着价格运动趋势扩大或缩小。在调整波中，成交量减少通常表明卖出压力减轻，在成交量的低点常常出现市场的转折点。如果第五波的成交量大于或等于第三波成交量，则第五波很可能会发生延长，结果就会出现第一波与第三波波幅接近的情况。

波浪理论最困难的地方是：波浪的等级很难划分清楚，在周期中必须有正确的指认，必须接受事实，然后按照实际变化，采取适当的行动。波浪理论最有价值之处是：在一次价格的变化中，提供了成功概率极高的可能性。

应用《波浪理论》，必须要通过不断更新后备方案来做好心理准备。因为使用《波浪理论》是一种概率的练习。不断修正替代的波形划分方案是正确使用《波浪理论》的重要组成部分。一旦市场出现意外，替代的备选方案即可成为新的优选方案。如果你被一匹马摔下来，也可立刻骑上新的一匹马继续前进……

运用《波浪理论》的重要操作原则就是：永远投资于优选的数浪方案！保持投资策略永远与最有效的数浪原则相协调，各种替代的数浪方案作为对突发事件的相应调整方案，通过迅速把它们置于相应的市场前景中，对适应不断变化的市场秩序是极为有用的。通常会出现这样的情况，几个最佳的数浪方案说明相同的投资立场。不同的是几个方案之间的结束位置和后面的波形走势之间的异同。这样，根据不断调整的替代方案做出调整可以使你在优选方案出错时同样保持盈利。

二、波浪理论的主要特征

（1）波浪理论是关于市场结构的理论。是把握市场价格运行的基础理论之一。而形态是其结构的具体且基本的表现形式。

（2）像自然界的其他地方一样，结构是无处不有的，是随处可产生的。从结构入手去把握价格变化无疑是一条极省力的捷径。

（3）市场的结构在任何一个层次都具有一致性。了解与把握这一点，我们在交易时就可以由微知著，由小见大。

（4）大美寓于形。观其形可知其神。许多时候，形态的变化意味着本质特征的改变。

（5）神居其内，形显于外。认知与了解市场只能是由形到神的渐进，而不可能是反向的跃进。

（6）经典技术分析说价格说明一切，而事实上是形态更能说明一切。形态是价格变化的轨迹，是市场最基本的结构。形态体现并映射着市场的本质。

（7）形态是结构的体现，是买卖双方动态均衡的产物。对形态的认知意味着对市场动态均衡的认知与了解。

（8）善用波浪理论的人比不善用或不知、不能用的人在出入市的技术上将会有质的差距。

（9）知此理论不用者悲哀；不知此理论不学者亦悲哀；不真知此理论而用者更悲哀。

（10）它是最有深度的分析理论。因为只有它明确隐示了市场未来是不确定的，是有多种可能结果的本质特性。

（11）该理论是最好的预测理论。但股价运行本质上的不可预测性决定了如此运用其理论之人的最终悲剧。

（12）波浪理论暗合了大多数的技术分析理论，是市场交易者不可多得的利器。

第七节　股市博弈论：零和博弈，输家买单

博弈论是指某个个人或是组织，面对一定的环境条件，在一定的规则约束下，依靠所掌握的信息，从各自选择的行为或是策略进行选择并加以实施，并各自取得相应结果或收益的过程，在经济学上博弈论是个非常重要的理论概念。

一、什么是博弈论

古语有云，世事如棋。生活中每个人如同棋手，其每一个行为如同在一张看不见的棋盘上布一个子，精明慎重的棋手们相互揣摩、相互牵制，人人争赢，下出诸多精彩纷呈、变化多端的棋局。博弈论是研究棋手们"出棋"着数理性化、逻辑化的部分，并将其系统化为一门科学。换句话说，就是研究个体如何在错综复杂的相互影响中得出最合理的策略。事实上，博弈论正是衍生于古老的游戏或曰博弈如象棋、扑克等。数学家们将具体的问题抽象化，通过建立自完备的逻辑框架、体系研究其规律及变化。这可不是件容易的事情，以最简单的二人对弈为例，稍想一下便知此中大有玄妙：若假设双方都精确地记得自己和对手的每一步棋且都是最"理性"的棋手，甲出子的时候，为了赢棋，得仔细考虑乙的想法，而乙出子时也得考虑甲的想法，所以甲还得想到乙在想他的想法，乙当然也知道甲想到了他在想甲的想法……

面对如许重重迷雾，博弈论怎样着手分析解决问题，怎样对作为现实归纳的抽象数学问题求出最优解，从而为在理论上指导实践提供可能性呢？现代博弈理论由匈牙利大数学家冯·诺伊曼于 20 世纪 20 年代创立，1944 年，他与经济学家奥斯卡·摩根斯特恩合作出版的巨著《博弈论与经济行为》，标志着现代系统博弈理论的初步形成。对于非合作、纯竞争型博弈，诺伊曼所解决的只有二人零和博弈──好比两个人下棋，或是打乒乓球，一个人赢一着则另一个人必输一着，净

获利为零。在这里抽象化后的博弈问题是，已知参与者集合（两方）、策略集合（所有棋着）和盈利集合（赢子输子），能否且如何找到一个理论上的"解"或"平衡"，也就是对参与双方来说都最"合理"、最优的具体策略？怎样才是"合理"？应用传统决定论中的"最小最大"准则，即博弈的每一方都假设对方的所有策略的根本目的是使自己最大限度地失利，并据此优化自己的对策。诺伊曼从数学上证明，通过一定的线性运算，对于每一个二人零和博弈，都能够找到一个"最小最大解"。通过一定的线性运算，竞争双方以概率分布的形式随机使用某套最优策略中的各个步骤，就可以最终达到彼此盈利最大且相当。当然，其隐含的意义在于，这套最优策略并不依赖于对手在博弈中的操作。用通俗的话说，这个著名的最小最大定理所体现的基本"理性"思想是"抱最好的希望，做最坏的打算"。

世界首富沃伦·巴菲特曾经打过一个比喻，他说"股市好比打扑克牌，如果你在玩了一阵子后还看不出这场牌局里输的人是谁，那么，这个输的人肯定就是你"。也就是说，如果在入市时你算不清谁将成为自己的输家，那么你将肯定成为股市中的输家。

善良的人们往往只是抱着想赚钱的美好愿望贸然进入股市，而意识不到或者不愿意意识到要想自己赢先得让别人输的道理，这些人最终成为输家也就是必然的了。股市中的高手则对此了然于胸。股市基本上都是一个负和竞局或总和很小的正和竞局，近似的都可以看做是零和竞局。在零和竞局中，一个人的胜利必然建立在其他人的失败之上，自己的赢就等价于别人的输，自己想赢就等价于想让别人输，以自己赚钱为目的而研究行情就等价于以让别人输钱为目的研究行情，以自己赚钱为目的进行操作就等价于以让别人输钱为目的进行操作。简言之，得先找到输家。这就是股市中最本质的东西。博弈思路是透视股市的关键。所以说，股市博弈论是股票投资分析的基础理论，是每一个想在股市中取得成功的人都应该掌握的。

二、股市是零和竞局

对股市竞局的获益情况可以有两种计算办法：第一种算法把股票看成是没有内在价值的筹码，仅以钱来计算收益，按这种算法，股市等同于赌局，而且由于筹码不能兑换，所以是一个永不停息的赌局；第二种算法是考虑股票的内在价值，在计算收益时是钱的和等于股票内在价值之和，按这种观点，股市是一个分配社会资源的场所，可以通过合理地配置社会资源，优化经济结构，推动经济发展，造福国家和社会。按第一种算法，人倾向于以持币为主，因为筹码本身是没有价值的，拿着它实在不保险。按第二种算法，人倾向于以持股为主，因为股票可以升值，而货币经常是在缓慢贬值。

两种计算方法中第二种方法是科学的，因为股票毕竟是有价证券不是无价的筹码。但在现实中，抱这两种思路的人都是存在的，一个市场表现得更像什么，决定于市场参与者抱什么态度。事实上，垃圾股的表现更接近第一种算法，而绩优股的表现更接近第二种算法。由于按照第一种算法市场更为残酷，所以抱有这种观点的人其操作也更富于攻击性，如果市场参与者以这种观点为主，则市场更为动荡。

不管是按哪种方法计算，股市竞局都是一个零和竞局，其中交易税和佣金是一个负的因素，正的因素是上市公司以派息的方式向市场注入的资金，总的结果是注入资金减去税金等于零。目前中国股市的情况是税收和佣金远远大于派息，股市基本上都是一个负和竞局或总和很小的正和竞局，近似的都可以看做是零和竞局。

所以，股市计算的基本思路不能是简单想办法怎么赚钱，而是在设计这套办法的同时就先想明白，这么做的结果将是赚到谁的钱，为什么他会让我赚到这个钱，赚这个钱凭的是什么，我有什么从他手里赚到这笔钱的硬道理，他有什么把钱输给我的硬道理，这些都想明白再设计操作办法，这才是股市中正确的计算思路。简言之，得先找到输家，想明白他输的道理，再设计一套使之就范的操作，这样才能赢得明明白白。如果不能落实到这个程度，那么这个操作计划就只是一个美好的幻想而已。

三、股市是个现实竞局

从纯博弈的立场看，股市应该是基本上不可预测的，除非能找到别人没有的信息源，这就是经济学中随机漫步理论的观点。但事实上，股市竞局不会因为它在理论上应该是一个平局的结果就不再有人参与，也不会在现实中真的形成平局的局面，而永远是少数人赚多数人赔，原因即在于，股市不是理想竞局，股市竞局已经不是研究在理想状态下根据竞局规则该怎样玩这场竞局，而是研究人犯错误的规律，操作水平的高低也不是决定于对竞局规则认识理解的深度，而是决定于对人的理解，对人犯错误的规律性的理解。现实竞局就要按现实竞局的规律去玩，现实竞局的规律就是要最大限度地利用人的错误，只要人会犯错误，就可以利用他的错误，竞局就可以玩下去。

现实中没有理想人，人只能少犯错误而不能不犯错误。人经过训练，水平可以提高，逐渐接近理想人，但让上千万人都达到理想人的程度是不可能的，同时，股市的倾向是让聪明人表现得更傻，而不是让笨人表现得更聪明，它有诱使人变愚蠢的作用，所以，股市永远会按照现实竞局的规律玩下去，股市竞局永远不会形成理想竞局的结果，而且连达到接近理想竞局的程度都不可能。

第八节　墨菲定律：错误是我们的影子

约瑟夫·墨菲是哲学博士、神学博士、法学博士，世界潜意识心理学权威，他在世界各地讲学、著书立说，讲述人生的法则和生命的内在含义，是一位深受世人尊重的思想家和心理学家。墨菲早年毕业于印度圣经大学，获宗教科学博士，为印度安德拉研究学院的研究员。墨菲同已故的宗教科学创始人欧内斯特·霍姆斯关系密切，著有几十部心理学方面的作品。

墨菲定律的原话是这样说的：If there are two or more ways to do something, and one of those ways can result in a catastrophe, then someone will do it（如果有两种选择，其中一种将导致灾难，则必定有人会做出这种选择）。如果一块面包掉了，总是抹了果酱的那面先着地，很多事情往往是往最不好的方向发展，你越担心不好的情况越容易出现。

也可以翻译成："如果坏事情有可能发生，不管这种可能性多么小，它总会发生，并引起最大可能的损失。"

墨菲法则想表明的是：在一个或然性的世界上，人性固有的弱点可能改变事件的概率，从而产生较坏的结果。在集人性弱点之大成的股市中，这一点可说是不幸而言中，其例证俯拾皆是。具有讽刺意味的是，由墨菲法则必然得出如下结论：你如果能找到大家都认可的策略，尽管它未必就错，但一定会使你亏钱，因为从逻辑上讲，假如大家都照正确意见行事，就不会有输家了。话说回来，股市是一个以成败论英雄的地方，亏钱就说明你还是错的。这就是说，别人的工具在别人的手上才管用，而不是在你手上。你必须找到自己的真理。那样你虽然难以摆脱概率论的限制，但至少不会陷入墨菲所描述的现象中。我想说的是，问题不在于输赢，而在于你赢的彩头有多大。

下面是墨菲定律的一些变种或推论：

（1）别试图教猪唱歌，这样不但不会有结果，还会惹猪不高兴！

（2）别跟傻瓜吵架，不然旁人会搞不清楚，到底谁是傻瓜！

（3）不要以为自己很重要，因为没有你，太阳明天还是一样从东方升上来！

（4）开始：好的开始，未必就有好结果。坏的开始，结果往往会更糟。

（5）早到与晚到：你早到了，会议却取消。你准时到，却还要等。迟到，就是迟了。

（6）品质保证：一种产品保证 60 天不会出故障，等于保证第 61 天一定就会坏掉。

（7）东西：东西久久都派不上用场，就可以丢掉。东西一丢掉，往往就必须要用它。

（8）排队：另一排总是动得比较快。你换到另一排，你原来站的那一排，就开始动得比较快了。你站得越久，越有可能是站错了排。

（9）失事报道：失事的地点越远，伤亡的人数就得越多，否则写不成一则故事。

（10）携伴出游：你携伴出游，越不想让人看见，越会遇见熟人。

（11）相对论：一分钟有多长？ 这要看你是蹲在厕所里面，还是等在厕所外面。

根据"墨菲定律"：①任何事都没有表面看起来那么简单；②所有的事都会比你预计的时间长；③会出错的事总会出错；④如果你担心某种情况发生，那么它就更有可能发生。

墨菲定律告诉我们，人类虽然越来越聪明，但容易犯错误是人类与生俱来的弱点，不论科技有多进步，有些不幸的事故总会发生。而且我们解决问题的手段越高明，面临的麻烦就越严重。错误是这个世界的一部分，与错误共生是人类不得不接受的命运。但错误并不总是坏事，从错误中吸取经验教训，再一步步走向成功的例子也比比皆是。因此，错误往往是成功的垫脚石。

错误是我们的影子："墨菲定律"诞生于 20 世纪中叶的美国并非偶然。这正是一个经济飞速发展，科技不断进步，人类真正成为世界主宰的时代。在这个时代，处处弥漫着乐观主义的精神：人类取得了对自然、疾病以及其他限制的胜利，并将不断扩大优势；人类不但飞上了天空，而且开始飞向太空；人类有能力修筑巨型水坝、核电站和空间站；人类能够随心所欲地改造世界的面貌……

这一切似乎昭示着一切问题都是可以解决的——无论遇到怎样的困难和挑战，人们总能找到一种办法或模式战而胜之。正是这种盲目的乐观主义，使人类得意忘形。对于亘古长存的茫茫宇宙来说，人类的智慧只能是幼稚和肤浅的。世界无比庞大复杂，人类虽很聪明，并且正变得越来越聪明，但永远也不能完全了解世间的万事万物。

人类还有个难以避免的弱点，就是容易犯错误，永远不犯错误的人是不存在的。正是因为这两个原因，世界上大大小小的不幸事故、灾难才得以发生。

我们都有这样的体会，如果在街上准备拦一辆车去赴一个时间紧迫的约会，你会发现街上所有的出租车不是有客就是根本不搭理你，而当你不需要租车的时候，却发现有很多空车在你周围游弋，只待你一扬手，车随时就停在你的面前。如果一个月前在浴室打碎镜子，尽管仔细检查和冲刷，也不敢光着脚走路，等过了一段时间确定没有危险了，不幸的事还是照样发生了，你还是被碎玻璃扎了脚。如果你把一片干面包掉在你的新地毯上，它两面都可能着地。但你把一片一面涂有果酱的面包掉在新地毯上，常常是有果酱的那面朝下。

人永远也不可能成为上帝，当你妄自尊大时，"墨菲定律"会叫你知道厉害；相反，如果你承认自己的无知，"墨菲定律"会帮助你做得更严密些。这其实是概率在起作用，人算不如天算，如老话说的"上的山多终遇虎"。还有"祸不单行"。如彩票，连着几期没大奖，最后必定滚出一个千万大奖来，灾祸发生的概率虽然也很小，但累积到一定程度，也会从最薄弱环节爆发。所以关键是要平时清扫死角，消除安全隐患，降低事故概率。

股市就是这样，看懂的东西常常不会发生，看不懂的却要跑来与你打照面，而奥秘要等回过头来看方能恍然大悟。墨菲的"差错法则"提醒我们有时不妨反过来去判断事物，哪怕是发生概率很小的东西，也要睁眼瞅瞅。

第九节　混沌理论：蝴蝶效应

一、蝴蝶效应

从 20 世纪 60 年代开始，人们开始探索科学上的那些莫测之谜，使混沌科学得到了迅速发展。美国气象学家爱德华·洛伦兹（Edward N.Lorenz）在这方面取得了很大的成功，他因关于混沌的开创性研究而被誉为"混沌之父"。

1960 年，洛伦兹正用计算机求解一组描述地球大气的非线性微分方程。为了检查某些细节他做了一次重复预测，把温度、气压和风向等数据输入机器，这次他将方程中变量的有效位由原来的 6 位减为 3 位。他让计算机运行方程，随后出去喝了一杯咖啡。当回来时，他大吃一惊。他从屏幕上看到，新的结果并不近似于原来做出的预测，它成了一种完全不同的预测。两个解只因有效位有小小的3 个小数位之差，就使被解方程中固有的迭代过程彻底放大了。他得到了一幅图画，两种极不相同的天气系统。

洛伦兹后来告诉《发现》杂志，"我那时很清楚，如果真实大气的行为正如这个（数学模型）所描述的，则长期天气预报是不可能的"。这时，洛伦兹迅速认识到，正是非线性与迭代的组合，把两次计算机运行中的 3 位小数位的差别放大了。结果相差如此之大，意味着像天气这样复杂的非线性动力系统必然是相当敏感的，连细节上最小的差异也能影响它们。正如一句新格言所讲，在巴西一只蝴蝶拍打几下翅膀，可能导致在美国得克萨斯州产生一个龙卷风。洛伦兹和其他科学家突然意识到，在确定性的（因果性的）动力学系统中，生成混沌（不可预测性）的潜在可能性蜷伏在每一细节当中。

1963 年，洛伦兹在此基础上提出了著名的"洛伦兹模型"，率先在非常具体的 3 阶微分方程系统中发现了混沌。他的论文叫做《确定性非周期流》，发表在不引人注目的《大气科学》杂志上，并指出，在气候不能精确重演与长期天气预报无能为力之间必然存在着一种联系，这就是非周期性与不可预见性之间的联系。他还认为，一串事件可能有一个临界点，在这一点上，小的变化可以放大为大的变化。而混沌的意思就是这些点无处不在。这一研究清楚地描述了"对初始条件的敏感性"这一混沌的基本特征。这就是著名的蝴蝶效应。因此可以说，是天气预报和气象学的研究叩开了混沌科学的大门；反过来，混沌学的研究，又为气象学研究提供了崭新的方法。

洛伦兹本是搞数学出身的，后来在麻省理工学院（MIT）研究气象问题，但他的思维方式仍是数学式的，善于从复杂的现象中提炼出抽象的、本质性的东西。1962 年，萨尔兹曼在研究与气象预报有关的热对流问题时，从瑞利—贝纳偏微分方程出发，得到一个 7 阶常微分方程，从中发现了非周期解。洛伦兹把这一方程进一步简化，将 7 阶降为 3 阶，但保持了原方程的根本特征。最后得出几乎无法再化简的下述方程：

$$dx/dt = -o \ (x-y)$$

$$dy/dC = rx - y - xz$$

$$dz/dt = xy - bz$$

其中 o，r，b 是正的参数。此方程虽然能在一定程度上描述天气的复杂变化过程，但它的真正意义并不在气象预报上。他首先是数学家，用数学来思考问题，因而他的模型及从中所揭示出的新的运动机制的意义，就远远不止气象学了。现在大家都已清楚，在二维连续系统中不可能出现混沌，三维是出现混沌所要求的最低维数。洛伦兹模型恰好只有三维。混沌热以来，人们对各种各样的系统尝试建模，试图发现新的混沌类型。但是最终发现，所找到的能生成混沌的最简模型与洛伦兹模型总是大同小异，奇怪吸引子的形状也非常类似于洛伦兹吸引子。

对于洛伦兹方程，一般是固定参数 o 和 b，单独考察 r 变化时，系统行为的变化。洛伦兹的伟大贡献是多方面的，我们可以轻易举出几条：一是发现了耗散系统中有混沌运动；二是揭示了确定性系统中的非周期性、对初始条件的敏感依赖性、长期行为不可预测性等混沌特征；三是发现了第一个奇怪吸引子；四是为非线性动力学研究提供了一个绝好的数学模型；五是最先采用数学分析与计算机定理模拟相结合的方法研究混沌。这些工作都具有开创性的意义，显示了作为一位杰出科学家的惊世功力。

20 世纪 70 年代，科学家们开始考虑在许多不同种类的不规则之间有何联系。跨越学科界限，是混沌研究的重要特点。普适性、标度律、自相似性、分形几何学、符号动力学等概念和方法，正在超越原来数理学科的狭窄背景，走进化学、生物学，乃至社会学的广阔天地。

二、股市运动是一种分形（Fractal）

生活在 21 世纪的证券人士，如果不知道股市的走动形态是一种分形，可以说是股市文盲。何为分形？简单地说，叫图形的自相似性规律：任意一段分钟线图就像是整个日线图按比例缩小的结果。

任何知道分形理论的人都清楚，自相似性规律描述了无数复杂的自然现象：山峦和云团的外形，星系在宇宙中的分布，蚂蚁行走路线，河流、闪电形状，以及许多其他植物，如蕨类植物、菜花和硬花甘蓝，它们的每一分支和嫩枝都与其整体非常相似。其生成规则保证了小尺度上的特征成长后就变成大尺度上的特征。价格起伏的分钟线上的特征"成长"后就变成大尺度上日线的特征。人类第一次很有希望地超越传统金融经济学的狭隘，发现股市学原来和自然科学是同一类东西，满足相同规律。

华尔街有句名言说："一个好的操盘手是一个没有观点的操盘手。"这句话的意思是说：一个真正成功的投资者在投资过程中不事先假定股市应该朝哪个方向走，也就是不做预测，而是让股市告诉他股市会走到何处，他只是对股市的走势做出反应而已，他不必设法证明自己的观点是正确的。

更有聪明如索罗斯的，认识到证券市场是不可预测的，干脆借鉴量子理论的"量子测不准原理"，将自己创立的基金取名为量子基金。投资者不必去解释股市，不必去寻找股市涨跌的动因，不要对股市做长期预测，这些结论都来自于混沌理论。看来混沌理论正在无情地颠覆我们关于世界如何运作的舒适假定，混沌理论看起来似乎并不友善，它要将我们带向何方？

混沌理论在金融市场中，强调的是市场，或者说自然的自我相似。这和技术分析的三大基石之一历史会重演稍微有些不同，一个强调重复，一个强调自我相似。我们可以从历史资料看到，市场从来没有过重复，它们只是在不断地自我相似，那么，什么是自我相似呢？

比如你看到一个十年没有见面的朋友，你可以认识他。为什么？他肯定和十年前有不同，不论身材和面孔；你看到山峦起伏，它们似乎是相同的波动，但是所有的山峰却各有不同；海浪也是一样的道理。在股票市场中，价格运动似乎在以某种形式不断地重复，却永远也不相同。这就是自我相似性——这是自然的本质，也是市场的本质。

自我相似性表现在事物的各个方面。一方面，此事物和彼事物有自我相似性；另一方面，单一事物本身，在不同时间也有自我相似性。单纯靠预测市场，不能达到长期稳定的获利状态，我想，这个道理不言而喻。交易不是一次简单的判断，而是一个系统的过程，从市场分析的角度来讲，至少应该包括对错误的处理，对行情变化的判断，对资金管理和头寸调整。

三、混沌理论交易思想的三个原则

第一个原则是：事物永远遵循阻力最小的途径运动。

证券价格的运动就像流水一样：永远会遵循阻力最小的途径。这不仅是市场特有的性质，我们——你、我，以及自然的万物——都是如此，这是自然的本质。

当有重物落在帆布帐篷的顶部而形成凹陷时，顶部上面原来的小石子就会沿着凹陷边缘跑到凹陷的中央，这就是阻力（重力）最小的原则。河水沿着河床流动，你愿意走大路而不是翻山越岭（假设距离相等），也是遵循阻力最小的原则。你希望过一种富裕、宁静的生活，因此努力工作，刻苦学习，寻找最适合自己的方式获利，还是遵循阻力最小的原则。

第二个原则是：始终存在着通常不可见的根本结构，这个结构决定阻力最小的途径。

河床的根本结构决定河水的行为——如果河床宽而深，河水将平静地流；如果浅而窄，河水将湍急地流。勘探了河床的根本结构，我们便可以相当精确地预测河水的行为。同理，你的根本结构（无论你是否察觉到这种结构的存在）将决定你的行为和你对市场趋势的反应。市场的根本结构将决定市场价格的发展方向。

身为交易者，你必须清楚地知道：你不能背离阻力最小的途径。如果在交易中出现紧张与压力，你便不是在"顺流而下"。一旦你了解了什么是市场结构，并与市场的行为融为一体，你就可以像蝴蝶一样在市场中翩翩起舞。

第三个原则是：这种始终存在而通常不可见的根本结构，不仅可以被发现，而且可以被改变或利用。

一些结构是因为事物本身的性质决定的，比如乌云有下雨的结构，而另外一些则可能是人为决定的，比如自行车有运动的结构。在大多数情况下，我们并不需要探究结构形成的原因，而仅仅希望明确其性质，加以利用或改变。

但是在通常情况下，我们仅仅是对市场结构加以利用，而不试图去改变它，这就是所谓的"顺势交易"。顺便说一句，试图改变结构所需要的力量是巨大的，人也许需要战胜自我，但是绝对不需要战胜自然。

根据这三个原则，混沌理论的交易思想是：随市场而动——不要去做毫无根据的预测，市场会表现出它的方向，市场告诉我们做多，我们就做多，市场说做空，我们就做空。

第十节　有效市场理论：不可能获得超额的报酬

从目前西方学术界对资本市场运动规律研究的情况看，尽管有关的著述不少，学说繁多，但其中影响最大、争议最多的是市场有效性理论（Efficient Market Hypothesis，EMH）。按照经典理论，有效市场（又称为"效率市场"），是指投资者都力图使用可以获得的所有信息谋取高额的报酬，而市场价格对新的市场信息的反应迅速而准确，价格能够完全反映全部市场信息，竞争能促使价格迅速从一个均衡水平过渡到另一个均衡水平。有效市场假说理论是其他金融投资及市场理论的基石，许多现代金融投资理论，CAPM（资本资产定价模型）、APT（套利定价理论）都是建立在 EMH 基础上的。

有效市场理论，实际上是将个体的决策过程看成"黑箱"，经济学家把决策过程抽象为理性的个体追求主观与其效用的最大化。在不确定性条件下，理性投资者的信念和主观概率是无偏的，他们追求均值—方差的有效性。认知偏差不会对经济产生影响。所以，有效市场理论体现了竞争均衡的思想，实际上是亚当·斯密"看不见的手"在金融市场的延伸。

有效市场理论的结论是，如果市场是有效的，则不可能获得超额的报酬。并且，如果市场内信息是高度流动的和公开的，则没有人能够确保早于他人得到信息，则价格的确能迅速和充分反映信息的变动，因此，价格是随机变动的，是没有可预知的过程，没有趋势和没有规律可以依据的。

如果承认有效市场理论对当今股市有效的话，既然市场价格代表了正确的价值，价值分析就不需要了。然而，在市场有效性理论不断获得有利于自己的证据的同时，也不断碰到无法自圆其说的矛盾和问题。首先，从长期来看，股票市场作为一个有机的系统，是随着经济的发展而不断发展壮大的，指数的超长期趋势肯定是向上无疑，这样实际上是确定了一个基础，在这样的大前提下，我们长期投资的收益率并不是以 0 为轴心上下波动的；其次，两种相同的表象下可能有完全不同的逻辑基础，例如，傻子会随地拉撒，醉酒的人也会随地拉撒，但不能证明后者就是傻子。这在数学原理上来讲，就是命题成立则逆否命题成立，而逆命题和否命题并不一定成立，显然用随机模型模拟股价的方式就是犯了逆命题和否命题也成立的推断错误。

举例如下：

1. 规模效应问题

班茨（Banz）在研究中发现，如果按股票的市场价值总额大小将上市公司进行排队，那么不论是总收益还是风险调整后的收益率都与公司规模大小呈现负相关的关系。以纽约股票交易所的情况为例。在该交易所中，规模最小的上市公司的股票平均收益率要比规模最大的上市公司股票平均收益率高出 19.8 个百分点，而且这一现象持续存在。对于这个问题，市场有效性理论难以做出合理的解释。因为依据市场有效性理论的观点，证券市场是一个由理性投资者组成的，在资本转移迅速和充分竞争的市场条件下，超额收入应该随着投资者竞相购买小公司的股票而迅速消失，不应该出现这种持续存在的现象。

2. 周末效应问题

弗伦奇（French）等人发现，在纽约证券市场上，从周五到周一股票收益率一般低于一周中的其他日子。这又是市场有效性理论无法解释的现象。因为，在有效市场的条件下，理智的投资者会充分利用各交易日收益率的差别，进行低买高卖的投机性交易。比如说，他们可以在周五下午实行短卖（Short Sale），然后在周一下午按预期的低价买进。这样一来，势必导致周五下午股票价格下跌，周一上午股票价格上涨，从而使周一的股票收益率升至适当的水平。所以，按照市场有效性理论的观点，各交易日的股票收益率不应出现如此悬殊的差距，这种差距更不会长期存在下去。

3. 黑色星期一问题

1987 年 10 月 19 日，星期一，美国纽约股票市场突然爆发了前所未有的狂跌风潮。这场股市狂跌，不仅给西方的投资者带来了巨大的经济损失，而且给信奉和鼓吹市场有效性理论的西方学者当头一记闷棍。对于这场股市狂跌，一些西方学者既无法做出圆满的解释，更无力提出行之有效的解决办法。因为，根据市场有效性理论的说法，西方的证券市场符合不完全强形式假设条件和在一定程度上符合完全强形式假设条件。而在这种市场条件下，价格能够及时、迅速地反映信息的变化，投资者能够根据价格的变化及时、迅速地做出理智的反应，结果，价格趋向合理，市场趋于均衡，因此不会出现股市暴涨暴跌的问题，更不会产生市场运行危机。

4. 股票回购

伊肯伯里等（Ikenberry, Lakonishok and Vermaelen, 1995）考察了 1980~1990 年期间宣布进行股票回购的公司，统计结果发现，股票价格会随着股票回购（Share Repurchase）的宣布而上涨，而且在随后的几年中，股票价格会连续维持同一方向的移动。米特切尔和斯坦福德（Mitchell and Stafford, 2001）做了进一步的研究，将样本区间扩大为 1960~1993 年，并且改进了估计技术。结果发现，在控制了公司的规模和账面价值与市场价值之比以后，平均来讲，这些公司的股票在未来的四年中仍然有一个显著的异常收益率。可见，公司股票价格对公司宣布股票回购的事件反应严重不足。

5. 长期反转（Long-term Reversals）现象

德·邦德和塞勒（De Bondt and Thaler, 1985）比较了两组公司股票的收益率情况，一组由亏损最严重的公司股票组成，另一组由盈利最多的公司股票组成。他们从 1933 年开始算起，把前三年表现最好的公司和最差的公司分别编组，各自作为一个投资组合，然后，考察此后五年间投资于这两个组合所得到的收益情况，经验统计结果显示，投资于最差公司的股票组合的收益率要显著优于投资于最好公司的股票组合。

在西方学术界，对于资本市场运动规律的理论按认识论来划分，大体上可以分为两种：一种是市场规律可知论；另一种是市场规律不可知论。市场规律可知论的典型代表是传统的技术学派（亦叫图表学派）和基础学派。前者认为，历史是现实的基础。通过对前期市场运行的历史资料进行分析和研究，可以预测未来市场的走势。后者认为，价值是价格的根据，证券有其内在价值。在不同时期，证券价格可能低于或者高于其内在价值，但总的来看，证券价格会复归到内在价值的水平上。由于证券的内在价值可以通过估算预期红利和收益贴现值来获得，因此人们能够对证券价格的变动趋势做出正确的判断。

长期以来，技术学派和基础学派的观点和方法在许多西方学者中间，特别是证券专业人员中间具有广泛的影响，获得普遍的认同。但是，随机行走理论（Random Walk）的提出，市场规律不可知论已对市场规律可知论的权威性提出了严峻的挑战。

1953 年，英国学者莫里斯·肯德尔（Maurice Kendall）在对股市波动的统计分析中发现，股价变动没有任何模式可循，它就像一个醉汉走步一样，"昨天的价格与今天的价格无关，今天的价格与明天的价格无关，股市运动每一天都是全新的内容"。1959 年，美国学者哈里·罗伯茨（Harry V.Roberts）和奥斯伯恩（M. F.M.Osborne）在研究中也得出了类似的结论。奥斯伯恩发现，股市日常的波动就像物理实验中出现的布朗尼运动一样，遵循着一种随机行走的规律。此后，阿诺尔德·穆尔（Arnold Moore）在对单个股票价格连续变动进行序列相关分析中发现，他随机抽取的 29 种股票价格的周度变化数据平均序列相关系数只有 0.06，从而进一步证明了以历史数据预测价格变化的无效性。

上述发现，不仅使从事金融证券理论研究的学者感到困惑，而且使从事经济学研究的学者感到费解。因为，按照西方经济学的说法，资本市场应当是有序运行的理性市场，然而按随机行走理论推论，资本市场却又似乎成了无序运行的非理性市场。与之相联系，资本市场的无序运动自然无经济规律可循，任何试图通过分析和研究市场运动的历史和现实，预测市场未来变化的努力都是徒劳无功的。因而，市场行为人只能去被动地接受和适应市场，而不能去改变市场。这样一来，技术分析工作也就失去了存在的价值。

面对上述矛盾和问题，一些西方学者进行了更为深入的研究，并逐步形成了新的解释，即随机价格波动体现的正是一个功能良好、有效率的市场，而不是非理性的市场。他们的论据是：证券价格的变化取决于相关信息的变化。因为投资者对某种证券的需求取决于他对该证券的价格预期是看涨还是看跌。看涨时，就增加需求，看跌时，则减少需求，而证券价格预期又取决于投资者对所购买证券的了解，即信息的占有程度。这些信息包括：证券价格变动的历史数据、发行公司的经营和财务状况、股息增长率及其盈利机会，等等。在完全竞争的市场条件下，每个投资者都想占有更多的信息，都想在交易之前获得利好的消息，都想在获得消息之后尽快入市操作，竞争的结果必然使任何用于预测证券价格的信息即刻反映在现行价格上。只要一出现证券升值或者贬值的新消息，抢购或者抛售行为就会把市价抬到或压至一个适当水平。在这一水平上，投资者获得的只是正常收益率，即用以补偿风险投资和机会成本的收益率。所以，随机变化的市场和价格不仅不是市场非理性的证据，相反，正是众多理智而且聪明的投资者竞相开发有关信息，并对其做出理性反应的结果。

第十一节　螺旋历法、占星学和自然现象

一、螺旋历法

嘉路兰于 1992 年提出了螺旋周期分析法，"螺旋周期分析方法突破了以价格为主要分析对象、以数理统计和形态识别为主要分析手段的传统分析模式，从天体运行等自然现象对人类行为产生影响这一全新的视角出发，揭示了证券市场如同许多自然生命现象一样，服从螺旋生长周期"。

市场螺旋周期分析，基本出发点是认为价格的涨跌循环在时间上遵守由螺旋历法确定的规则。螺旋历法有其特殊的时间计量单位，即由斐波那契级数（1、1、2、3、5、8……）各项的平方根的无穷系列形成的时间序列。这个时间序列的基本单位是朔望月，其长度约为 29 个历法日。有关螺旋历法及其在预测市场（尤其是股票市场）价格周期方面的应用，是 1987 年 10 月华尔街股市崩溃后，亲身经历了这场股灾的交易员嘉路兰花费了大量时间和精力，研究股市发生重大事件（暴跌、暴涨）的时间关系而提出的。首先，嘉路兰发现，1987 年的股灾和 1929 年的股灾都是发生于 10 月份。于硕果累累的金秋时节，价格攀升至顶部，然后大幅度下降，正如同自然的轮回，春天播种，秋天收获。其次，1987 年和 1929 年 10 月间，相距的时间间隔大约是 717 个太阴月，又刚好是斐波那契级数的第 29 项、514229 之平方根。

螺旋周期分析中比较注重的有自然季节，或者说月亮、太阳的位置，以及生命繁衍的螺旋增长形式。市场是由参与者形成的，参与者的情绪变化影响着市

场。许多现代的科学研究表明，星体的位置，尤其是太阳和月亮的位置是影响人类情绪的因素之一。春夏秋冬，太阳光线照射的不同，人们在冬季显得更为情绪低落，在夏季显得较为亢奋。月亮盈亏，新月满月，更是人类繁衍的基本周期。由于螺旋历法的立足点具有崭新的独到之处，融合了古老的文明和现代科学的许多发现，广泛地引起了市场人士的兴趣。但是尽管螺旋周期分析成功地解释了美国两次大股灾发生的时间周期关联性，但由于螺旋焦点难以确定等问题，实际运用起来还是相当之难，所以未被技术分析人士广泛运用。

"明月几时有，把酒问青天"，苏东坡的中秋词强烈地表达了人们在中秋明月时的美好愿望。如果从占星角度来看，满月，就是一个日月相冲的 180 度相位。这种相位往往给人带来一种矛盾不安的情绪，或是情绪上的起伏跌宕。国外的研究数据表明，满月的时候，人的精神也容易失控，精神病和犯罪行为往往是高发期。

说完月亮，我们不得不谈谈太阳系中的"老大"——太阳。日食，这恐怕是最难得的现象了，不过这在占星学中并不是什么好兆头。从古代起，伴随着日食后发生的事情多是些重大的自然灾害，于是日食就被戴上了"凶兆"的帽子。台湾一位占星学家曾经就日食现象专门著书立说，论证日食对世界的危害，特别是自然灾害和重大的历史事件。他在书中指出，"……日食阴影笼罩的地区，往往从这个日食到下个日食间会发生重大事件……"其中列举了俄罗斯潜艇"库尔斯克"号的沉没以及 1999 年中国台湾大地震等重大突发事件。

二、占星学和社会现象

说到占星学与社会现象，这也是占星家最热衷的话题，国外往往有不少占星家对当前时局纷纷发表预测。不过，要想准确预测出一个重大事件是非常难的，比如，美国的"9·11"事件，事前很少人提到，事后却有很多人在分析。好像只有一个美国的占星家在事发前写的一本书中提到过可能会有恐怖袭击，但是，国外关于这种预测的书很多，谁也不敢随便相信某个人的预测。

早在 2001 年初，由于土星和冥王星的 180 度对冲，有不少占星家预测出了全球的经济衰退周期以及股市将会暴跌。然而，这将通过什么具体事件引发，占星家们却众说纷纭，直到"9·11"事件爆发，大家才恍然大悟。

其实，我们大可以把占星预测当成一个由面及点的分析过程。大的范围划定

（是好是坏）基本错不了，但具体的哪一点（具体的事件）确定却是非常困难的。也许是这个，也许是那个，但总之，它会来的。从另外一个角度来说，也可以把占星预测当做天气预报来看。往往，占星家所推测出的结论不是一个百分之百的结果，而是一个大概的趋势。这种趋势有时会很明显，有时就不是很突出，就像降雨概率一样，即便是 80%，也有不下雨的时候。当然，有了一个天气预报似的"占星指南"，当你忧心忡忡或难以抉择时，这就是你的一剂及时的心理良药了。

在古代，天文学和占星学密不可分，当时大多数科学家，特别是天文学家都对占星有研究，甚至为占星学著书立说，并从事占星预测活动。比如伽利略、开普勒、牛顿、哥白尼，等等，不过这些科学家的占星预测大多是"副业"，远远比不上他们在科学界所产生的影响。

要说真正的职业占星家就不能不提一下诺查丹马斯这个人，他的 1999 年"恐怖大预言"曾经令无数人迷惑。其实诺查丹马斯不但是个占星学家，更是个预言家，如果严格地讲，他更倾向于后者。一般来说，那个时候的占星家需要的是天文历，而预言家是看水晶球。据说诺查丹马斯的"功力"已经达到不用看水晶球，只要看着平静的水面就能够预测到未来发生的事情。关于他的传说大多难以考证，不过从占星学的角度来看，1999 年日食所形成的"大十字"天象的确是非常凶险，而那一年世界确实也很不平静。应该说，诺查丹马斯在 500 多年前就预测到现在的行星分布的特殊天象，确实很值得人敬佩，毕竟那个时候没有电脑，不像现在我们敲几下键盘就能得到所有的情况。

如果你现在已对占星学深信不疑，那么，我希望你能充分享受占星给你带来的乐趣；如果你现在仍对占星学不以为然，那么，我想对你说，你可以不去相信它，但你应该去了解它。

三、假期效应和总统选举

交易商喜欢百分之百确定的事情，在华尔街这是千真万确的。百分之百确定能赚到钱，而且一点风险都没有，全世界再也没有比这更好的事了。为了做到这一点，市场的参与者和观察家们，个个都认真地对走势的模式加以研究。从盘古开天地开始，人类的历史似乎都在不断重复。交易商便根据行情的表现，看看在每年固定的期间里，股市会不会有相同的表现结果，他们发现果真是如此。于是，华尔街便产生了不少市场谚语，并且一直传了下来。根据老祖宗的说法，市场在每年特定的时间，会出现特定的走法，过去是如此，以后也是一样。例如，"在犹太新年卖出，在赎罪日买进"，这句话的意思是说，市场会在每年的9月出现卖压，然后会在华尔街人人闻之丧胆的10月触底反弹。另外，交易商也听过所谓的"夏季行情"，或是"圣诞行情"。也有人说市场有"一月指标"、"元月效应"，以及"选举行情"等。这些人认为，市场过去在这些期间似乎都有特定的走势，因此未来应该也会照样发生。

在美国新泽西州，贺胥是《股票交易商年鉴》的发行人，他也是头一个把市场在哪些时候会出现哪些状况编录出来，并因而建立了名号的人物之一。他是个专门研究市场历史的人。他这辈子可以说都在研究市场的波动模式，他把股市重复出现的波动模式和循环找出来，并且做成记录。

最早发现所谓"总统选举行情"的人，就是贺胥。简单来讲，总统选举行情就是股市通常会在新总统就任之后的第二年遇到麻烦，当然，不是百分之百都是如此，但的确经常出现这样的现象。理由很简单，多数总统都希望获选连任，而要达到这个目标，通常会有人建议他们在任期刚开始的时候，就先推动比较不受民众欢迎的经济政策。大部分的情况下，新当选的总统为了要在接近下一次选举的时候，实施减税措施，刺激消费，或让利率下降，通常会在就任不久先调高税率，削减政府支出，让联邦储备理事会把利率调高一些，或甚至于忍受一段经济衰退期。也就是说，在任期开始时，先硬着头皮把苦药吞下去，以后才能放手实施既受到民众欢迎，又能刺激经济景气的政策。

根据贺胥对市场历史的研究，新总统就任后的第二年，是行情表现最差的一年。不过，他也发现，最后一个数字是5的年份，也就是总统任期接近中期的时候，通常是非常适合投资股市的年份，而如果最后一个数字是5，而且又碰到国会改选的话，那情况就更好了。

举例说明，看看这样的说法有没有道理。1994年是克林顿总统（Clinton）初次当选后的第二年。那一年，多档股票的行情接连遭到冲击。克林顿为了抑制联邦政府的预算赤字，而实施了调节税率和削减政府支出的措施，而这些就任初期的政策，在那一年就动手了。此外，克林顿提出的医疗改革计划，也在政治上遇到强烈的阻力，投资人对此一直耿耿于怀，因而使得健康保险和医药类股的表现惨不忍睹，一路到1994年底都没有起色。整个来看，该年股价的平均表现，大概比年中最高的水准跌了30%左右，刚好符合传统上对空头走势的定义，就连一向表现顽强的道琼斯工业指数，最低也曾经跌了将近10%，不过，道琼斯指数在年终之前，差不多又拉回到平盘的水准。

1995年的情况则刚好相反，股价在年初就大幅飙高，并且接着创下了历史的高点。在6月底时，道琼斯工业指数上扬幅度将近19%，在短短的6个月内就有如此耀眼的表现，再度证实了市场的循环的确是会重复出现的。

第三章　实证研究

第一节　股票投资分析

股票投资分析方法基本可以分为三大类，即基本分析、技术面分析和金融工程。

基本分析，是指证券投资者根据经济学、金融学、财务管理学及投资学的基本原理，通过对决定证券投资价值及价格的基本要素，如宏观经济指标、经济政策走势、行业发展状况、产品市场状况、公司销售和财务状况等的分析，评估证券的投资价值，判断证券的合理价位，从而提出相应的投资建议的一种分析方法。

基本分析主要包括三个方面的内容：①宏观经济分析。经济分析主要探讨各经济指标和经济政策对证券价格的影响。②行业分析。行业分析通常包括产业分析与区域分析两个方面，是介于经济分析与公司分析之间的中观层次的分析。③上市公司分析。上市公司分析是基本分析的重点，无论什么样的分析报告，最终都要落脚在某个公司证券价格的走势上。

基本分析最关键部分是财务分析（尤其是现金流量分析）、投资项目评估和管理者综合评估。其他还包括上市公司外部环境（如宏观经济环境、法律环境）、所处行业状况、科技发展的水平、上市公司研发能力、管理制度、产权与治理结构状况等。传统基本分析的最终目的是对企业进行价值评估，并发现影响企业未来价值变化的因素。基本分析的核心方法之一是价值投资分析，其鼻祖是本杰明·格雷厄姆。他是20世纪最有影响的投资理论家。

格雷厄姆的投资方法以企业价值评估为基础，至于企业是什么行业并不重要，只要股价低于企业的真正价值就行了。格雷厄姆认为，市场迟早会认识到企业的真正价值而抬高股价，弥补企业价值与股票价格之间的差距，这时原先购入股票的投资者就能获利。格雷厄姆在经营其投资公司期间年收益率达到19%。

国内有些投资者可能会有疑问：中国证券市场不成熟、不完善，股票内在价值分析有用吗？分析上市公司财务报告能使我们获得超额收益吗？其实，中国证券市场的不完善、低效率正是价值分析获得超额利润的基础，市场越不完善，价值分析获得超额利润的机会就越多。在一个效率不高的证券市场中，股票的价格并不完全反映与该股有关的全部公开信息。正因为股票价格并未能反映所有公开信息，股票价格与股票价值背离的机会和幅度都比较大，我们就更可能通过对财务报告等公开信息的研究和分析发现别人看不到的东西，从而获得超额回报。

技术面分析，对于一只股票来说，应该是其价格的图表化，属于统计学范畴，给出一个概率分析的标的。不能用于预测行情，而只是提供一种可能性，规范到交易行为上，如果不是这种可能将转向另一种可能。技术分析是一种规范交易行为的工具。

金融工程是20世纪80年代中后期在西方发达国家金融领域内出现的一门新兴科学。它以系统工程理论为指导，将数理分析技术、电子计算机技术等先进的科技手段全面导入金融领域，力图突破原有的经营范围和方式，优化金融活动方案，对各种金融要素进行不断地重新组合和创新。在国外，具有实力的投资者很早就开始应用金融工程技术：程序交易、证券组合等都属于金融工程的一部分。金融工程的基础理论主要包括资产定价、风险管理和资金的时间价值分析三块，它们都对证券投资具有很强的指导意义。

从本质上看，金融工程是对基本分析与技术分析的深化，也可以这样理解，基本分析与技术分析是一种投资思想或理念，而金融工程是一种分析方法，是技术性非常强的领域。时至今日，投资者要想在证券市场上获取稳定的超额收益，仅有投资理念是不够的，还必须有非常人能及的分析方法，才能获得非常人能及的超额利润。对投资者而言，基本分析的核心是企业价值分析，技术分析的核心是追踪主流资金，而金融工程的核心就是资产定价。

从根本上看，一切金融问题，都可以归结为制度问题和技术问题（主要是定价问题）。因此，资本资产定价，尤其是其中的股票定价，受到国内外广泛的重视，是国际金融经济学界研究最艰深、文献最浩繁、实践意义最重大的领域之一，也是金融工程师们赖以开发金融新产品的理论基础。在西方，大概使用基本分析、技术分析和金融工程方法（如 CAPM 模型、ICAPM 模型、APT 模型、Black-Scholes 公式等）的投资者各占 1/3。

下面我们就基本面和技术面之间的辩证关系继续进行探讨：

基本分析是针对公司本身的经营前景，技术分析是针对股价运动的图表趋势。两者有机结合起来必能百战百胜。如两者择一，当以基本分析为先。技术趋势往往是公司前景的反映，当然在短期内未必同步反映，长远看一定服从这个趋势。

基本分析和技术分析只是通往成功的两条路而已，学成一技，终身受用。基本面分析更强调长线投资，技术分析更适用于中短线。作为投资人，虽然说二者不可能完全分离运用，但是对于个体而言，总会或多或少有运用其中一种分析工具的偏好，关键在于不同的个体应该选择适合自己的分析工具。

如果基本面是价值中枢，价值中枢的变化决定了走势的大方向和投资战略，那么技术分析就能够把握价格围绕价值中枢波动的规律，技术分析可以确定阶段性的投资策略。理论上讲如果你把投资当做一项事业，那沉迷于技术分析是成不了大器的。经过严格的技术分析训练，我相信你会变得敏感，对细节把握很好，但无论你怎么去缩小 K 线，或者换成周线、月线、年线，你都无法跳出其中的起起伏伏，以更大的气魄和眼光去看市场。你对技术分析运用得越纯熟，你对投资的认识越接近自身的局限，你可以成为一个很好的"匠"，但成不了"师"。以我的感受来看，对很多超级大牛股是不能讲技术的，因为它成长的程度远远超出技术的想象，加上不断地送股除权，在这样的股票面前，技术是很劳心劳力而又不讨好的。

请永远牢记：技术面并不是决定一只股票上涨的关键，基本面才是决定一只股票上涨下跌的关键！技术面是反映基本面的！请永远牢记：一只股票无论技术面发出多么完美的买入信号，基本面一旦发生坏的变化，该股百分之百下跌，绝不例外，上涨都绝对是诱多的行情！一只股票无论技术面多么完美，如果没有基本面的支持，一样是下跌下跌再下跌！

但是，我们需要说的是基本面分析的功能不是预测市场，它的作用更多的是告诉我们市场价格波动的原因，使我们更清楚地认识和了解市场，不至于因为对基本面情况的一无所知而对市场价格的涨跌感到迷茫和恐惧。基本面分析不具有预测市场未来方向的功能，它的这个功能是我们获利的欲望强加给它的。基本面分析只是客观地告诉你市场上发生了什么以及市场价格是如何反应的，在某些情况下，我们甚至根本无法从基本面上找到价格涨跌的原因。

因此，通过必要的基本面分析，能够有效帮助我们锁定目标股群体却是毫无疑问的。然后再通过技术分析系统来选择交易的时机，把二者合理结合将会非常有意义。但是需要注意以下几个问题：

（1）防止陷入宏观分析的陷阱。客观反映事物很难。面对复杂的经济政治所反映的宏观基本面，即使是经济政治方面的专家也要避免在宏观分析方面浪费过多的精力。对于市场操作来说，我们只需要一个对宏观基本面变化的总体格局的认识。

（2）中观层次上的行业分析是大处着眼的重点。应寻找需求上升的市场。需求是导致长期持续上升走势的刺激因素。反过来说，对需求疲软的行业，应该予以回避。同样，周期性行业、稳定性行业等也各有其特点。分析中加以区别。在这其中，对于跨行业重组公司的评价问题是个难点，但并购和重组作为基本面重大变化的特征应该引起重视，并作为主要分析的对象。

（3）公司分析的重点在于确定市场定价的无效性。从价值评估的角度来说，我们更应该去发掘那些尚未被人们发现的公司。对于较大型的资金来说，投资者必须尽可能对目标公司进行深入分析，真正了解公司正在制定哪些决策以及公司的经营状况。市场中不存在免费的午餐。进行基本面分析必须具备相当专业的知识，并且付出大量的劳动。如何发现那些价值被低估的股票？首先可以把目标限定在一个业务和经济发展前景良好的领域内。然后，仔细研究该领域内各公司各方面的信息。再进行对比分析，不断缩小目标范围。最后，最好能接触目标公司。

（4）基本面分析不能完全解决介入时机的问题。发现了一家价格被市场低估的目标公司可以使得投资者比大多数市场参与者以更低的价格买进股票。然而，如果在购买时机的问题上没有解决好，导致过早地进入市场，那么可能会在短期内亏损一大笔钱。因为市场无效定价的时间可能相当长，区间幅度也可能很大。投资者应耐心等待时机，结合技术分析系统来确定入场的时机。不仅要赚钱而且要尽量控制风险。

（5）滞后的基本面消息往往是陷阱。市场上如果利多或利空消息已经被预期或者已经在市场上有了过头反应，那么市场往往会做出相反的反应。同时，市场的走势也会影响消息的力度，或者说，消息和市场一直在相互影响。一般来说，悬而未决的消息会比确定的消息更长远地推动市场的移动。

（6）基本面分析具有很大的局限性。不仅仅是就基本面分析的难度而言，即使是看起来正确的基本面分析其结果也可能是不正确的。基本面分析告诉你的是未来一个大的趋势，它很难告诉你什么时候价格能够移动或者价格确切会移动多少，然而大致的趋势对于交易特别是较大资金的交易当然还是很关键的。

（7）基本面分析有它自己的优势所在，那就是基本面的情况不会轻易发生根本性的改变，市场一旦形成某种趋势，则这个趋势就不会轻易结束；所以，只要基本面未发生根本的改变导致新的趋势开始，我们就可以认为趋势还将延续，此时若再配合一些简单的技术工具，你就可以很好地利用基本面的研究成果来形成真正的交易利润，这才是基本面分析最有价值的地方所在。

第二节　研究创造价值：基本分析最关键部分是财务分析（上）

研究创造价值，这是股市规则，永远有效。基本分析最关键部分是财务分析。

一、财务报告的内容

财务报告主要包括：资产负债表；损益表或利润及利润分配表；现金流量表和财务状况说明书。

1. 资产负债表

是反映公司在某一特定日期（往往是年末或季末）的财务状况的静态报告，资产负债表反映的是公司的资产、负债（包括股东权益）之间的平衡关系。

资产负债表由资产和负债两部分组成，每部分各项目的排列一般以流动性的高低为序。资产部分表示公司所拥有的或所掌握的，以及其他公司所欠的各种资源或财产；负债部分包括负债和股东权益两项。负债表示公司所应支付的所有债务；股东权益表示公司的净值，即在清偿各种债务以后，公司股东所拥有的资产价值。资产、负债和股东权益的关系用公式表示如下：

资产 = 负债（广义）= 负债（狭义）+ 股东权益

公式中所列示的广义负债包括狭义负债和股东权益两部分。

2. 损益表或利润及利润分配表

公司损益表是一定时期内（通常是 1 年或 1 季内）经营成果的反映，是关于收益和损耗的会计报表。损益表是一个动态报告，它展示本公司的损益账目，反映公司在一定时间的业务经营状况，直接明了地揭示公司获取利润能力的大小和潜力以及经营趋势。

如果说资产负债表是公司财务状况的瞬时写照，那么损益表就是公司财务状况的一段录像，因为它反映了两个资产负债表编制日之间公司财务盈利或亏损的变动情况。可见，损益表对投资者了解、分析上市公司的实力和前景具有重要的意义。

损益表由三个主要部分构成。第一部分是营业收入；第二部分是与营业收入相关性的生产性费用 = 销售费用和其他费用；第三部分是利润。

3. 现金流量表

现金流量表是以现金为编制基础，反映企业现金流入和流出的状况，可以使投资者了解上市公司获取现金，偿付债券和支付股利的能力，以便将现金流动的原因划分为经营、投资或筹资不同的活动。在我国，编制现金流量表是从 1998 年 1 月开始的，而上市公司年报被要求披露现金流量表则是从 1999 年开始，因为财务状况变动表不能准确反映企业的变现能力，所以要求上市公司公布财务报告时，将过去的财务状况变动表改为现金流量表，以便更好地与国际惯例接轨。现金流量表主要包括三组数据，分别是：

（1）经营现金流入、经营现金流出、经营现金净额。

（2）投资现金流入、投资现金流出、投资现金净额。

（3）筹资现金流入、筹资现金流出、筹资现金净额。

第一组数据是对经营活动产生的现金流量进行分析。经营活动是指企业投资活动和筹资活动以外的所有交易和事项，包括销售商品或提供劳务，经营性租赁、购买货物、接受劳务、制造产品、广告宣传、推销产品、缴纳税款等。经营活动产生的现金流量是企业通过运用所拥有的资产自身创造的现金流量，主要是与企业净利润有关的现金流量。企业一定期间内形成的净利润构成经营活动产生的现金流量，但处置固定资产净利益或净损失构成净利润的一部分，但不属于经营活动的现金流量，处置固定资产净收益或净损失也不是实际的现金流入或流出；经营活动产生的现金流量是销售商品、提供劳务收到的现金与购进商品、接受劳务付出的现金之差，如同家庭中工资收入与生活支出的差额一样，体现了最核心、最本质的财务状况。

上市公司经营活动现金流量越大，表明主营业务突出、营销表现卓越、销售回款好、创现能力强。每股经营活动现金净流量是经营活动现金净流量与股本总额的比率，该指标既反映了来自于主营业务的现金对每股资本的支持程度，又反映了上市公司支付股利的能力。"现金为王"成为国外投资领域的四字箴言，于是，每股经营活动净现金流量逐渐被会计报表使用者视为"更客观、更直接、更有用"的分析工具。比如，有的企业账面利润很大，看似业绩可观，而现金却入不敷出，举步维艰；而有的企业虽然巨额亏损，却现金充足，周转自如。因此，仅以利润（如税前利润增加值）来评价企业的经营业绩与获利能力有失偏颇。如能结合现金流量表所提供的现金流量信息，特别是经营活动现金净流量的信息进行分析，则较为客观全面。

如果经营活动现金流量净额与净利润两者都为负，说明该企业面临经营困境，盈利能力弱，现金流量也入不敷出；若经营活动现金流量净额为负，净利润为正，说明企业虽有盈利能力，但存在大量存货积压或应收账款收不回，无法取得与利润相配的现金流量，此时企业一方面应考虑融资，另一方面应加大收款力度或营销力度，加快资金周转；如果经营活动现金流量净额为正，净利润为负，则说明该企业对固定费用偿付不足，企业虽然能够满足正常经营活动资金需求，但应提高产品盈利能力。经营活动现金流量净额与净利润两者都为正，且其比值大于1，表明企业创造的净利润全部可以以现金形式实现，若其小于1，则表明有部分净利润以债权形式实现。

第二组数据是对投资活动产生的现金流量进行分析。投资活动产生的现金流量是指企业长期资产以及不包括在现金等价物范围内的投资的购建和处置，包括取得和收回权益性证券的投资，购买或收回债券投资，购建和处理固定资产、无形资产和其他长期资产等。投资活动产生的现金流量中不包括作为现金等价物的投资，作为现金等价物的投资属于现金自身的增减变动，如购买还有1个月到期的债券等，都属于现金内部各项目转换，不会影响现金流量净额的变动。通过现金流量表中反映的投资活动产生的现金流量，可以分析企业通过投资获取现金流量的能力，以及投资产生的现金流量对企业现金流量净额的影响程度。

第三组数据是对筹资活动产生的现金流量进行分析。筹资活动产生的现金流量是指导致企业所有者权益及借款规模和构成发生变化的活动，它包括吸收权益性资本、发行债券、借入资金、支付股利、偿还债务等。通过现金流量表中筹资活动产生的现金流量，可以分析企业筹资的能力，以及筹资产生的现金流量对企业现金流量净额的影响程度。

同其他的年报分析手段一样，现金流量表的分析能够揭示上市公司状况的某些情况，例如，从财务报告看，部分上市公司的利润状况确实好，但再仔细观察现金流量表，就会发现现金流量的状况实在不佳。有的企业在利润大幅增长的同时，其经营活动和筹资活动所产生的现金流入却远远低于投资活动产生的巨额现金流出。现金流量表能有效揭露少数公司的利润操纵手段，便于投资者了解公司业绩的真实含金量，检验净利润的质量。

值得注意的是，现金流量仅是年报分析体系中的重要工具之一，还应注意以下两个问题：

第一，全面、完整、充分地掌握信息，不仅要充分理解报表上的信息，还要重视公司重大会计事项的揭示以及注册会计师对公司报表的评价报告，甚至还要考虑国家宏观政策、国际国内政治气候等方面的影响；不仅要分析现金流量表，还要将资产负债表、损益表等各种报表有机地结合起来，这样才能全面而深刻地揭示公司的偿债能力、盈利能力、管理业绩和经营活动中存在的成绩和问题。

第二，特定分析与全面评价相结合。报表使用者应在全面评价的基础上选择特定项目进行重点分析，如分析公司偿债能力的现金流动负债比（经营活动现金流量/流动负债）等，并将全面分析结论和重点分析的结论相互照应，以保证分析结果的有效。

二、案例分析

我们对 2002~2006 年已公布年报的每股经营性净现金流前 5 名公司进行分析（见表 3-1 至表 3-5）。

每股经营性净现金流，就是企业在生产经营活动中产生的现金净流量与股本总额的比值。有充足的经营性现金流，企业才有能力扩大生产规模，增加市场占有的份额，开发新产品并改变产品结构，培育新的利润增长点。一般来讲，该指

表 3-1　2002 年年报每股经营现金流量净额（截至 2003 年 3 月 27 日）

代　码	股票名称	每股收益（元）	每股经营现金流量净额（元）
600415	小商品城	0.42	6.54
600791	天创置业	0.52	2.02
600006	东风汽车	0.62	1.94
000717	韶钢松山	0.78	1.86
600166	福田汽车	0.45	1.73

表 3-2　2003 年度每股经营性净现金流量净额（截至 2004 年 3 月 30 日）

代　码	证券简称	每股收益（元）	每股经营性净现金流（元）
600786	东方锅炉	1.53	10.13
600016	民生银行	0.38	6.94
600475	华光股份	0.30	6.52
600130	波导股份	1.53	5.35
600036	招商银行	0.46	4.81

表 3-3　2004 年年报每股经营现金流量净额（截至 2005 年 3 月 28 日）

代　码	股票名称	每股收益（元）	每股经营现金流量净额（元）
600415	小商品城	0.830	11.54
600786	东方锅炉	1.029	7.31
600875	东方电机	0.588	5.59
000951	中国重汽	0.680	3.38
600887	伊利股份	0.610	3.22

表 3-4　2005 年三季报每股经营现金流量净额（截至 2005 年 10 月 31 日）

代　码	股票名称	每股收益（元）	每股经营现金流量净额（元）
600246	先锋股份	0.41	8.19
600415	小商品城	1.07	7.77
600348	国阳新能	0.91	3.29
600305	恒顺醋业	0.21	2.75
600325	G 华发	0.44	2.18

表 3-5　2006 年半年报每股经营现金流量净额排行榜（截至 2006 年 10 月 31 日）

代　码	股票名称	每股收益（元）	每股经营现金流量净额（元）
600058	G 五矿	0.25	6.70
600030	G 中信	0.21	5.73
000651	G 格力	0.58	5.21
600970	G 中材	0.38	3.80
600015	G 华夏	0.18	3.48

标越大越好。每股经营性净现金流对于研判上市公司的利润真实性及财务状况具有重要作用。现金是上市公司最珍贵的经济资源。如果一个公司生产经营购销活动正常，经营活动产生的净现金流量应该大于公司的利润。通过经营性现金流与利润的对比，可以判断公司利润的真实性以及生产经营活动的健康度。

假如一家公司过度依赖增加应收账款的途径实现销售，导致现金表"销售商品、提供劳务收到的现金"在金额上远远小于利润表"主营业务收入"，以至于"经营活动产生的现金流量净额"远远小于"净利润"，那么，一方面报告期确认的销售利润可能包括较多的潜在应收账款坏账损失风险；另一方面也可能意味着主营产品的市场供求状况难以支撑今后业绩的可持续增长。除此之外，对于那些打算分红派现的上市公司来说，如果经营活动产生的现金流量净额微不足道或者说呈现负数，就意味着必须动用原本用于经营活动的现金支付红利，由此可能打破正常的现金流量平衡，增加负债，导致今后资金成本加大，进而对业绩构成压力。

一般来讲，不同的行业经营性净现金流也不相同。2003~2004年投资主导的经济增长模式引发部分行业景气度提升，从而为现金流大幅增长奠定了坚实基础。在这方面，发电设备行业就是个最好例证。由于国内电力缺口严重致使电力投资热情高涨，发电设备制造业迎来黄金时期，相关上市公司均取得了不错的业绩增长。由于该行业的生产均采取订单方式，预收账款的大增直接导致了相关公司经营性现金流的"突飞猛进"。3家主要发电设备制造企业东方锅炉、华光股份和东方电机分别位居上市公司每股经营性净现金流前五位，这在所有行业中绝无仅有。

汽车行业共有3家公司入围，分别是东风汽车、福田汽车、中国重汽。由于消费升级，人民生活水平的提高，业绩自然也"水涨船高"。由于该行业的现金流量大，获利能力强，企业经营运转效率高，加快应收账款的周转，因此其偿债能力也很好。

金融证券行业共有4家公司入选，其中3家银行，1家证券公司。该行业的经营性净现金流高企与整个行业经营效益的大幅提升是分不开的，由于宏观经济运行健康、各行各业欣欣向荣，银行企业每股经营性净现金流普遍较高，充分显示出公司良好的财务状况和经营绩效。

在同一行业中，由于公司经营管理的优劣，也可能出现不同的现金流量变化情况。有些企业追求稳健经营，追求最大限度上"银货两讫"，这样的公司现金流量一般都较好。典型如小商品城、伊利股份。公司产品品质优良、品牌过硬，这说明公司产品的紧俏与非常低的财务风险。如格力电器、中兴通讯等制造类上市公司，能有如此可观的现金流，表明公司的经营状况非常好，利润质量较高。

非常有趣的是，我们发现上述 25 家公司，在历史上都有翻番的行情出现，甚至有些个股如东方锅炉、小商品城，出现 6~10 倍以上的涨幅。金融证券、汽车行业的频繁上榜预示着未来三年该行业会出现黑马群！

三、财务数据造假的识别

（1）虚构收入。这是最严重的财务造假行为，有几种做法：①白条出库，作销售入账。②对开发票，确认收入。③虚开发票，确认收入。

（2）提前确认收入。这种情况如：①在存有重大不确定性时确定收入。②完工百分比法的不适当运用。③在仍需提供未来服务时确认收入。④提前开具销售发票，以美化业绩。

（3）推迟确认收入。延后确认收入，也称递延收入，是将应由本期确认的收入递延到未来期间确认。与提前确认收入一样，延后确认收入也是企业盈利管理的一种手法。

（4）转移费用。上市公司为了虚增利润，有些费用根本就不入账，或由母公司承担。一些企业往往通过计提折旧、存货计价、待处理挂账等跨期摊配项目来调节利润。少提或不提固定资产折旧、将应列入成本或费用的项目挂列递延资产或待摊费用。应该反映在当期报表上的费用，挂在待摊费用和递延资产或预提费用借方这几个跨期摊销账户中，以调节利润。

（5）费用资本化、递延费用及推迟确认费用。费用资本化主要是借款费用及研发费用，而递延费用则非常之多，如广告费等。例如，将研究发展支出列为递延资产；或将一般性广告费、修缮维护费用或试车失败损失等递延。

（6）多提或少提资产减值准备以调控利润。《企业会计制度》要求自 2001 年 1 月 1 日起，上市公司要计提八项资产减值准备。在企业法人治理结构和内部控制不健全的状况下，计提资产减值准备有较大的利润调节空间。目前，上市公司利用资产减值玩会计数字游戏，主要手法是利用资产减值准备推迟或提前损失，典型表现为某个年度出现巨额亏损——让我一次亏个够。

（7）制造非经常性损益事项。非经常性损益是指公司正常经营损益之外的、一次性或偶发性损益，例如，资产处置损益、临时性获得的补贴收入、新股申购冻结资金利息、合并价差摊入等。非经常性损益虽然也是公司利润总额的一个组成部分，但由于它不具备长期性和稳定性，因而对利润的影响是暂时的。

（8）虚增资产和漏列负债。操作手法有：①多计存货价值。对存货成本或评价故意计算错误以增加存货价值，从而降低销售成本，增加营业利益，或虚列存货，以隐瞒存货减少的事实。②多计应收账款。由于虚列销售收入，导致应收账款虚列，或应收账款少提备抵坏账，导致应收账款净变现价值虚增。③多计固定资产。例如，少提折旧、收益性支出列为资本性支出、利息资本化不当、固定资产虚增等。④漏列负债。例如，漏列对外欠款或少估应付费用。

（9）潜亏挂账。当前上市公司账面资产很多为不良资产，为了挤出水分，《企业会计制度》要求上市公司计提八项减值准备，但很多上市公司减值准备根本未提足。

（10）资产重组创造利润。企业为了优化资本结构，调整产业结构，完成战略转移等目的而实施的资产置换和股权置换便是资产重组。然而，近年来的资产重组老是使人联想到做假账。许多上市公司扭亏为盈的秘诀便在于资产重组。通过不等价的资产置换，为上市公司输送利润，目前仍然是利润操纵的主要手法之一，虽然因"非公允的关联交易差价不能计入利润"新规定而受限制，但上市公司仍可以通过非关联交易的资产重组方式为上市公司输送利润。

四、熟练运用财务报告信息的组合分析方法

上市公司公布的财务报告中有多种不同类型的信息，投资者应该对各种信息进行组合分析，而不能停留在单项信息或主要财务指标数值表面上。财务报告信息组合分析方法的重点主要有：

1. 数值与经营相结合

财务报告只对企业的经营成果做出综合的反映，仅从财务指标数值上无法看出企业经营的具体情况，这些数值本身的意义是有限的。只有详细分析董事会报告及其他信息来源中与该企业经营情况有关的信息之后，把经营情况与财务指标结合起来分析，才能对财务报告数据做出更深层次的理解。

2. 总数与结构相结合

财务报告中的数据都是汇总数据，要了解这些数据的具体内容，必须详细分析会计报表附注中的细分内容，这样才不会被汇总数据所蒙蔽。比如，从债权资产的项目结构和账龄结构，可以分析其质量状况；根据投资项目的构成与变化可以分析各投资项目的真实价值。此外，指标与指标之间的关系也十分重要。比如，应收账款与营业收入的关系，存货总额与生产、销售成本的关系，每股收益与每股现金流量的关系等，都可以对企业的真实经营状况和实际盈利能力做出有力的说明。

3. 增减与同化相结合

财务指标的增减变化隐含着十分重要的意义，但是，如果不对财务指标数据的可比性进行分析，就很容易被数据的变化所误导。除了企业的经营好坏会影响财务指标的增减外，会计政策的变化、正常经营业务之外的偶然事件的发生都会使财务指标数值产生影响。因此，在分析财务指标的增减变化时，必须充分考虑其可比性。

4. 亮点与隐患相结合

上市公司公布的主要财务指标如每股收益、净资产收益率等，可以在一定程度上被人为操纵。有时，它们可能被做成一个耀眼的亮点，但是，如果深入分析下去，就很可能会发现后面有陷阱。因此，在对上市公司进行财务分析时，一定要注意看它是否有陷阱或隐患。比如，也许一家上市公司的每股收益很高，但是它却没有相应的现金流量配合，这样的"高盈利水平"是不太可靠的。

五、运用超数据的财务分析技术推断企业的发展前景

投资面向未来，因此，财务分析的关键在于正确判断公司盈利能力的稳定性和增长性。只有其利润能够稳定增长的企业才有投资价值。财务分析不能只停留在数据表面，而要透过财务报告数据看到企业的资产质量、经营状况、盈利能力，并准确把握其发展趋势。

1. 从收入的结构及变化趋势分析企业主营业务的稳定性与成长性

营业收入的主要构成项目反映了企业的主营业务状况。如果企业主营业务突出，则其营业收入必然由主营业务收入占据最重要的地位。如果企业的收入构成与上年比有较大的不同，则反映了企业主营业务发生了变化。主营业务的盈利能

力直接决定着企业的整体盈利水平的高低。

2. 从资产项目的构成分析企业资产的实际质量和真实价值

企业资产的盈利能力与真实价值直接决定着该企业的投资价值。但是，仅从财务报告的汇总数据上却无法看出企业资产的实际盈利能力与价值。比如，账面成本价为 500 万元的库存材料，由于质量不同、库龄不同，其盈利能力与可变现价值可能大于或小于 500 万元。从财务报告附注中可以清楚地看到各类资产的主要构成情况及账龄结构，甚至还可以看到一些资产的技术特点和用途，这些资料为投资者分析企业资产的实际质量与真实价值提供了十分有用的信息。

3. 企业利润的风险性分析

企业主营业务的稳定性与成长性决定了企业收入的发展变化趋势，但是，企业利润的高低却还受制于许多其他因素的影响。比如，大额损失或费用发生的可能性、历史遗留问题爆发的可能性、利润来源萎缩的可能性、偶然事件发生的可能性，等等，这些因素都会在很大程度上影响企业的利润数额，从而使企业利润预测的准确性大大降低。一般说来，企业的整体素质和经营环境对企业利润的风险性影响最大。

4. 资产重组的可能性分析

受多方面原因的影响，我国企业界的重组现象不仅十分频繁，而且还十分复杂、多变。毋庸置疑，无论对经营陷入困境的企业，还是对经营良好的企业，为了争取更好的发展机会和更大的发展空间，进行实质性的资产重组都是一条不可多得的捷径。然而，资产重组的成功与否却要受制于许多不确定因素的影响。只有实质性资产重组取得成功，企业才能有较好的成长性，否则，资产重组可能会给企业的发展带来更大的不确定性。

六、国际大师对财务报告的妙用

受格厄厄姆的影响，林奇对阅读财务报告也有着足够的重视，他常常根据公司财务报告中的账面价值去搜寻公司的隐蔽性资产。林奇对如何阅读公司的财务报告有其独特的看法："无数财务报告的命运是被送进废纸篓，这并不足为怪。封面和彩色页张上的东西还可以看懂，但却无多大价值。后面所附的数字犹如天书，但又相当重要。不过，有个办法可以只花几分钟就从财务报告上得到有用的情况。那就是翻过封面和彩页介绍，直接找到印在较差纸张上的资产负债表。

（财务报告，或者说所有的出版物，都遵循了一条规律：纸张越差，所印内容越有价值）资产负债表中所列出的资产和负债，对投资者来说，才是至关重要的。"林奇认为，通过公司的资产和负债，可以了解该公司的发展或衰退情况，其财务地位的强弱等，有助于投资者分析该公司股票每股值多少现金之类的问题。

对于账面价值，林奇认为有一种理论是极为错误的，那就是如果账面价值为每股 20 美元，而实际售价只有每股 10 美元，那么投资者就以便宜一半的价钱买到了想要的股票。这种理论的错误之处在于标出的账面价值常常与股票的实际价值毫无关系。账面价值常常大大超过或低于股票的实际价值。例如，1976 年年末，阿兰伍德钢铁公司标明其账面价值为 3200 万美元，即 40 美元/股。尽管如此，该公司在 6 个月后还是破产了。其原因在于该公司更新了一套炼钢设备，该设备的账面价值为 3000 万美元，但由于计划不周，操作上又出了差错，结果毫无用处。为了偿还部分债务，该公司以约 500 万美元的价格把轧钢板机卖给了卢肯斯公司，公司的其他部分则几乎没有卖得多少钱。

在资产负债表右面的负债很多的情况下，左面的资产就更加不可靠。假定说一家公司的资产为 4 亿美元，负债为 3 亿美元，结果账面价值是正 1 亿美元。谁能确保负债部分的数字是实实在在的呢？如果 4 亿美元的资产在破产拍卖中只能卖得 2 亿美元，那么实际上账面价值就是负 1 亿美元。公司不仅一钱不值，还倒欠不少呢。投资者在按账面价值购买一种股票时，必须对这些股票到底值多少钱有一个详细的了解。

账面价值常常超出实际价值，同样，它也常常低于实际价值，林奇认为这正是投资者挖掘隐蔽性资产，从而赚大钱的地方。对于那些拥有诸如工地、木材、石油和稀有金属等自然资源的公司来说，这些资产只有一部分真实价值登记在账面上。例如，一家铁路公司 HS 公司在 1988 年把 130 公里长的铁路用地卖给了佛罗里达州，当时，这块土地的账面价值几乎为 0，而铁轨的价值却达 1100 万美元。在这笔交易中，公司除保留其在非高峰时期使用这条铁路的权利外，还获得了 2.64 亿美元的完税后收入。

又如，某家石油公司或炼油厂的存货已在地下保存了 40 年，但存货的价格还是按老罗斯福执政时计算的。若仅从资产负债表上看，它的资产价值可能并不高。但是若从石油的现值来看，其价值已远远超过所有股票的现价。它们完全可以废弃炼油厂，卖掉石油，从而给股票持有者带来一笔巨大的财富。而且卖石油是毫不费事的，它不像卖衣服，因为没有人会在乎这些石油是今年开采的还是去年开采的，也没有人在乎石油的颜色是紫红色的还是洋红色的。

20世纪60年代以后，许多公司都大大抬高自己的资产，商誉作为公司的一项资产，常常使公司产生隐蔽性资产。例如，波士顿的第五频道电视台在首次获得营业执照时，它很可能为获得必要的证件而支付25000美元，建电视塔可能花了100万美元，播音室可能又花了100万美元到200万美元。该电视台创业时的全部家当在账面上可能只值250万美元，而且这250万美元还在不断贬值，到电视台出售时，售价却高达4.5亿美元，其出售前的隐蔽性资产高达4.475亿美元，甚至高于4.475亿美元。而作为买方，在其新的账簿上，就产生了4.475亿美元的商誉。按照会计准则的规定，商誉应在一定的期限内被摊销掉。这样，随着商誉的摊销，又会产生新的隐蔽性资产。又如，可口可乐装瓶厂是可口可乐公司创建的，它在账面上的商誉价值为几万亿美元，这个几万亿美元代表了除去工厂、存货和设备价值以外的装瓶特许权的费用，它实际上是经营特权的无形价值。按美国现行的会计准则，可口可乐装瓶厂必须在开始经营起的4年内全部摊销完，而事实上这个经营特权的价值每年都在上涨。由于要支付这笔商誉价值，可口可乐装瓶厂的盈利受到严重影响。以1987年为例，该公司上报的盈利为每股63美分，但实际上另有50美分被用来偿付商誉了。不仅可口可乐装瓶厂取得了比账面上好得多的成就，而且其隐蔽性资产每天都在增长。

在由母公司全部或部分所有的子公司内也有隐蔽的资产存在。例如，在美国联合航空公司内，国际希尔顿公司的资产值为10亿美元，赫兹租车公司的资产值为13亿美元，威斯汀饭店的资产值为14亿美元，另有10亿美元是旅行预订系统的资产。除去债务和税收之后，这些资产的总值还是高于联合航空公司的股价。因此，投资者在购买这个世界上最大的航空公司的股票时，实际上一分钱也没花。

当一家公司拥有另一家公司的股票时，其中也有隐蔽性资产。雷蒙德工业公司和油田电信服务公司的情况就是如此。雷蒙德公司的股票售价为12美元/股，而每股都代表了电信公司价值18美元的股票。所以，投资者每买一股雷蒙德公司的股票就等于得到电信公司一股价值18美元的股票，增值了6美元。

对于可能复苏型企业来说，减税是最好的隐蔽资产。由于实行损失账目结转，当佩思中央公司破产后，留有巨额的税收损失可供结转。一旦佩思中央公司从破产中摆脱出来，即使它开始盈利，其中数百万美元的利润仍不用缴税。由于当时的公司所得税税率为 50%，这使佩思中央公司一开始复苏，就占有了 50% 的优势。佩思中央公司的复苏使它的股票从 1979 年每股 5 美元上涨到 1985 年的每股 29 美元。投资于佩思中央公司的投资者将因此而获得 500% 多的利润。

第三节　研究创造价值：金融工程的核心就是资产定价（下）

金融工程是 20 世纪 80 年代中后期在西方发达国家金融领域内出现的一门新兴科学。金融工程的核心就是资产定价，金融工程可以与基本分析相结合，这时的资产定价就是企业定价，它可以指导长期投资。

一、什么是企业和企业整体价值

企业整体价值不等于其各单项资产价值的简单相加，正如一个人的价值并不等于其各肢体器官价值的加和。企业之所以有价值，全在于它今后能通过持续经营为所有者带来资本收益、积累和增值，否则它就一钱不值或只有卖废品的价值。

企业是一个转换器，输入生产要素，输出产品、服务，同时产生税负、利息、利润。持续经营的企业除拥有各类资产外，还必须有组织、人员、制度、渠道、品牌、客户、战略，等等。总之，企业并不只是各项资产的简单堆积，而是有生命力的、活的有机体。未来收益能力是企业整体（或其产权、股权）内在真实价值唯一和终极的本源。

账面净资产值又是什么呢？把企业各项资产的历史成本加起来，再扣减企业的负债，就得出了净资产。这正是一种会计记录的简单相加，与企业的未来收益能力或内在真实价值不相干。用成本法评估企业价值，则是以更新重置成本替换历史成本，对会计记录中的资产价值进行修正，得出的是经过修正的账面净资产值。

二、成熟市场上常用的估值乘数及其含义

根据著名投资银行摩根斯坦利 1999 年的报告，成熟市场上证券分析师最常使用的估值方法是乘数估值法（超过 50% 的使用率），剩余收入估值法（EVA）使用的概率只有 30% 多一点，而教科书上最常推荐的贴现现金流量法（DCF）只有不到 20% 的使用率。对于具体使用的估值乘数，除了市盈率（P/E）外，还有许多其他形式的估值乘数被广泛使用。

在成熟市场上，最常使用的估值乘数可以分为三类：基于公司市值（股票价值）的乘数；基于公司价值（股票＋债务的价值）的乘数；与增长相关的乘数。

1. 基于公司市值的乘数

（1）市盈率（PER 或者 P/E）＝公司市值/总的净利润＝每股价格/每股盈余。

举例说明：同其他新兴市场发展历程一致，中国经济保持 10% 左右的快速增长至少还会持续 10 年时间。过去 5 年，中国 GDP 累计增长了 66%，国内 A 股公司盈利累计增长了 235%。但受股权分置所累，这样的公司盈利成长性没有完全反映到股票价格上。对于市盈率倍数，在市场认可 A 股公司强劲盈利增长、公司治理改善、股票流动性增强的变化后，有提升需求。因为现在境况与过去完全不同，完成股改后，以及越来越多有经济代表性的公司在 A 股上市后，投资者将更加认同公司盈利增长将相应带来公司股票的上涨。按照过去 5 年经济增长和公司盈利增长之间倍数推算，即便估值水平不变，未来 10 年 A 股将至少上涨 3.5 倍。

（2）价格/现金盈余乘数（P/CE）＝市值/折旧分摊前的净收入。

（3）市值/销售收入乘数（P/S）＝每股价格/每股销售收入。该指标经常用于估值互联网、通信设备、公共交通及制药公司。

（4）价格/含财务杠杆效应的自由现金流量乘数（P/LFCF）。其中，LFCF＝息税前经营收入＋折旧、摊销－营运资本增加额－在现行业务中的投资。另一个类似的乘数是：价格/可用于分配的资金乘数（P/FAD）。

（5）账率（P/BV）＝市值/股权的账面价值＝每股价格/每股账面净资产。在公司的固定增长率为 g 时，$P/BV = (ROE - g)/(Ke - g)$；其中，ROE＝净资产回报率，Ke＝股权要求的回报率。

该乘数最常用于进行银行估值。其他应用的行业还有纸浆业、房地产业和保险公司。保险公司经常使用这一比率的变体：市值/嵌入价值乘数，其中嵌入价

值=股权价值+已签订的保险合同的未来现金流量的现值。

（6）价格/顾客数目乘数。在互联网公司和手机生产公司中经常使用。

（7）价格/产品生产数目乘数。经常用于估值软饮料和消费品生产公司的价值。

（8）价格/产品生产数量。经常用于估值水泥生产等公司。

（9）价格/潜在顾客数目。有时用于互联网公司的估值。

2. 基于公司价值的乘数

（1）公司价值/息、税、折旧、摊销前盈余乘数（EV/EBITDA）。

什么是公司价值 EV？

公司价值 EV=公司市值－公司债务+净现金

什么是 EBIT 和 EBITDA？

EBIT（Earning Before Interest and Tax）即除利息、所得税前收入，计算公式为：EBIT=净收入+所得税+利息。

EBITDA（Earning Before Interest, Tax, Depreciation and Amortization）即除利息、所得税及折旧、摊销前的收入，计算公式为：EBITDA=净收入+折旧+摊销+所得税+利息。EBIT 和 EBITDA 都反映企业现金的流动情况，是资本市场比较重视的指标。EBIT 主要用于衡量企业主营业务的盈利能力，EBITDA 则主要用于衡量企业主营业务产生现金流的能力。EBIT 和 EBITDA 越高，表明企业经营管理的业绩越出色。在研究公司收购的时候，EBITDA 还特别有用，原因是 EBITDA 包含了收购一家公司时所需要的所有融资数额。

举例说明估值倍数：新兴市场公司盈利、公司治理和市场制度的不断完善伴随着投资者对其估值水平的不断提高，A 股同样也会经历这一历程。目前 A 股在亚太市场估值水平，不论是 PEG、EV/EBITDA、P/B、P/S 等都偏低，与地区平均水平比较有相当折扣。其中尤以 EV/EBITDA 最低，仅 4.9 倍，而地区平均水平达 9.9 倍。在 A 股实现全流通后，EV/EBITDA 这一估值指标会更广泛地在 A 股公司中运用，与境外市场有巨大接轨空间。

（2）公司价值/销售收入乘数（EV/SALES）。

（3）公司价值/不含财务杠杆的自由现金流量乘数（EV/FCF）。其中，FCF=息前税后经营收入+折旧、摊销－营运资本增加额－在现行业务中的投资。

3. 与增长相关的乘数

市盈率/未来几年内每股盈余的增长率乘数（PEG），即市盈率相对盈利增长比率。这个指标是用公司的市盈率除以公司的盈利增长速度。在选股的时候就是选那些市盈率较低，同时它们的增长速度又比较高的公司，这些公司有一个典型特点就是 PEG 会非常低。在美国，现在 PEG 水平大概是 2，也就是说美国现在的市盈率水平是公司盈利增长速度的两倍。无论是中国的 A 股还是 H 股以及发行美国存托凭证的中国公司，它们的 PEG 水平大概差不多在 1 的水平，或者是比 1 稍高一点。该比率主要用于增长性行业，例如，奢侈品、保健商品及技术行业等。

三、乘数估值法的特点及其应用

乘数估值法的特点在于：它并不是像贴现现金流量估值法、红利贴现估值法（DDM）或者剩余收入估值法（RIM）那样，直接从公司股权价值的内在驱动因素出发来进行价值评估，而是从价值驱动因素对公司未来获利能力（未来股权价值增长的能力）的反映程度出发，间接评估股权的价值。换句话说，乘数估值法的最大特点在于不能直接计算出公司股权的内在价值。从这个角度看，该方法存在的最大问题是：由于无法肯定可比对象的价值是正确估值的，因此无法准确确定拟估值公司的内在价值。进一步的，单纯以乘数数值的大小来评价和争论股权价值的高估或低估更加不可靠。例如，我们不能单以某一时期中国证券市场市盈率的较高数值就立即断定中国股市存在泡沫。

在理论界，乘数估值法的这个特点通常被认为是一项缺点，这也导致在估值理论中，其地位远没有 DCF 等方法重要。简单地说，估值理论界对乘数估值法的基本看法是：乘数估值法是现金流量等方法的适当补充。也就是说，在使用别的方法对股权进行基本估值后，可以通过与可比公司的乘数进行进一步比较，仔细分析估值公司与比较对象的差别，以便对原有的估值结果进行进一步判断和必要修正。

然而，乘数估值法在实践中的作用要重要得多，其使用率足以证明这点。这启示我们，乘数估值法不能直接计算内在价值的特点不一定就是一项缺点。只要能够确定某段特定期间内，估值乘数所主要反映的股权价值增长驱动因素及其变动趋势，并配合必要分析，乘数估值法就能够较为准确地进行股权估值，并判断股票价格是否高估。

四、从自由现金流的角度看公司价值（DCF）与价值创造

在企业价值的估价和财务管理过程中，自由现金流量是一个极为关键的概念。英国伦敦城市大学商学院的 P.S.萨德沙纳姆教授在其所著的《兼并与收购》一书中提出的自由现金流量的定义是：投资现金流出的税后的运营现金流量净值称为自由现金流量。运营现金的流入来自于企业的经营。现金流出是因为增加了固定资本和流动资金投资。根据萨德沙纳姆教授的定义：自由现金流量=经营现金净流量−资本性支出−营运资本增加额。

具体而论，自由现金流量即扣除营运资本投资与资本投资之后的经营活动所带来的现金流量。自由现金流量的所谓"自由"即体现为管理当局可以在不影响企业持续增长的前提下，将这部分现金流量自由地分派给企业的所有的索偿权持有人，包括短期、长期债权人以及股权持有人等。

折现自由现金流公司价值基本原理：折现自由现金流量公司价值观认为，公司价值等于公司未来自由现金流量的折现值。即选定恰当的折现率，将公司未来的自由现金流折算到现在的价值之和作为公司当前的估算价值。该方法的基本原理是一项资产的价值等于该资产预期在未来所产生的全部现金流量的现值总和。

公司的价值取决于未来的自由现金流量，而不是历史的现金流量，因此需要从本年度开始预测公司未来足够长时间范围内（一般为5~10年）的资产负债表和损益表。这是影响到自由现金流量折现法估价准确度的最为关键的一步，需要预测者对公司所处的宏观经济、行业结构与竞争、公司的产品与客户、公司的管理水平等基本面情况和公司历史财务数据有比较深入的认识和了解，熟悉和把握公司的经营环境、经营业务、产品与顾客、商业模式、公司战略和竞争优势、经营状况和业绩等方面的现状和未来发展远景预测。

现金流量是公司的价值创造之源，公司的任何一项管理活动和决策都必须围绕这项工作来开展，才能为公司创造价值，即增加现有资产产生的现金流；增加现金流的预期增长率；增加公司高速增长期的长度；优化融资决策及资本结构管理，增加公司价值。

五、实战指导

比如，你拥有一间生产蛋糕的小企业，当初置办烤箱等固定资产花了35万元，扣除折旧现在的净值还有20万元，经成本法评估升值到25万元；用来采购、发工资、付水电房租利息的现金等流动资产为25万元；负债为20万元；于是企业账面净资产值为30万元。由于经营有方，品种、质量对路，特别是打通了社区各副食店、超市的渠道，一年的税后净利润可达5万元左右，而且预计今后年年如此。

此时有人出价30万元收购这间证照齐全的企业，你卖不卖呢？当然不卖！30万元只能置办起与企业现有差不多的旧设备，但把企业搞成今天的模样，光有资产可不行。以银行或基金投资产品的回报率5%为准，要想年收益达到5万元以上，至少得投入100万元现金。所以，从未来收益的角度看，你的企业与100万元现金是等价的。如果要你出售或拿企业整体去出资，你一定会说它价值100万元。

用DCF法评估企业价值的做法是估测企业未来各年度收益额，再考虑货币时间价值因素（未来的100元只相当于今天的90元或80元），将其逐年折算成现值，即可得出企业的评估价值。评估的结果能否正确反映企业的内在真实价值，一是取决于未来收益之预测是否准确，二是取决于折现率之选取是否恰当。前者有赖于对行业、市场、竞争等外部环境因素及企业自身条件的分析，后者则反映预期的投资回报、经营风险或资金成本。

由于DCF法须估测未来收益，主观判断因素多，很难做到"科学"、"精确"，人为操控的空间较大，于是，在国有企业改革的初期，国有资产管理部门选择成本法作为评估企业价值的主要方法，并以评估后的账面净资产作为衡量国有权益是否受到损害的准绳。

企业价值既然取决于今后，本来就不存在事先可以预知的精确答案。用DCF法评估企业价值，虽不"精确"，却反映了事物的本质，最接近于"准确"。成本法和账面净资产值虽然看上去"精确"，却不能反映企业价值的本质，并不"准确"。正因为如此，用DCF法对企业估值成为国际通行的惯例，普遍应用于产权转让、购并重组、增资扩股、资产置换等交易。

股票的内在价值表示股票的真正投资价值。这是一种理论价值，是在进行股票投资分析时常用的一个概念。

现在我们来介绍计算内在价值的三种方法。它们是根据不同的目的来划分的。

1. 基本价值计算法（或是清算价值计算法）

当一个企业破产变卖时所采用的计算法。这时，人们最关心的是可以拿回多少钱，所以，清算价值等于企业现在可以现金化的资产减去全部必须偿还的负债。公式如下：

基本价值 = 保有现金 + 银行存款 + 所持证券 + 其他可现金化资产 - 全部负债

公式右边的前三项可直接从资产负债表的流动资产项目里查到。第四项的其他可现金化资产通过对其他流动资产和固定资产的折价来算出，而全部负债可以直接从负债项目里得到。当然，资产负债表中还有其他项目有变现或是提现的可能，这得根据不同企业的具体情况来计算。但一般来讲，数目不会很大。

2. 收益价值（EPV）

这是当一个企业走入正常运转轨道，并且有稳定收入情况下的计算方法。定义为固定不变的可分配收益的现在价值的总和。以下对定义里所用的概念加以说明。

（1）可分配收益，指的是企业每年通过生产活动所得到的可以不用投入再生产的多余的收益，俗称自由现金流量，公式为：

可分配收益 = 净利润 + 折旧费 - 设备投资 - 其他不可分配部分

虽然我们可以从损益计算表里容易地得到净利润的数值，但是这只是会计账面的结果，不代表自由现金流量。而且这个数字有很大的操作性。其中，最具有决定性的是对折旧费和设备投资的处理。价值投资法认为折旧费只是会计账目上的费用，它代表的价值并没有付给任何人，而是在企业的手中，必须加回到可分配收益里。相反，设备投资是为了得到利润所花费的实际的费用。往往企业为保证下一年的收益需要进行设备更新、改造等资本投入，这一部分收益是不可分配的，必须从净利润中减去。最右面的其他不可分配部分，指某一年企业的特别费用，如诉讼费、退休金制度改变所需费用等，同样，这一部分收益也是不可分配的，必须从净利润中减去。

（2）固定不变，这是一个假设。它不代表每个企业的真实情况。但是我们可以通过分析公司长期的经营状态，以及同行业的比较分析来寻找符合这一假设的企业。反过来说，价值投资法不建议以收益价值的计算来得到不符合这一假设的企业的内在价值。

（3）现在价值，指的是考虑将来货币贬值影响后的价值。货币贬值实际上是说购买力下降的意思。购买力下降不仅仅是由于通货膨胀而产生的绝对下降，同时由于银行的利率低而产生的相对下降。比如 100 元，放在家里的话永远是 100 元，如果通货膨胀是 1%的话可以买到 99 元的东西。而把这 100 元钱存入银行的话，一年后可拿回 102 元（以现在的长期存款利率 2%来计算，不考虑扣税）。如果通货膨胀是 1%的话可以买到 101 元的东西。这时放在家里的 100 元的购买力只有存入银行里的 100 元的 0.98 倍（=99/101），也就是说，一年后 100 元的现在购买力只有 98 元。这个购买力就是现在价值。同样，通过投资获得的将来的收益，必须考虑银行利率和通货膨胀，以算出其现在价值。

由于我们假设可分配收益无限期地保持同一数值，可以得到以下公式：

收益价值（EPV）=可分配收益 /（长期存款利率＋通货膨胀率）

3. 成长价值

定义为考虑收益的将来成长因素的可分配收益的现在价值的总和。其前提是：可分配收益长期保持同一成长率。公式如下：

成长价值=可分配收益 /（长期存款利率＋通货膨胀率－可分配收益成长率）

这是证券分析经常采用的计算方法。大家可以看到由于分母减少，成长价值会大于收益价值。但是价值投资法认为对未来成长率的预测比对未来收益的预测更不可靠。虽然在很多情况下，成长价值会比较接近股价，但是不确定性的增加使得其数值会偏离真实的内在价值。到头来，不过为市场的高价找到一种解释罢了。为此，分析者提供了多阶段获利估价法，即假设成长率逐渐放慢，以对过高的成长价值进行修正。可是这并不能让人觉得它更可靠。当然，价值投资法不否认企业的内在价值里有成长的因素。保守的做法是只有当企业的投资成本回报率大大地高于平均水平，并且有足够的证据表明这一优势可以长期维持的情况下，才计算成长价值。投资人在做预测之类事情的时候，总是要"疑神疑鬼"的。

综上所述，价值投资说认为，为保证计算企业的内在价值过程的合理性，必须通过获得有力证据来寻找获利能力长期稳定的、有良好发展前景的企业。并不是每个企业都能计算出其内在价值的。这也是为什么巴菲特不投资于新兴企业和高科技企业的理由之所在。

第四节 国际大师投资秘诀和法则

俗话说得好："艺多不养家"，炒股也是一样，事实证明只要有一种真正有效的方法就能获得成功。本章则以最简明易学的方式揭示了国际投资大师的投资秘诀和法则。只要掌握了投资大师的核心赚钱技术，就可从此告别套牢和亏损，实现自己的财富梦想。

一、名家法则——威廉·奥尼尔

奥尼尔将他的投资理念精华集中起来，定义出一个模式：CANSLIM。是尚未发动大涨势的潜在优秀股票所独具的特质，充分理解这些特质，就有机会把握这些股票大涨之前的投资契机。

（1）"C"表示最近一期的每股收益。绩优涨势股票往往在它发动大涨前，在季度报告时就显示出季度每股收益率常比去年同期有近 70% 的增长。所以选股的第一条基本原则是选那些每季度每股收益率逐年上涨至少达到 20%~50% 的股票。

（2）"A"代表每年收益。研究表明，表现出色的潜在优质股票，在它发动行情前五年的平均收益往往达到 24% 的复合增长率。理想的情况是逐年的每股收益应该比上年增长。如果当前季度收益出现有力增长，年平均收益也有大幅增长的股票是极为优秀的。

（3）"N"表示该公司具有一些新东西。"新"的概念包括新产品，新的服务内容，设备上的更新，新的管理方式或新的管理经理层。据我们研究 95% 的表现优异的股票都有这一特征。当然，这一"新"概念也包括某股票创出新的高价。98% 的投资者不愿买入创新高价的股票。然而这是股市上最大的似是而非的错误概念，股市上常见的是强者恒强，弱者恒弱。

（4）"S"表示股票流通规模要小。研究表示 95% 出色的股票的总股本少于2500 万股，这些股票的平均股本是 1180 万股，中间数字只有 460 万股。许多大的机构投资者限制他们自己只买股本庞大的大企业股票。他们这样做，自然失落了一些表现最杰出的股票。

（5）"L"表示领涨股票。统计美国从 1953~1985 年期间，500 种表现杰出的股票在大涨之前，它们的相对强度指标平均是 87，所以另一个股票选择原则是挑选领先股票，而避免落后股票。倾向只买入相对强度在 80 以上的股票。股价相对强度 RPS 大致这样理解：股价相对强度 RPS 是用于比较一只特定的股票在过去一年（52 周）内相对于市场其他股票的价格表现，RPS 的值为 1~99，值越大表明股票表现越好，如果 RPS 值是 99，意味着这只股票在过去的一年中的价格表现比市场中 99%的股票更好。

（6）"I"指有大的投资机构关注的股票。机构投资者至今仍是股票最大的需求者，领先股票往往有机构作后盾，然而要注意某一股票关照的大机构不宜过多，因为一旦该公司有些问题发生或是整个股市表现平庸时，这些大机构可能竞相大量抛售。这也就是一些大量为机构投资者所拥有的股票往往表现较差的原因。当一家公司的经营情况明显良好，而几乎所有机构投资者都拥有该种股票时，大概已不宜买入了。

（7）"M"指的是股市。当股市已有相当规模的涨跌运动时，3/4 的股票会显示同一方向。这也就是为何你须研究每日股票价格和成交量，股市是否有到顶的信号。

一般也许只有 2%的股票符合 CANSLIM 模式。这一选股模式是经过慎重考虑、严格挑选的，因为你要买的是最好的股票。

二、名家法则——斯坦利·屈克米勒

国内投资者对斯坦利·屈克米勒可能不太熟悉，但是说起索罗斯管理的量子基金，就无人不晓，斯坦利·屈克米勒就是量子基金接班人。1997 年与索罗斯成功地策划了震惊国际的东南亚金融风暴，1998 年手握巨资与香港政府进行了一场世纪豪赌，虽然以失败告终，但令金融界认识了这位年仅 40 多岁就掌管着世界上最大的对冲基金的基金经理。斯坦利·屈克米勒就把自己的分析集中到寻找与确认跟股票涨跌有密切关系的因素上，而不是罗列所有的基本因素。

（1）绝大多数涨跌关键的因素是与收益有关，对银行股而言尤其是这样。化工股表现得就相当不同，在这一行业中，关键因素是化工生产能力。买入化工类股票的最佳时机是当化工界出现大量增加的刺激因素的时候。相反地，最理想地卖出化工类股票的时机是当化工界宣布有大量的新化工厂设立起来，但化工类股票的收益尚未下跌的时候。这样做的理由，是因为任何发展计划都意味着在两三年内公司的收益会降低，而股市总是对这种发展预先反应。

（2）另外一个帮助判别哪只股票会涨会跌的信条是技术分析。斯坦利·屈克米勒非常注重技术分析，而他比部门中其他人都愿意接纳技术分析。即使他是老板，许多同事还因为他喜欢收藏所有股市图表而把他看成是个怪物，然而斯坦利·屈克米勒却认为技术分析还是蛮有用的。

三、名家法则——本杰明·格雷厄姆

本杰明·格雷厄姆是公认的价值投资鼻祖、财务分析之父。本杰明·格雷厄姆的理论，投资者一开始就应以净资产值作为基本出发点。公司的实质价值大部分是来自于可以量化的固定资产、股利以及从过去至现在连续五年间的盈余状况。如果以此实质价值作为投资的依据，那么投资人的风险将是有限的。

格雷厄姆的选股标准与投资准则归纳起来有以下几点：

（1）收益率至今是信用评级为 AAA 债券的 2 倍。

（2）股价利润比例（P/E）是以往 5 年最高数字的 40%。

（3）股息至少是 AAA 级债券利息的 2/3。

（4）股价不应超过账面价值的 2/3，最好是净流动资产的 2/3。

（5）贷款不应超过账面净资产。

（6）流动资产应 2 倍于流动负债。

（7）所有债务应不超过流动资产的 2 倍。

（8）过去十年的利润增长率至少为年均 7%。

格雷厄姆投资准则的实质是在于认识企业的内在价值，而不是市场的情绪波动。

四、名家法则——马尔基尔

《漫步华尔街》是 20 世纪 70 年代至今世界最畅销的股票投资书，其作者美国经济学教授马尔基尔在书中提出了一个投资策略，它能使投资者缓慢地致富，至少它能使他们在股市博弈时，使风险减至最小。

准则一：将股票购买局限于看来能够持续 5 年获得高于平均收益增长的那些公司。

准则二：购买市盈率低于市场水平、尚未被公众发现的成长股。一旦增长实现，你将会获得成倍的收益；万一增长未能实现，由于市盈率偏低，损失亦会较小。对于那些市盈率高的股票，市场已认同了它的成长性，过高的价格已完全反映了预期的增长，如果增长未能实现而下降，你就会陷入破产的境地。

准则三：寻求概念股。股市公众的心理因素在决定股价上起着重要的作用。尽管其增长仅为平均水平，也能在长期内以高价出售。

准则四：尽可能少地进行股票买卖。频繁地买卖只会使证券商赚钱。股票投资中的大量风险（但不是全部），可能通过采用长期投资的方法来消除。但是，这一准则并不建议在损失发生的情况下死抱烂股。

在投资战术上，马尔基尔向投资者推荐了美元—成本平均法（即将相同的数额固定在相当长的时期内，以固定的时间之隔，比如每月或每季购买股票）。这一方法的关键是，在"熊市"中你要有现金和勇气能像在"牛市"那样定期地进行投资，无论经济形势多么恶劣，你多么悲观，你必须坚持不懈地实施计划。

五、名家法则——弗兰克林·费雪

被称为"成长股之父"的弗兰克林·费雪有关投资成长股的"十不"原则如下：

（1）不买处于创业阶段的公司股票。

（2）不要因为一只好股票在店头市场交易，就弃之不顾。

（3）不要担心在战争阴影笼罩下买进股票。

（4）不要过度强调分散投资。不要把鸡蛋放在同一只篮子里，是几乎所有投资专家都会告诫投资人的话。但过犹不及，把鸡蛋放在太多篮子里，实际上是增大了风险，至少不可能分散风险，尤其当你没有操作像基金那般资金的时候。一是你不可能选择到足够多的股票，二是你照看不了这么多股票。所以，适度分散投资的最佳结果一般是符合"2:8"的原则，即20%的资金产生80%的收益，另外的80%产生20%的收益。

（5）不要因为你喜欢某公司年报的格调就去买该公司的股票。

（6）不要以为一个公司的市盈率高，便表示未来的盈余成长已大致反映在价格上。"市盈率"这个东西只是参考。你若以为市盈率低，这个股票就应该买，市盈率高就得抛，那就大错特错了。股市的最大魅力就是没有一种标准和方法是放之四海而皆准的。市盈率低有它的道理，市盈率高也有它的道理。而且往往大家认可的成长股的市盈率总是偏高的，但几年甚至一年后回头一望，当时市盈率偏高的股票价格是多么便宜啊。

（7）不要锱铢必较。成长股的表现形态是大幅上升，有时投资者虽然看中了一只成长股，却觉得超出了自己的心理价位，于是选择耐心等待，却最终失之交臂。投资成长股的人其心得都是先果断地买入，然后再耐心等待。

（8）买进真正的成长股时，除了考虑价格，不要忘了时机因素。

（9）不要受无关紧要的事务的影响。由于股票市场充满了不确定因素，所以很多人希望找到一个支点或原则，但恰恰走进一个误区。因为在股市中能找到单纯因果关系的例子很少，更多的是多因多果。

（10）不要随波逐流。这个原则看似很抽象，实际上内容丰富。笔者认为，股价大幅波动与投资圈评价的变化有关。而投资圈的评价虽然通常由专家们的主流意见形成，却也会摇摆不定。如何正确判断投资圈评价与事实的差异，是投资人获得成功的重要途径。

六、名家法则——伯纳德·巴鲁奇

巴鲁奇的投资理念，现在看来似乎十分平淡，尽管是一个世纪以前提出的守则，在目前却也是屡试不爽的，牢记这些守则，并老老实实地活学活用，会使你立于不败之地。

（1）除非能把全部精力投入，否则别入市投机。

（2）不要轻信理发师、侍者和擦鞋童的"内幕消息"。

（3）购进股票前，应先了解有关公司的管理层及竞争对手的强弱，对其盈利前景当然更不可忽视。

（4）请勿试图最低价买入，最高价卖出。

（5）学会壮士断臂，在止损点割掉损失。在投机市场，没有人能每次都获得成功。

（6）不要购进太多种类的股票，只宜持有你能够充分了解的几种股票。

（7）定期检讨你手上的股票，看看有关公司的业绩是否符合你的预期。

（8）研究获利回吐的最佳时机。

（9）永远持有部分现金。

（10）别购买你不熟悉的股票。

以上十项巴鲁奇投资守则，可谓历久弥新，有些已是股市中的"铁律"，牢记并运用好这些守则是大有益处的。

七、名家法则——罗夫·温哥

罗夫·温哥作为一名多才的投资专家，其投资理念的成功之处在于蕴涵着丰富哲学思维所显示出的独特魅力。温哥主要的投资观点是：

（1）小型公司比起大型企业是更好的选择。

（2）寻找主要趋势，但并不一定找出这种趋势的领导公司，而是着眼于那些从趋势中获利的公司。

（3）关于小公司，他认为必须具有平均水平以上的报酬，即使经过较高风险的调整后，投资报酬率仍能超过平均水平以上。由于一般分析师容易忽略小企业，因此小企业中有机会。

（4）趋势分析是他对优势行业、人们生活习惯和社会进步等诸多因素的综合判断得出的。

温哥还有判断公司的标准，他认为一个营运良好的公司需具备三个条件：

一是成长潜力。成长潜力主要体现在：①产品的市场具有成长潜力；②设计优良；③生产有效率；④行销稳定；⑤毛利丰厚。

产品市场具有成长潜力的公司的管理阶层，一般是善于寻找商机、具有行销技巧及能积极争取消费者的阶层。还应注意这些管理阶层和股东是否都乐意拥有本公司的股票。

二是营运良好的公司应有健全的财务状况，这里指低负债、充裕的流动资金、保守的会计制度。

三是股价必须具有吸引力。

八、名家法则——大卫·雷恩

传统的投资股票赚钱的格言可以总结为："低买高卖。"大卫·雷恩有他独特的看法。他的哲学是："高买更高卖"，即追买强势突破的股票。在实际操作上，他也不买低于10美元的股票。大卫·雷恩不相信买便宜股票。敢于买高价股，是作为一个标志投资者投资思维成熟的转折点。雷恩选股程序是从浏览股票行情表开始，写下技术走势强的股票。把所有想详细研究的股票都记下来。交易价格在10美元以下，一般不要看这些股票。

接着检查它们五年来的收益增长记录，以及最近两个季度的收益，并把它们与上一年的水平相比较。季度收益的比较，可以看出收益增长率是否减慢。例如，过去五年都有30%的增长，令人印象深刻，但如果最近两季度只有10~15个百分点的增长，这就给你一个警告，是否高增长期已经过去了。当然，这是两个因素，即：五年收益增长记录和最近两季度收益增长记录。在技术分析中，雷恩相当注重相对强度指标RSI。找相对强度至少80，最好大于90的。相对强度指标越强越好，雷恩宁可挑选相对强度为99的而不挑95的。然而，一旦相对强度指标开始下跌，开始打破相对强度上升趋势，雷恩就很小心，即使它仍在80以上也不例外，往往就抛出股票。

但是为避免有时可能在股票处于顶部时买入，雷恩第一步先查阅图表，往往先把涨得过分远离它们底部的股票排除在外。那些有高相对强度指标的股票经常一连好几个月一直表现出众。例如微软公司股票，它在50美元/股时，它的相对强度是97，但它最终涨到161美元。

另外，在分析成交量方面，雷恩认为这也是技术分析中精确的交易工具。在盘整阶段，成交量减少是有利的。如你在这一阶段继续看到较高的成交量，你是否开始考虑股价有成为潜在顶部的可能？因为这样显示有许多人抛出股票。当股价突破上涨时需要成交量增加，但牛市盘整时需要成交量减少。

当股市或某一只股票在筑底时，你需要看到成交量在增加的同时，股价不再进一步下跌。举例说，如果道琼斯指数从2200点跌至2100点，第二天最低成交在2085点，接着收盘收高，成交量也放大，这就显示有支撑。这种情况提示有许多买方入场。最好的股票需要看到一些机构持有，因为他们才是真正能够推动股票上涨的动力，但不希望太多机构持有，1%~2%的共同基金机构持有是一个理想的范围。

九、名家法则——彼得·林奇

1944年出生于美国，1977年接管富达麦哲伦基金，13年资产从1800万美元增至140亿美元，年复式增长29%。

（1）你投资的锋刃利器不是从华尔街专家那里得到的，而是你自己具备的。

如果你运用自己的利器投资于你业已理解的公司或行业，你的业绩就能盖过这些专家。

（2）过去 30 年，股市一直为一帮职业投资者所支配，这使得业余投资者更易于赚钱，与流行的观点说法正好相反。你可以不理会这帮人而战胜市场。

（3）公司营运的成功与其股票在几个月甚至几年的成功之间时常没有关联，但在长时期里，公司的成功与其股票的成功则有百分之百的关联。这种差别是赚钱的关键。富有耐心，拥有成功的公司股票必将得到回报。

（4）你必须知道你拥有什么，为何拥有它。用不着算计，"婴儿必将长大成人！"

（5）远处射击几乎总是打不着靶子。股票价格不应高于其增长率，即每年收益增长率的比率。即使成长最快的企业也难超过 25%的增长率，40%更是寥若晨星，这样的高速增长难以持久，增长过快等于自毁长城。

（6）拥有股票好似拥有孩子——不要超过自己的抚养能力，陷入而不能自拔。业余持股者条件许可的话可能有时间追踪 8~12 个公司买卖股票。任何时候都不必在投资组合里超过 5 个公司。

（7）要是你找不到你认为有吸引力的公司，就把钱存在银行里，直到你找到为止。

（8）不了解一家公司的财务状况不要投资。股票最大的损失来自财务平衡表差劲的公司。

（9）不要碰热门行业里的热门股。冷僻、饱和行业里的大公司永远是大赢家。

（10）想赚钱的最好方法，就是将钱投入一家成长中的小公司，这家公司近几年内一直都出现盈利，而且将不断地成长。

（11）要是你投资 1000 美元在一只股票里，你能损失的也就是 1000 美元，但是你有耐心的话，假以时日，你会收益 10000 美元，甚至 50000 美元，你只需要找到几只好股票，一生投资。

（12）在这个国家的每个行业和每个领域，机警的业余投资者总能远在职业投资者发现之前就找到了巨大成长的公司。

（13）股市的衰退如科罗拉多 1 月的暴风雪一样应时而至，要是你事先防备，它不会伤害你。衰退是吸纳便宜货的大好时机，这些便宜货是投资者逃离恐慌风暴而丢弃的。

（14）每个人都有智力在股市中赚钱，但不是每个人都有度量。要是你在恐慌中神经质地变卖一切东西，你不应碰股票，也不要碰股票共同基金。

（15）总有一些事叫人担心。周末不要想，也不要理会最近的可怕股评。卖掉一只股票是因为该公司的基本面恶化，而不是因为天要塌下来。

（16）没有人能预测利率、经济的未来走向，以及股市。不要理会所有这些预测，而把注意力集中在你投资的公司实际发生了什么事上。

（17）要是你研究 10 家公司，你会发现有 1 家公司境况比你期待的要好。要是你研究 50 家公司，你就会发现 5 家。在股市中总能找到令人愉悦的惊奇——成为被华尔街忽视的公司。

（18）要是你没有研究任何公司，你也有同样的成功机会，正如你在扑克牌游戏中所做的一样，不看牌打赌。

（19）当你拥有超级公司的股票时，时间在你这边。即使你在第一个五年中错过了沃尔玛股票，在下一个五年中它仍然是只极棒的股票，你要能长久忍耐，当你挑三拣四时，时间就错过了。

（20）在持久的进程中，选股精确的投资组合总是超过债券组合和货币市场账户。在持久的进程中，选股差劲的投资组合不会超过床铺底下的存钱。

十、名家法则——詹姆斯·罗杰斯

在投资方面，詹姆斯·罗杰斯有自己的一套理论。

（1）因其价值而买。如果你是因为商品具有实际价值而买进，即使买进的时机不对你也不致遭到重大损失。

（2）等待催化因素的出现。市场走势时常会呈现长期的低迷不振。为了避免使资金陷入如一潭死水的市场中，你就应该等待能够改变市场走势的催化因素出现。

（3）市场疯狂时卖出。这项原则说来容易，做起来却相当困难。要等待行情到达疯狂，分析市场行情是否涨得过高，在基本面确认后放空，确信自己的观点正确无误。然后坚持自己的空头部位。上述步骤中最困难的是最后两项。

很少有交易员能像罗杰斯一般，具有高明的分析技巧与准确无误的预测能力。如果欠缺这些能力，即使坚持自己的部位，也注定要亏损。可是，如果你具有准确的分析与预测能力，却没有坚持部位的本钱（财力），一切努力也都是枉然。

即使你具有钢铁般的意志，能够坚持自己的部位，可是你如果缺乏支撑这种意志的财力，或是准确无误的预测能力，你也难以从中获利。因此，也许这项原则还应附带一个条件：凡是欠缺分析技巧或财力支撑其信心的投资人或交易员，应用此项原则可能会招致重大损失。

（4）要非常挑剔。要耐心等待完全对自己有利的交易机会出现。千万不要为交易而交易，要耐心等待，直到具有高获利的交易机会出现，再投下资金。

（5）要有弹性。不要画地自限，把自己固定于某个市场或某种交易形态上。许多交易员常常说："我从不放空。"可是这些交易员的获利空间绝不会比既愿意做多也愿意做空的交易员来得大。

（6）千万不要遵循市场一般的逻辑思维。换句话，你必须要有自己的见解。谨记这项原则，你就不会在道琼斯工业股价指数从 1000 点涨到 2600 点，而投资大众都以为市场上股票供不应求的时候，糊里糊涂盲目地跟着买进。

（7）在面对亏损时，要知道何时该坚持，何时该出脱。假如你发现原来的分析错误，而且市场走势对你不利时，套句罗杰斯的话："越早认赔了结，损失越小。"但是如果你坚信自己的分析与预测是正确的，就应该坚守自己的意见。不过，这项原则只适用于具有高明分析技术，以及完全了解自己所要担负的风险的交易员。

第五节　国际投资大师投资策略比较分析

一、安得烈·科斯托兰尼（德国股神）

投资策略及理论：科斯托兰尼以暴涨暴跌理论为基础，在市场转折前夕进出，逆向操作，忍受市场最后的下跌，远离市场最后的辉煌。看重的是市场趋势。

理论阐述：在证券市场，升跌是分不开的伙伴，如果分不清下跌的终点，就看不出上升的起点。同样道理，如果分不清上升的终点，也就不能预测到下跌的起点。每一次市场大升大跌都由三个阶段组成：①修正阶段。②调整或相随阶段。③过热阶段。成功的关键就是在两个过热阶段逆向操作。

具体做法：根据"科斯托兰尼"理论逆向操作，在下跌的过热阶段买进，即使价格继续下挫，也不必害怕，在上涨的修正阶段继续买进，在上涨的相随阶段，只观察，被动随行情波动，到了上涨的过热阶段，投资者普遍亢奋时，退出市场。

遵守的规则与禁忌：

十律：①有主见，三思而后行：是否该买，什么行业，哪个国家？②要有足够的资金，以免遭受压力。③要有耐性，因为任何事情都不可预期，发展方向都和大家想象的不同。④如果相信自己的判断，便必须坚定不移。⑤要灵活，并时刻考虑到想法中可能有错误。⑥如果看到出现新的局面，应该卖出。⑦不时查看购买的股票清单，并检查现在还可买进哪些股票。⑧只有看到远大的发展前景时，才可买进。⑨时刻考虑所有风险，甚至是最不可能出现的风险和因素。⑩即使自己是对的，也要保持谦逊。

十戒：①不要跟着建议跑，不要想能听到内幕消息。②不要相信买方和卖方为什么要买卖，不要相信他们比自己知道更多。③不要想把赔掉的再赚回来。④不要考虑过去的指数。⑤不要忘记自己所持股票，不要因妄想而不做决定。⑥不要太过留意股价变化，不要对任何风吹草动做出反应。⑦不要在刚赚钱或亏钱时做最后结论。⑧不要因只想赚钱就卖掉股票。⑨不要受政治好恶而影响投资情绪。⑩获利时，不要太过自负。

对大势与个股关系的看法：中短期走势与心理因素有关，对长期走势而言，心理因素不再重要，而在于股票本身的基本因素和盈利能力。

对股市预测的看法：想要用科学方法预测股市行情或未来走势的人，不是江湖骗子，就是蠢蛋，要不然就是兼具此两种身份的人。

对投资工具的看法：科斯托兰尼认为，投机不等于赌博，因为在他的概念中的投机是有想法，有计划的行为。

名言及观念："只有少数人能投机成功，关键在于与众不同，并相信自己：我知道，其他人都是傻瓜。""供求决定股价升跌，其中并无神秘。""会影响股市行情的，是投资大众对重大事件的反应，而非重大事件本身。""买股票时，需要想象力，卖股票时，需要理智。""货币+心理=趋势""2+2=5-1""看图表操作，也许赚钱，但最终肯定赔钱。"

其他及成就：1906 年，出生于匈牙利，犹太人，自 1924 年开始，纵横投资界 80 年，经历两次破产后，赚得一生享用不尽的财富。被誉为"二十世纪股市见证人"。

二、是川银藏（日本股神），原名小山银藏

投资策略及理论：以价值投资为根基的"乌龟三原则"投资策略。既看重个股品质也看重市场趋势。

理论阐述："乌龟三原则"的启示来自于龟兔赛跑的故事，动作慢的乌龟能取得最后胜利，全靠稳打稳扎，谨慎小心。同样包含了价值投资的精髓。"乌龟三原则"即：①选择未来大有前途，却尚未被世人察觉的潜力股，长期持有。②每日密切注视经济与股市行情的变动，而且自己下工夫研究。在耐心等待股价上升的同时，防止市场突变，错失卖出时机。③不可过分乐观，不要以为股市会永远涨个不停，在市况炽热时，应反行其道趁高套利。

具体做法：勤奋做功课，收集各种重要统计资料，详细分析，找出经济变化的动向，再以研究成果作武器炒股。遵循"乌龟三原则"，只吃八分饱。

遵守的规则与禁忌：两个忠告：第一忠告，投资股票必须在自有资金的范围内。第二忠告，不要受报纸杂志的消息所迷惑，未经考虑就投入资金。

投资原则：①选股不要靠人推荐，要自己下工夫研究后选择。②自己要能预测一两年后的经济变化。③每只股票都有其适当的价位，股价超越其应有的水平，便绝不应高追。④股价最终还是由业绩决定，对被故意拉高的股票应远离。⑤任何时候都可能发生难以预料的事，故必须谨记：投资股票永远有风险。

对大势与个股关系的看法：大势与个股品质并重。

对股市预测的看法：通过对研究基本功的锻炼，能预测经济动向，从而在一定程度上预测到股市的大方向。

对投资工具的看法：投资和投机兼于一身，目的就是顺应市场。

名言及观念："股市是谣言最多的地方，如果每听到什么谣言，就要买进卖出的话，那么钱再多，也不够赔。"

其他及成就：1897 年出生于日本，1931 年以 70 日元起家，在股市中大赚超过 300 亿日元。

三、约翰·坦伯顿（环球投资之父）

投资策略及理论：以价值投资为根基的逆市投资策略。看重的是个股品质。

理论阐述：价值投资的精髓在于，质好价低的个股内在价值在足够长的时间内总会体现在股价上，利用这种特性，使本金稳定地复利增长。

具体做法：永远在市场最悲观的时候进场。在市场中寻找价廉物美的股票。投资股票好比购物，要四处比价，用心发掘最好的商品。投资者应运用相同概念在股市中。买低于账面价值的股票，长线持有。信奉复利的威力。

遵守的规则与禁忌：16条投资成功法则：①投资，不要投机。②实践价值投资法。③购买品质。④低吸。⑤没有白吃的晚餐。⑥做好功课。⑦分散投资。⑧注意实际回报。⑨从错误中学习。⑩监控自己的投资。⑪保持弹性。⑫谦虚。⑬不要惊慌。⑭对投资持正面态度。⑮祷告有益投资。⑯跑赢专业机构投资者。

对大势与个股关系的看法：基本上股价的短期波动常常会受投资者的情绪影响，但长期来说，企业价值始终会在股价上反映出来。投资者应该投资个别股票，而非市场趋势或经济前景。

对股市预测的看法：就算是专家也未必能预测市场。

对投资工具的看法：要灵活应变，当运用的投资策略效果很不俗时，仍需小心，要预备随时改变，坦伯顿认为没有一套投资策略是经常有效，在不同的市况应运用不同的投资方法。

名言及观念："最好的投资时机，是当所有人都恐慌退缩的时候。""投资价值被低估的股票，其挑战是如何判断它真是具潜力的超值股，还是它的价值就只是如此而已。"投资者很容易在赚了钱之后，对市场过度乐观，在赔了钱的时候，过度悲观。

其他及成就：1912年出生于美国，是价值投资之父、本杰明·格雷厄姆的学生。1954年成立坦伯顿增长基金，45年来每年平均复式增长15.2%。

第六节　国际大师巴菲特投资密码

巴菲特是美国第一高价股（91300 美元/股）——Berkshire Hathaway 公司董事局主席，他是世界上最富有的人才之一。由于在股市投资中所表现出的超凡机智，以及 Berkshire Hathaway 的巨大成功，巴菲特被誉为"奥马哈圣人"。实践证明：他是当代最伟大的投资者。

直到 20 世纪 80 年代，巴菲特在《福布斯》世界富人排名中还只是普通一员，但到 20 世纪 90 年代末，他成为世界第二富有的人，仅次于他的好朋友——微软 CEO 比尔·盖茨。2003 年，他的身价超过 300 亿美元。2006 年 6 月，巴菲特的个人财富总价值约 440 亿美元，同时他还宣布了一项计划：将其持有的 Berkshire Hathaway 股票的 85%捐给 5 个慈善基金，其中大部分赠给比尔—梅林盖茨基金。

一、巴菲特的教育经历

1947 年，就读于华盛顿特区伍德罗·威尔逊中学。

1947~1949 年，就读于宾夕法尼亚州大学沃顿金融学院。

1950 年，就读于内布拉斯加州大学，并获学士学位。

1951 年，就读于哥伦比亚大学经济学专业，获硕士学位。

二、巴菲特的工作经历

1951~1954 年，在奥马哈的 Buffett-Falk 公司做投资营销员。

1954~1956 年，在纽约的格雷厄姆—纽曼公司做证券分析师。

1956~1969 年，在奥马哈的巴菲特合伙企业做普通合伙人。

1970 年至今，在奥马哈的 Berkshire Hathaway 公司做董事局主席兼 CEO。

三、巴菲特的投资经历

1944 年，14 岁，他将节约下来的 1200 美元投资买下 40 英亩农田。

1945 年，15 岁，他的第一份工作是在他父亲的股票经纪公司的黑板上抄写股价。后来，他投递华盛顿邮报，每月可获得 175 美元。

1947 年，17 岁，在他的中学的高年级那里，巴菲特与他的一个朋友花 25 美元买下了一个旧的弹球游戏机，并将它放在一个理发店。在数月之内，他们就在不同的位置拥有了三个这样的游戏机。就在那一年年底，他们以 1200 美元将这些业务卖给了一个战后老兵。此时，他送报已挣得了 5000 多美元。他的父亲建议他应该上大学了。

1949 年，19 岁，他转学到内布拉斯加州大学。大学毕业后，J.C.佩恩先生提供给他一份工作，但被他拒绝了。他仅用三年的时间读完大学。他的储蓄这时已达到 9800 美元。

1950 年，20 岁，他申请到哈佛商学院学习，但被拒绝。他最终在哥伦比亚大学注册，并从师于两位著名的证券分析家本杰明·格雷厄姆教授和大卫·多得教授。

1951 年，21 岁，他发现本杰明·格雷厄姆当时正在 GEICO 任董事。他便乘火车到华盛顿，并直接去 GEICO 总部敲门，直到门卫允许进入，在打听之后，他发现有人在 6 楼办公室工作，这个人便是公司的财务副总监。当巴菲特问他有关企业和保险的一般问题时，他们谈了数小时。

巴菲特毕业后想去华尔街找工作。他的父亲和格雷厄姆都劝他不要去。巴菲特回家并开始和苏珊·汤普逊约会。他买下了 Texaco 加油站作为一个副业投资，同时，他开始做股票经纪人。在此期间，巴菲特也学习了戴尔·卡耐基公共演讲课程。利用他所学到的东西，他感到更加自信，并足以在内布拉斯加州大学一个夜校讲授《投资原理》。他所教学生的平均年龄是他的两倍多（当时他才 21 岁）。

1952 年，22 岁，巴菲特与苏珊·汤普逊在当年 4 月结婚。他们租了一套公寓，每月租金 65 美元，并在当年拥有了他们的第一个孩子，取名苏茜。

1954 年，24 岁，本杰明·格雷厄姆给巴菲特打电话，并在他的合伙公司给巴菲特提供一份工作。他开始的年薪是 12000 美元。这时，巴菲特已有了他们的第二个孩子霍华德。

1956 年，26 岁，格雷厄姆退休，他的合伙公司垮台。自离开大学 6 年来，巴菲特的个人储蓄从 9800 美元增至 14 万美元。巴菲特将家搬回奥马哈。5 月 1 日，巴菲特创立了巴菲特协会。7 个家庭成员和朋友总计投入 10.5 万美元。巴菲特自己投资仅 100 美元。1956 年年底前，他创立另外两个合伙企业。

1957 年，27 岁，他又建立了两个合伙企业，他当时在他们家管理着 5 个投资合伙公司。这时，他们有了第三个孩子彼得。巴菲特购买了一个五卧室的房子，并进行粉刷，总计花费 31500 美元。从那时到现在，他就一直住在那里。

1958 年，28 岁，他的最早的合伙企业已发展到第三年，合伙人的钱已变成了两倍。

1959 年，29 岁，巴菲特被介绍认识 Charlie Munger，此人最终成为了 Berkshire Hathaway 公司的董事局副主席，他是公司成功的一个主要角色。他俩很快便走到了一起。

1960 年，30 岁，巴菲特请他的一个合伙人（此人是博士）另找 10 个博士，希望他们各自愿意将 1 万美元投入他的合伙企业。最终有 11 个博士愿意投资。

1961 年，31 岁，由于合伙企业已价值数百万美元，巴菲特将他的第一个 100 万美元投资在一个风车制造公司。

1962 年，32 岁，巴菲特和他的妻子苏珊一道返回纽约，花数周找过去的熟人筹资。在行程期间，他发现了几个合伙人，便筹到几十万美元。那时以 10.5 万美元开始的巴菲特合伙公司，现在已值 720 万美元。巴菲特夫妇各持有资产超过 100 万美元。于是，巴菲特合并了全部合伙企业，并将它们并入巴菲特合伙有限公司。公司也被迁移至 Kiewit Plaza，一个实用但不豪华的办公室（他们一直持续到今天）。合伙企业的最低投资额从 25000 美元提高至 10 万美元。

当年，巴菲特发现了一个纺织制造公司——Berkshire Hathaway，它正以低于每股 8 美元的价格在出售，于是，他开始收购该股票。

1963 年，33 岁，他分三次卖掉了他在 Dempster 的投资。那个几乎不值钱的公司已被巴菲特打造成了一个股票组合，在他投资时仅值 200 万美元。巴菲特合伙公司成为 Berkshire Hathaway 公司的最大股东。

1964 年，34 岁，由于欺诈丑闻，美国快递公司股份跌至 35 美元，当全世界都在抛售该股票时，巴菲特开始买进全部股票。

1965 年，35 岁，巴菲特的父亲逝世。在与沃特·迪斯尼会面后，他开始买入迪斯尼的股票。他投资 400 万美元，相当于迪斯尼公司 5% 的股权。同时，他以两倍于他所支付的价格卖掉了美国快递公司股票。在 Berkshire Hathaway 公司董事会上，巴菲特计划组建一个企业集团，并控股 Berkshire Hathaway，他任命 Ken Chace 为新总裁，负责运作该公司。

1966 年，36 岁，巴菲特的资本净值达到 685 万美元。

1967 年，37 岁，Berkshire 支付了第一次红利，也是唯一的一次，每股 10 美分。10 月，巴菲特给他的合伙人写信，告诉他们在 60 年代的"牛市"中不要找便宜货。他的合伙公司当时值 6500 万美元。他曾短暂地考虑过离开投资，并购买其他股权。美国快递公司已暴涨至 180 美元/股，从而使他的合伙企业获得了 2000 万美元的利润，当初他的投资额为 1300 万美元。

在巴菲特的直接指导下，Berkshire Hathaway 获得了英国国民保险公司，它支付了 860 万美元。巴菲特成为了爱荷华州颇有名望的文科学院——Grinnell 学院理事，并以托管人的身份打理学院七八十个机构的捐款。该学院现在已成为全美获捐赠最多的文科学院。这时，巴菲特的资本净值超过 1000 万美元。

1968 年，38 岁，巴菲特合伙公司所赚超过了 4000 万美元，所带来的总价值达到 1.04 亿美元。巴菲特进入 Grinnell 学院理事会。

1969 年，39 岁，这是他最成功的一年，巴菲特关闭了合伙公司，并清算资产给合伙人，用于结算支付的是 Berkshire Hathaway 公司的股票。这时，巴菲特个人资本净值达到 2500 万美元。

1970 年，40 岁，巴菲特合伙公司完全被解散，并清算了它的资产。巴菲特拥有 Berkshire Hathaway 发行股本的 29%。他任命自己为公司董事会主席，并开始给股东写年度公开信。Berkshire Hathaway 使 45000 美元从纺织业转变成 470 万美元的保险、银行和投资业。

1971 年，41 岁，在他妻子的请求下，巴菲特在 Laguna 海滩购买了一套 15 万美元的夏天住的房子。

1973 年，43 岁，股票价格开始下跌。在巴菲特的指导下，Berkshire 公司以 8%的年息票据借钱。Berkshire 开始获得了华盛顿邮报公司的股票。巴菲特成为该公司董事长 Katharine Graham 的亲密朋友。

1974 年，44 岁，由于股价下跌，Berkshire 组合投资的股票价值开始下降。巴菲特的个人财富缩水超过 50%。

1977 年，47 岁，Berkshire 以 3250 万美元间接购买了《布法罗晚间新闻》。这一年，苏珊离开了巴菲特，尽管没有正式办理离婚手续。这件事却使巴菲特痛苦不堪。

1978 年，48 岁，苏珊将巴菲特介绍给 Astrid Menks，巴菲特最终与 Astrid

Menks 生活在了一起。这也正是苏珊的希望。

1979 年，49 岁，Berkshire 开始获得 ABC 公司，成交价为每股 290 美元。巴菲特资本净值为 1.4 亿美元。然而，他仍旧过着每年 5 万美元年薪的生活。

1981 年，51 岁，Munger 与巴菲特创建了 Berkshire 慈善基金捐款计划，允许每个股东公司利润中的一些捐赠到他或她个人的慈善基金。

1983 年，53 岁，巴菲特以 6000 万美元购买了内布拉斯加州家具商业中心。年底公司股票组合投资价值达到 13 亿美元。Berkshire 交易价格开始达到每股 775 美元，年底便上涨至 1310 美元。巴菲特资本净值达到 6.2 亿美元，他第一次进入《福布斯》400 强。

1985 年，55 岁，在运作数年后，巴菲特关闭了 Berkshire 的纺织厂。他拒绝投入另外的资本进去。巴菲特花 3.15 亿美元收购了 Scott & Fetzer 公司，该公司生产的商品包括真空吸尘器和世界知识百科全书。巴菲特在 ABC 与 Capital Cities 之间展开兼并。他被迫离开华盛顿邮政董事会，因为联邦立法禁止他在 Capital Cities 和 Kay Graham's Washington Post 两个公司同时担任董事。

1986 年，56 岁，Berkshire 股票价格达到 3000 美元/股。

1987 年，57 岁，当年 10 月，全美股市暴跌，结果，巴菲特损失了市值的 25%，Berkshire 股价从 4230 美元/股下跌至 3170 美元/股。

1988 年，58 岁，巴菲特开始买入可口可乐公司的股票，最终购得了公司 7% 的股份，价值 10.2 亿美元。它成为 Berkshire 最有利可图的投资。

1989 年，59 岁，Berkshire 的股价从 4800 美元/股涨至 8000 美元/股。巴菲特的资本净值增至 38 亿美元。

1997 年，67 岁，巴菲特购买了将近 1.3 亿盎司的白银作为投资，当时价格为每盎司 6 美元。2006 年，他披露了他已卖掉这些贵金属。

2002 年，72 岁，巴菲特买入价值 110 亿美元的美元兑其他货币的远期合同，到 2006 年 4 月，他的这些合同的所赚超过 20 亿美元。

2003 年，73 岁，截至 12 月 31 日，他来自上一年的合同所得超过 6 亿美元。

2005 年，75 岁，由于美元趋强，来自 2002 年合同的所得减少，卡特里娜飓风导致 Berkshire 再保险承担了巨大的损失。

2006 年，76 岁，巴菲特和 Berkshire Hathaway 公司面临许多困难。这一年，巴菲特进行了一系列的收购，包括 Business Wire、Russell、PacifiCorp、ISCAR

Metalworking，以及 Agro-Logic——一个小的农业制造公司。ISCAR 和 Agro-Logic 是两个以色列公司。

四、巴菲特五项基本投资原则

近 30 年来，巴菲特选股业绩惊人，他仅仅选股 22 只就盈利 318 亿美元，并以 2 倍多的优势远远超出市场平均水平，而同期大多数基金经理却输给市场。因此，为了取得更好的投资业绩，我们应该向巴菲特学习。巴菲特的投资方法其实可以用一句话来表述：以企业主的心态，精选少数几家（具有持续竞争优势的）杰出企业股票，低价买进，长期持有。

1. 企业所有者原则

即以企业主心态投资，视投资如同经营企业，这是一种真实投资的心态，符合投资的本质。大多数人只把股票当成交易的材料、游戏的筹码，是有悖投资的初衷和本质的，是一种异化。

格雷厄姆说："最聪明的投资方式，就是把自己当成持股公司的老板。"巴菲特认为，"这是有史以来关于投资理财最重要的一句话。"巴菲特还说过："在投资时，我们把自己看成是企业分析师，而不是市场分析师，也不是宏观经济分析师，甚至不是证券分析师"；"我从事投资时，主要观察一家公司的全貌，而大多数投资人只盯着它的股价"。

巴菲特以一种与众不同的视角看待投资，所以他的投资业绩也与众不同。这需要独立思考的精神、特立独行的个性和勇气。如果总是随大溜儿，与大多数人做同样的事情，投资业绩必然流于平庸。

2. 杰出企业原则

精选具有持续竞争优势的杰出企业进行投资，而且该公司必须把股东的权益放在首位。这一战略正是基于常识：一家企业如果具有明显的优势，而且这种优势是可持续的，管理者又诚实能干，那么它的内在价值早晚会在股价上体现出来。要超越平均水平，选择拔尖的无疑是最好的选择。这也是一种常识。

如果你挑选篮球运动员帮你赚钱，你一定会选乔丹或姚明之类的超级巨星，而不会选择二三流的球员。好的企业像钻石一样稀有，一旦发现就要重仓投入，长期持有，并且不要频繁交易，高昂的交易成本是长期投资的敌人。如果你确信一个企业是那么的优秀，像皇冠上的明珠一样的话，那么切记一定要把它放在你的怀里，紧紧地守住。在我们一生中像这样皇冠级的投资是非常少的，当你发现的时候一定要重仓，把所有的押上去就像赌钱一样，其次，一定要紧紧地守住。

所以，巴菲特说："寻找超级明星——给我们提供了走向成功的唯一机会。""一个二流的企业最有可能仍旧是二流的企业，而投资人的结果也可能是二流的。"与赢家为伍，你自然就会成为赢家。

3. 集中投资原则

毛主席说：伤其十指，不如断其一指；要集中优势兵力打歼灭战。这也是集中投资的原则。可以说"少就是多"。就是要把资金集中在少数几家熟悉的、可以理解的、"能力圈"以内的杰出企业股票上。

巴菲特说："多样化是无知的保护伞。""如果你对投资略知一二并能了解企业的经营情况，那么选 5~10 家价格合理且具长期竞争优势的公司。传统意义上的多元化投资（广义上的活跃证券投资）对你就毫无意义了。"

凯恩斯也指出："随着时间的流逝，我越来越确信正确的投资方法是将大笔的钱投入到一个他认为有所了解以及他完全信任的管理人员的企业中。认为一个人可以通过将资金分散在大量他一无所知或毫无信心的企业中就可以限制风险完全是错误的……一个人的知识和经验绝对是有限的，因此在任何给定的时间里，很少有超过二三家的企业，本人认为有资格将我全部的信心置于其中。"

4. 长线是金原则

不理会每日股价涨跌，不去担心总体经济情势的变化，以买下一家公司的心态长期持有股票，复利累进，分享企业成长的果实。长期投资是最聪明的而且是自然而然的选择。既然你是以企业所有者的心态投资，你持有的又是少数几家杰出的企业股票，你买进的价格又有很大的安全余地，你除了长期抱牢还有其他更好的选择吗？

巴菲特曾为此解释说："按兵不动是聪明的策略。我们不会因其他多数企业也不会由于联邦储蓄的贴现利率的小小改变或由于华尔街的某位权威人士改变了对市场的看法就疯狂地抛售非常有利可图的分支企业。我们占据着只有少数人才拥有的最优秀企业的股票，既然如此我们为什么要改变战术呢？""我们一路持有的行为说明我们认为市场是一个变换位置的中心，钱在这里从活跃的投资者流向有耐心的投资者。"

他对短线投机十分反感，认为"短线投机等于就即将发生的事情进行赌博。

如果你运用大量的资金进行短线投机，有可能血本无归"。他甚至一针见血地说："你不会每年都更换房子、孩子和老婆。为什么要卖出公司（股票）呢？"

以上原则是巴菲特投资的基石，看上去很简单，做起来却不简单，贯彻到底则更不简单。但巴菲特的确说到做到了，而且一以贯之，坚持到底，这正是他独步天下、长盛不衰的原因。那么什么样的公司股票才是巴菲特心目中"十全十美"的超级明星股呢？"我们始终在寻找那些业务清晰易懂、业绩持续优异、由能力非凡并且为股东着想的管理层来经营的大公司。这种目标公司并不能充分保证我们投资盈利：我们不仅要在合理的价格上买入，而且我们买入的公司的未来业绩还要与我们的估计相符。但是这种投资方法——寻找超级明星——给我们提供了走向真正成功的唯一机会。"

五、什么是"十全十美"的"超级明星股"

巴菲特主要从业务、管理、盈利能力、价值与价格比较四个方面进行分析。

1. 超级长期稳定经营历史

"研究我们过去对子公司和普通股的投资时，你会看到我们偏爱那些不太可能发生重大变化的公司和产业。""经验表明，经营盈利能力最好的企业，经常是那些现在的经营方式与五年前甚至十年前几乎完全相同的企业。"

2. 超级经济特许权

"一座城堡似的坚不可摧的经济特许权（Franchise）正是企业持续取得超额利润的关键所在。""一项经济特许权的形成，来自于具有以下特征的一种产品或服务：①它是顾客需要或者希望得到的；②被顾客认定为找不到很类似的替代品；③不受价格上的管制。以上三个特点的存在，将会体现为一个公司能够对所提供的产品与服务进行主动提价，从而赚取更高的资本报酬率。"

3. 超级持续竞争优势

"对于投资来说，关键不是确定某个产业对社会的影响力有多大，或者这个产业将会增长多少，而是要确定任何所选择的一家企业的竞争优势，而且更重要的是确定这种优势的持续性。那些所提供的产品或服务具有很强竞争优势的企业，能为投资者带来满意的回报。"

4. 超级明星经理人

"我们持续受惠于这些持股公司的超凡出众的经理人。他们品德高尚、能力出众、始终为股东着想，我们投资这些公司所取得的非凡的投资回报，恰恰反映了这些经理人非凡的个人品质。"

5. 超级资本配置能力

"我们从来不看什么公司战略规划，我们关注而且非常深入分析的是公司资本分配决策的历史记录。""一旦成为 CEO，他们需要承担新的责任，他们开始时必须进行资本配置决策，这是一项至关重要的工作。"

6. 超级产品盈利能力

"真正能够让你投资赚大钱的公司，大部分都有相对偏高的利润率。通常它们在业内有最高的利润率。"

7. 超级资本盈利能力

"对公司经营管理业绩的最佳衡量标准，是能否取得较高的权益资本收益率，而不是每股收益的增加。"

8. 超级留存收益创造市值增长

"在这个巨大的股票拍卖场中，我们的工作是选择具有如下经济特性的企业：每一美元的留存收益最终能够转化成至少一美元的市场价值。"

9. 超级内在价值

"内在价值是一个非常重要的概念，它为评估投资和企业的相对吸引力提供了唯一的逻辑手段。""内在价值可以简单地定义如下：它是一家企业在其存续期间可以产生的现金流量的贴现值。"巴菲特说："架设桥梁时，你坚持载重量为 3 万磅，但你只准许 1 万磅的卡车穿梭其间。相同的原则也适用于投资领域。"

10. 超级安全边际

即要逢低买进，而且买进价格要低于企业内在价值较大的幅度，以便留有安全余地。即使是最好的企业，购买的价格也应该合理。饭吃八分饱；如果你离悬崖还有一公里，那么你肯定不会跌下悬崖，这就是成功投资的基石——安全边际原则。它向你展示的是这样一个浅显的道理：花 5 角钱购买 1 元人民币是安全并有利可图的。投资者忽视安全边际，就像你天天暴饮暴食，最终会伤及肠胃；或者你一直在悬崖边上行走，总有一天会一失足而成千古恨。

六、巴菲特著名的"十二定律"

1. 企业定律（分为三条）

（1）企业必须简单且易于了解。巴菲特认为，投资者财务上的成功与他对自己所做投资的了解成正比，只有全面了解一个企业，投资者才能有的放矢，巴菲特在他几十年的经营中拥有的企业全都在他的竞争优势圈内，他都有高度的了解。而圈外的企业，投资潜力再大他也绝不涉足。

（2）企业过去的经营状况必须稳定。巴菲特认为，重大的变革和高额的报酬是难以交汇的，那些长期以来都持续提供同样商品和服务的企业往往才是报酬率高的企业。

（3）企业长期前景必须看好。巴菲特很重视寻找那些拥有特许权的企业。所谓特许权就是指该企业提供的商品和服务具有稳定的消费需求，没有近似替代产品。这样的企业可以持续提高价格而获取利润，即使在供过于求或潜能尚未完全利用的情况下，也不会失去市场占有率或销售量，而且这样的企业往往拥有经济商誉，有较高的耐力承受通胀带来的影响，即使经济不景气或经营管理不善仍可生存。

2. 经营定律（分为三条）

（1）经营者必须理性。巴菲特欣赏那些将现金盈余投向能使股东财富最大化的计划里的经营者，他认为那些在找不到这样的计划时勇于将盈余归还股东的经营者才真正为股东服务，才有理性。

（2）经营者必须对股东诚实坦白。巴菲特认为，只有完整翔实地公布营运状况，并像公开自己的成功一样勇于讨论自己失败的经营者才值得信赖。而他自己作为董事长，也正是这么做的。

（3）经营者应当有勇气抵抗盲从法人机构。有许多经营者会因为盲从而失去理性，损害了股东的利益。巴菲特认为，能独立思考、抗拒依附他人的经营者才有竞争力。

3. 财务定律（分为三条）

（1）考察股东权益报酬率，而非每股盈余。因为在企业保留上一年盈余增加资本的情况下，只有前者考虑了公司逐年增加的资本额，才较为真实地反映了经营绩效。

（2）计算"股东盈余"，寻找高毛利率的公司。巴菲特认为，原来意义上的会计盈余由于各公司资产不同而缺乏可比性，只有将折旧损耗和分期摊销费用加上净利减去资本支出，由此得到的股东盈余才可反映企业价值。而高毛利率则不仅反映出企业的强大，也反映出经营者控制成本的精神。

（3）对于保留的每一元钱盈余，确定公司至少已创造了一元钱的市场价值。在此巴菲特采取的方法是将净收入减去股利得出保留盈余，再找出公司现在与10年前市价的差价，两者加以对比。在采用这些量化指标时，巴菲特是将4年或5年的财务平均值作为衡量对象的。他认为，长期平均值才可以真正说明问题。

4. 市场定律（分为三条）

（1）计算企业实质价值。巴菲特选择那些简单稳定的企业，以保证所有数据的高度确定性，之后预期在企业的生命周期中未来的现金流量，用30年美国政府公债利率加以折现。他并不加上风险溢酬，他用最保守的方法来估计企业价值，以降低风险。

（2）以显著的价值折扣购入该股票。在购进价格和企业价值之间一定要有一个"安全边际"，这个"安全边际"的缓冲效果可以保证他不受到公司未来现金流量变动的影响。因此，当一些大企业暂时出现危机或股市下跌时，就是他毫不犹豫大量买进之时。

（3）长期持有并管理手中的股票，耐心等待企业的成长。巴菲特为什么取得了前所未有的成就，最关键的就是他只研究买入不研究卖出，只有永远持有才能充分享受泡沫！未来是不可预测的，你永远不知道这泡沫会有多大，这就是巴菲特的智慧！

七、巴菲特的名言

（1）我是个现实主义者，我喜欢目前自己所从事的一切，并对此始终深信不疑。作为一个彻底的实用现实主义者，我只对现实感兴趣，从不抱任何幻想，尤其是对自己。

（2）思想枯竭，则巧言生焉！

（3）他是一个天才，但他能够把某些东西解释得如此简易和清晰，以至起码在那一刻，你完全理解了他所说的。

（4）他的父母告诉过他，如果他对一个人说不出什么美好的话，那就什么也别说。他相信他父母的教导。

（5）他一直自信于自己的所思所想，并随时准备捍卫自己的思想。

（6）吸引我从事工作的原因之一是，它可以让你过你自己想过的生活。你没有必要为成功而打扮。

（7）投资对于我来说，既是一种运动，也是一种娱乐。他喜欢通过寻找好的猎物来"捕获稀有的快速移动的大象"。

（8）我工作时不思考其他任何东西。我并不试图跨过七英尺高的栏杆：我到处找的是我能跨过的一英尺高的栏杆（现实主义者）。

（9）要去他们要去的地方而不是他们现在所在的地方。

（10）如果发生了坏事情，请忽略这件事。

（11）我所做的，就是创办一家由我管理业务并把我们的钱放在一起的合伙人的企业。我将保证你们有 5% 的回报，并在此以后我将抽取所有利润的 50%！

（12）要赢得好的声誉需要 20 年，而要毁掉它，5 分钟就够了。如果明白了这一点，你做起事来就会不同了。

（13）如果你能从根本上把问题所在弄清楚并思考它，你就永远也不会把事情搞得一团糟！

（14）习惯的链条在断裂之前，总是难以察觉！

（15）我从来不曾有过自我怀疑。我从来不曾灰心过。

（16）我始终知道我会富有。对此我不曾有过一丝一毫的怀疑。

（17）归根结底，我一直相信我自己的眼睛远胜于其他一切。

（18）在生活中，我不是最受欢迎的人，但也不是最令人讨厌的人。我哪一种人都不属于。

（19）在生活中，如果你正确选择了你的英雄，你就是幸运的。我建议你们所有人，尽你所能地挑选出几个英雄。

（20）如何定义朋友呢？他们会向你隐瞒什么？

（21）任何一位卷入复杂工作的人都需要同事。

（22）如果你是池塘里的一只鸭子，由于暴雨的缘故水面上升，你开始在水的世界之中上浮。但此时你却以为上浮的是你自己，而不是池塘。

（23）哲学家们告诉我们，做我们所喜欢的，然后成功就会随之而来。

（24）我所想要的并非是金钱。我觉得赚钱并看着它慢慢增多是一件有意思的事。

(25) 每天早上去办公室，我感觉我正要去教堂，去画壁画！

(26) 正直，勤奋，活力。而且，如果他们不拥有第一品质，其余两个将毁灭你。对此你要深思，这一点千真万确。

(27) 生活的关键是，要弄清谁为谁工作。

(28) 哈佛的一些大学生问我，我该去为谁工作？我回答，去为那个你最仰慕的人工作。两周后，我接到一个来自该校教务长的电话。他说，你对孩子们说了些什么？他们都成了自我雇佣者。

(29) 头脑中的东西在未整理分类之前全叫"垃圾"！

(30) 你真能向一条鱼解释在陆地上行走的感觉吗？对鱼来说，陆地上的一天是胜过几千年的空谈。

(31) 当适当的气质与适当的智力结构相结合时，你就会得到理性的行为。

(32) 要学会以 40 分钱买 1 元的东西。

(33) 金钱多少对于你我没有什么大的区别。我们不会改变什么，只不过是我们的妻子会生活得好一些。

(34) 人性中总是有喜欢把简单的事情复杂化的不良成分。

(35) 风险来自你不知道自己正做些什么？

(36) 只有在退潮的时候，你才知道谁一直在光着身子游泳！

(37) 成功的投资在本质上是内在的独立自主的结果。

(38) 永远不要问理发师你是否需要理发！

(39) 用我的想法和你们的钱，我们会做得很好。

(40) 你不得不自己动脑。我总是吃惊于那么多高智商的人也会没有头脑的模仿。在别人的交谈中，没有得到任何好的想法。

(41) 在拖拉机问世的时候做一匹马，或在汽车问世的时候做一名铁匠，都不是一件有趣的事。

(42) 任何不能永远前进的事物都将停滞。

(43) 人不是天生就具有这种才能的，即始终能知道一切。但是那些努力工作的人有这样的才能。他们寻找和精选世界上被错误定价的赌注。当世界提供这种机会时，聪明人会敏锐地看到这种赌注。当他们有机会时，他们就投下大赌注，其余时间不下注。事情就这么简单。

（44）他反对把智商当做对良好投资的关键，强调要有判断力、原则性和耐心。

（45）我喜欢简单的东西。

（46）要量力而行。你要发现你生活与投资的优势所在。每当偶尔的机会降临，若你对这种优势有充分的把握，你就全力以赴，孤注一掷。

（47）别人赞成你也罢，反对你也罢，都不应该成为你做对事或做错事的因素。我们不因大人物或大多数人的赞同而心安理得，也不因他们的反对而担心。如果你发现了一个你明了的局势，其中各种关系你都一清二楚，那你就行动，不管这种行动是符合常规，还是反常的，也不管别人赞成还是反对。

（48）他特别钟情于读传记。

（49）所有的男人的不幸出自同一个原因，即他们都不能安分地待在一个房间里。

（50）高等院校喜欢奖赏复杂行为，而不是简单行为，而简单的行为更有效。

（51）时间是杰出（快乐）人的朋友，平庸人（痛苦）的敌人。

（52）我与富有情感的人在一起工作（生活）。

（53）当我发现自己处在一个洞穴之中时，最重要的事情就是停止挖掘。

（54）他的最大长处是：我很理性，许多人有更高的智商，许多人工作更长的时间，但是我能理性地处理事务。你们必须能控制自己，别让你的感情影响你的思维。

（55）有两种信息：你可以知道的信息和重要的信息。而你可以知道且又重要的信息在整个已知的信息中只占极小的百分比！

（56）如果你在错误的路上，奔跑也没有用。

第七节　最为秘而不传的资金管理的要诀

在美国的基金界曾经做过这样一个调查：能够长期获胜的基金，最重要的不是什么时候、什么价格买股票，而是你买了多少。也就是投资界的术语："资金管理。"很多投资者向投资大师们请教投资秘诀，以为大师们依靠准确地判断市场方向就能长期在市场中稳定获胜，其实投资大师们最为秘而不传的就是资金管理的要诀。

一、资金管理的定义

通常一般的定义为风险控制（止损）的概念，其实资金管理包含"头寸管理"和"风险控制"两部分。

1. 头寸管理

包括资金品种的组合、每笔交易资金使用的大小、加码的数量等，这些要素，都最终影响你整个交易成绩。大多数的人的观念都是一直在寻找一个高准确率的交易方法、交易体系；然而，如果同样有相同的交易机会，体系中最关键的因素是盈利的时候和亏损的时候投资额的大小。交易系统的重要组成部分，本质上说是系统中决定你头寸大小的那部分。它可以确定系统交易中你可以获取多少利润、承担多少风险。

显然，只要提高成功的选股概率及准确地研判大势同样可以化解系统风险。统计显示 80% 的股票和指数正相关，这也就是说还有 20% 的股票会逆势而为，其实这也是板块论的理论基础；但是加码买入多少，分几次买进，持仓时间多少合理往往被人忽略，这也是我见过的亏损投资者当中最严重的一个问题！好像有一种说法：学会止损是散户的悲哀。也许对某些人适用，但就普遍意义上说，不会止损是散户为什么一直是散户的主要原因之一。人们总是喜欢快速地获利，而给亏损留一点余地，结果是截断利润，扩大亏损。长期下来，如何实现资金的增值呢？

世界上所有的赌场都限制赌徒下注的最高限额，一来是控制赌徒的损失，减少负面影响；二来也是控制赌场自己的风险，不使赌场由于某一次的偶然的运气，大额下注给赌场带来风险。一个好的专业投资者同样也应该限制自己每次的交易金额，你是无法预测下一次的交易究竟是盈利还是亏损的。

2. 风险控制

主要是指止损、止盈期货、股票。大家知道在股票、外汇市场成功的人都是只有 3%，这些期货、股票顶尖大师的故事，他们都有一个共性，就是尤其注意风险控制。共性就是说所有成功的人必须遵守的原则，所以你要想成为一个成功的投资者，就一定要遵循"风险控制"原则。留得青山在，不怕没柴烧。留住明天还能生存的实力，比今天获利还重要。成功的投资者，是看谁能笑到最后，谁就能笑得最好。

美国的丹尼斯·斯丹利·克罗是典型的趋势交易大师。但是趋势型体系按照交易次数一般准确率只有30%左右，这样低的成功率一样能在市场中长期获胜，这里最关键的就是资金管理。赌场里，赌客们都知道庄家赢的概率比他们高，但是赌客也可以使用资金管理的方法盈利，只要连续加码下注就可以保持盈利。这说明，投资者都应该明白资金管理在投资市场的重要性是多么的大了，就算不懂得分析技术，靠有效的资金管理一样能在市场中获利。

美国"威廉指标"的发明人、投资大师威廉斯说："资金管理是我投资生命中最重要的秘诀，除此以外，再也没有更重要东西了。"我感觉这样说一点也不夸张。投资者的获胜只是来自投资者的资金管理，而非所谓神奇分析体系或者占卜术的玄妙。成功的交易会赚钱，成功的交易加上顶级的资金管理技巧将会创造巨大的财富。

二、头寸管理的黄金原则

良好的资金管理可以使交易系统风险最小化，盈利最大化。人们总在寻找成功交易的真正秘诀，但他们的心智却促使他们在错误的地方做错误的事情，因此，他们寻求神奇的有75%以上准确率的系统来帮他们挑选对的股票，选对股票对成功交易来说，意义并不大。

你可能会说："你怎能那样说?"OK，实际上，所有的成功交易者都知道成功交易的几个因素。

黄金法则一：善输，输少（Cut the Loser Shorter）。简单注释：在持有不良的股票下，或者股票的趋势发生逆转，要尽快平仓或割肉，以使损失降低到最低限度。

黄金法则二：赢足，赢多（Let the Winner Run）。简单注释：在持有强势股或股票趋势仍然存在的情况下，不要急于套现，而应该让获利股走得越远越好。

这两个黄金法则是股票交易资金管理的核心内容。虽然内容简单，但深刻理解其含义并不容易，在实战中充分执行更不容易。

当你领悟到交易的黄金法则，实际上就是告诉你，如何去减少损失，当你盈利时要尽量持有，以至于获取最大的利润。

　　大师们相信资产分配至关重要，他们会在不同的资产类型中进行选择，调整细小的持仓部位。"就像一只蜈蚣，即使失去 30 条腿，照样可以前进"。在高科技产业，也是高风险回报，和期货、股票、外汇市场很像，高科技风险投资者都是分散投资、遍地撒网的。日本著名的"软银公司"孙正义就是大量地分散投资到许多的网络公司，数量有上千家，其中 YAHOO 暴涨，使他获得了巨额的利润，在 2000 年资产上升到 1000 亿美元，一度成为世界首富。

　　提到风险控制，不得不提到《股票作手回忆录》一书的主人公李费佛（即该书作者），李费佛对于风险控制提出了极富启发的观点。李费佛是历史上有名的华尔街神童，他十三四岁就开始闯荡华尔街，并横行于当时美国的地下股票交易市场。此人颇具传奇色彩，曾三次破产又三次东山再起。

　　李费佛关于风险控制的观点是这样的：先用较少的资金顺应市场运动的方向建立仓位，并根据市场的变化采取相应的对策。如果市场随后的走向对所建立的仓位有利（也就是说，假如你建立的是多头仓位，市场随后上涨），产生了账面利润，可以根据情况增加仓位；反之，则至少不应该再增加仓位。而如果行情的演变与开始的预期相差太大（例如，你本来建立多头仓位，结果市场连续下挫到一定幅度），就应该考虑减少直至取消仓位。

　　要想成功一定要向顶尖的投资大师学习，学习他们的思路、他们的手法，这是最好的、最快的方法。索罗斯接班人、量子基金经理德拉肯·米勒说过：当你对一笔交易充满信心时，就要给对方致命一击，做对交易还不够，关键是要尽可能地多获利。将 400 美元变魔术奇迹般地变成了 2 亿多美元的投资大师理查·丹尼斯说："95%的利润来源于 5%的交易。"美国期货比赛常胜冠军马丁·舒华兹说："一年的 250 个交易日中，200 个交易日左右的时间是小亏小盈的，而在其他的 50 个交易日中获取大盈利，也就是 4/5 的交易时间打平，1/5 的交易时间大盈。"这些顶尖投资大师都说明了把握交易头寸大小，尤其是在做对了交易的时候交易头寸大小的重要意义。

三、满仓操作风险有多大

　　我们考虑这样一个问题，假设有人和你玩猜硬币的游戏，你可以押正面或反面，但只能押一面，不可以两面同时都押。如果押对了则押一块赔两块，如果押错了则押一块输一块。这样一个规则显然是对押钱的一方有利的，应该能够从中获利，那么该怎样做呢？

假设有一笔资金，如果每一次都把所有的钱全押上，那么，尽管这个规则对你有利最终也必然是输光，即便是连赢 10 次把资金翻了 1024 倍，但只要有一次输了则前功尽弃，而且以后再也没有机会翻本了，所以满仓押上是不行的。

合理的办法是按资金量的某一固定比例来押，这样永远不会输光，永远可以保持战斗力（当然，事实上由于每次下注有最小单位限制，是不可能真的永远有机会的）。比如每次押 10%，这样即使连着输 10 次也还会剩下 0.9¹⁰ 的钱。于是有了下面一个问题，对某一种规则来说，到底以什么比例下注最有利呢？下注比例太低，赚得太少，没有充分利用规则的有利条件；比例太高，风险加大，极端情况是按 100% 的比例下注，等于满仓押上，最后的结果反倒会输。

从数学上讨论下注比例的问题。

假设初始总资金量为 c，下注的固定比例为 x，经过 n 次，由于硬币出正反面的机会相等，所以押对的次数约等于 n/2，押错的次数也约等于 n/2，还应有资金：

$$c \times (1+2x)^{n/2} \times (1-x)^{n/2}$$

平均每次收益率为：

$$(1+2x)^{1/2} \times (1-x)^{1/2}$$

最有利的下注办法就是使每次的平均收益率最大的办法，将上式求解可以得出最大值：

$$f' = (1-x)^{1/2} \times (1+2x)^{-1/2} - 0.5 \times (1-x)^{-1/2}(1+2x)^{1/2} = 0$$

解得：x = 0.25

所以，对这里所举的例子来说，每次押仓位的 25% 是最佳的下注方法。

资金管理与分析系统：盈利的基础是胜率。也就是说，你的分析系统提示的买卖点从长期来讲，必须可以产生利润。关于分析系统，是另外一个体系，通常飞狐和分析家一类软件都有这个制作平台，这里不做探讨。在具备有效分析系统的基础上，资金管理的作用就是通过合适的仓位调整和资金管理来使分析系统有效地为自己服务。就下面的例子来说，我们可以假设一个分析系统有 70% 的胜率，但仅此而已。如果使用不当，同样会出现巨大的亏损。可以说，理解了资金管理的重要性，也就开始理解交易的最大秘诀之一。

根据有关专家研究，假定 3 种不同获胜率的交易体系、分析方法，按照不同资金分割份数统计出现亏损的可能性。答案是：获胜率 55%，假如满仓操作亏损的可能性为 81.82%，当资金分成 5 份时亏损的可能性为 36.66%。假如获胜率 60%，满仓操作亏损的可能性为 66.67%，当资金分成 5 份时亏损的可能性为 13.17%；假如获胜率 70%，满仓操作亏损的可能性为 42.86%，当资金分成 5 份时亏损的可能性为 1.45%。

四、鳄鱼原则

成功的操盘手都遵循简单的交易原则——"鳄鱼原则"。该原则引自鳄鱼的吞噬方式：被咬的猎物越挣扎，鳄鱼的收获就越多。如果鳄鱼咬住你的脚，它等待你的挣扎。如果你用手帮忙挣脱你的脚，则它的嘴巴会同时咬住你的脚与手臂，你越挣扎，便咬得越多。所以，万一鳄鱼咬住你的脚，你唯一生存的机会就是牺牲一只脚，壮烈断脚。当你在市场中被套，唯一的方法就是马上止损，无论你亏了多少，你越是加码就将套得越多。

顶尖的投资大师都认识到，在市场中赔钱是交易的组成部分，关键是你明天有实力继续交易。如果发现弄错了，就应立刻纠正。根据国外基金经理的访谈录，我们可以发现他们都有一个共同的地方：非常重视止损。不会止损的人，很容易被市场消灭掉。

股市投资是典型的风险投资，许多有经验的投资人采取行动前都要考虑一个关键问题：首先是投资的风险性及防范风险的后续措施；其次才是投资的收益性及浮动盈利止损的方法。通常情况下，经验丰富的投资者考虑第一项内容多一些，而新股民基本上只考虑第二项内容的前半部分，而不考虑第一项内容中任何一项的含义，最少在买股票的一刹那是这样。因为一些职业机构在选择操盘人员时最为重视的就是素质，所以说凡是在深沪股市中短视的人，即心率跳动与股价波动同步的人，不可能定期获得满意的收益，这是金融投资的铁律。

"回避心态"是失败的投资者中风险控制的主要心结，绝大部分投资者在小亏 5%、10% 的时候就没有止损，到亏损逐步扩大到 20%、30%、50% 的时候就更舍不得止损了，最后的下场只有被扫地出局。笔者接触的很多投资者都有一种自欺欺人的想法，期货、股票他不平仓或者卖出，只是浮动亏损，无所谓，但是实际上浮动亏损和实际亏损是一样的，都记录了他自己真正拥有的资产。

在华尔街被誉为"风险管理大师"的莱利·海特管理的投资基金一直保持很

低的亏损率，公司的收益率平均年增长超过 30%，按年度结算，最低的一年也赚了 15%，如果以连续 12 个月作为结算期，亏损亦不超过计划的 1%。这在高风险的期货行当是少有的。莱利·海特从三个角度分析风险：面对风险、控制风险、回避风险。面对风险，在出现风险的时候马上及时处理，不能拖延。投资行业有句行话："不怕错，最怕拖。"在控制风险方面，莱利·海特认为不管你了解多少情况，心中多么肯定，总还是有错的可能，所以随时要有准备。所以风险控制一定要严格，绝不要把身家性命押上去，对最坏的结果要有所准备。

让我们记住这几个数字：20% 的亏损需要 25% 的盈利来达到盈亏平衡，相对来说容易一些，40% 的亏损需要 66.7% 的盈利，要达到很难，而亏损 50% 以上就需要 100% 的盈利，几乎是不可能扭亏了。就我个人的经验来说，30% 的损失应该是亏损的极限度。所以投资者一定要控制好风险，尤其是新手，对市场的规律还不是很熟悉，在投资水平一般的阶段，需要的是经验，控制好亏损在 30% 以内，当你的水平逐步提高，就能很轻易地翻本，加入到赢家的行列中。

许多投资者普遍存在着"止盈总是简单，止损总是太难"的困惑，其实这是我们人性中的一个弱点。要想战胜市场，必须先战胜自我。盈亏乃投资的常事，要想在股市中长期盈利，必须正确看待投资的盈利与亏损，这是建立科学的资金管理策略的前提条件。在交易之前，制订详细的交易计划，然后严格执行你的交易计划，不该止盈的不要随便止盈，该止损时不要"心太软"。

五、预期理论对"止损太难"的解释

对于相同大小的所得和所失，我们对所得看得更重，这一事实叫做预期理论。这个理论最早由卡尼曼和特维斯（Kahneman and Tversky，1979a）于 1979 年提出的，它可以解释为什么交易者更愿意止盈而不愿意止损。

更进一步，心理学家认为通过"后悔理论"也可以部分解释这个现象。斯塔特曼是后悔理论的权威学者，他指出了很显然的事实。按照斯塔特曼的说法，我们更愿意赌输，而不是赌赢，是因为我们不敢面对失败的现实。将上述理论应用到资本市场，我们可以想象，守住已经发生亏损的头寸（赌它能扳回来），我们就不必承认我们犯错误了。毕竟，持有的合约还没认赔平仓，亏损只是账面亏损，你能说我亏了吗？在这种情况下，绝大多数人都相信会有一些扭转市场方向的事情发生，因此当持有头寸发生亏损时倾向于停止交易、按兵不动。

谢夫林（Shefrin）和斯塔特曼于 1985 年给出了人们为什么不愿意止损的解释，总的来说，人们因为认知和情绪方面的原因而炒股。他们炒股的原因是他们自认为掌握了信息，而实际上他们掌握的只是噪声。他们炒股的原因还因为炒股可以给他们带来骄傲。当决策正确时，炒股带来骄傲，而当决策错误时，炒股带来后悔。投资者都想避免后悔带来的痛苦，只好将亏损的筹码和股票握在手里，以免亏损真正发生，或者归罪于股评家。

后悔理论也称之为"风险厌恶"，作为自我保护态度的典型例子，它解释了投资者"止损太难"的原因。

六、为何"止盈总是简单"

当市场走势和交易者判断的方向一致时，股票开始产生浮盈，这种情况就大不相同了：赢家没有什么需要隐藏的。但是赢家又面临另一个陷阱：他们更愿意认为自己的成功是个人努力的结果，而不是凭运气。社会心理学家称这种现象为"自负"。至少平均来说，我们都是自负的。绝大多数人都认为他们个人的每条品德优点都高于平均水平——包括驾驶技术、幽默感、风险控制能力和预期寿命。例如，当询问一群美国学生的驾驶安全能力时，82%的人认为他们处于最优的前30%之列，这对于在股市中赚钱的投资者意味着什么？这个理论认为，很多投资者将自己最近在股市中赚到的钱归功于自己超过常人的投资水平。并且因为他们自认为水平高超，所以他们的操作更加频繁，有的甚至试图捕捉市场的每一个波动。因此，他们止盈的积极性很高的原因主要是来源于个人的自信。

盈亏乃投资的常事，假设你持有的期货头寸已经出现亏损，你怎么办？你会和其他大多数人一样，赌它总有一天会由浮亏变浮盈或者亏损减少。现在再假设，你持有的头寸已经获利，这次你不会再赌了，你的做法很简单：立即止盈，落袋为安。这种"止盈总是简单，止损总是太难"的现象违背了"有限度地亏，无限度地盈"的原则，经过长期的交易操作，使得许多投资者的资金账户日渐缩水，更可怕的是，由于一两次大的亏损扛不回来，导致资金几乎亏空。

第八节　建立自己独特的交易系统

　　人们常说一句话，在市场中，纪律和心态控制重于一切。然而，这一切的前提，是你必须要有一套完善的、经过市场考验实证的交易系统。那么，如何建立一个真正经过市场考验的成熟可用的一致性的系统，必定会历经积累、独立和创新三个阶段。

　　在积累阶段，是大量储备各种知识、技巧、方法的阶段，强调的是尽最大可能，广泛占有，兼收并蓄，甚至要发扬"囫囵吞枣"、"不求甚解"、"神农氏遍尝百草"的杂家精神，把你能收集到的一切素材，积淀到你的大脑，以备后用。如果说前面的堆积阶段只是个简单、线性的累积知识的话，那么这个阶段，你就必须利用你智能中的诸如推理、综合、归纳、联想、顿悟等对第一阶段所积累的素材，做集中的消化和吸收了，直至这些杂乱无章的知识被你咀嚼为一种灵性的东西，并浸润你思维的血液。任何事物只有创新才能走得更远，有思想的人，不但可以过上幸福的生活，而且你的思想可以为你和社会创造价值。因此，只有模仿、学习、融会贯通，提炼、萃取出自己独特的交易系统和方法，这样你就离成功不远了，而独特的交易系统是通向成功的钥匙。我有一个体会，做正确的事情比正确地做事更重要。升华的过程不可能一蹴而就，你在这期间依然要凭借一些琐碎的方法，比如，坚持写交易日记，做详尽的案例分析等。我想，很难用具体的文字去描述"独立和创新"这个阶段，我只能大致地说，你必须活动开你思维的肌肉，不拘一格，运用你灵活有力、充满灵性的神经系统，去不断地接近你所探求的东西——市场的本质。其实，世界上没有什么比亏损更能教会你不该做什么，该做什么！等你知道你不该做什么！只有不亏钱的时候，你就知道该做什么才能赚钱，你明白吗？

一、建立自己独特的交易系统

　　一个最简单的交易系统，至少包括四个部分：买进，卖出，止损，头寸控制。作为投资者，我们是在利用市场的价格波动来获得利益。只有当市场出现你所能够把握的波动情况时，你才有可能获利——看起来很简单，但是这一点非常非常重要——就是说，一些波动你能够把握一些波动你不能把握，或者根本不需要，比如向下的波动（股票市场），或者幅度非常小的波动。因此，交易是参与你的系统能够参与的波动，而不是所有的。

一个交易是一个过程，不是一次简单的预测。简单地说，你要判断在什么情况下买入，买多少，如果市场并非像你想象的那样发展，你应该如何处理你的头寸；如果市场像你想象的那样发展，你又应该如何处理。

如果你想长期稳定的获利，那么整体的交易应该是一个过程，而绝不是简简单单的一次预测或者一次全仓买入。其间至少包括：如何处理判断失误，最大亏损能够被控制在什么范围内？什么时间追买？什么时间获利了结？市场出现非人力因素，如何处理？预期的目标是多少？是否满意？当市场价格变化以后，如何修正自己的交易计划？

一个好的投资者包括操盘手都必须做到"言行一致，言必行，行必果"。这反映了我们对待生活的态度，同样反映了我们对待我们手中的投资的正确态度，一种老老实实的态度，即建立在充分信任自己，信任自己对于投资标的做到充分了解而形成的投资判断。常想要战胜自我、战胜市场，成功投资者制胜的法宝是什么？翻遍了所有可以买到或借到的书籍，不外乎是良好的心理素质、足够的知识和健康的身体。

但我 16 年的投资心得觉得重要的是言行一致。为什么这样讲呢？因为我们在实践中发现一个人能先知先觉本来就不容易，可是要做到言行一致那就更难了。因此，我们要求每一位投资者都要做到严肃地对待自己的投资，做到言行一致，将自己的想法、实际操作记录下来，不时地回过头来对照，看看自己是不是真的做到了言行一致。还有一个办法就是让别人来监督自己，将自己成熟的想法告诉自己的亲人、朋友，让他们来监督你执行。这大概就是为什么机构采取研究、执行、监督和决策相分离的原则了！

二、交易系统应具备七项法则

这些法则，其实也是职业操盘手的核心机密。

法则一：买股票前先进行大势研判。

（1）大盘是否处于上升周期的初期，如果是，那么选股买入。

（2）宏观经济政策、舆论导向有利于哪一个板块，该板块的代表性股票是哪几个，成交量是否明显大于其他板块。确定 5~10 个目标个股。

（3）收集目标个股的全部资料，包括公司地域、流通盘、经营动向、年报、中报、股东大会（董事会）公告、市场评论以及其他相关报道。剔除流通盘太大、股性呆滞或经营中出现重大问题暂时又无重组希望的品种。

法则二：中线地量法则。

（1）选择（10，20，30）MA 经六个月稳定向上之个股，其间大盘下跌均表现抗跌，一般只短暂跌破 30MA。

（2）OBV 稳定向上不断创出新高。

（3）在大盘见底时地量出现，以 3000 万流通盘日成交 10 万股为标准。

（4）短线以 10% 为获利出局点。

（5）中线以 50% 为出货点。

（6）以 10MA 为止损点。

法则三：成交量法则。

（1）成交量有助于研判趋势何时反转：高位放量长阴线是顶部的迹象，而极度萎缩的成交量说明抛压已经消失，往往是底部的信号。口诀：价稳量缩才是底。

（2）个股成交量持续超过 5%~10%，是主力活跃其中的明显标志。短线成交量大，股价具有良好弹性，可寻求短线交易机会。

（3）个股经放量拉升、横盘整理后无量上升，是主力筹码高度集中、控盘拉升的标志，此时成交极其稀少，是中线买入良机。

（4）如遇突发性高位巨量长阴线，情况不明，要立即出局，以防重大利空导致崩溃性下跌。

法则四：不买下降通道的股票。

（1）猜测下降通道股票的底部是危险的，因为它可能根本没有底。

（2）存在的就是合理的，下跌的股票一定有下跌的理由，不要去碰它，尽管可能有很多人觉得它已经太便宜了。

法则五：要敢于买入创新高的股票。

（1）95% 的人不敢买创新高的股票，这是他们总抓不住大黑马的原因，龙头股是率先创出新高的品种。

（2）当某只股票创新高时，其中必含重大意义——该股票一定有一些事情发生了改变，不论有多少人宣称，基本面并未改变，而且也没有理由涨到如此高位。这种故事几乎每天都在上演，人们还是无法克服恐惧。

法则六：勇于止损。

（1）首先要明白没有谁不曾亏钱，没有人是百发百中，因为要知道市场上有太多不确定的因素。

（2）一旦出现与预想不同的情况，宁可错失一次机会也要果断止损出局，保持资金的自由，耐心等待下一个交易机会。

（3）不设止损不买股。

法则七：分批买入一次卖出。

（1）确定目标股票后结合盘口走势，试探性买入，趋势确立后再逐渐加码，不可一次性满仓买入，避免因分析不全面而导致太大的损失。

（2）到达目标位则一次性了结，至少50%卖出，预防贻误下一次交易机会。

三、追求利益目标最大化

追求利益目标最大化是我们每个投资者人生的目标。对短线投资者来说，如果能够每月赚10%无疑是最理想的。它确实简单、科学而且实用。如果每月获利10%，一个月后连本带利滚动投资，起始本金10万元，每月获利10%（10万元的账户每月获利1万元），年终资金为41.4万元（见表3-6）。

表3-6 投资回报

月份	月回报率（%）	累计回报率（%）	月份	月回报率（%）	累计回报率（%）
1	10	110	7	10	195
2	10	121	8	10	214
3	10	133	9	10	236
4	10	146	10	10	259
5	10	161	11	10	285
6	10	177	12	10	314

为此，我们按照以上目标设定选股条件并予以测试：

第一步：选定条件（见图3-1）。

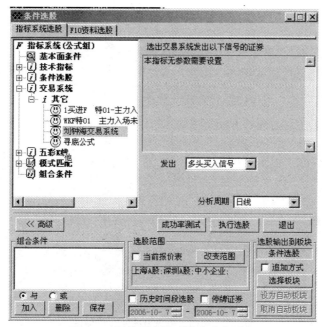

图 3-1　刘钟海交易系统成功率测试

资料来源：广州博庭公司飞狐软件。

第二步：多头买入统计报告（见图 3-2）。

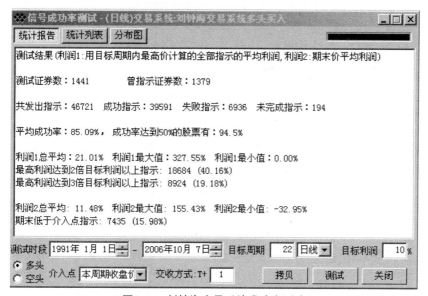

图 3-2　刘钟海交易系统成功率测试

资料来源：广州博庭公司飞狐软件。

第三步：多头成功率统计分布（见图 3-3）。

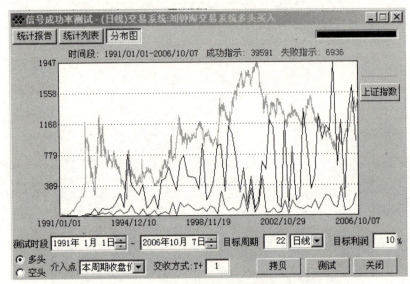

图 3-3　刘钟海交易系统成功率测试

资料来源：广州博庭公司飞狐软件。

第四步：空头买入统计报告（见图 3-4）。

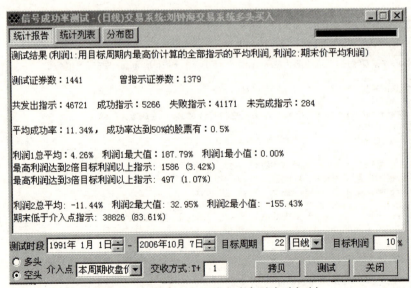

图 3-4　刘钟海交易系统成功率测试（空头）

资料来源：广州博庭公司飞狐软件。

第五步：空头成功率统计分布（见图3-5）。

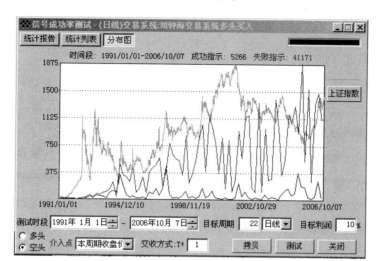

图3-5 刘钟海交易系统成功率测试（空头）

资料来源：广州博庭公司飞狐软件。

从以上五幅图可以发现，即使我们设计的选股系统成功率达到85%，如果我们反向操作即做空的话，还有11%系统风险需要防范，而且还有3%的概率个股跌幅会超过一倍。如何是好？答案只能设置合理的止损位置！还有，如何才能利益最大化？最佳的方法是资金分三次，三个交易日买入的办法，可以提高投资获胜机会，降低了市场风险。然后，当利润达到目标位置以后，先抛出一半，剩余的继续享受超额利润。

如果你做了一次正确的交易，股票开始朝你期望的方向越走越远。这时，你不要急于套现清仓（恐惧利润的损失），同时也不要贪婪，你必须要用平常的心态看待市场的波动，并适当地调整你的止损位。比如，当股票价格上升至12元，你也许希望将止损位调整为11元；或价格升至13元，止损位在12元。如何调整止损位取决于几个因素：市场的波动性（活跃性）、你的交易时间段（线路越长，止损越宽）、支持位情况（如果该价格附近有重要支持位存在，可以考虑在支持位下面一点点的地方止损）。然后寻找合适的目标价格，套现平仓。我们的态度依然是少输、善输。

四、刘钟海交易系统交易设置报告

测试方法：交易系统——刘钟海交易系统

测试时段：1990/12/16~2006/09/29；强制平仓计算收益

测试品种：共计 1442 只

初始投入：10000 元（每只股票）

开仓条件：（日线）刘钟海交易系统交易信号出现

当条件满足时：使用部分资金开仓

每次投入 100% 的可用资金

出现连续信号时：不再开仓

仓位控制与风险控制：根据我们长期的操盘经验和在市场中的反复磨炼，仓位控制可以有效地降低市场风险。而要形成有效的风险意识，就必须在量上遵循以下的几条原则：①单一股票持仓＜总投资的 50% 额度。②盈利＞50%，要有止盈的思想，逐步变现盈利。③单一股票亏损＞15%，则 7 天后自动平仓。④持仓股票从最高点下跌 15% 后，考虑止损。⑤低于买入成本 8%，采取止损。其中，第一条适用于机构投资者，余下的散户、机构投资者同样适用。

由于笔者的交易系统是自己发明建立的独特的交易系统，通过计算机多次优化，特选择以下数值：

（1）止损平仓：按当日收盘价计算是否满足止损条件，按当日收盘价平仓。

（2）目标周期平仓：买入 22 周期后，无论涨跌都平仓。

（3）目标利润止盈：与开仓价相比价格有利变动达到 50%。

（4）最大损失止损：与开仓价相比价格不利变动达到 6%。

（5）回落平仓：与最高市值相比 4 周期内价格不利变动达到 11%。

（6）横盘平仓：与开仓价相比在 20 周期内价格有利幅度小于 8%。

交易类型：多头测试

交易时机与价位：

多头开仓：次周期开盘价

多头平仓：次周期开盘价

保证金比例：100%

交易费率：买入：0.50%，卖出：0.50%

测试模型：单品种测试

以上所述内容请详见下列八步图解：

第一步：打开飞狐软件系统交易测试功能（见图 3-6）。

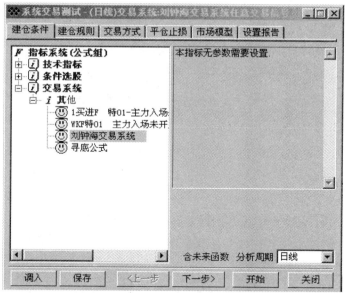

图3-6 刘钟海交易系统成功率测试
资料来源：广州博庭公司飞狐软件。

第二步：设置建仓条件（见图3-7）。

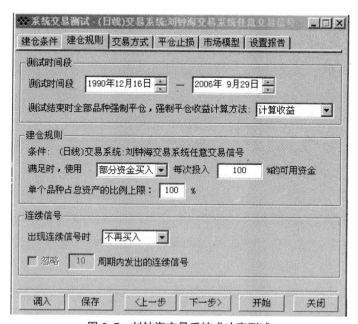

图3-7 刘钟海交易系统成功率测试
资料来源：广州博庭公司飞狐软件。

第三步：设置交易方式（见图 3-8）。

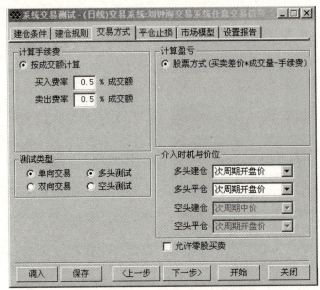

图 3-8   刘钟海交易系统成功率测试

资料来源：广州博庭公司飞狐软件。

第四步：设置平仓止损（见图 3-9）。

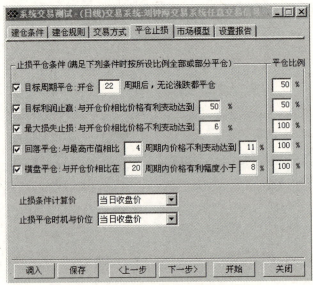

图 3-9   刘钟海交易系统成功率测试

资料来源：广州博庭公司飞狐软件。

第五步：市场模型选择（见图 3-10）。

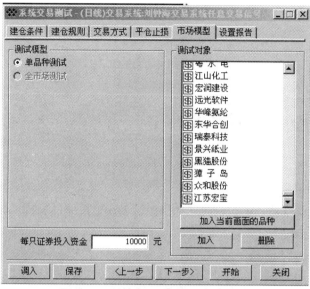

图 3-10　刘钟海交易系统成功率测试
资料来源：广州博庭公司飞狐软件。

第六步：输入测试对象（见图 3-11）。

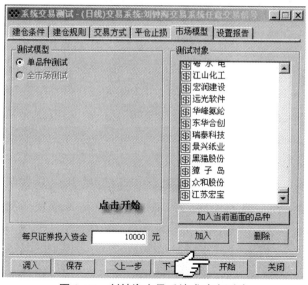

图 3-11　刘钟海交易系统成功率测试
资料来源：广州博庭公司飞狐软件。

第七步：点击开始测试（见图 3-12）。

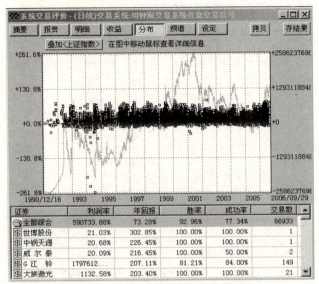

图 3-12　刘钟海交易系统成功率测试

资料来源：广州博庭公司飞狐软件。

第八步：显示测试结果（见图 3-13）。

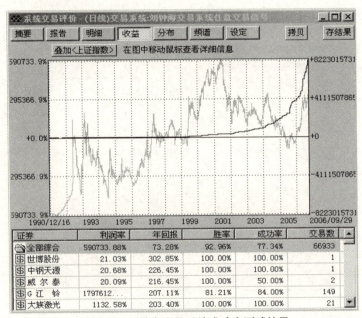

图 3-13　刘钟海交易系统成功率测试结果

资料来源：广州博庭公司飞狐软件。

五、系统交易测试摘要

表 3–7

测试证券数（只）	1442		
年回报率（%）	73.28	年均交易次数（次）	4237.00
胜率（盈利交易率）(%)	92.96	成功率（%）	77.34
平均利润（元）	1246148.63	年均信号数量	2957.54
最大单次盈利（元）	2586237696.00	最大单次亏损（元）	−156774064.00
交易次数（次）	66933	盈利交易次数（次）	62218（占92.96%）
系统交易测试报告			
测试品种数（个）	1442		
净利润（元）	82230157312.00	净利润率（%）	590733.88
总盈利（元）	83408461824.00	总亏损（元）	−1178307072.00

交易次数	66933	胜率	92.96%
年均交易次数	4237.00	盈利/亏损交易次数	62218/4715
多头交易次数	66933	空头交易次数	0
多头盈利次数	62218	空头盈利次数	0
最大单次盈利	2586237696.00	最大单次亏损	−156774064.00
平均盈利	1340584.13	平均亏损	17690024.00
平均利润	1246148.63	平均盈利/平均亏损	0.08
最大连续盈利次数	138	最大连续亏损次数	9
交易平均周期数	23.24		
盈利交易平均周期	25.00	亏损交易平均周期	0.48
盈利系数	0.97		
最大浮动盈利	3737365760.00	最大浮动亏损	−509186304.00
总投入	13920000.00	有效投入	13392029.00
年回报率	73.28%	年有效回报率	73.70%
简单买入持有回报	0.00%	买入持有年回报率	0.00%
总交易额	1099747164160.00	交易费	5498738688.00
交易费/利润	6.687%		

测试时间： 1990/12/16~2006/09/29　共 5766 天

测试周期数	0		
平均仓位	0.00%	最大仓位	101.31%
平均持仓量	0.00	最大持仓量	2122358016.00
空仓周期数	0	空仓周期比例	0.00%
最长空仓周期	3002	平均空仓周期	0.00

买入信号统计

（统计所有买入信号点情况，不考虑测试中资金及策略造成的信号删除问题）

成功率	77.34%		
信号数量	46721	年均信号数量	2957.54
五日获利概率	76.14%	十日获利概率	79.23%
二十日获利概率	80.78%	目标周期获利概率	79.26%

第四章　跨市场研究

第一节　股票市场与经济发展的关系

一、股票市场与经济发展关系的研究

国外学者就股市与经济发展之间的关系进行了大量研究，研究的重点放在股市对经济发展的作用上。其中最具代表性的人物当属马尔科·帕加诺（Pagno），其在内生增长理论基础上建立了相关模型，论证了证券市场对经济增长具有如下的作用：一是促进储蓄转化为投资；二是提高资本的配置效率；三是通过改变储蓄率来影响经济增长。

世界银行经济学家德米尔居斯·孔特和莱文（Demirguc-Kunt and Levine，1996）等人在实证研究的基础上，进一步验证了股市与经济增长之间的关系。他们提出了一组包括六个指标的指标体系（股票规模指标、股票流动性指标、股票市场集中度指标、股票收益易变性指标、证券市场与世界资本市场一体化程度指标和制度发展指标），用以反映股票市场发展状况。通过实证检验，他们发现在人均 GDP 与股票市场发展之间存在某种对应关系：一般来说，在人均实际 GDP 较高的国家，其股票市场发展程度也较高。

而莱文和泽尔沃斯（Leivine and Zervos，1996）又在德米尔居斯·孔特和莱文所提出的总体指标基础上，实证检验了股票市场发展和长期经济增长之间的关系。他们使用 41 个国家 1976~1993 年的数据，通过实证检验，发现在股票市场总体发展和长期经济增长之间存在很大的相关关系。在对诸如初始收入（初始人

均 GDP 的对数值）、初始教育（初始中学入学率的对数值）、政治不稳定性（革命与政变的次数）、政府消费支出与 GDP 的比率、通货膨胀率和黑市汇率等变量进行控制后，股票市场发展仍然与长期经济增长显著正相关。

具体指标包括：①股市规模指标——市价总值（市价×发行数量）与 GDP 的比率，上市公司数量；②股市流动性指标——总成交额与 GDP 的比率，周转率（总成交额/市价总值）；③股市集中度指标——总市值最高的 10 种股票在市价总值中的比重；④股票收益易变性指标——基于市场收益率的 12 个月滚动标准差估计；⑤股市与世界资本市场一体化程度指标——用各种股票的定价误差的绝对值的平均值来反映股票市场与世界资本市场的一体化程度，定价误差有两种，即 APT（资产定价理论）定价误差和 ICAPM（跨期资本定价模型）定价误差，APT 和 ICAPM 定价误差越大，一体化程度越低，从而股票市场发展程度越低；⑥制度发展的指标——利用国际金融公司（IFC）提供的信息，提出了 7 个规章制度方面的指标，即反映上市公司是否公布市盈率方面的信息，反映会计准则的质量，反映 IFC 所评定的投资者保护方面的法律的质量，反映该国有无证券和交易委员会，反映外国投资者的股利撤出，反映外国投资者的资本撤出，反映外国投资者的资本撤出和外国人在国内投资方面的限制情况。对上述指标分别赋值，然后用 7 个规章制度方面的指标值的平均值计算平均数。

另外，理查德·哈里斯（Harris，1997）通过实证研究发现，股票市场对经济增长的作用却相当有限。哈里斯对发达国家和发展中国家数据分别进行回归分析，结果发现：对发展中国家来说，股票市场对经济增长的作用效应非常弱；对发达国家而言，股票市场对经济增长的作用则较为明显。这主要是由于发达国家的股票市场比较成熟，市场机制发挥正常，股市能够充分反映经济发展的情况，具备经济"晴雨表"的功能；而在发展中国家中，市场制度不完善，市场机制不能够很好地发挥作用，作为高度市场化的股市在推动经济发展方面所起的作用还相当有限。

二、股市波动与经济周期关系的研究

在国外成熟市场，股价作为经济周期的先导指标，发挥了经济"晴雨表"的作用。经济周期专家 Geoffery Moore 认为，股票市场通过利润与利率对经济活动做出反应。随着经济扩张结束，生产成本上升、利润下降；同时，贷款需求增加或者通货膨胀压力的提高可能导致利率的上升。这两个因素导致股票价格下跌，即使经济活动在继续扩张。

股市周期与经济周期的运行紧密相关，而股市波动的根源在于经济周期性运行本身。经济周期性波动是工业社会不可避免的现象。综观资本主义经济发展史，不难发现，西方国家的经济是在走两步退一步的周期性波动中发展起来的，西方市场经济国家的经济长波、中波以及商业性周期已成为不争的事实。由表4.1不难发现，一般情况下，股票价格先于经济变动，提前的平均月数是：由高峰转向下降提前 7 个月，而由低谷转向上升提前 6 个月。但是，股票价格的进一步下降是由经济周期的下降所推动的，而股价进一步的上升也是由经济运行推动的。关于资本主义经济周期波动的实质及内在深刻原因，马克思主义政治经济学早就指出，它是由资本主义本身的基本矛盾所致。第二次世界大战以后，经济周期在西方国家及世界其他国家中发生了变化，其危害性也明显缩小、减弱。但是，只要资本主义本身的基本矛盾尚未发生变化，其周期性危机就会依然存在，并对股市周期的运行起决定性作用。

表4-1 美国股票价格变动与经济周期高峰和低谷的关系

经济周期高峰收缩开始月份（a）	股票价格下跌开始月份（b）	提前月份	经济周期低谷扩张开始月份（a）	股票价格上升开始月份（b）	提前月份
1920 年 1 月	1919 年 10 月	3	1923 年 7 月	1928 年 8 月	−1
1923 年 5 月	1923 年 3 月	2	1924 年 7 月	1923 年 10 月	10
1926 年 10 月	1926 年 2 月	8	1927 年 11 月	1926 年 12 月	11
1929 年 8 月	1929 年 9 月	−1	1933 年 3 月	1932 年 6 月	9
1937 年 5 月	1937 年 3 月	2	1938 年 6 月	1938 年 5 月	1
1948 年 11 月	1946 年 5 月	18	1945 年 10 月		
1953 年 7 月	1953 年 1 月	6	1949 年 10 月	1949 年 6 月	4
1957 年 7 月	1956 年 7 月	12	1954 年 8 月	1953 年 9 月	11
1960 年 5 月	1959 年 7 月	10	1958 年 4 月	1957 年 12 月	5
1969 年 11 月	1968 年 12 月	11	1961 年 2 月	1960 年 10 月	5
			1970 年 11 月	1970 年 6 月	5
平均提前月数		7			6

资料来源：南方证券。

也有学者研究了美国 1925~1988 年历年 GNP 增长率和同期的道琼斯指数的关系，结果发现历次经济周期对股市周期的决定作用非常明显。在日本，经济周期对股市周期的这种决定性作用同样也表现得十分明显。总之，在发达国家经济运行中，股市周期由各国的经济周期决定，根源于经济周期运行，这已成为不争的事实。

美国投资公司协会（1996）的《1944~1995 年美国股市周期中的共同基金持有人行为》研究报告表明，股票市场周期波动与经济的周期波动并不完全一致。该报告根据标准普尔 500 股票指数月平均值的波峰和波谷，把第二次世界大战末期以后的股票市场划分为 14 个主要周期，周期高点由标准普尔 500 股票指数的波峰构成。报告从共同基金持有人的行为角度出发，分析美国"二战"后（自 1944 年起至 1995 年）的股票市场经历的 14 个市场波动周期中，美国共同基金持有人对市场波动的反应，并得出了股票市场波动周期的一些特性。按他们的分析结果，在 14 个股市周期中，调整周期自 4 个月至 37 个月不等，平均为 14 个月。最短的股市调整周期并不发生在美国经济的衰退时期，而最长的调整周期则与美国综合经济环境的大萧条有关。股票市场周期性特征变化十分明显。14 个波动周期中，8 个周期与国家经济研究局确认的一般经济周期一致（只有 1980 年的萧条未能引起股价的大幅下跌）。平均而言，这 8 个周期的标准普尔 500 股票指数的波峰比经济周期的波峰早 11 个月，指数的波谷比经济周期的波谷早 4.5 个月。但在 14 个股市周期中仍然有 6 个周期与经济周期并不一致。

第二节 跨市场分析汇市

汇市分析和研究

本节重点研究怎样分析金融市场的整体形势，怎样分析资本市场、商品市场和汇市的相互关系。宏观的研究可以说是对金融市场大气候的研究，对汇市本身的研究可以说是大气候下的小气候的研究。如何把大气候和小气候协调起来研究当然关系到分析的准确性。

汇市就是反映各国资产市场形势的地方。一般来说，哪一个国家的资产相对的安全，相对的回报率高，国际热线就向那个国家的资产市场进军、图利，那个国家的资产市场水涨船高，汇价也得到支持进入上升轨道。

但是要想知道汇市的原动力，汇市的趋势，先要看主要国家的资产市场和商品市场的情况。在当前的国际货币体系中，美元几乎完全处于核心地位。除了国际支付、结算等功能外，美元还是全球的重要储备货币。在很大程度上，当前的国际货币体系就是以美元为本位的体系，而美联储则掌管着全球货币的闸门。当美联储降低利率、放松货币的时候，美元涌向外围国家（主要是亚洲），造成这些国家本币升值、储备增加、货币扩张、经济繁荣；反之，当美联储提高利率、收紧货币的时候，亚洲国家本币贬值、储备增速、货币扩张和经济增长速度都将放缓。

在 20 世纪下半叶以后，世界经济格局已是三足鼎立，而国际货币格局是美元独大，两者之间失衡，造成各主要力量在国际货币和经济领域中实力与利益分配不均，引发相互之间的剧烈摩擦和竞争。这是国际货币体系难以保持稳定的根本所在，也是国际货币霸权更迭的主要动因。在开放的经济条件下，国际货币之间竞争中有合作，合作中有竞争，决定了货币霸权更迭必然是一个长期、复杂和曲折的过程。基于经济实力对比变化，美元在霸权地位确立和巩固之前，面临的主要对手是传统力量的英镑乃至法郎；在霸权地位由巅峰下跌之后，主要对手逐步转变为新兴力量的西德马克和日元；伴随着欧盟货币一体化的推进，主要对手又正在转变为欧元。欧盟的整体经济实力与美国相当，欧元最有实力挑战美元霸权。

美元指数是综合反映美元在国际外汇市场的汇率情况的指标，用来衡量美元对"一揽子"货币的汇率变化程度。它通过计算美元和对选定的"一揽子"货币的综合的变化率，来衡量美元的强弱程度。观察美汇指数 100 年以来的走势（见图 4-1），从 1900~1985 年全面见顶，其 5 个超级大浪运行的时间长达 85 年，虽然随后曾大幅下跌至 1992 年的低点，但相信美元的下跌趋势不可能在十年八年便完成。若以 0.382 计算，则要至 2017 年才结束。具体上，由于经常项目逆差问题不时困扰美元，而在未来几年，美元总体上维持长期下跌将不可避免。

巴菲特充满幽默地说："截至 2002 年春，我已有近 72 年没有买过外汇。"但这位向来在股市上纵横驰骋的投资大师所领导的伯克希尔公司斥巨资购买并且现在正持有若干种外汇。他说："这一举动所暗含的意义是，我持有其他货币就意味着我认为美元将贬值。"

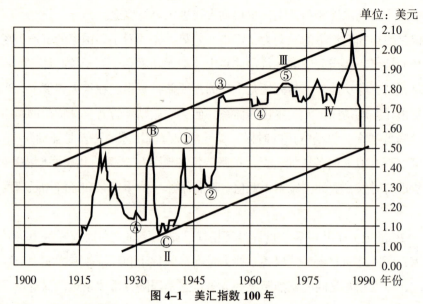

图 4-1　美汇指数 100 年

资料来源：中国国际期货。

　　在美元资本市场里债券市场和股票市场是最主要的市场。这两个市场的趋向大部分时间左右美元的趋向，转过来美元的趋向也影响这两个市场。这两个市场有好多国际"热钱"的买盘的话，美元也会自然上升。美元升上去，外国投资者也放心买美元资产，美元跌下去，外国的投资者不买美元资产，美元将跌得更多。这就是它们之间的相互关系。

　　那些央行和大基金决定投资以前第一个考虑的就是目标地区的实际利率的趋势。实际利率的趋势反映着当地的经济状况和未来的经济趋势。所谓美国的实际利率就是一年期债券的利息减通胀率。美国的实际利率要升的话，要靠加息和通货膨胀的温和才行。

　　商品市场价格的原动力来自需求和美元的趋势。假如美元跌了，商品价格回升，因为商品价格是按美元标价的。再加上对商品的需求增加了，商品价格只能上去。从 2001 年的商品市场的上升趋势就说明这些关系。商品价格的上升对世界经济带来通胀的压力，对世界经济不好，对美元最不好，因为美元是世界货币。通货膨胀高企对美元的实际利率有负面影响，对美国的经济也有负面影响。所以看到商品价格上升就知道美元会跌下去，看到商品价格下跌就知道美元得到支持。这就是它们的相互关系（见图 4-2）。

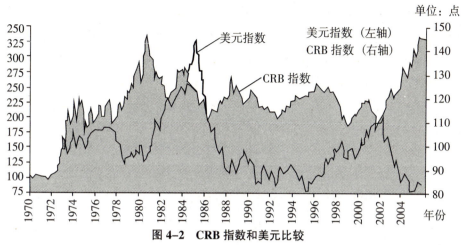

图 4-2 **CRB 指数和美元比较**

资料来源：中国国际期货。

　　美国债券市场的原动力也来自需求和供应。由于美元长债利息一直跌，美联储的加息行动一来跌得更快，这对美元是个很大的打击。一般来说，长债的利息升，对美元有利，长债的利息跌，对美元不利。

　　美国的股市对汇市的影响也很深。美元从 1995~2001 年大升，就靠纳斯达克泡沫的上升趋势。自从泡沫爆破了以后，纳斯达克的暴跌替美元的暴跌铺路。一般来说，外资进入美股，对美元有很大的支持，美元上升。没有外资的支持，即使美股升，美元也得不到支持。所以看美国的股市和美元的关系的时候，升的话，再看外资的投入程度。

　　长期来说，实际利率的趋势，商品市场的趋势，长债的利息大概90%的时间跟美元指数一起上落，美国的股市也大概有75%的时间跟美元指数一起上落。这些市场等于告诉汇市现在是什么季节：春，夏，秋还是冬。知道了季节、主题曲，在汇市可以采取相应的措施。

　　人民币升值预期将对商品价格上涨带来压力。2005 年 7 月 21 日，中国人民银行发布公告，开始实行以市场供求为基础、参考"一篮子"货币进行调节、有管理的浮动汇率制度。人民币汇率不再盯住单一美元，形成更富弹性的人民币汇率机制。2005 年 7 月 21 日到 2006 年 9 月 2 日的人民币兑美元的汇率变动见图 4-3。人民币升值对大宗商品市场具有重要影响，对商品价格影响多空并存。无论石油、有色金属、棉花、大豆、小麦，还是天然橡胶、煤炭、铁矿石，在其他交易条件不变的前提下，人民币相对美元等外币升值，就意味着可以用同等的人民币兑换到更多的外币用于进口，从而导致进口成本降低，进口商品的价格随之就会下跌。同时增加出口产品成本、抑制出口。理论上，一国货币升值幅度和该国大宗商品价格下跌幅度是基本相同的，但是受到心理因素影响，货币升值时，大宗商品平均价格下跌幅度往往要大于升值幅度。从长期看，市场对人民币的升值预期将会愈演愈烈，这会限制国内商品价格的上涨空间。未来，人民币汇率的升值空间想象将会继续导致国内商品价格走势弱于国际市场的同类商品价格。

2005 年 7 月 21 日至 2006 年 9 月 29 日

图 4-3　人民币汇率中间价格兑美元

资料来源：泰源隆投资（http://www.etyl.cn）。

第三节　股指期货与股市

一、股票指数

所谓股票指数，是衡量和反映所选择的一组股票的价格变动指标。不同股票市场有不同的股票指数，同一股票市场也可以有多个股票指数。

股票指数期货是指以股票价格指数作为标的物的金融期货合约。在具体交易时，股票指数期货合约的价值是用指数的点数乘以事先规定的单位金额来加以计算的，如标准普尔指数规定每点代表 500 美元，香港恒生指数每点为 50 港元等。股票指数合约交易一般以 3 月、6 月、9 月、12 月为循环月份，也有全年各月都进行交易的，通常以最后交易日的收盘指数为准进行结算。

股票指数期货交易的实质，是投资者将其对整个股票市场价格指数的预期风险转移至期货市场的过程，其风险是通过对股市走势持不同判断的投资者的买卖操作来相互抵消的。它与股票期货交易一样都属于期货交易，只是股票指数期货交易的对象是股票指数，是以股票指数的变动为标准，以现金结算，交易双方都没有现实的股票，买卖的只是股票指数期货合约，而且在任何时候都可以买进卖出。

股票指数期货是金融期货中产生最晚的一个类别。20 世纪 70 年代，西方各国受到"石油危机"的影响，经济动荡加剧，通货膨胀日趋严重，利率波动剧烈，与利率有关的债务凭证纷纷进入期货市场。特别是 1981 年里根政府以治理通货膨胀作为美国经济的首要目标，实行强硬的紧缩政策，大幅度提高利率，导致美国及其他西方国家的股市受到沉重打击，股票的市场价格大幅度波动，股市风险日益突出。股票投资者迫切需要一种能够有效规避风险、实现资产保值的手段。股票指数期货正是在这一背景下应运而生的。

1982 年 2 月 24 日，美国堪萨斯期货交易所推出第一份股票指数期货合约——价值线综合指数期货合约。这一合约的成功推出，在相当程度上要归功于早先芝加哥商业交易所推出的 3 个月期欧洲美元定期存款期货交易，正是后者开创性地使用了现金结算方式，为股票指数期货的开办铺平了道路。在这之后不久，美国的其他交易所也相继推出各自的股票指数期货合约。1982 年 4 月，芝加哥商业交易所推出标准普尔 500 股票指数期货合约；同年 5 月，纽约期货交易所推出纽约证券交易所综合指数期货交易；1984 年 7 月，芝加哥期货交易所也开办了主要市场指数期货交易。

股票指数期货的创新，不仅在美国得到推广，同时也备受各国和地区金融界的关注，在世界范围内迅速发展起来。1983 年，悉尼期货交易所以澳大利亚证券交易所普通股票指数为基础，推出自己的股票指数期货交易；1984 年 5 月，伦敦国际金融期货交易所开办了金融时报 100 种股票指数期货交易；1986 年 5

月，香港期货交易所开办恒生指数期货交易；1986 年 9 月，新加坡国际货币交易所开办日经 225 种股票指数期货交易；1988 年 9 月，东京证券交易所和大阪证券交易所分别开办了东证股票指数期货交易和日经 225 种股票指数期货交易。此外，还有许多国家和地区在 20 世纪 80 年代末和 90 年代初推出了各自的股票指数期货交易。

二、股指期货的功能及交易运行特点

被誉为金融期货之父的利奥·梅兰德（Leo Melamed）将金融期货的主要作用总结为风险管理、价格发现和提高交易效率三个方面，股指期货的出现就是为了满足管理股票现货市场风险，尤其是系统性风险的需要。具体说来，股指期货的主要功能有：

价格发现。股指期货的价格发现功能源于其交易方式，期货市场是一个完全由供求决定价格的自由市场，交易价格通过买卖双方公开公平的竞价来形成。理论上讲，由于交易各方都根据自己所掌握的信息和对未来的预期来进行交易，因此这样形成的期货价格，应是包含了影响期货市场价格的所有信息，如市场供求、利率、汇率变化等，所以它能够比较真实、客观地反映出现货市场的供求情况及其变化趋势，是对未来现货价格的无偏估计。加上期货市场流动性较现货市场好，信息渠道畅通，所以一旦有信息影响，大家对市场的预期就会首先反映在期货价格上，并且可以快速地传递到现货市场，从而使现货市场价格达到均衡。

风险转移。股指期货之所以具有风险转移功能，是因为创造了套期保值机制，即为市场提供了对冲风险的途径。如果投资者持有与股票指数有长期正相关关系的股票，为防止未来价格下跌造成损失，投资者可以卖出股票指数期货合约，即股票指数期货空头与股票现货多头相配合时，投资者就避免了总头寸的风险。通过对现货和期货施行逆向操作可能规避大部分的市场风险，而套期保值者只需承担较小的基差风险。

资产配置。首先，股指期货独有的保证金制度和标准化合约使投资者在购买股指期货时，只需少量的资金，就可跟踪大盘指数或相应的某一类股票指数，并最终达到分享市场利润的目的。而且，相对于直接买卖股票而言，股指期货交易可以进行双向交易，无论市场走势如何，都存在获利交易的机会。其次，股指期货具有较低的交易成本和较高的流动性。所有这些特性都有助于投资者迅速改变其资产结构，提高资源配置效率。

　　基于这些基本功能，股指期货对一个完善的证券市场来说是不可或缺的部分，股指期货的推出使投资者拥有了更为直接的风险管理手段。一是当投资者持有现货的时候，为了防止价格下跌的风险可以通过做空股指期货来对冲现货市场下跌带来的风险；二是套利，当股指期货理论价格与实际价格存在偏差时，就会出现无风险套利机会，套利者的存在可以增强股指期货市场的效率，使其不会过度地偏离现货市场，而又能很好地预测现货市场的走势；三是投机，由于股指期货给投资者提供了以小博大的机会，交易情况较好的股指期货合约，投机者的比例都比较大，以香港市场为例，投机交易的数量远大于套期保值交易和套利交易之和。

三、中国股指期货概述

　　目前有 5 种中国股票指数期货——在香港交易所上市的新华富时中国 25 指数期货、恒生中国企业指数期货和在芝加哥期权交易所（CBOE）上市交易的中国股指期货，以及推出的新加坡交易所的新华富时 A50 指数期货和尚在设计中的中国沪深 300 指数期货。

　　1. H 股指数期货（恒生中国企业指数期货）

　　H 股指数期货由香港交易所于 2003 年 12 月 8 日推出，其交易标的指数是恒生中国企业指数（HSCEI）（由恒指服务有限公司根据成份股的市值加权编纂及管理，1994 年 8 月 8 日推出），该指数包括 32 只成份股，成份股名单每半年会调整一次，主要用来描述 H 股的整体表现。假如按该指数 7400 点计算，一份合约价值为 37 万港元。H 股指数期货推出后的半年内，其月度平均成交量就开始逐渐超过了 2000 年推出的恒指 mini 型指数期货。随后，港交所又趁热打铁，在 2004 年 6 月 14 日推出了 H 股指数期权。

　　2. 新华富时中国 25 指数期货（FTSE/Xinhua China 25 Index Future）

　　香港交易所于 2005 年 5 月 23 日推出了新华富时中国 25 指数期货及期权。新华富时中国 25 指数涵盖流通量最高的 25 只中国内地企业股票，包括：H 股及红筹股（H 股为注册地在中国内地、上市地在香港地区的外资股。红筹股主要是母公司在港注册，接受香港法律约束并在香港上市的中资企业），行业分布及成份股比重平均，使得买卖中国内地企业股票及管理风险时，资本效益更理想。如果按照指数 12000 点计算，一份合约价值为 60 万港元。

3. 美国 CBOE 中国股指期货（CBOE China Index Futures）

2004 年 10 月 18 日，芝加哥期权交易所（CBOE）的电子交易市场 Futures Exchange LLC 推出了美国证券市场上的第一个中国股指期货产品。CBOE 中国股指期货的标的指数——中国指数是一个按照相等市值编制的指数，成份股 20 只，每只股票比重约为 5%，采用现金结算，这些股票都在纽约证交所、纳斯达克或美国证交所上市，分别以美国存托凭证和其他证券进行交易。根据最新的成份股名单（2006 年 5 月），成份股包括中国铝业、中国人寿、中国石油、中国电信、新浪网、中国移动、中国网通（香港）、玉柴国际、华能电力、中国石化、盛大、搜狐、中海油、中国联通、UT 斯达康、TOM、中华网、网易、半导体国际、南太电子公司，既涵盖了中国最大的上市企业，也突出了新兴的互联网企业。如果按照指数点位 360 点计算，一份合约 3.6 万美元。该期货合约 2005 年日均交易量为 705 手。

4. 新加坡的新华富时中国 A50 股指期货

推出新华富时中国 A50 股指期货，是新加坡交易所专门为中国国内投资者和 QFII（合格境外投资者）而设计的，将通过电子交易平台"SGXQUEST"进行，以美元标价进行交易结算。新华富时中国 A50 指数包含了中国 A 股市场市值最大的 50 家公司，其总市值占 A 股总市值的 33%，许多国际投资者把这一指数看做是衡量中国市场的精确指标。

新加坡交易所（SGX）成立于 1999 年 12 月 1 日，由新加坡国际金融交易所（SIMEX）和新加坡证券交易所（SES）合并而成。鉴于国家资源有限，投资者数量少，SIMEX 从成立之初就打"国际牌"，重点开发他国股指衍生产品。1986 年 9 月，SIMEX 推出了日经 225 股指期货，抢占了日本本土推出股指期货合约先机，把日经 225 股指期货的定价权握在手中，使得日本处于被动地位。SIMEX 还推出了 MSCI 新加坡自由指数股指期货、道琼斯马来西亚股指期货、道琼斯泰国股指期货、MSCI 香港股指期货、MSCI 台证股指期货等。国际化的产品结构使 SGX 吸引了一大批境外交易者。据统计，其衍生品交易约有 80% 以上来自美国、欧洲、日本等新加坡本土以外的投资者。从新交所的"侵略性"来看，其推出首只中国 A 股股指期货，对中国是有一定威慑力的。

新华富时 A50 股指期货的合约内容，其每个指数点的价值乘数为 10 美元，若以新华富时中国 A50 股指收盘时 5180 点计，每手合约面值 40 万元人民币，约为设计中的沪深 300 指数期货合约的 3 倍。不过，其最小变动价位为 1 点，按相对于合约面值的比例计，相当于沪深 300 指数的 0.25 点，而且其交易时间多出15：40~19：00 这一时段。在价格波动限制方面，初始停板为±10%。一旦打板，随后的 10 分钟内将只允许在±10% 范围内交易。10 分钟结束后，涨跌停板扩大到±15%。如果再次打板，将再有 10 分钟的冷却期，期间只允许在±15% 范围内交易。10 分钟冷却期之后当日剩余的交易时间内，取消涨跌停板。

从以上合约条款来看，新华富时 A50 合约规模小于新加坡日经 225 指数期货的规模，大于摩根台指数期货规模。从合约交易时间设计来看，新加坡交易所沿袭了日经 225 与摩根台指数期货的做法。除了比对应的现货股票市场早开盘与晚收盘之外，还设置了晚盘交易时间。从每日价格限制制度设计来看，新加坡并没有完全沿袭日经 225 与摩根台指数期货的做法。在日经 225 期指价格限制设计上，采用了"冷却机制"，但一天最大的限幅为前一结算价的±12.5%。同样，在摩根台指数期货上也采用了"冷却机制"，但一天最大的限幅为前一结算价的±15%。而新华富时 A50 期指，既采用了"冷却机制"，同时又规定如果 15% 的限幅触及之后，过 10 分钟的冷却期后，价格完全放开。从指数的代表性来看，上述股票指数都包括了中国最主要的上市企业，也是中国最主要的公司，代表性是无须质疑的。

四、期货与股票的主要区别

保证金：期货可以用 5%~10% 的保证金做 100% 的交易，资金最多可以放大20 倍。而股票只能用全额 100% 的保证金交易，有多少钱才可以买多少股票。

交易方式：期货有做空机制，可以双向交易。牛市、熊市都可以参与交易。做多、做空皆可。期货是 T+0 交易，一天内可多次交易。是短线高手的乐园。而股票没有做空机制，只能单向做多。牛市才适合交易。股票是 T+1 交易，一天只能做一次。

风险和利润：期货利益大，行情容易掌握，风险可以根据自己的承受能力自行限定。风险相对较小。而股票风险和利润只能单项调小，局限性较大，风险相对较大。

交易品种：期货市场上活跃的品种现在只有大豆、铜、小麦、橡胶、棉花，便于盘中分析、盘后跟踪。股票品种现已有 1000 多只，全部看一遍都很难，更不用说逐个分析了。

基本面分析：期货的基本面真实、公开，主要数据只有产量、销售量，专业报纸都有明确的披露，较容易分析。而股票每年只有两次财务报告，基本面里面的黑幕太多，虚报欺诈行为太多，投资者无法识别。

表 4-2、表 4-3 和表 4-4 是全球主要股指期货合约、股指期货推出后股票现货市场的表现及与其他指数衍生产品的比较分析，其一目了然，有较大的实用价值。

表 4-2　股指期货与其他指数衍生产品的比较

项　目	股指期货	ETF	股指期权	开放式指数基金	封闭式指数基金
到期日	小于 12 个月	不定（或很长）	小于 3 年	不定	不定
存在标的股票	无	是	无	是	是
转换标的指数	否	可	否	否	否
即时买卖	可	可	可	否	可
交易成本（%）	0.1~0.5	1~3	1~15	2~4	1~3
运营费用（%）	无	0.18	无	0.2~2	0.5~2.5
每日清算	有	无	有	无	无
交割保证	有	无	有	无	无

表 4-3　全球市场上的 9 种主要股指期货合约

标的指数	乘数	最小波动点	每日价格波动限制	每份合约保证金
S&P500 指数	500 美元	0.05	不高于或低于 5 个指数点	5000 美元
价值线指数	500 美元	0.5	每月垂询	6500 美元
NYSE 综合指数	500 美元	0.05	无	5000 美元
主要市场指数	250 美元	0.05	不高于 80 个指数点，不低于 5 个指数点	2500 美元
香港恒生指数	50 港元	1	不高于或低于 100 个指数点	15000 港元
英国金融时报指数	250 英镑	0.05	不高于或低于 5 个指数点	2500 英镑
澳大利亚普通股指数	100 澳元	0.1	不高于或低于 5 个指数点	1000 澳元
日经指数	1000 日元	5	无	10000 日元
多伦多 300 指数	10 加元	1	无	1000 加元

注：每日价格波动限制是相对于上一个交易日的结算价而言的。

表4-4　各国（地区）股指期货推出后对股票现货市场的影响

国别（地区）	指数期货名称	开办日期	上升时间（月）	调整时间（月）	调整幅度（%）
美　国	标准普尔500	1982-08	18	8	15
澳大利亚	普通股指期货	1983-02	11	5	15
英　国	伦敦金融时报100	1984-05	1987年以前未出现过超过10%的调整		
中国香港	恒生指数期货	1986-05	17	2	50
加拿大	多伦多股指期货	1987-06	5	2	30
法　国	法国证券商工会40	1988-06	24	8	30
芬　兰	芬兰股指期货	1988-05	9	22	50
日　本	日经225指数期货	1988-09	16	20	60
德　国	德国股指期货	1990-09	20	5	20
瑞　士	瑞士股指期货	1990-11	18	4	12
新西兰	新西兰股指期货	1991-09	10	3	16
奥地利	奥地利股指期货	1992-08	18	21	25
比利时	比利时股指期货	1993-09	8	11	20
马来西亚	吉隆坡股指期货	1995-11	16	18	75
韩　国	汉城200股指期货	1996-06	当日即跌	25	60
中国台湾	台湾股指期货	1997-01	1	7	30

第四节　商品期货：从商品市场变化把握股市走势

一、CRB指数

近年来，从事国内股票交易的投资人，逐渐会以美股的表现作为其投资决策的重要参考依据，这显示出国际市场间互动关系的重要性日渐受到投资大众的重视。相同地，不单是同类型市场间具有这类性质，不同市场间彼此也存在着密切的相关性。例如，商品市场会牵动利率水准的高低，而利率水准的高低会影响债券的价格与股票市场的荣衰，等等。因此，现今的投资人不应只是关注于所从事交易的单一市场状况，而必须了解每一市场间彼此所存在的互动关系，如此才能做出完备妥善的投资决策。

想要了解商品市场整体趋势的全貌，首推 1956 年美国商品研究局所汇编的商品研究局期货价格指数（Commodity Research Bureau Futures Price Index，CRB）为代表。CRB 指数可以反映出一般商品的物价水准，为市场研究者不可不察的重要参考。CRB 指数包含有：CRB 期货物价指数、CRB 期货分类指数及 CRB 现货物价指数，其中 CRB 期货物价指数对目前期货市场的影响最大。

CRB 指数采用每种商品同等权重的方法计算，并通过合约延期来推移连续计算。单个商品均价由各个合约的价格算术平均计算所得，全部 17 种商品采用几何平均得到均值再比基准年均值，之后再乘以相应的系数就得到 CRB 指数（见图 4-4）。

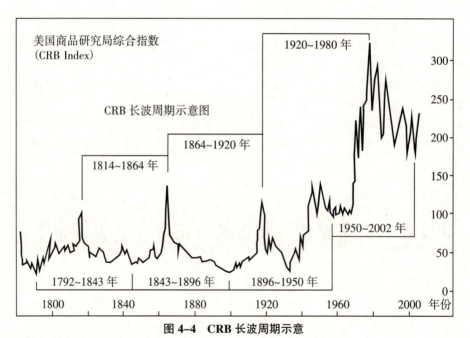

图 4-4　CRB 长波周期示意

资料来源：中国国际期货。

1986 年，CRB 指数开始在纽约商品交易所上市交易，每过一段时间就要做出一次修整，最近一次修整在 1995 年 12 月（是第九次修整）。这 17 种商品分成 6 组，具体分列如下：

（1）农作物与油籽（18%）：玉米，大豆，小麦。

（2）能源（18%）：原油，燃料油，天然气。

（3）工业（11%）：铜，棉。

（4）家畜（11%）：活牛，活猪。

（5）贵金属（18%）：黄金，铂金，银。

（6）软饮料（24%）：可可，咖啡，橙汁，糖。

由于 CRB 指数包括了核心商品的价格波动，因此，它能比较好地反映出生产者物价指数（PPI）和消费者物价指数（CPI）的变化。研究表明，尽管 CRB 指数不能预测每月的 CPI 和 PPI 的变化，但是，一年内的 CRB 指数趋于 PPI 和 CPI 同一方向波动。正因为如此，CRB 指数是一种较好反映通货膨胀的指标，它与通货膨胀指数都在同一方向波动。根据加速通胀是不利的这一前提，如果 CRB 指数突然急剧上升，将会导致债券价格下跌，但收益率上升，股票价格下跌，外汇市场美元汇率下降。相反，如果 CRB 指数急剧下跌，则会使债券价格上升，收益率下跌，股票价格上涨，美元汇率上涨。

1. CRB 指数与债券

CRB 指数的波动反映的不仅仅是上述市场简单的短期变化，从长期来考察应该更加具有现实指导意义。经济学家研究显示，CRB 指数与债券收益率之间有着高度的相关性。在过去的 30 多年中 82% 的时间里，CRB 指数与债券收益率在同一方向上波动（见图 4-5）。事实上，在经济复苏时期，随着需求的不断增长，商品供不应求的局面促使价格持续上涨，通胀压力增加。为了抑制通货膨胀，利率水平持续上升。相反，当经济处于滑坡和衰退时期，由于需求的急剧减少，商品供求矛盾突出，供过于求的压力使得商品价格不断下跌，市场显现出紧缩的局面。为了缓解通货紧缩的状况，政府就会不断调低利率水平。可以说，CRB 指数在一定程度上反映着经济发展的趋势，与经济波动同样也具有较强的趋同性。

成功的市场研究者对市场变化必须具备优于常人的灵敏嗅觉，以便能掌握市场先机，不论是从事任何市场的交易或研究，都不能忽略每个市场彼此间存在的相关性，光从单一市场的变化不足以发掘足够信息，还必须从其他相关市场去寻找任何可能的线索，以寻求更多行情变化的佐证，如此才能做出完备妥善的计划与决策。

2. CRB 指数与美国货币政策

利率是资金的价格，自 20 世纪 70 年代以来，商品价格与美国联邦基金利率呈现显著的正相关性，而且，CRB 指数的高点和低点大多略微领先于联邦基金利率的高点和低点，在某种程度上，CRB 指数就是联邦基金利率的先行指标。

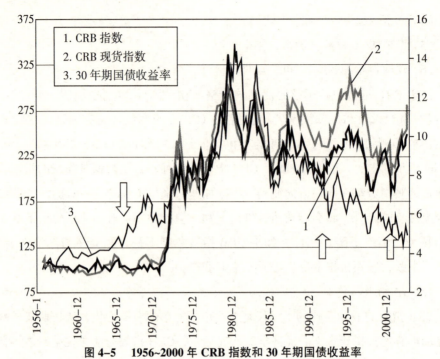

图 4-5　1956~2000 年 CRB 指数和 30 年期国债收益率

资料来源：中国国际期货。

　　美国的货币政策常深远地影响着国际金融局势的变动，因此联邦储备理事会（FED）的态度便成为各国政府与市场研究者所关注的焦点。我们知道，FED 的主要职责之一是抑制通货膨胀的发生，而商品市场价格的变动正可反映通货的可能状况，牵动着利率水准的高低。

　　20 世纪中期，亚洲、俄罗斯、南美曾经相继爆发金融危机，造成全球性的恐慌，FED 为防止金融风暴危及美国本土及国际稳定形势，连续降息。若从另一角度来思考，全球性的经济低迷造成需求锐减，导致商品物价滑落谷底，因此，当商品价格下跌时，利率水准有可能随之降低；相反地，如果商品价格上涨，代表通货膨胀的压力转强，此时 FED 有可能采取紧缩性货币政策抑制通胀，使得利率水准上扬。所以，物价水准 CRB 指数与利率水准两者间存在着正向的关系。

　　一般来说，观察通货膨胀的状况首先会想到 CPI（消费者物价指数）与 PPI（生产者物价指数），但是，这两个数据是每个月公布一次，且所反映的是前一个月的状况，就某种层面来说，其最大的问题就是它的滞后性，这对于需要掌握先机的交易者来说不免有些延迟的遗憾；而 CRB 指数是每 15 秒钟更新一次，且它所反映的价格是最初生产阶段的水准，因此其价格趋势应该领先于趸售物价（PPI），而趸售物价又领先于零售物价（CPI），由此可见，CRB 指数可说是通货膨胀的早期预警指标，是观察通胀状况者不得不参考的重要依据之一。

二、CRB 指数与股票价格的关系

长期来看，无论商品还是股票，价格均呈现大幅上涨的趋势，这是投资者在参与商品或股票市场大多习惯于做多的原因，但在不同的历史时段，两者的表现是有差异的，有时呈现明显的背离和负相关趋势。从历史看，股票与商品的价格走向呈现负相关。在任何一张股票和商品牛市的图表上，二者都呈现出相互平行，但方向迥异的走向。股票和商品在固定周期中各领风骚，每一周期平均长度是 18 年。

1956~1968 年，CRB 指数在 95~115 点区间内横向盘整，而标普指数则从 40 点上涨至 109 点，上升趋势明显。这一时期的历史背景是，1945 年"二战"结束以后，由于各国重建对商品需求大增；商品价格出现明显上升，1950 年以后，为了控制通货膨胀，政府采取了紧缩政策，商品价格泡沫破灭而进入长时间盘整，这一阶段股市则随着经济的增长而走牛。

1971~1980 年，CRB 指数迅速飙升，从 97 点大幅上涨至 337 点，标普指数则出现大幅波动，先是从 116 点跳水至 65 点，再从 65 点上涨至 140 点。在这 10 年当中，导致商品价格大幅上涨的根本原因就是供需失衡，商品供应减少而需求上升。在 1956~1980 年共 24 年间，CRB 指数最大涨幅是 2.5 倍，标普指数最大涨幅也是 2.5 倍，股票与商品的投资回报平分秋色。

但在接下来的 10 年，即 1980~1990 年，股票与商品出现明显的背离走势，CRB 指数大跌小涨进入波段性熊市，期间最大跌幅 45%，而标普指数呈现狂牛奔腾，股票远远跑赢商品，股票表现出无可比拟的投资魅力。

1990~2000 年以后，20 世纪 70 年代商品市场大牛市的历史正在重演，可以认为，20 世纪 80 年代和 90 年代商品市场的熊市为 21 世纪初展开的牛市奠定了基础。因为随着亚洲经济的崛起，对商品的需求大幅增加，而商品生产能力变化不大，供应不足必然导致价格上涨。同时，股票市场也进入大牛市，但是涨幅落后于商品期货市场 3 倍左右。

从最近 50 年商品与股票市场的关系来看，每当商品市场进入大幅上涨的时候，股票市场往往进入阶段性震荡，反之，股市大幅上涨的时候，商品市场往往进入调整，这种背离状况不仅长期存在，短期也同样存在。

耶鲁国际金融研究中心的《商品期货的事实和幻想》报告，基于 1959 年 7 月到 2004 年 3 月的期货合同，也发现了商品回报率与股票回报率（还有债券回报率）呈现负相关的现象（见图 4-6）。

图 4-6　股票、期货、债券收益率比较

资料来源：中国国际期货。

第五节　利率、通货膨胀、国债：
走出传统分析的误区

一、走出传统基本面分析误区：股市与利率的关系不简单

传统的基本分析理论认为，银行利率高低与股市走势的关系为：当银行利率上升时，一般投资者更愿意把钱存进银行，这会造成股市下跌；当银行利率下降时，一般投资者认为把钱存入银行不合算，会更愿意从银行取出钱来投入股市，这会引起股市上涨。我们可以把这套理论称为股市中的利率理论。

　　这个利率理论正确吗？投资股市只有盈利才是硬道理，实践才是检验真理的唯一标准。面对一个权威理论，如果你迷信它，不加分析就拿来指导股市实战操作，有时会让你大败而归。下面我们还是应该让事实来说话。

　　1988 年 12 月 29 日日本股市的日经指数达到了辉煌灿烂的高度，当天日经指数高达 39800 点。日本投资者欢天喜地，满怀信心，期望过了 1989 年元旦之后要冲过 40000 点。然而，只差 0.5% 之遥的 40000 点竟成了日本投资者越来越遥远的梦。其后股市从 39800 点的高峰飞流直下三千尺，下跌，再下跌，一直跌了 12 年之久，达到 1 万点以下的位置。在这 12 年中，出乎股市专家意料的是，日本的利率也与股市一样水往低处流，从 6% 一直跌至基础利率为 0.25%。利率降股市涨的理论失效。如果你按照这个利率理论来操作，等待你的并不是赚不到钱那么简单，而是金钱被股市的洪水大量冲走了。

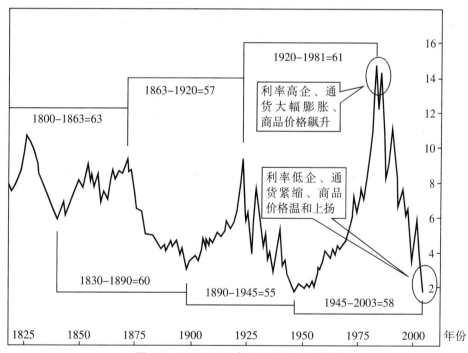

图 4-7　1825~2001 年美国长期利率走势

资料来源：中国华尔街。

　　过去几年，美联储通过 7 次加息，成功地吸引了世界各地的大量资金。1995年以来，大约有 8 万亿美元的金融资产从欧洲流向美国。在前期东南亚金融危机中，又有大约几千亿美元的财富流向了美国。加上其他一些政策的实施，保持了美国经济低通货膨胀、中速增长、高就业的良好势头。至 1998 年 9 月底开始连续降息为止，美国股市连续上涨了数年，屡创历史新高。经 1998 年 9 月底起的几次降息后，股市也仍是一路上扬。由此可见，利率的升降并不是此阶段股市涨跌的决定性因素，是经济的持续兴旺，是世界各地大量资金的流入，支持着美国股市走牛。可以推想，如果有一天美国股市转为大空头市场，那一定是经济方面或上市公司方面出了问题，而不能只把两眼盯在利率的升降上找原因。

在各国股市的历史中，利率降股市不涨反跌，利率涨股市并非下跌反而持续上涨的例子还能找到一些。当然也有很多利率降股市涨，利率升股市跌的例子。由此看来，利率与股市涨跌并非总是正相关。

在经济景气持续上升的背景下，各行各业兴旺发达，产需两旺。兴办实业，各企业扩大生产规模，开发新产品，消费者扩大消费等方面都需要大量的资金。在资金需求旺盛的情况下，资金的使用成本——银行利率有时就会有所上升。本来从资金投资成本的角度讲，银行利率的提高会使人们投资股市的成本提高，理应从股市抽出资金存入银行或购买债券。但由于在经济景气持续上升的情况下，各企业的盈利也快速增长，对股东的分红也会越来越多，对股市的利好作用有时会远远超过利率上升所带来的不利影响。在综合分析两者的利弊后，投资者不但不从股市抽资，反而加大对股市的投资力度，由此推动股市持续上涨。这是利率升股市不跌反涨的主要原因。

在经济经过若干年的高速发展后，各行各业包括股市呈现一派兴旺景象。但这时经济生活中多年积累起来的矛盾逐步显露出来，经济衰退、经济紧缩的阴影开始出现，社会需求不足，企业盈利水平下降，人民收入减少。政府为了维持经济的持续繁荣，刺激投资和消费市场，会开始逐步调低银行利率。受乐观气氛的影响，这时股市仍能继续上涨，但也到了多头市场最后辉煌的阶段。因为经济大衰退的到来乃政治经济生活中各种矛盾长期发展的必然结果，仅仅靠几次降息是挡不住经济大衰退的。随着经济衰退的逐步加深，股市也会从多头市场的顶峰一路下滑。

在经济紧缩的情况下，社会需求持续萎缩，企业产品大量积压，被迫削减生产计划，裁减员工，使人们的收入减少，收入的减少又使社会需求进一步萎缩，由此形成恶性循环。企业大量拖欠已经到期的银行贷款本息不归还，造成银行呆坏账持续增加，企业不愿再增加投资，银行不敢大量放贷。在这样的情况下，利率通常会逐步降低，但利率的降低并不能改变经济衰退的大趋势。从理论上讲，利率降低后，投资者应从银行取款转投股市，但由于企业效益严重下滑，亏损公司大量增加，不能对股东提供较好的回报，甚至因破产企业的不断产生使投资者血本无归。在这种情况下，虽利率持续下降，但由于股市风险远大于可能产生的收益，投资者不仅不增加投资，反而从股市大量抽资。这就是利率降股市也跟着跌的一个重要原因。

经济在经过若干年的持续发展后，有时伴随着经济危机而来的是严重的通货膨胀，企业效益同样会持续下滑。通常在这种情况下，利率会持续上升，而此时的股市就会不断下跌。当通货膨胀发展到极限时，通常利率水平也达到最高点，其后随着经济形势的逐渐好转，利率也从高峰逐步回落，而此时的股市就会从底部渐渐回升。

通过以上的分析，我们知道，银行利率的升降与股市涨跌的关系是比较复杂的，并不像人们所想象的那么简单明了。在利率升降的背后有着更复杂深奥的经济政治方面的因素在起作用，我们必须透过利率升降的表面现象看到问题的本质。

二、通货膨胀是影响股票市场以及股票价格的一个重要宏观经济因素

根据经济学原理，通货膨胀率对经济盛衰有着很好的描述。一般来说，轻微的通胀有助于经济增长，如对股市、商品价格均产生利好；但通胀过高，会使价格信号失灵，这对经济将起到极大的破坏作用，股市及商品价格会先后见顶回落。通货膨胀主要是由于过多
地增加货币供应量造成的。货币供应量与股票价格一般是呈正比关系，即货币供应量增大使股票价格上升；反之，货币供应量缩小则使股票价格下降，但在特殊情况下又有相反的作用。

在中国经济中，由于对外失衡，顺差过大，导致基础货币增发过量，流动性泛滥。在流动性泛滥和利率价格扭曲的情况下，必然是投资过热和投机盛行，也必然导致如房地产等资产市场的价格急速上涨。

表 4-5 表达的是从 1929~1993 年美国股市与通货膨胀在资本市场环境下和股市的相关关系。一幅图，一张表或许比我们说上千言万语更有效。

表 4-5　美国 1929~1993 年股市、通货膨胀比较

资本市场环境	无恢复	恢复	控制	繁荣期	通货膨胀	反通货膨胀
年度	1929~1933 年	1934~1938 年	1939~1945 年	1946~1965 年	1966~1980 年	1981~1993 年
发生频率（%）	8	8	11	31	23	20
年平均回报率（%）						
股票	-6.70	15.30	11.50	15.00	5.60	14.30
债券	6.20	7.80	3.50	2.30	4.60	14.10
短期国库券	1.90	0.20	0.20	1.90	5.70	7.50
CPI	-5.00	1.30	3.90	2.90	6.00	4.10
实际利率	6.90	-1.20	-3.70	-1.00	-0.30	3.40
通货膨胀增益	-5.00	1.30	3.90	2.90	6.00	4.10
权益风险增益	-8.60	15.10	11.30	13.10	-0.10	6.80

资料来源：中关村证券研究所。

中国当前的通货膨胀水平如何度量和判断？目前的 CPI 用以衡量整体消费价格水平是显著低估的，因为在指数构成上其不同成分的权重有偏。在统计 CPI 时，各种商品或者服务在统计篮子中所占的权重并未公开，因此，外部研究者只能根据主要商品大类的价格变化情况（CPI 就是由这些大类商品的价格指数加权而成）从数据来反推权重。当前 CPI 衡量消费物价水平不仅是有偏差的，用来衡量整体经济活动水平更具误导性。因为中国 CPI 所包含的消费活动在国民经济中所占比重大大低于国际平均水平，消费率仅 50%~60%，而且呈下降趋势。投资和贸易占 GDP 的比重则高于国际平均水平。

中国 2006 年 GDP 平减指数第一季度上涨 3.9%，高于 CPI 涨幅 2 个百分点；而 2004 年以来 PPI（生产者价格指数，统计中体现为"企业商品价格指数"）涨幅一直高于同期 CPI。这说明，投资价格的上涨远远高于消费价格。因此，就衡量经济活动水平和"热度"而言，GDP 平减指数和 PPI 更具代表性和直接性，市场普遍认为人民银行高度关注 GDP 平减指数和 PPI，不无道理。

因此，需要注意的是：现实中资产价格上涨意味着什么，其实就是通货膨胀。那么什么是所谓 GDP 平减指数？答案是：GDP 平减指数又称 GDP 缩减指数，是指现价 GDP 与不变价 GDP 的比率，其变化率就是价格上涨比率。它的计算基础比 CPI 广泛得多，涉及全部商品和服务，除消费外，还包括生产资料和资本品、进出口商品和劳务等。因此，这一指数能够更加准确地反映一般物价水平

走向。不过，由于该指数计算烦琐，提供起来不如 CPI 方便，所以一般的国家一年只编制一次。

三、国债是经济的领先指标

国债与股市形成一对跷跷板，债市与股市一样，是宏观经济的"晴雨表"，它集中反映了宏观经济的发展趋势，因此宏观经济的走势对债市和股市起到了决定性作用。

1. 国债及其品种

国债，又称为国家债券，是中央政府为平衡国家财政预算，筹集建设资金，以国家信用为保障，取得财政资金的一种有偿形式。按照流通与否，国债可分为可转让国债和不可转让国债。可转让国债亦称为上市国债，例如，在证券市场自由买卖流通的有无纸化记账式国债和无记名式实物券。认购者购入这种国债后，可随时视本身资金需求状况和金融市场行情，在市场上自由转让。而不可转让国债不能在金融市场上自由流通买卖，例如，在银行发行或购买的凭证式国债，它采用实名制，可以挂失，可以提前支取，并分段计息。

2. 投资国债的收益与风险

国债作为一种筹资手段和投资工具，与其他证券相比，具有安全性高、流动性强、收益稳定、免税待遇等特点。就安全性而言，国债的债务人是政府，公信力最高，几乎不存在偿付问题，因此国债一直被人们誉为"金边债券"。例如，我国 1993 年发行的三年期实物券，当时票面利率较低，后因利率上涨，国家为了保证国债的信誉，采取了贴息政策，同时享受保值贴补政策，使国债到期实际年收益率将近 24%，投资者获利丰厚。就流动性而言，上市交易的国债行情信息公开，投资者容易获得，买卖便利，且成交价格也较公平，投资者可随时根据自身资金情况进行买卖。国债也是央行公开市场业务操作的主要工具，同时可以作为回购与反回购交易的抵押物。就收益性而言，只要国债到期，投资者一般都可稳获高于市场利率的利息收入，收回本金，并享受国债利息收入免税的政策优惠。

当然，进行国债投资同样也会面临一定的投资风险，如利率风险、再投资风险、通货膨胀风险等。我国国债发行利率一直都是以银行利率作为基准，而银行利率没有完全放开，使得国债利率不仅不能以市场利率为基准，而且可能脱离市场利率。由于银行利率可能频繁变动，因此利率风险是影响国债投资的最关键因素。再投资风险对附息国债利息而言，显然是存在的。对零息国债而言，表面上其利息的再投资风险为零，但由于它的期限较短，一般为三年以内，因而其利息连同其本金都存在再投资风险。通货膨胀风险就短期而言也是很小的，但对长期国债来说风险依然存在。不论是利率风险、再投资风险，还是通货膨胀风险，都可以归结为市场的必要收益率变动造成的风险。

投资国债的收益主要包括两方面，一方面是国债长期投资的利息以及利息再投资获得的盈利；另一方面是短期内国债价格波动而获得的差价收入。相应地，国债投资有两种方式：长期持有或短期买卖。对于长期持有方式，投资者可以根据国债的票面利率、持有期限和购买价格计算并获得投资收益，其中时间因素是决定并影响国债投资收益的最直接因素。在短期投资方式下，二级市场上的国债供求关系、市场利率变化、通货膨胀变动、社会公众的投资心理等因素都会影响国债的投资成本和收益。通常，在票面利率固定的情况下，国债价格与国债市场收益率呈反向关系，当国债市场收益率上升时，其市场价格就下跌；反之亦然（见图4-8）。

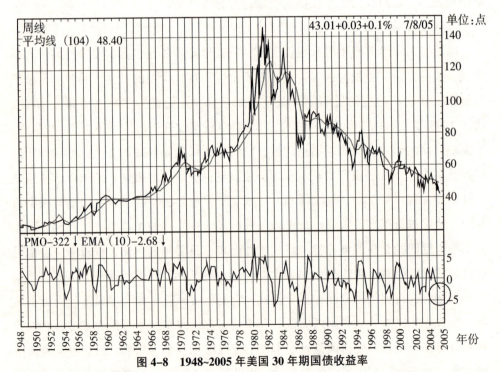

图4-8　1948~2005年美国30年期国债收益率

资料来源：中国华尔街。

根据申万的《长期国债利率与指数相关性研究》报告，发现长期国债利率变动与股票指数变动呈负相关，长期国债的回购利率变动领先于股票指数变动。

比如，美国经济从 2001 年衰退以来，股市持续低迷，投资者为了追求稳定的回报，纷纷将资金投向债券市场。美国政府为了提振经济，连续 13 次降息，客观上助涨了债市的长期走牛。种种迹象表明，由于美国经济可能出现新一轮增长，参与股市将分享经济增长的利益，所以投资者将资金从债市撤离，转而投向股市。

同时，笔者认为，要研究中长期国债，必须关注期货市场特别是铜的市场走势，而且两者密切正相关。其主要原因是因为铜是全球经济的"晴雨表"，铜市场的强劲意味着经济强势，铜市场的疲软意味着经济的疲软。

第六节　道指百年：美国股市实证研究（上）

道琼斯股票指数

1792 年，24 名纽约经纪人在纽约华尔街的一棵梧桐树下订立协定，约定以后每天都在此进行股票等证券的交易。1817 年，这一交易市场日渐活跃，于是参加者组成了纽约证券交易管理处。1863 年，它正式更名为纽约证券交易所。这便是美国股市的起源。

查尔斯·亨利·道是道琼斯指数的发明者和道氏理论奠基者。事实上，道琼斯不仅创造了指数，也开创了股票分析行业。以前，没有人去关注股价历史数据，自从出现指数之后，人们开始寻找股票市场内在的波动规律，由此出现庞大的股票分析行业。市场活动的本质是传递、收集、掌握、分析、利用信息，主要是价格信息。这种信息之于市场的关系，相当于语言之于我们日常生活的关系。而股票指数也许是当代最重要的信息，它不仅是投资者博取财富的基本工具，更是政府和经济专家分析经济形势、制定经济政策的依据。同时，股票指数的涨涨落落也牵动着民众的心。在全球无数股票指数中，最有影响、使用最广的股价指数则首推道琼斯指数。

在指数产品方面，道和琼斯两人并不满足。1896 年 5 月 26 日，他们又编制出道琼斯工业股票平均指数。当时，这种指数跟踪 12 种股票的走势，其中只有 1 种现在仍是该指数的成份股，这就是与发明家爱迪生有关的通用电气公司。经过不断调整，从 1928 年 10 月 1 日起，道琼斯工业股票平均指数的样本股增加到 30 种，并一直保持至今，不过其构成在不断调整变化。这 30 种工业界领导股票均抽样于工业界实力雄厚、发展趋势强劲的典型公司，并且都经受了市场的检验。

为了适应科技进步与股市发展的需要，道指 30 只成份股已不再局限于传统定义的工业股，如今的道指取样已经覆盖了整个美国股市中最优秀的蓝筹股，并包含了金融服务、科技、零售、娱乐以及生活消费品等多种行业。作为样本，它们是各个行业的龙头或代表，这些样本股拥有最广泛的个体投资者和机构投资者。2005 年年底，道指 30 个成份股合计市值占全美股市总市值的比例高达 23.8%。

目前的道琼斯指数，除了上面所说的道琼斯工业股价平均指数和道琼斯运输业股价平均指数之外，还有道琼斯公用事业股价平均指数（以上述 3 种股价平均指数所涉及的 65 家公司股票为编制对象的道琼斯股价综合平均指数）。但其中还是以 30 种工业股票指数最为著名。

现在的道琼斯股票价格平均指数，是以 1928 年 10 月 1 日为基数，因为这一天收盘时的道琼斯股票价格平均指数恰好约为 100 美元，所以就将其定为基准日。而以后股票价格同基期相比计算出的百分数，就成为各期的股票价格指数，所以现在的股票指数普遍用点来作为单位，而股票指数每一点的涨跌就是相对于基准日的涨跌百分数。

100 多年来，道指以其独到的计算方法为专利，以一流的蓝筹股为样本，以百折不挠的精神、从不间断的计算保证了道指百年来的一贯性与可比性。这正是道指"长生不老"的秘诀之所在。近百年来道指走过的"路"，不仅折射出它自身旺盛的生命力和强烈的时代气息，同时，它更具历史价值地记录下了美国股市的百年历程，可供后人研究与思考。

1. 战争与美国股市

1896 年 5 月 26 日，道指（DJIA）从 40.94 点艰难起步。经过 30 多年的风风雨雨，道指缓慢"成长"。1929 年 9 月 3 日，道指收至历史最高点位 381 点。其间，美国股市经历了美国海外军事扩张、第一次世界大战、柯立芝繁荣三大"利好"阶段，这一时期也是美国走向世界霸主地位的重要转折时期。因此，在这一阶段，美国股市一路顺风，从 40 点到接近 400 点，道指走了 33 年时间。

　　假如没有第一次世界大战，美国也许还是西方列强中普通一员，美国脱颖而出得益于第一次世界大战。1914~1918 年的第一次世界大战使欧洲遭受重创，英、法等老牌帝国辉煌不再。1919 年与战前的 1913 年相比，西方世界的工业生产下降了 12.3%，世界贸易更下降了 23%。唯独美国，这个远离战场的战胜国，经济不仅没有受损，反而大幅跃升。战争期间，在国内外军事订货大增的刺激下，美国的制造业增长 32%，钢铁和汽车产量翻了一番。1914~1918 年间，美国国民生产总值从 386 亿美元增加到 840 亿美元。通过第一次世界大战，美国经济最大的获益是在金融方面。战争前后，美国从债务国转化为债权国。1914 年，美国欠欧洲的私人净债务近 40 亿美元，而 1918 年战争结束时，欧洲反欠美国私人净债务 30 亿美元。战前英镑是世界核心货币，但战后英镑的购买力仅及战前的 1/3，美元趁机成为了国际汇兑的主要支付手段。纽约也成为了世界金融交易中心和国际资本的供应中心。战后的一个时期内美国发行的国际债券几乎是英国的两倍。

　　否极泰来、乐极生悲。正当美国人民沉浸在繁荣与幸福之中不能自拔时，一场历史上罕见的大危机正在悄悄逼近他们。1929 年 10 月 28 日，美国东部时间星期一，上午开市不久，道指狂跌不止，当日收于 260 点，日跌幅达 12.82%。这便是美国人闻风丧胆的"黑色星期一"。以此为导火索拉开了 30 年代世界性大萧条的序幕。次日（10 月 29 日），道指收盘再大跌 11.73%，收于 230 点。随后，道指伴随 1929~1933 年的大萧条一路下跌不止，一直跌到 1932 年 6 月 30 日 43 点收盘。

　　从 40 点出发，33 年涨至 400 点附近，接着只用两年半的时间便狂跌至"原点"。后人称之为"大股灾"。大股灾、大萧条，让富有的美国人几乎在一夜之间沦为了"穷光蛋"。

　　2. 美国经济"晴雨表"

　　从道琼斯股票指数，主要是道琼斯工业股票平均指数，确实可以看出一部完整的美国经济盛衰史。

　　20 世纪 20 年代是美国经济繁荣时期。30 年代是经济危机。随后，美国经济开始艰难的复苏。从 1932 年 7 月至 1937 年 2 月，道琼斯指数上升了 337%。"二战"期间，指数徘徊不定。战后美国经济大繁荣，1949 年 6 月至 1966 年 1 月，该指数上升了 487%，恢复到大萧条之前的水平。20 世纪 30 年代大萧条后，美国人从"自由放任"的盲目自信中醒来，重新审视必要的法制与宏观调控。俗话说"一朝被蛇咬，十年怕井绳"。大萧条永世难忘的"痛"让美国人走向了另一个极端：对金融业实行最严厉的管制，包括加强金融立法、分业管理、利率管制、存款保险等举措。这样做的好处是对高风险的金融业，尤其是对证券市场严加管制，有利于抑制金融投机，抑制金融泡沫，更有利于稳定金融秩序，从而有效控制金融风险。

1956 年 3 月 12 日，终于突破了 500 点大关。1972 年 11 月 14 日，道琼斯指数一度超过 1000 点。但西方经济陷入凯恩斯主义的滞胀，股市又疲软不振，掉头下行。一共用了 10 年时间，直到 1983 年恢复升势。1987 年 1 月 8 日，该指数突破 2000 点大关。同年 10 月 16 日，道琼斯指数第一次在一天的交易中下跌 100 点以上。10 月 19 日，人称"黑色星期一"，指数骤降 508 点，指数呈现出的是"自由落体"运动，只有卖，没有买，一日跌幅为 22.6%。

如果说"一战"使美国脱颖而出的话，那么"二战"则把美国造就成了独一无二的经济巨无霸。如果以"二战"前的 1937 年工业生产指数为 100，战后的 1946 年，美国工业指数为 150，而其他工业化国家都大幅衰退，英国为 88，意大利为 72，法国为 69，德国为 31，日本只有 24。美国在西方工业生产总额中所占的比例，从战前的 42% 上升到 53.4%。在对外贸易总额中，美国也从 13% 提高到 22%。"二战"后，美国借欧洲经济萧条之机，主动实施向欧洲进行资本扩张的"欧洲复兴方案"，即"马歇尔计划"，推进了美国经济的国际化进程。在战争即将结束的时候，美国还及时倡导建立了"布雷顿森林体系"，成立了世界银行和国际货币基金组织，主导世界金融体系，进一步巩固和强化了美元在世界经济中核心货币的地位。产业资本扩张和主导世界金融体系，确立了美国经济在当代世界经济体系中的无可争议的中心地位。

罗斯福新政的成功施行，以及第二次世界大战美国从中"渔利"，使美国成为真正的、绝对的世界霸主，而且经济实力与军事实力同步增强。从 20 世纪 50 年代初开始，美国经济完全走出了大萧条的阴影，进而步入了 60 年代世界资本主义国家发展的一段"黄金时期"。

1972 年 11 月 14 日，道琼斯工业平均指数突破 1000 点，纽约证交所内欢声雷动。如果说道指存在所谓的心理关口的话，那就是"道指 1000 点"。在六年多的时间里，道指几度非常接近 1000 点，但在收盘时就是不能逾越这一"魔力"关口。

　　股市方面，当时正值"50 只热门成长股"（Nifty Fifty）的黄金时期。这些股票如此热门，以至于大家都称之为"一锤定音"股，即可以大胆买进，不愁卖不出去。当时最热门股包括施乐（Xerox）、雅芳（Avon）、IBM 和麦当劳（McDonald）等股票。在道琼斯工业平均指数突破千点大关之后不久，股市开始衰退，1973~1974 年的大熊市开始了，到 1974 年 12 月时，道指一路下跌至577.60 点。直到 1982 年下半年，即道指首次超过千点大关整整十年之后，它才得以稳居 1000 点之上。

　　从 20 世纪 70 年代初开始，美国经济又步入了前所未有的"滞胀"时期。高通货膨胀伴随高失业，经济滞止不前，70 年代中期，美国利率水平高达 15%以上。为此，刚上千点不久的道指又面临着巨大的大跌考验。1974 年末、1975 年初，道指一度暴跌至 550 点上方，几乎吃掉 1956 年以来的战果。好在自大萧条以来，美国股市一直处在严加管制的状态，泡沫与风险才能较快地顺利化解。

　　20 世纪 90 年代中期之后，美国出现新经济浪潮，股市加速上涨，道琼斯指数不断创出新纪录：1995 年 2 月 23 日，道琼斯股票指数突破 4000 点。仅仅 9个月后指数又突破 5000 点。又不到一年，指数突破 6000 点。1997 年 7 月 16日，指数一举突破 8000 点。1998 年 4 月 6 日，指数首次以超过 9000 点收盘。1999 年 3 月 16 日，股票指数突破了 1 万点。同年 5 月 3 日，道琼斯指数首次以超过 1.1 万点收盘。2000 年 1 月 14 日终于升至历史最高点 11722.98 点。

　　1896 年以来道琼斯指数走势见图 4-9。

　　3. 与时俱进面对挑战

　　继道琼斯之后，世界各个证券交易所都开始编制指数。标准普尔股票价格综合指数、纽约证券交易所的股票综合指数、伦敦《金融时报》股票价格指数、日本经济新闻股票指数、香港恒生指数都是人们耳熟能详的。

　　真正对道琼斯指数构成严重挑战的，是纳斯达克指数。纳斯达克综合指数包括 4600 多种股票，主要由美国的数百家发展最快的先进技术、电信和生物公司组成，包括微软、英特尔、美国在线、雅虎这些家喻户晓的高科技公司，因而成为美国"新经济"的代名词。

单位：点

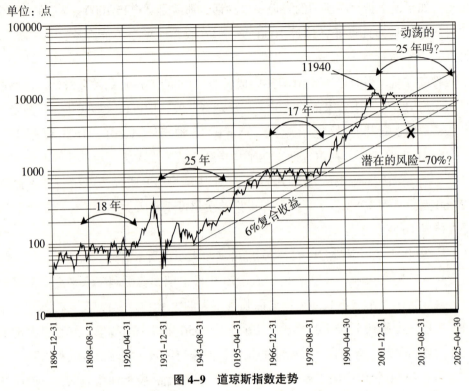

图 4-9 道琼斯指数走势

资料来源：中国华尔街。

　　进入新经济时代，大量高科技公司脱颖而出，成为经济发展的新动力。面对这一变动趋势，道琼斯当然与时俱进。1999 年 11 月 1 日，该指数抛弃了联合碳化等 4 家工业时代的大公司，把信息时代的微软和英特尔等 4 家高科技公司吸收进来。

　　面对竞争，道琼斯也不断推出新产品，并不断拓展市场。目前，道琼斯指数部门开发并维护 3000 多种全球指数，用以作为市场基准以及投资产品的基础。道琼斯指数已经成为当今市场多种金融产品的基础。这些指数传递了丰富的市场信息。

　　不过，有一个美国的地球物理学家叫索尔内特的，他像模像样地根据道琼斯指数的历史数据计算了一遍，预言道琼斯指数的价值将在 2058 年突然发生爆炸，原因不得而知。一些关键的、打破现状的事将会发生，可能是人类离开地球寻找新的居住地。不知道有没有人相信这种预言。

4. 持续增长的"新经济"将道指送入向上通道

自 20 世纪 90 年代初开始，随着"网络时代+知识经济"的驱动，美国经济进入了一个长达 100 多个月的持续增长，这是历史上罕见的一个"长周期"经济增长。伴随着美国经济的节节攀升，道指承接 80 年代末的惯性继续发力、不断通关。

在金融全球化的进程中美国受益匪浅，而资本向美国集中是需要有前提的，这个前提就是对美国及美国经济的信心。信心问题也是当代金融资本运动的核心问题。美国要使世界人民建立的信心就是要让人相信：假若有一天世界所有的货币都变得一文不值的话，美元也是最后一个崩溃的；假若有一天世界末日来临的话，太阳也是从美国落下去的。只要全世界的人民有这样的信念，美元就会坚挺，财富就会继续流向美国。

截至 2001 年"9·11"事件发生前，道指从 3000 点一路上涨至 10000 点之上，其间的各个"千点"整数关口，均为一次性通过，几乎没有出现反复。这正如我们搭盖房子，如果基石不稳、不牢，房子就盖不高、盖不稳，弄不好会"推倒重来"，弄不好会搞出一个"豆腐渣"工程。相反，只要基石夯实扎稳，则大厦搭盖起来就越快，而且楼房也会越有质量。

尽管美国股市随经济持续了 100 多个月的上涨，其泡沫也似乎感觉出来了，但它的上涨已有些过分。于是，正常的技术回调随之开始。道指连续下穿 11000 点和 10000 点关口，并且于 2001 年 3 月 20 日直抵 9721 点。正当美国股市技术性回调至关键点位时，让美国人不能相信的大事件发生了，这就是 2001 年 9 月 11 日在美国发生的"9·11"恐怖袭击事件。"9·11"不仅让美国人意外，更让世界为之震惊。全球股市也为之恐慌。

在这一特殊背景下，美国股市从"技术回调"转换为"恐慌下跌"。"9·11"后道指很快首次下穿 9000 点，并直逼 8000 点关口。2001 年 9 月 21 日，道指跌至 8236 点。

2001 年年底，随着美国对阿富汗塔利班武装发动的战争取得彻底的胜利，股市人气开始重新聚集，道指于 2002 年 3 月 19 日再上万点，达 10635 点。但由于美国经济开始出现明显衰退，尤其是 2002 年第二季度经济下滑趋势更为明显。因此，导致道指从 2002 年下半年至 2003 年初之间曾三次下穿 8000 点。但随着美国经济逐渐回暖，2003 年年底，道指很快重上 10000 点，2005 年年底再次逼向 11000 点。2006 年 10 月，突破历史最高点位 11723 点。

1901 年以来的道琼斯指数见图 4-10。

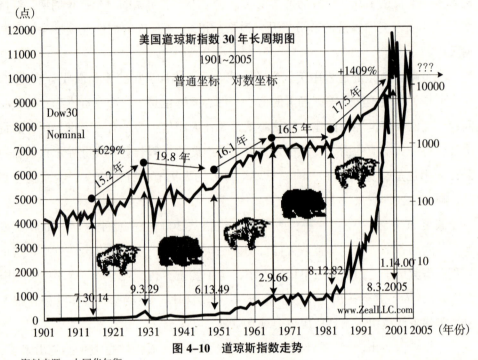

图 4-10　道琼斯指数走势

资料来源：中国华尔街。

这就是美国股市，一个世界性的、全球性的股市！它的成长有 200 多年的经历，它的成长绝不是"急来的"，更不是"一夜成名"的，也正因如此，道指也才能随它一步步长大。显而易见，道指能从 40 点"长大"成为今天的 10000 点之上，绝非一日之功、一步到位。因此，股市的成长，不能急功见利，应一步一个脚印，做实它，就是对后人负责。

第七节　中国股市之大牛市实证研究（下）

中外股市大对比，中国股市指数与美股比较处于什么年代的水平

根据经验所得，各国股市的发展规律与其轨迹应没有本质的不同，如不考虑时间或地域因素，一个国家的股市所经历的牛熊市，另一国家的股市很可能亦一样会以同样的模式重演。江恩不是说过："太阳底下无新事。"正因如此，纵向比较或许不能清晰剖析国内股市自身所处的方位，但若做横向对比，与具有200多年的美国股市比较一下，看看国内股市究竟处在何一方位，我们就可以更清晰地了解国内市场未来可能的波动痕迹。

从美国股市历史看中国股市大调整。我们只需要看看美国股市的历史情况，就能够明白我们所处的位置，对我们判断中国股市的未来将大有好处。

美国股市（仅以道琼斯指数为参照系）历史上最大的两次调整分别发生在1929~1932年和1937~1942年。其调整的幅度分别达到了90%和53%。此后，再也没有出现过大于50%的调整幅度。正好，2001年中国股市调整到998点达到55%跌幅，因此，我们将重点参考美国股市这两次调整的经历。

1. 第一次大熊市：经济危机

进入20世纪的第三个10年，备受战争、高税收和高通胀之苦的股市否极泰来。战争戏剧性地改变了华尔街游戏"玩家"的身份，战后新的投资者迅速涌现，并在此期间不断进入股市，明显提升了股市在整体经济中的重要性。当投资者考察股指的时候，他们的目光更喜欢盯着当时的蓝筹股：铁路股票，而不是被视为有投机之嫌的工业股票。投资者的热情使道指到1929年中时已从1924年的约100点增至近400点。

在1906年年初涨至100点的20多年后，道指于1927年突破200点。在这20多年中，道指的年复合成长率只达到3.2%，业绩平平。对于20世纪初叶股市的低迷，第一次世界大战和一次严重的流感爆发自然难辞其咎。

但是进入20世纪20年代后，道指在1924~1929年创造了连续6年增长的记

录。在 90 年代的牛市之前，这是道指连续成长的最高纪录。从某些角度衡量，20 年代的牛市可谓股市历史上最强盛的时期。

当时电话业和航空业开始起飞。那是一个快乐伟大的时代。繁荣就像一场大爆炸：汽车大量生产，收音机大量生产。1928 年股市增长了 40% 以上，道指的本益比从 12 增至 14。在 1928 年的最后一个交易日，道指的收盘点位创下当年的最高值。

1929 年 10 月 28 日，著名的"黑色星期五"股市大崩盘，美国股市历史上最大的一次熊市出现在 1929 年经济危机之后。1929 年 9 月，道琼斯指数达到 386 点的高位后当月开始下跌，10 月出现狂跌，最低点为 212 点，11 月再跌到 195 点，相当于三个月指数跌幅近 50%。1930 年 4 月，股市反弹到 297 点，是典型的 B 浪反抽形态，很多人还以为牛市没有结束呢，结果股市再次开始持续下跌，到 1932 年 7 月，股市跌到 40.56 点才宣告见底，当月出现反弹。

当时道指跌幅超过九成，多少华尔街大亨因此跳楼，之后还连带引发经济大萧条，近 1/4 的劳动人口失业，1/3 的银行倒闭。这是美国历史上一次空前严重的经济危机。大多数投资者都知道，在 30 年代的经济大萧条时期，道指度过了一段悲惨的时光。但是多数投资者不知道的是，30 年代也是股票价格波动最为剧烈的 10 年。

道指在 1931 年下跌 52.7%，1932 年下跌 32.8%，也在 1933 年上涨 66.7%，在 1935 年上涨 38.5%。日常交易的波动也非常剧烈。可能让人感到有些奇怪的是，道指历史上涨幅最大的 10 个交易日有 7 个处在 30 年代。

这是美国股市有记录以来最大的一次调整。时间延续了 35 个月，近 3 年时间。在年度 K 线上，1929 年、1930 年、1931 年、1932 年都是阴线，连续 4 年收阴线，也是美国股市历史上绝无仅有的一次。指数最大跌幅则达到 90%，最后只剩下一个零头。

中国股市也出现过类似情况。1993 年 2 月，上证指数达到 1558 点后开始下跌，在 1994 年 8 月达到了 325 点，时间只有一年半，但指数跌幅却达到 80%。最能反映时间因素的是深圳的成份指数，在 1996 年 1 月见底，调整时间也是 35 个月。在时间上恰好是 3 年。

从时间因素和空间因素分析，中国股市 1993~1996 年的调整与美国股市 1929~1932 年的调整相似：都是跌了 35 个月，跌幅都在 80% 以上。这种调整，反映了两国股市初级阶段的基本特点：暴涨暴跌。比如，道琼斯 30 种工业股票价格指数于 1928 年 10 月 1 日开始编制，一年后股市见顶大跌。上证指数在 1992 年 5 月放开价格指数，1993 年 2 月就见顶大跌。

　　2. 第二次大调整：希特勒与 20 世纪 40 年代的股市恐慌

　　美国股市的第二次大调整从技术上来看是长时间上涨之后的必然调整。1932 年 7 月，美国股市开始上涨，到 1937 年 3 月达到最高 195 点，相对于此前的低点 40.56 点，上涨了近 4 倍，牛市的时间接近 5 年——54 个月。

　　但是随着"二战"的开始，道琼斯工业平均指数曾遭受两度重大打击，且走势持续低迷。美国股市暴跌。仅仅用了一年时间，在 1938 年 3 月就跌到 97.5 点，恰好下跌了 50%。当然这跟 1929 年 3 个月跌一半的速度相比，显然慢多了。1938 年和 1939 年，指数两次回到 150 点以上，都无功而返。

　　第一次打击发生在希特勒大肆进军的 1940 年初。希特勒的野心令市场忧心忡忡，道琼斯工业平均指数两周内的跌幅竟超出 23%，下跌速度位居历史前列。

　　1940 年 5 月 24 日，道指由 148.17 点的月内高点惨跌至 113.94 点。在占领波兰全境几个月后，德国又于 1940 年 4 月入侵丹麦和挪威，美国股市的紧张情绪随之达到顶点，连《华尔街日报》也不禁惊呼"股市的心理危机已如重型炸弹，大有一触即发之势"。

　　1941 年 12 月 7 日，日本战机奇袭美国位于夏威夷群岛的珍珠港海军基地，将美国拖入第二次世界大战。1942 年 4 月，指数跌到 92.69 点。相对于此前的高点 195 点，指数实际下跌 52.8%。

　　日军奇袭珍珠港前，多数美国民众还都期望美国能避免直接卷入"二战"。但日本人的进攻却彻底打破了他们的美梦。熊市持续的时间则超过了 5 年，为 61 个月。在年线上，则表现为 1937 年收阴线、1938 年收阳线、1939~1942 年连续 3 年收阴线的形态。

　　但利好因素同样不容忽视，《华尔街日报》在头版指出，美国卷入战争中则意味着"美国将全面改造生产机器，以保证军工方面的最大产出"。某些经济学家也认为，正是战争效应协助美国摆脱了 30 年代初的经济低迷。

　　1942 年 4 月末，道指从 92.92 点开始反弹，截至 1942 年末道指涨至 119.40 点。战争于 1945 年结束，道指也升至 192.91 点。以上多年的经验证明，一旦美国卷入军事冲突，股市通常会呈现先下跌而后反弹的典型行情。

从那以后，美国股市进入了长期牛市。从低点 92.92 点启动后刚 4 年，1946 年 5 月股市冲破 200 点创下 213 点的新高，随后股市高位盘整了 3 年，到 1949 年 6 月达到 160 点，指数跌幅不过 25%。此后，指数连续 11 个月上涨，再创新高 229 点。1953 年，指数接近 300 点。道指于 1956 年 3 月 12 日站上 500 点关口。这实际是 50 年代股市连续上扬的集中体现。1950~1959 年间，道琼斯工业平均指数攀升了 239.5%，是除 90 年代外道指表现最好的 10 年。1966 年达到 1000 点。1974 年，经过近 8 年的横向整理，指数跌至 570 点，完成了一次长期整理，从此进入最大的主升浪——1987 年 8 月达到 2746 点，两个月后跌到 1616 点，继续上行，2000 年 1 月达到 11908 点。2002 年 10 月，调整到 7181 点。如今，道琼斯指数仍在 10000 点附近徘徊。1901~2001 年道指股值波动（市盈率）见图 4-11。

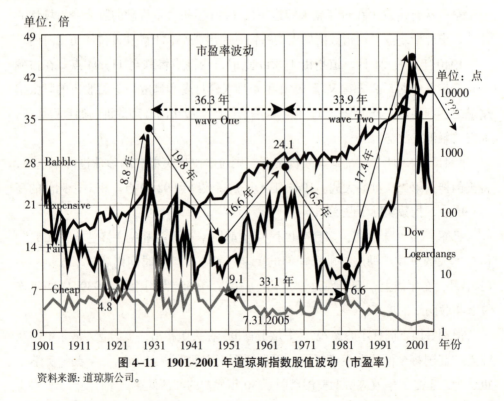

图 4-11　1901~2001 年道琼斯指数股值波动（市盈率）

资料来源: 道琼斯公司。

3. 世界其他股市的大调整

中国香港股市的熊市启动于 2000 年 3 月的 18397 点，2002 年 10 月下探 8722 点，跌 52.3%。中国台湾股市的熊市启动于 2000 年 2 月的 10393 点，2002

年 10 月下探 3845 点，跌 63.%。日本股市的熊市启动于 2000 年的 20833 点，2002 年 10 月下探 8197 点，跌 60.7%。韩国熊市启动于 2000 年 1 月的 1066 点，2002 年 10 月下探 576 点，跌 46%。美国熊市启动于 2000 年 1 月的 11908 点，2002 年 10 月下探 7197 点，跌 39.6%。美国标准普尔熊市启动于 2000 年 3 月的 1552 点，2002 年下探 768 点，跌 50.5%。大部分股市见顶时间集中在 2002 年 10 月份。

　　需要指出的是，美国股市的第二次调整与中国股市同样有着十分相似的地方。1996 年 1 月，中国股市从 512 点开始上行，到 2001 年 6 月达到 2245 点，指数上涨 3.38 倍，这个涨幅与美国股市当时的 4 倍很相似。时间则是 65 个月，比美国股市的牛市多了近一年。可以推论，调整时间将比美国股市长。结果是：深圳综合指数的最低点 235 点，相对其最高点 665 点，下跌 64.7%。上证股指，最高 2245 点，指数最低 998 点，跌幅 55%（上证指数和道琼斯指数对比见图 4–12）。

　　如果将上证指数图与香港恒生指数图叠加，可以发现中国内地股市从 2000

单位：点

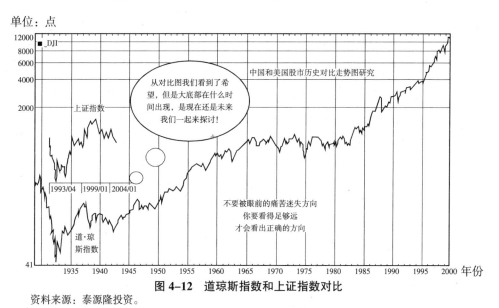

图 4–12　道琼斯指数和上证指数对比

资料来源：泰源隆投资。

年 2 月份以后，金鸡独立，与全球股市背道而驰，下跌的时间从 2001 年 6 月份开始，从 2000 年 2 月至 2001 年 6 月两者相差 17 个月。这个时间从中国股市自身的规律来看，已经相当于一个中级循环周期。由此我们可以推论，虽然上证指数没有达到纳指前期的涨幅，但是牛市时间却比纳指长了 16 个月，这也就是说中国股市牛市的涨幅是用时间来补偿的，从时间×空间＝价值这一点来讲，我们说上证指数也是纳指一点也不为过。因此，以纳指为参照系的话，我们大致可以得到这样的启发，只要纳斯达克指数见底，上证指数大约在 17 个月倍数周期见历史性大底，事实上上证指数见底是在 2005 年 6 月，调整周期刚好延长 34 个月。

时间方面，2005 年上证指数持续 5 年收阴线。2005 年是股市开始调整以来的第五个年份。其中，2001 年收阴线，2002 年收阳线，2003 年、2004 年都是阴线。2005 年也是阴线。鉴于美国股市第二次调整的极低点是第五年出现的，恰好，本次大调整正好出现在 2005 年，而不会是 2006 年。这是非常有意思的对比结果。

其他国际股市与中国股市同在一个地球上，也是值得我们借鉴的：

1984 年，纳斯达克市场创立，其后持续了长达 16 年的大牛市，指数则从 237 点冲到 2000 年的 5132 点，指数涨幅高达 20 倍。在这段时间里，纳斯达克指数只是在 1987 年、1990 年和 1994 年出现年度小阴线，略作调整，其他时间一直是单边向上。

2000 年，纳斯达克指数达到巅峰后，出现大幅度调整，当年就跌到 2288 点，跌幅高达 60%。2002 年，该指数最低 1108 点，相对最高点，3 年跌幅达到 78%。这个幅度与上证指数从 1558 点跌回 325 点（一年半跌幅 79%）相比，极其接近。如今，纳斯达克指数回到 2000 点之上，表现也相对温和了。看来，任何市场，在其发展的初级阶段，暴涨暴跌都是不可避免的，无论它所处的历史环境如何。

但跌幅必须达到 80% 似乎是一条"铁律"。1989 年，日本股市达到历史性高点 38957 点，从 1990 年年初开始大跌，3 年后跌到 14194 点，跌幅 63%，似乎是够惨的了，但 1996 年反弹到 22957 点后，股市继续下跌，居然在 2003 年跌到了 7603 点。14 年时间，跌幅是多少呢？80%。

由此看来，超级大牛市的终结、股市创立初期的跌幅，80% 左右是一个基本要求，而时间方面则没有严格要求。比如，台湾股市在 1990 年 2 月达到了 12424 点的历史高点，相对于 1982 年的 421 点，涨幅近 30 倍。随后，在 1990 年 10 月就跌到了 2560 点，指数跌幅 79%。尽管跌幅巨大但只经过了短短 8 个月的时间。但那个低点居然就成为 10 多年来的最低，以后从来没有再触及。台湾股市还在 1997 年和 2000 年两次冲上 10000 点大关。

1993~1996 年期间的大调整，上证指数的最大跌幅已经达到了 79%，当时的深圳指数（以成份指数为参考）也从 3422 点跌到了 924 点，跌幅 73%。这两个指数的跌幅告诉我们，中国股市初创阶段的最大调整已经过去。未来如果还要有大调整，除非是在超级疯狂的大牛市之后，而这样的大牛市，我们迄今仍没有经历过。根据股市的自组织性、自相似性及遗传性试克隆其未来的走势，从而我们可以推断市场两次混沌期结束，真正大牛市开始。因此超过 50% 的大调整在以后 20 年里估计很难见到！

第八节　中俄印巴"金砖四国"比较分析（上）

一、印度崛起的秘密

当世人习惯于将目光投向中国这个新兴市场之时，全球的许多基金经理却开始格外关注另外一个拥有十多亿人口的大国，这就是印度。进入 2003 年下半年以来，印度股市保持强劲的牛性。2006 年上半年，占印度股市总值约 80% 的孟买证券交易所（BSE）SENSEX 指数突破了 12500 点大关，创下历史新高。在过去的三年当中，印度股市大幅上升 400%。三年前，该指数仅处于 3000 点水平（见图 4-13）。

单位：点

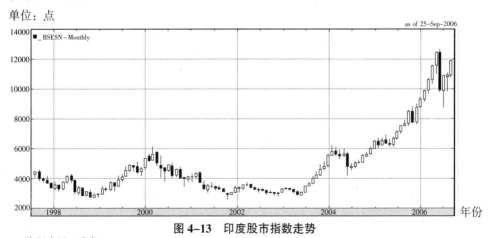

图 4-13　印度股市指数走势

资料来源：雅虎。

1. 历史沿革

孟买证券交易所（BSE）是印度的主要股市，成立于 1875 年。英国殖民者开辟了印度股票交易市场，这是亚洲最古老的股市，甚至比东京证交所还要早 3 年。印度股市步入正轨是 1957 年，那时的印度才有了《证券法》和监管机构。然而，印度股市真正完善起来则是 20 世纪 90 年代。目前，在印度股票交易所上市的企业数量是在中国的 4 倍。2001 年印度股市出现一波大熊市，正值纳斯达克网络股泡沫破灭之时，一年半之内印度股市总市值损失 69500 亿卢比（约 1470 亿美元），下跌到 50500 亿卢比（1070 亿美元）。这也是印度股市历史上下跌最快的一次。2004 年 5 月 17 日再次大幅下跌，下跌幅度创下该国历史之最，出现该国股市自诞生 129 年以来的最大跌幅。

2. "晴雨表"功能

印度在 20 世纪 50 年代初步构造了全面工业化的布局，无论是国营企业还是私营企业都在国家建设中扮演着积极的角色。印度在经济建设中也摸索出印度独特的混合经济的雏形，并且在总结"一五"计划的时候明确提出了自己的经济蓝图。并在"二五"计划中对"一五"期间所倡导的混合经济模式有所发展，试图改变以农业生产为主的经济结构，加速国家工业化领域的投资尤其是重工化的投资。

1966 年 1 月 19 日，英迪拉·甘地击败了对手当选为国大党议会党团领袖，英迪拉的时代开始了。

首先英迪拉·甘地在 1966 年 5 月宣布卢比贬值 35%，为此印度得到了急需的 300 万吨粮食和 9 亿美元的援助，沉重打击了国内垄断财团的势力。而且利用和美国的短暂亲密关系，从墨西哥进口了粮食种子，从实际需要出发开始了绿色革命。终于到 1978 年印度实现了粮食自给。随后，在苏联的帮助下，印度政府以国家中央集权为手段，以国家经济国有化为方向推进经济计划，终于在 1967 年 5 月宣布了为期十年的"经济计划 10 点建议"，同年 7 月 19 日英迪拉·甘地宣布控制全国 54%存款的 14 家印度银行收归国有，此举受到印度人民的热烈欢迎。

在 1969 年 12 月，英迪拉·甘地颁布"垄断和限制性贸易行为法"成立了"垄断和限制性贸易行为委员会"。此后 1970 年 2 月颁布的加强工业许可证制度的法令与 1971 年把全国 64 家普通保险公司收归国有。就此印度混合制经济体系框架完成，这些措施不仅有效地打击了印度国内垄断财团的影响力与控制力，而且为印度国内局势的稳定创造了有利的条件。

两次石油危机给发达国家带来了巨大冲击，但是新技术革命的翩然而至，并且以美国为首的资本主义国家迅速转变自己的经济结构与能源结构，不断地向第三世界国家转移生产工序实现国际再分工，使各自的经济逐年提升，并最终形成了"亚洲四小龙"与东南新兴工业化地带的崛起。

而印度，则在迷茫中痛苦地失去了工业化的机遇。主要原因是：印度政府在长期经济计划与短期经济效益的选择中不断地在选民的利益驱使下左右摇摆，印度政府在遇到国内国际危机的时候往往通过国外军事冒险来转移选民的视线与国内即将爆发的危机来赢得大选。但是自身实力的孱弱，往往在军事冒险与干预后印度政府又陷入财政危机并进一步导致经济危机。印度在 20 世纪 60 年代后形成的改革—危机—冒险—更深的危机—再改革的循环行为模式，终于让 80 年代的印度总理感慨：印度已经失去了工业时代。

印度从 1991 年开始推进市场化的经济体制改革，大量的基础建设动工，从1995 年到 2004 年企业获利的年均复合成长率，从 10%到 58%都有，而且印度本地经济起飞所带动的需求，强化了印度企业的获利成长性。印度着眼点是大力发展第三产业，从 1991 年开始，印度培育了以软件为核心的服务业，以及金融服务业，并以此为龙头，拉动 GDP 连续多年高速增长。印度在外包和客户服务中心这两个业务领域迅速崛起，并在全球保持着领先地位。同时，印度股市的异军突起，与印度上市公司的良好业绩增长息息相关。

2005 年 6 月，花旗集团发表了一份研发报告，预测印度上市公司 2005 年业绩将增长 17.5%，2006 年增长 14.7%。这给了投资者极大的信心。若按市盈率计算，印度股市市盈率 2002 年为 31.5 倍，2003 年为 22.9 倍。若以 2006 年预测盈利计算，可预期市盈率（Forward P/E）仅有 12.2 倍，若以 2007 年计算，可预期市盈率降为 11 倍。因此，尽管印度股市目前上涨了许多，但投资者仍然会认为，股市的投资价值远高于历史平均水平。

3. 投资和融资功能

印度股市有一个特点，就是监管部门对于申请上市的公司审查非常严格，更重要的是，法律赋予了监管部门很大的监督管理权。正是由于非常严格的审查，印度上市公司的质量普遍优良，公司上市的目的是为了谋求进一步发展壮大，而不是圈钱。这一点是和中国股市的最大不同。与中国相比，印度股市市值与公司经营业绩相关性较强，资本市场的融资功能、投资功能得到了更有效的发挥。2001 年，印度股市的 IPO 规模只有 3.1 亿卢比，2004 年却高达 87 亿卢比。有"印度华尔街"之称的孟买达拉勒大街是印度股民向往的去处。这里的金融机构摩天大楼鳞次栉比，号称是印度"金融市场晴雨表"的孟买证交所门前，投资者参与热情高涨，每天都是万头攒动。从 2003 年以来，印度股市一直保持着良好的上升态势，是世界上投资回报率最高的股市之一。2003 年、2004 年印度股市开户数分别增长了 21% 和 29%，达到 600 万户。在新兴市场中，印度股市近两三年来的高投资报酬率，反映印度股市已脱离停滞不前的窘境，进入快速成长期。

4. 制度优势

尽管国际市场的变化对股市的短期影响不容忽视，但良好的经济绩效以及资本市场相对完善的制度安排，无疑是印度股市持续高涨的双引擎。其中，印度经济与印度企业的出色表现是最重要的动力。印度私营经济历史久远，上市公司中很多都是私营企业，股票均为流通股，公司治理能力较强。印度 60% 的上市公司中没有政府持股。随着国有企业私有化和重组进程的加快，会有更多的上市公司没有政府持股。但是，不但是中国，印度股市也有制度上的缺陷，比如印度也有不流通的股份。印度政府规定必须"实行国有股减持"，以筹集发展资金，并使公共企业负起责任、提高效率。

印度的国有股减持计划受到政府"施政基本纲领"的制约。这个纲领由政见不同的联合政府协商达成，其中有一条政策规定值得我们注意：对于盈利的国有企业，政府出售的股份不能超过 50%。印度国有股减持启动以来，除第一天有所下跌外，以后基本上是上升趋势。主要原因就是印度财政部门宣布：凡是盈利的国有上市公司控股不得少于 50%，不足 50% 的还要增持股票，同时国有股具有流通权。由于市场消除了大扩容的担心，加上国家的确对绩优股动用资金购买股票，增强了投资者的信心，带来股市向好。

近年来，印度股票市场准许并鼓励境外投资银行的参与。外资的涌入使得印度股市交易活跃，有多只著名国际基金在孟买投资股市。2003 年，印度股市吸引外国机构投资达 70 亿美元，是继中国台湾、韩国之后吸引外资最多的股市。印度股票型基金是外资最直接的投资渠道，可直接投入印度股市。

5. 证券监管

监管印度股市的部门——印度证交会（SEBI）是 1992 年开始运作的，其时正值印度爆发了一起金额高达数亿美元的股市丑闻，该证交会的建立也意在监控股市的操作运营。这个组织运作与官僚组织不同，有着相当的工作效率，在经过多年风风雨雨之后，印度股市监管法规漏洞渐渐补了起来，目前已渐入佳境，成为亚太地区一个重要市场。

印度证交会为了维持证券市场秩序和效率，实行严厉监管。与中国相比，印度资本市场近年来在相关法制建设、上市公司管理、交易监管与交易技术等方面都取得了长足进步，其制定更完善的公司信息披露制度、独立董事制度，更有力的产权保护措施；法律体系有利于吸引和保护投资者（设有投资者保护基金）。这些都有利于股市的健康成长。再加上严惩一切违规者的监管，给了投资者很大的信心和很好的保护。在过去数年中，印度证券市场的监管，主要是放在稳固市场架构、优化市场制度以及强化上市公司治理上。

二、莫斯科时报指数涨 147 倍

大家都知道，从 2000 年开始，由于网络泡沫的破灭，全球股市连续下跌三年，几乎无一幸免。可是你知道吗，俄罗斯股市，如果以莫斯科时报指数来看，却从不到 1000 点上涨到 2004 年 4 月的 9000 多点，足足上涨了 10 倍有余。更加令人吃惊的是，1998 年 9 月以来，俄罗斯股市莫斯科时报指数从 156 点只用了七年半时间，到 2006 年 5 月就上涨了 147 倍达到 22500 点（见图 4-14）。

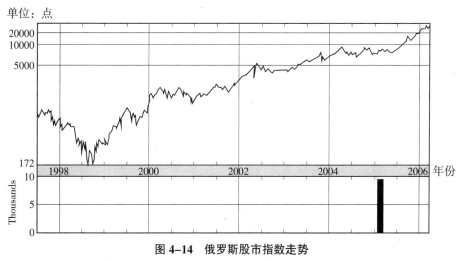

图 4-14　俄罗斯股市指数走势

资料来源：雅虎。

俄罗斯股市节节攀升，摆脱了外围环境的影响，这在 1999 年以前是不可想象的。当时，俄罗斯处在经济制度转轨之中，又受亚洲金融危机的影响，货币贬值、金融市场失控、内外债务沉重，经济陷入混乱，股市一落千丈。普京执政以来，俄罗斯的外部环境得到改善，经济改革卓有成效，中小企业特别是民营企业得到迅速发展。在股市中，消费产业、汽车制造、能源资源等板块都受到投资者的追捧，许多俄罗斯投资者在海外的大量资金回流国内。

事实上，国际油价居高不下一直是推动俄罗斯股市上涨的根本性利好，俄罗斯股市涨落与油价形成明显联动。金价的飙升也为俄罗斯经济锦上添花。2005 年，俄罗斯黄金产量预计高达 183 吨，成为此轮金价上涨的直接受益者。目前，俄罗斯黄金外汇储备已近 2000 亿美元，一跃成为全球 7 大外汇储备国之一。

1. 俄罗斯股票市场的初级阶段

俄罗斯的股票市场开始于 1990 年 12 月 25 日，其标志是俄罗斯社会主义联邦部长会议颁布的《股份公司章程》决议，规定了股票、股票期权、公债、债券的基本原则和发行程序，规定了三级管理体系，并详细地规定了股东大会、董事会和公司管理机构的权限。1991 年 12 月 28 日，俄罗斯政府独立前夕，通过了《关于有价证券以及证券交易所的规定》，这是第一个比较正式的有关股票市场的法规。1992 年俄罗斯独立后，随着企业私有化、公司化改革的推行，股票市场正式诞生了。1996 年新的《股份公司法》出台，同年《关于俄罗斯有价证券市场发展概念的确认》总统令颁布，《有价证券市场法》开始生效，为股票市场长期稳定发展奠定了法律基础。同时，对银行参与证券交易实行许可证制度，许可证由国家证券委员会颁发。从 1997 年 10 月 3 日起，俄罗斯开始采取类似美国道琼斯指数的俄罗斯道琼斯证券综合指数。与俄罗斯交易系统指数（RTS 指数）一起取代原先的商务系统指数，作为挂牌证券交易的主要参数。

为了吸引投资，俄罗斯欢迎外资进入股票市场。尽管俄罗斯对外资占有重要企业的股份规定了限额，但总的发展趋势是外资掌握的股份在不断增大。随着俄罗斯证券市场对外开放，外资大量进入，股票市场的投机活动开始日益活跃。由于外资的积极参与和进入，导致 1997 年股票价格大幅度上涨。1997 年俄罗斯股票的交易量超过了中东欧国家主要市场的交易量。俄罗斯股票市场成为世界上成长性最好的股票市场之一。

俄罗斯股票市场在经历了几年的非正规发展之后，出现了迅速扩大和规范化趋势。1997 年年中的"俄罗斯交易系统指数"出现迅速攀升，市场股份的资本化规模扩大至 300 亿美元。到 1997 年 8 月，成交量已达到 1 亿美元以上。

但是，俄罗斯股票市场的"繁荣景象"不是在实际经济部门生产稳定、经济增长的条件下出现的。事实恰恰相反，在股票价格暴涨的同时，宏观经济却处在多重危机的"包围"之中。特别是俄罗斯为了尽快地同国际经济接轨，实行自由开放政策。在这种情况下，国际市场特别是国际金融市场的任何风吹草动都会波及俄罗斯尚不成熟的证券市场。1997 年的金融危机使俄罗斯股票市场遭受了沉重的打击。在 1997 年 10 月下旬的最初几天，俄罗斯的二级股票市场股票牌价暴跌 20%~30%，一些清偿力较高企业的股票价格跌幅在 30%~35%之间。在被称为"黑色星期二"的 1997 年 10 月 28 日上半个交易日，股价又下跌 10%，以致国家证券市场委员会不得不宣布后半个交易日休市。

1998 年亚洲金融危机对俄罗斯股票市场形成巨大冲击。一方面东南亚国家货币大幅度贬值，整个亚洲基金指数下跌，投资新兴市场包括俄罗斯的投资公司财务状况恶化。另一方面世界石油价格的下跌，也使俄罗斯市场上具有龙头地位的石油公司的股价波动剧烈；俄罗斯外汇市场和国债市场的动荡，也对股票市场从经济和心理方面构成双重打击，加上外国资本在危机期间的大举抽逃，致使俄罗斯股票市场在 1998 年 5 月 27 日的金融危机中遭受崩溃性打击。许多俄罗斯股票的价值下降了 5 倍。在公司的股票市场上的日交易额不超过 100 万美元，这比鼎盛时期的日交易额少了 100 倍。俄罗斯股指在 1998 年 8 月危机中几近崩溃，股指从危机前的 140 点降到 37 点，股票交易量明显萎缩。在 1998 年 5 月初的两周内，俄罗斯"蓝筹股"，即俄罗斯最稳定和最盈利的公司的股票价格下跌了 25%~40%，特别是一些石油公司如托姆斯克石油公司和苏尔古特石油公司，其股价甚至都下跌了 50%~70%。银行业受危机的打击也是巨大的，除了"储蓄银行"以外，其他银行几乎从大公司的行列中消失了。

2. 俄罗斯股票市场的发展阶段

在经历了 1999 年、2000 年两年的恢复，俄罗斯股票市场在 2001 年得到长足发展，交易量、股票价格和股票指数都得到了快速增长。2001 年，俄罗斯重新修订了《股份公司法》，并通过了《投资基金法》。2002 年 3 月，普京总统签署了《俄罗斯联邦刑法典修改与补充法》，其中规定对有价证券市场上的犯罪行为追究刑事责任，进而从法律上进一步规范股票市场行为。不仅如此，近年来俄罗斯还对《有价证券市场法》等法规做了多次修改。通过以上法规，我们可以看到俄罗斯为股票市场的建立和发展所提供的法律框架和制度保证。

为保护投资者的合法权益，维护俄罗斯证券市场的健康发展，俄罗斯于1996年成立证监会（Federal Securities Commission，FSC），负责监管俄罗斯证券市场的运营和发展，并负责维持市场的透明化、公平性及维护投资者权益。FSC已被俄罗斯政府赋予较高权力来惩罚证券市场的违法违规事件。自2002年起，对证券市场的内幕交易和提供不实承销信息现象的惩戒力度更有所加强，俄罗斯证券市场进一步得到规范和发展。

2004年夏季，俄罗斯爆发银行挤兑风波，在俄罗斯联邦政府的直接干预和强力协调下，联邦议会、联邦货币当局、各商业银行及其股东通力合作，迅速扭转了局势，从而避免了一场严重的金融危机。但是，2004年12月，俄罗斯股票一度遭到恐慌性抛售。当时，俄罗斯政府将尤科斯公司的主要生产部门尤甘斯克天然气公司强制出售给了国有公司俄罗斯国家石油公司，用以部分抵偿尤科斯280亿美元的欠税。此举令投资者的担忧达到了极点。但是，随着俄罗斯总统普京采取了一系列重塑市场信心的措施，投资者对政府所谓进一步掠夺企业财产的担心已然平息，海外投资者陆续返回俄罗斯股市，股票价格也开始回升。2005年，俄罗斯的股票市场繁荣发展，全球股市表现参差不齐，多数低迷，唯有俄罗斯股市风景独好，"牛"气冲天。俄罗斯企业2005年在伦敦市场筹集的资金比以往任何时期都要多。

2006年，世界石油市场油价攀升的形势使俄罗斯拥有了2000多亿美元的黄金外汇储备，稳定基金中的预算盈余达到1.7万亿卢布，国内生产总值年增长速度达到5%~7%。居民收入增加，外债数额减少，股票市场价格屡创新高。2006年4月10日，受摩根斯坦利调高俄罗斯石油巨头——天然气工业公司在美发行存托股份定价和国际油价升至接近历史高位的双重影响，俄罗斯股市量价齐涨，创历史新高。俄罗斯股票在2006年4月份的新增长让股民们感到兴奋。俄罗斯股市的闪亮表现，给俄罗斯证券市场发展带来了前所未有的机会。

三、巴西股市博维斯帕指数

巴西圣保罗证券交易所主要股指博维斯帕指数2006年5月突破40000点大关，达到42000点，比2003年10000点上升320%（见图4-15）。这是该指数

1968 年推出以来首次越过 4 万点大关。

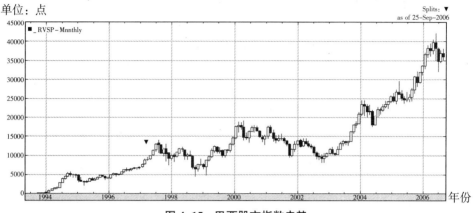

图 4-15　巴西股市指数走势

资料来源：雅虎。

1. 巴西经济

自 20 世纪 30 年代起巴西就倡导国家在经济中发挥主要作用，以"二战"为催化剂，启动了巴西大规模工业化的进程。巴西乃至拉美第一家由政府控制的大型企业沃尔塔·雷东达钢铁厂在 1946 年正式投产，同年巴西最大的矿业公司巴西多西河谷公司与巴西国家经济开发银行（BNDE）也先后建立。50 年代的巴西就是这样大步开始了工业化，开始了进口替代战略。这个战略至今对巴西与拉美仍然有深远的影响。

1965~1973 年巴西经济持续地高速增长，让世界都为之瞩目。此时巴西出口的产品结构也正在发生逆转，从 50 年代的 55% 的初级产品出口结构逐渐提高工业制成品的出口比例。信奉西蒙森理论的巴西军政府，在不断推进的进口替代政策中在广泛的领域普遍使用了外资。并且通过政府干预等手段让巴西企业更主动地向国际金融市场寻求资金来源，并通过强制手段为巴西民族资本与庄园主开路，为其资本更快速地积累铺平道路。为达到压抑通货膨胀的目的，硬性削减工人工资。通过削减税收，鼓励消费刺激内部市场的成长，加上当时外资源源不断地涌入，连续 8 年高达 10% 的增长在当时的世界只有日本可与之媲美。巴西乃至当时整个拉美都是以巴西为楷模快速地奔向富强之路。

2. 石油危机

20 世纪 70 年代的石油危机的直接结果是石油价格在 70 年代上升了 3 倍，

当时的巴西石油进口依赖程度达 80%。在石油危机爆发的第一年 1973 年，巴西奇迹就戛然而止。连续 4 年的巨大逆差，加上美国在 70 年代末的加息让巴西的国际收支雪上加霜。巴西从 1965 年对外债务从 70 亿美元迅速攀升到 1982 年的 707.91 亿美元，至此彻底失去还贷能力。之后被迫接受 IMF 的货币与金融政策直到以换取 IMF 的紧急援助，巴西正式放弃了进口替代政策。此后债务危机、经济危机、通货膨胀危机与就业危机围绕着巴西乃至整个拉美，拉美化从奇迹的象征成为失落的代言人。

很早的时候，巴西就委托标准石油公司在巴西进行石油勘探。专家报告巴西政府：巴西只有很薄的油层，完全不值得开采。在石油危机后巴西政府不仅利用巴西丰富的甘蔗资源制造酒精替代燃油（目前巴西是世界上最大的酒精燃料生产国），而且巴西政府自己开始不遗余力地勘探本国石油资源，令人讽刺的是，就在那些薄得完全不值得开采的油井里喷出了源源不断的石油，到 2000 年，据《巴西经济年鉴》称巴西是世界上第 15 大石油储备国，占有石油 130 亿桶，占世界 8.2%。但是姗姗来迟的滚滚原油已经不能拯救深陷债务危机的巴西了。到巴西新总统卢拉上台后，巴西政府每年将 55% 的政府支出用于偿还债务，其中仅债券利息就高达 22%~28%。

第九节　中俄印巴 "金砖四国" 比较分析（下）

全球经济故事新主角

在 2003 年，投资银行高盛已发表名为《与 BRIC 寻梦：迈向 2050 之路》的研究报告。投资银行高盛首次提出了 "BRIC" 的概念。"金砖四国" 是指巴西、俄罗斯、印度及中国四个有希望在几十年内取代 G6 成为世界最大的四个经济体的国家。"金砖四国"（BRIC），这个简称来自这四国国名的开头英文字母 Bric 的谐音 Brick（砖头）。

一般认为，"金砖四国" 的概念被广泛地用来定义这四个国家所组成的一个市场，甚至更一般地用来定义所有新兴的工业国家。BRIC 是目前及未来全球化前景的核心，BRIC 有能力广泛影响全球经济和全球市场，同时也会受到全球经济和全球市场的影响。而 BRIC 与 G6 国家之间的关系也是全球化及相互依存的重要方面。

BRIC 国家有一个共同的特点，就是国内市场都比较大，人口多，有充裕的劳动力资源、较低廉的劳动成本，资源丰富，相对而言经济发展都未达到中等发达国家水平，都处在增长期。这四个国家的发展都将可能改变未来世界的格局。

1. 关于"金砖四国"的研究报告

高盛的研究报告认为，中国、俄罗斯、巴西和印度具有极好的经济发展前景，将在 2050 年位列世界最强经济体。这篇研究报告是由高盛的全球经济学家吉姆·奥尼尔主持编写的。

这项运用最新人口统计预测、资本积累和生产力增长模型完成的报告说，尽管目前 BRICs 经济规模还不到 G6 的 15%，但是 BRICs 各国占世界经济增长的份额 2025 年将上升到 40% 以上，在 40 年内可能超过 G6，到 2025 年，它们将达到 G6 规模的一半。以 GDP 衡量，中国的经济总量将在 2005 年、2010 年、2020 年分别超过英国、德国和日本；印度预计将以每年 5%~6% 的速度持续增长，在 2015~2025 年间超过意大利、法国和德国，2035 年以前超过日本成为世界第三大经济体；巴西在未来 50 年的全年增长将达到 3.6%，这意味着，巴西人均收入将增至目前的 5 倍；俄罗斯的增长预计会比巴西更快，2006 年 1 月 1 日，俄罗斯外汇储备达 1822 亿美元，超出了俄罗斯外债总额。

"金砖四国"目前经济运行的良好态势，为 2050 年的辉煌做好了铺垫。2000~2005 年间，BRICs 对全球增长的贡献按美元计算为 28%，而按购买力平价计算为 55%。BRICs 在全球贸易中的份额更是持续上升，目前约占全球份额的 15%，比 2001 年翻了一番；BRICs 之间的贸易也从 2000 年的占四国总贸易量 5% 增长为 8%。BRICs 对外资的吸引力越来越强，吸引了全球约 15% 的直接投资额，是 2000 年的 3 倍；与此同时，BRICs 公司的对外业务蒸蒸日上，四国的外国直接投资流出量占全球总量的 3% 以上，是 2000 年的 6 倍。目前 BRICs 还掌握着全球三成以上的外汇储备。

有数据表明，中国近 5 年对全球经济增长贡献度超过 15%；巴西 2003 年从墨西哥手中夺回了拉美经济第一国的位置；BRICs 的股市总体表现也显示了这种经济强势。2003 年以来，巴西、俄罗斯和印度的股指平均上升了约 150%，2005

年，俄罗斯、印度、巴西股市分别上涨了 85%、42%、28%。

BRICs 的力量不仅仅在于它作为经济个体的快速发展，更在于它作为一个整体——新兴市场国家对于全球经济、全球市场有着不可低估的影响力。全球商品牛市某种程度上就是 BRICs 影响力的直接体现。

最新的经济估测显示，过去 5 年，世界经济约 1/3 的国内总需求来自 BRICs。这种需求从某种程度上说是推动全球经济持续向前的动力所在。有需求、有生产力，经济运作才能进入良性循环；BRICs 的能源需求和能源生产是它们经济活力的体现，"能源发动机"也将继续推动 BRICs 及其他国家加速进步。据预测，在接下来的数年里，BRICs 国家的能源需求还会继续扩大，其增长速度要比发达国家来得快。

BRICs 的需求除了来自高度的工业化，还来自日益扩张的中等收入人群。各个国家对中等收入定义不尽相同，我们这里参考世界银行的标准：全球中等收入阶层的人均 GDP 为 3470 美元至 8000 美元。数据显示，BRICs 各国中收入超过 3000 美元的人数在 3 年内会翻一番。10 年内，BRICs 人口中，有 8 亿多人将跨越 3000 美元收入线。到 2025 年，BRICs 经济体中会出现 2 亿多新人口的收入超过 15000 美元。当然，G6 仍将是最富有的国家，其人均收入将达到 35000 美元，BRICs 国家里只有 2400 万人可能达到这一水平。

中等收入人群的扩大，可能带来的最直接影响是房产、汽车等耐用消费品市场的红火。投资机会近在眼前，资金朝着 BRICs 方向流动。高盛估计，BRICs 各国资本市场的规模估计在 15~20 年的时间里可以与欧洲平分秋色，但要与美国较量，似乎还是很遥远的事。

2. 关于"金砖四国"的比较优势分析

在 BRICs 内部，中国和印度将比俄罗斯和巴西稍胜一筹。"金砖四国"在全球是最大的新兴国家，它们的经济发展潜力最大，最有可能成为今后全球经济故事的主角。在物质资源总量上从世界范围看四国都有着自己独特的优势，特别是巴西，它是一个资源禀赋极佳的国家，加上 100 多年没有经过战火的洗礼，无论巴西怎么折腾，巴西的人均收入到 2005 年是 3500 多美元的数字摆在那里。巴西因为历史与资源和人口等原因，在 1949 年已经成为当时的中等发展中国家。因为巴西充分利用自己的优势与当时在国际分工中的有利位置，实现了经济快速增长。

印度凭着健全的法制、良好的语言能力及相对年轻的人口结构，已成为环球的软件科研中心。不过，当地消费市场相对其他国家仍有庞大的发展空间。例如，在 1000 人当中，中国有 350 人拥有电视，269 人拥有手机；印度仅有 83 人拥有电视，52 人拥有手机，加上当地的中产阶层正在扩大队伍，内销市场不容忽视。

但是有所不同的是，中国和印度首先都在 20 世纪 50 年代末期因为农业而陷入严重经济倒退，但是随后因为在政治制度的组织性、纪律性上的不一样，与对社会经济基础改造的本质差异，其后的发展时间里，同样问题对印度与中国产生的影响差距越来越明显。具体地说，印度因为在经济上特有的混合性质，在 30 年里经济增长始终在国有化和私人垄断资本之间通过反复发作的农业生产问题反复争夺与博弈，而势均力敌的长期斗争终于使印度在外部条件远优于中国的情况下错过了一次又一次世界经济分工与转型，用拉·吉夫的话说就是：印度失去了工业化时代，获得了独立与自由的印度在犹豫与怀疑中，错失了抓住历史的一次又一次机遇。

中国身为世界工厂，以低廉的工资挣取了不少国际巨擘的生产订单。市场憧憬人民币继续升值，以及大型新股陆续上市，相信将会吸引大量资金流入亚洲，追逐中国股票。作为 BRIC 中的一员，中国也受益于 BRIC 概念。由于 BRIC 概念的提出，投资者把更多的注意力放到了中国。而中国的情况也是这四个国家中比较突出、比较有进步的。中国人口众多，会以更快的速度变成一个消费大国，而且正处于人均 GDP 超过 1000 美元、工业化和城镇化进程加快的时期，对消费品的潜在需求很大，进一步发展的空间很大，这构成了中国对海外投资的巨大吸引力。如果不出意外的话，就国内生产总值来说，中国可能会在 2041 年超过美国，成为世界第一经济大国；而印度，在 2035 年则可能成为世界第三经济大国。

关于"金砖四国"的研究报告认为，中国、俄罗斯、巴西和印度已经或者正在改变自己的政治体制，正在适应经济全球化的形势。高盛预测，中国和印度分别将成为世界上最主要的制成品和服务提供者，而巴西和俄罗斯相应地将成为世界上最主要的原材料提供者。鉴于巴西和俄罗斯可以为中国和印度提供所需的原材料，合乎逻辑的预测表明，"金砖四国"将更加广泛地合作。据预测，"金砖四国"将有能力组成强大的经济集团，从而取代现在 G6 的地位。四国经济预测见表 4-6 至表 4-9。巴西盛产大豆和铁矿石，而俄罗斯有极为丰富的石油和天然气资源。

表 4–6 巴西经济预测

年 份	2003	2004	2005	2006	2007	2008	2009
实际 GDP	0.5	4.9	2.3	3.6	4	4	4
名义每人国民所得（美元）	3492	3612	3642	3721	3818	3919	4023
消费者物价指数	14.7	6.6	6.9	5.7	5.3	4.9	5
汇率（年底，每一美元）	3.53	2.66	2.34	2.49	2.67	2.86	3.04
重贴现率（%）	23.37	17.5	18	15.75	16.24	14.81	14.71
工业产出	0.1	8.3	3.1	3.9	4.1	4.3	3.5
贸易余额（10 亿美元）	24.8	33.7	44.8	43.4	43.6	44.1	44.5
经常账户余额（占 GDP 百分比，%）	0.8	1.9	1.8	1	0.8	0.5	0.2
财政余额（占 GDP 百分比，%）	−5.1	−2.7	−3.4	−3.3	−3	−2.6	−2.2

注：灰色区域为预测值。
资料来源：复旦大学世界经济研究所。

表 4–7 印度经济预测

年 份	2003	2004	2005	2006	2007	2008	2009
实际 GDP	8.5	6.9	7.7	6.8	6.6	6.4	6.1
名义每人国民所得（美元）	521	548.6	582.3	613.2	644.6	676.7	708.6
消费者物价指数	3.8	3.8	4.2	4.8	4.7	4.6	4.7
汇率（年底，每一美元）	45.61	43.59	45.01	45.45	46.46	47.31	48.39
重贴现率（%）	6	6	6	6	7.5	8	8
工业产出	6.4	8.4	7.8	7.8	7.9	7.2	6.6
贸易余额（10 亿美元）	−13.9	−21.8	−39.1	−42.4	−44.7	−47	−51.3
经常账户余额（占 GDP 百分比，%）	1.8	−0.9	−1.6	−2.4	−2.8	−2.9	−3.2
财政余额（占 GDP 百分比，%）	−4.6	−4.1	−4.5	−4.5	−4.3	−4.2	−4

注：灰色区域为预测值。
资料来源：复旦大学世界经济研究所。

表 4-8   中国内地经济预测

年 份	2003	2004	2005	2006	2007	2008	2009
实际 GDP	10	10.1	9.9	9.4	8.8	8.5	8.1
名义每人国民所得（美元）	1205	1319	1440	1565	1691	1822	1957
消费者物价指数	1.2	3.9	1.8	2.4	2.4	2.6	2.6
汇率（年底，每一美元）	8.28	8.28	8.07	7.88	7.51	7.16	6.99
工业产出	17	16.2	16	15	12.5	12.2	12.2
贸易余额（10 亿美元）	25.4	32.8	102.1	115.6	122.6	126.1	97
经常账余额（占 GDP 百分比，%）	2.8	3.6	4.5	3	2	1.1	1.1
财政余额（占 GDP 百分比，%）	−2.2	−1.3	−1.6	−1.4	−1.2	−1.1	−0.8

注：灰色区域为预测值。
资料来源：复旦大学世界经济研究所。

表 4-9   俄罗斯经济预测

年 份	2003	2004	2005	2006	2007	2008	2009
实际 GDP	7.3	7.2	6.4	5.8	4.5	4.2	4.3
名义每人国民所得（美元）	2127	2290	2453	2614	2752	2888	3032
消费者物价指数	13.7	10.9	12.7	10.6	8.9	7.8	6.6
汇率（年底，每一美元）	29.45	27.75	28.78	28.58	29.51	30.04	30.18
重贴现率（%）	16	13	12	11	9	8	8
工业产出	7	7.3	4	5	5	4.6	4.1
贸易余额（10 亿美元）	59.9	87.1	120.1	144.7	137.3	130.3	129.2
经常账余额（占 GDP 百分比，%）	8.3	10.3	11.7	10.3	8.5	7.1	6.1
财政余额（占 GDP 百分比，%）	1.4	4.5	8.3	3.8	3.5	3.2	3

注：灰色区域为预测值。
资料来源：复旦大学世界经济研究所。

第五章　案例研究

第一节　世界 500 强启示录：只有品牌战略，才是真正战略

一、谁是世界 500 强

美国《财富》杂志公布了 2006 年度全球 500 强公司名单，共有 22 家中国企业进入世界 500 强，其中，中国内地公司 19 家，台湾地区公司两家，香港地区公司一家。此外，中国建筑企业也首次亮相世界 500 强。在中国内地的上榜企业中，中石化由第 31 位升至第 23 位，稳居中国企业之首，也取得中国公司在世界 500 强排行榜上的最好名次。其他排名进入前百位的中国企业有国家电网公司，从第 40 位升到第 32 位；中石油从第 46 位升到第 39 位。

最新进入世界 500 强的 4 家中国企业中，其中，中国铁路工程总公司排名第 441 位，中国铁道建筑总公司和中国建筑工程总公司分别位列第 485 位和第 486 位。这也是中国建筑企业首次亮相世界 500 强。上海汽车工业集团在 500 强名单之列，排名第 475 位。

在新的 500 强名单中，美国炼油企业埃克森美孚以 3400 亿美元的收入一举超过沃尔玛，成为 500 强之首。表面看，变化是有的，进步也是有的。中石化和中石油排名"飙升"，反映了中国经济实力的总体提升；而中国一汽集团的上榜，更折射出中国近年来汽车工业的蓬勃发展，折射出中国人生活方式的巨大变迁。

事实上，中石化和中石油在 500 强中的"显著地位"已经告诉我们，作为融

入全球经济体系的"世界工厂"，我国经济进步所依赖的主要手段，依然是消耗原材料、基础能源和提供廉价劳动力，边际效益极低的粗放式发展模式依然在困扰着我们，而且石油价格等大宗商品的涨跌已经开始深刻地影响到我国相关企业。不仅如此，我们还看到，在金融、电子、汽车等科技含量较高的领域，我们却依然走在发达国家身后。当然，这也从另一个角度告诉我们，不要说中国经济已经高速发展20年了就会如何，事实上，我们的经济也就是刚刚起飞，上升的空间还很大，追赶的领域还很多。

美国《财富》杂志（中文版）还评选出了2006年"中国最有价值的品牌"，在这份排行榜的前25名企业中，共有6家中国公司入选，其中联想是榜单中跃升最快的公司，由2005年的第19位跃升至第14位，而海尔（第7位）仍然是榜单内中国品牌的排头兵，青岛啤酒（第20位）则是第一次入选榜单。这份排行榜的前25家企业品牌分别是宝马、微软、英特尔、奔驰、可口可乐、IBM、海尔、诺基亚、五粮液、贵州茅台、空中客车、保时捷、奥迪、联想、摩托罗拉、沃尔玛、波音、谷歌、同仁堂、青岛啤酒、百事可乐、西门子、索尼、耐克、通用汽车。

二、《金融时报》2006年全球品牌榜

《金融时报》2006年全球品牌榜：排名是《金融时报》联合国际市场调研公司推出的。发布方表示，这个排名第一次将品牌强度及其潜在顾客的因素考虑进来，不仅是普通的财务数据和专家观点集合排名。

在该品牌榜中，前10名有8个美国品牌，微软以品牌价值620亿美元高居榜首，亚军通用电气价值558亿美元，季军可口可乐价值414亿美元，中国移动紧随其后，以品牌价值392亿美元居第四位（见表5-1）。

尽管中国移动通信不是世界知名品牌，但拥有庞大的3亿多客户。按照《金融时报》"全球最强100品牌"排行榜的计算方法，中国移动在移动通信行业中的几项排名都是第一，其品牌价值综合排名第四位亦属正常。这是因为，首先中国的移动通信业发展迅猛，已经成为全球最大市场；其次是中国移动在无线通信市场中占据主导地位；再次则是"中国移动客户的忠诚度很高，其品牌在顾客中能够引起很大的共鸣，因此公司收入中有更大的部分是由品牌创造的"。

表 5-1 全球最强势 100 品牌的前 10 名

单位：百万美元

排　名	公　司	品牌价值
1	微　软	62039
2	通用电气	55834
3	可口可乐	41406
4	中国移动	39168
5	万宝路	38510
6	沃尔玛	37567
7	Google	37445
8	IBM	36084
9	花旗银行	31028
10	丰　田	30201

这一排名，一方面的确说明中国品牌的全球影响力在不断扩大，已经成为全球化不可或缺的一部分；但从另一方面看，中国移动这样一个业务与客户均集中于内地市场的本土品牌能够超过诺基亚、索尼、丰田、通用汽车等国际品牌，并不代表中国移动的实力有多厉害，更多的是说明"中国概念"以及中国不断增长的巨大市场在全球的影响力。前些年，中国市场还仅仅是大部分跨国公司业务发展规划中战略性的一部分，时至今日，中国市场已经实实在在地成为所有跨国公司中最具决定性的部分。正在中国市场上演的国际汽车巨头争夺战已经充分说明这一点，未来还会有越来越多的跨国企业和行业深刻体会到这一点。

我们往往认为，现在的诸多跨国公司，是在进行国际化后才发展成为跨国公司的。实际上，这些企业更多的是已经成为国际大企业之后，才开始大踏步地进行国际化。而它们之所以能够发展成为国际大企业，最主要的原因就在于它们在本国（本地区）拥有巨大的市场，这些企业只要在其国内（地区）占有相当的份额，那它在国际上也就成为了"巨无霸"，在已经成长为"巨无霸"后再去进行国际化，当然就能够"所向披靡"了。

我们现在有很多大企业在进行国际化时"步履维艰"，根本原因就在于：与美、欧、日相比，我们的市场还不够大，因此，尽管这些企业在国内已经占有了不菲的市场份额，但还不足以成为国际大企业。"中国概念"正在全球崛起，而现在扩大内需的政策将会使我们国内的市场更为迅速地扩大，如何把握这一有利时机，做大做强企业，已经成为所有中国企业共同的问题。相信随着中国市场的迅速扩大，中国不少本土大企业将会自然成为国际性的大公司。

三、只有品牌战略，才是真正战略

经营战略，一直是商业管理中至高无上的字眼。任何一家够规模的企业也都梦想能胸戴"战略家"的勋章，然而时代变了，新时代的新规则是：品牌战略第一，经营战略第二！

任何经营战略如果不能产生顾客价值的话必将无效以至负效，而要产生顾客价值，经营战略就必须接受品牌战略的领导。经营战略的首要任务就是要制定明确的公司使命，从汤姆·彼得斯在《追求卓越》一书中发现公司使命的神奇魔力开始，公司使命似乎已经成为打造百年金字招牌的不二法门。

然而在品牌化的今天，顾客所关注、追逐和购买的却是品牌，只要品牌能够带来所需要的利益、能够匹配所期望的感情、能够赋予所渴求的地位，他们眼中就只有品牌而没有公司，绝不在乎品牌背后的公司是阿猫还是阿狗，比如，宝洁公司拥有几十个上百个品牌，当你购买"飘柔"的时候压根儿犯不上和宝洁的公司使命较劲。对于顾客而言，品牌使命比公司使命更重要，公司是在后台运作的，而品牌是其前台的窗口，顾客正是通过品牌使命来认识公司使命的，如果品牌使命是不能吸引人的封面，就无人会把公司使命继续翻看！

另外的问题是，公司使命也需要品牌化，很多企业的公司使命是内部导向的，其基点不是顾客而是自身，这种浓郁的本位主义色彩根本就不关注顾客需求和顾客价值，不去考虑公司使命是否具备能见度和体验性，从而不可避免地严重脱离实际，到最后连企业内部都认为公司使命就是务虚的，这就是为什么联想三年前换标导入品牌战略，把品牌宣言（也就是品牌化的公司使命）当做核心工作之一的原因了。

品牌就是企业，品牌就是产品，品牌就是客户，品牌就是关系，品牌就是领导人，品牌已经成为它们过去的成就、今天的辉煌和明天的梦想，品牌是一切之一切！麦当劳的品牌价值对市场价值的贡献度高达83%（见表5-2）。

大家可以看到已经进入世界500强的中国企业主要是相对带有一定行业高度垄断性质的能源、电信和金融行业企业。它们的利润来自垄断而不是自由竞争条件下的技术和品牌两个支点。对这些已经进入世界500强行列的中国企业来说，

表 5-2 2003 年度美国有形资产和无形资产对企业价值的贡献度

排名	公司	品牌价值（百万美元）		市场价值	品牌价值/市场价值（%）	
		2002 年	2003 年	（百万美元）	2002 年	2003 年
1	可口可乐	69640	70450	111215	63	63
2	微软	64090	65170	303007	21	22
3	IBM	51190	51770	153121	33	34
4	通用电气	41310	42340	312788	13	14
5	互联网	30860	31110	183126	17	17
6	诺基亚	29970	29440	74028	40	40
7	迪斯尼	29260	28040	42273	69	66
8	麦当劳	26380	24700	29876	88	83
9	万宝路	24150	22180	85056	28	26
10	Mercedes	21010	21370	42560	49	50

资料来源：普华永德/彭博资讯/商业周刊全球品牌调查。

当前头等大事是技术和品牌战略的定位！笔者不赞成将进入世界 500 强作为奋斗目标，要知道《财富》杂志世界 500 强的指标只有一个：销售总额。因此，中国权威部门和经济学界认为：

第一，国际上许多服装品牌都是在中国内地贴牌生产（OEM），一套西装的成本如果是 500 元人民币，已经是世界顶级西装了，如果是在国内贴上本土品牌，售价在 1500~2000 元人民币，如果卖到纽约第五大道，贴上世界级品牌，售价在 2000 美元以上，相差 10 倍！这就是中国品牌与世界级品牌的差距！FENDI 牌一组三人沙发如果是意大利进口货，报价在 10 万~15 万元人民币，国产家具的质量不差，什么样的国产沙发能卖到 15 万元呢？因此，加入 WTO 以后，中国不仅要立志成为"世界工厂"，更要培育出一批世界级品牌！

第二，品牌是基于企业的基础之上的，因而中国品牌首先要做的是从基础做起，把企业做大做强，这是建立世界品牌的第一步。企业只有在发展到一定规模的基础上才会去考虑树立品牌，制定行之有效的品牌战略；一个在生存线苦苦挣扎的企业想到的只能是如何赚钱，如何生存下来。世界级品牌大多具有几十年甚至上百年的历史，都是经历过市场的洗礼的。同样国内的一些品牌如雅戈尔、杉杉等也是从不断整合、洗牌的服装行业里生存下来，才能树立品牌，要走出国门的。

第三，现在很多国内的企业都提到要树立品牌、发展品牌战略。说明大家开始有了这个意识，吃了没有品牌的苦头，知道要树自己的品牌形象了。但是要提醒大家没有品牌战略的企业是不能够长久发展，而没有实力支持的企业更不可能制定执行自己的品牌战略。拥有世界级的分量当然是需要有全球化的战略以及国际化的眼光。

品牌价值不仅在市场营销中作为一个重要的参考指标，在企业的兼并收购、投融资项目中，品牌的估值高低日益成为交易双方谈判的焦点。国际会计准则已经越来越倾向于将自身和购买的无形资产都明码标价地列入公司总资产中。对于品牌的培育、经营和延伸发展，品牌价值指标体系更是品牌研发及投资绩效的动态跟踪、改进、调整和评判的重要依据。品牌价值评估可以运用在财务、市场营销、战略规划等诸多方面。以财务为例，可以运用到公司的购并、融资、加盟连锁、税务策划方面。甚至可以应用在保护品牌价值的各种法律诉讼中，无论是针对品牌名称的使用，还是在财务清算中，要防止品牌资产的低估。现在国际上将品牌价值评估模型作为市场决策管理工具已成为趋势，特别是用在提高市场营销和品牌管理的实效性上，品牌价值评估提供了一个让投资者和整个公司内部都能够明白管理实施效果的量化指标体系。

四、品牌实验室的价值评估模型及计算公式

世界品牌实验室采用的品牌评估方法是目前通行的"经济适用法"（Economic Use Method）。通过对企业的销售收入、利润等数据的综合分析，判断企业目前的盈利状况，运用"经济附加值法"（EVA）确定企业的盈利水平。同时，世界品牌实验室运用其所独创的具有领先性的"品牌附加值工具箱"（BVA Tools）计算出品牌对收益的贡献程度，通过数理分析方法客观地预测企业今后一段时间内的盈利趋势以及品牌贡献在未来收入中的比例。最后通过对市场、行业竞争环境的风险分析，计算出品牌的当前价值。

公式为：品牌价值＝E×BI×S

E：调整后的年业务收益额。是通过对包括当年在内的前三年的营业收益及今后两年的预测收益乘以不同权重后，得出的平均业务收益。

BI：品牌附加值指数。运用"品牌附加值工具箱"（BVA Tools）计算出品牌对目前收入的贡献程度，表现为品牌附加值占业务收益的比例，其中包含了对品牌附加值在经济附加值中的比例的计算。

S：品牌强度系数。在考虑到中国行业及市场经济发展的独特性基础上，品牌强度系数的 8 个要素包括：行业性质、外部支持、品牌认知度、品牌忠诚度、领导地位、品牌管理、扩张能力以及品牌创新。这 8 个方面是对品牌从外部宏观环境和微观环境两个方面做的一个定性分析，可以通过市场调查和财务分析获得，反映了品牌的未来收益。

以行业性质来说，在我国，不同行业的特性决定了行业竞争的差异性较大，行业壁垒的差异性也不尽相同。如钢铁、银行、航空的行业垄断性较强，而家电、服装等最终消费品制造业的行业竞争更大，可以根据不同的行业特性建立行业性质权重，对品牌强度系数予以调整。

另一个要素——延伸能力也是一个极其重要的权重。它是指在强势品牌的基础上，将原有品牌发展到新的产品或服务上，甚至延伸到其他产业中。如新希望集团跨越了饲料、金融、乳业等多个领域。品牌化的组合策略将主品牌转化为主导驱动者，虽然也有分散资源的弱点，但是加强了品牌结构的清晰度，增加了品牌传播的效率。

《商业周刊》杂志和 Interbrand 联合评出了 2006 年"中国品牌 20 强"（见表 5-3）。

表5-3　2006 年"中国品牌 20 强"名单

单位：亿美元

排名	公　司	品牌价值	2005 年营业收入	净利润
1	中国移动	251.1	304.6	67.1
2	中国银行	90.7	241.4	32.5
3	中国建设银行	70.2	160	59
4	中国电信	33.8	212.2	35
5	中国人寿保险	29.8	122.3	11.6
6	平安保险	12.1	81.1	5.3
7	中国工商银行	9.8	35.9	4.6
8	贵州茅台	7.9	4.3	1.4
9	交通银行	6.9	67.3	11.5
10	联想	4.1	129.9	0.3
11	网易	3.5	2	1.1
12	国美	2.9	22.6	0.6
13	中兴	2.5	27	1.6
14	五粮液	2	7	1

续表

排名	公司	品牌价值	2005年营业收入	净利润
15	中国国际航空	2	44.3	3
16	张裕集团	1.6	2.1	0.4
17	万科集团	1.5	12.4	1.7
18	格力	1.4	22.8	0.6
19	中国网通	1.3	109.3	17.4
20	中国海外物业服务有限公司	1	8.8	1.9

第二节 2006 年世界 50 强名单

表 5-4 2006 年《财富》全球最大 500 家公司前 50 位的排名

排名	公司标志	中文常用名称	总部所在地	主要业务	营业收入（百万美元）
1	ExxonMobil	埃克森美孚	美国	炼油	339938.0
2	WAL★MART 沃尔玛	沃尔玛	美国	一般商品零售	315654.0
3		皇家壳牌石油	英国/荷兰	炼油	306731.0
4	bp	英国石油	英国	炼油	267600.0
5	GM	通用汽车	美国	汽车	192604.0
6	Chevron	雪佛龙	美国	炼油	189481.0
7	DAIMLERCHRYSLER	戴姆勒—克莱斯勒	美国	汽车	186106.3
8	TOYOTA	丰田汽车	日本	汽车	185805.0
9	Ford	福特汽车	美国	汽车	177210.0
10	ConocoPhillips	康菲	美国	炼油	166683.0
11	GE 通用电气公司	通用电气	美国	多元化	157153.0
12	TOTAL	道达尔	法国	炼油	152360.7
13	ING	荷兰国际集团	荷兰	保险	138235.3

续表

排名	公司标志	中文常用名称	总部所在地	主要业务	营业收入（百万美元）
14	citigroup	花旗集团	美国	银行	131045.0
15	AXA	安盛	法国	保险	129839.2
16	Allianz	安联	德国	保险	121406.0
17	VW	大众汽车	德国	汽车	118376.6
18	FORTIS	富通	比利时/荷兰	银行	112351.4
19	CA	农业信贷银行	法国	银行	110764.6
20	AIG WE KNOW MONEY.	美国国际集团	美国	保险	108905.0
21	GENERALI Assicurazioni Generali	忠利保险	意大利	保险	101403.8
22	SIEMENS	西门子	德国	电子、电气设备	100098.7
23	中国石化 SINOPEC	中国石化	中国	炼油	98784.9
24	NTT Group	日本电报电话	日本	电信	94869.3
25	Carrefour	家乐福	法国	食品、药品店	94454.5
26	HSBC 汇丰	汇丰控股	英国	银行	93494.0
27	Eni	埃尼	意大利	炼油	92603.3
28	AVIVA	英杰华	英国	保险	92579.4
29	IBM.	国际商用机器	美国	计算机办公设备	91134.0
30	McKESSON	麦克森	美国	保健品批发	88050.0
31	HONDA The Power of Dreams	本田汽车	日本	汽车	87510.7
32	国家电网公司 STATE GRID	国家电网	中国	电力	86984.3
33	hp invent	惠普	美国	计算机办公设备	86696.0
34	BNP PARIBAS	法国巴黎银行	法国	银行	85687.2
35	PDVSA	委内瑞拉石油	委内瑞拉	炼油	85618.0
36	UBS	瑞银集团	瑞士	银行	84707.6

续表

排名	公司标志	中文常用名称	总部所在地	主要业务	营业收入（百万美元）
37	Bank of America	美国银行	美国	银行	83980.0
38	HITACHI Inspire the Next	日立	日本	电子、电气设备	83596.3
39		中国石油天然气	中国	炼油	83556.5
40	PEMEX	墨西哥石油	墨西哥	原油生产	83381.7
41	NISSAN	日产汽车	日本	汽车	83273.8
42	BERKSHIRE HATHAWAY INC.	伯克希尔—哈撒韦	美国	保险	81663.0
43	HOME DEPOT	家得宝	美国	专业零售	81511.0
44	VALERO ENERGY CORPORATION	瓦莱罗能源	美国	炼油	81362.0
45	JPMorganChase	摩根大通	美国	银行	79902.0
46	SAMSUNG	三星电子	韩国	电子、电气设备	78716.6
47	Panasonic ideas for life	松下电器	日本	电子、电气设备	78557.7
48	Deutsche Bank	德意志银行	德国	银行	76227.6
49	HBOS	哈利法克斯苏格兰银行	英国	银行	75798.8
50	verizon	韦里孙通信	美国	电信	75111.9

资料来源：美国《财富》杂志。本版内容由北方网时代财经独家编辑，转载请标明出处。

第三节 寻找中国实力：中国顶尖企业 100 榜

　　《福布斯》中文版连续两年推出《中国潜力 100》榜之后，将目光从代表中国未来力量的中小企业转向中国经济实力的代表——在市场化环境中如鱼得水的中国大型企业。这个榜单称为《中国顶尖企业 100》（见表 5-5）。与其他类似榜单不同的是，不仅关注企业发展的规模，更注重其运作的质量及可持续性。因此，

表5-5 中国顶尖企业100榜单

单位：人民币亿元

排名	公司名称	总部所在地		主营业务	销售增长率3年加权平均(%)	利润增长率3年加权平均(%)	总资产回报率3年加权平均(%)	净资产回报率3年加权平均(%)	销售利润率3年加权平均(%)	销售收入	利润	总资产
1	联想控股	北京	一	计算机整机、移动通信终端制造	107	32	5	280	3	1082	20.5	623
2	华西集团	江苏	江阴	金属制品、毛纺品生产	53	300+	41	82	20	276	13.2	146
3	华为	广东	深圳	通信网络技术与产品的研发、生产和销售	39	6	10	27	13	405	40.7	490
4	沙钢集团	江苏	张家港	炼钢、专用化学产品制造	74	143	9	22	6	405	15.2	203
5	广厦控股	浙江	杭州	建筑、房地产经营开发	26	23	10	107	7	257	17.0	167
6	魏桥创业	山东	邹平	家纺用品生产	70	52	7	18	6	355	21.1	257
7	民生银行	北京	一	人民币存、贷款、结算业务	38	48	1	24	17	238	42.4	5571
8	国美电器	北京	一	家用电器、电子通信产品销售	99	300+	8	46	5	187	9.0	97
9	江西铜业	江西	贵溪	铜等有色金属的开采、冶炼	49	93	13	21	14	133	21.8	131
10	苏宁电器	江苏	南京	家用电器、电子通信产品销售	67	84	15	44	3	159	5.5	43
11	海尔集团	山东	青岛	冰箱、空调、洗衣机等家电制造	12	4	5	10	3	419	11.7	221
12	娃哈哈集团	浙江	杭州	饮料、医药保健品生产	19	8	18	29	12	141	15.2	89
13	金锣集团	山东	临沂	生猪屠宰、肉类加工	44	8	23	33	7	136	8.2	39
14	中兴通信	广东	深圳	电信设备生产及服务的提供	7	18	7	14	6	212	13.2	192
15	正泰集团	浙江	乐清	输配电及控制设备制造	23	11	16	31	6	150	7.6	51
16	美的集团	广东	顺德	空调、冰箱等家电制造	44	36	3	8	2	325	5.8	244
17	紫金矿业	福建	龙岩	黄金、铜等有色金属的开采、冶炼	83	69	19	39	39	31	11.3	55
18	修正药业	吉林	长春	中成药制造	291	90	17	29	22	31	4.6	27
19	三房巷集团	江苏	江阴	PBT工程塑料、涤纶纤维、化纤纱的生产	45	18	11	35	4	139	5.2	86
20	胜通集团	山东	东营	化工产品生产	65	80	28	55	15	30	4.4	15

续表

排名	公司名称	总部所在地		主营业务	销售增长率3年加权平均(%)	利润增长率3年加权平均(%)	总资产回报率3年加权平均(%)	净资产回报率3年加权平均(%)	销售利润率3年加权平均(%)	销售收入	利润	总资产
21	南山集团	山东	龙口	纺织服装、金属制品生产	34	24	10	16	14	126	17.4	173
22	东方集团	黑龙江	哈尔滨	银行、保险、证券等	25	-9	16	41	13	92	10.0	82
23	西洋集团	辽宁	海城	耐火材料、复合肥、钢铁生产	59	61	13	23	10	101	10.2	73
24	西部矿业	青海	西宁	铅锌铜等有色金属的开发	138	84	10	39	19	46	6.8	67
25	怡亚通供应链	广东	深圳	供应链服务	300+	30	6	76	28	53	1.0	17
26	永钢集团	江苏	张家港	建筑用钢材、耐火材料生产	46	51	8	36	5	128	6.3	73
27	金石豆业	辽宁	沈阳	大豆食用油、豆粕等生产加工	119	124	17	88	5	35	1.7	7
28	三鹿集团	河北	石家庄	液体乳及乳制品制造	107	71	19	36	6	75	4.2	20
29	雅居乐地产	广东	中山	房地产开发经营	84	282	10	36	19	54	14.6	96
30	西水集团	山东	东营	车辆、飞机及工程机械轮胎生产	90	182	13	30	10	32	4.1	23
31	格兰仕	广东	顺德	微波炉、空调等家电制造	20	47	6	24	3	135	4.4	83
32	大众食品	山东	临沂	肉制品加工	23	20	22	29	12	77	9.2	40
33	万科	广东	深圳	房地产业	32	57	6	15	12	106	13.5	220
34	金盘实业	海南	海口	房地产开发经营、汽车销售	300+	158	8	22	9	37	0.8	7
35	敬业集团	河北	石家庄	钢材、化工产品	87	63	17	36	7	88	5.7	30
36	合生创展	广东	广州	房地产开发与经营	40	88	8	29	25	64	18.9	204
37	格力电器	广东	珠海	空调、冰箱等家电制造	28	19	5	20	4	165	5.7	110
38	中天钢铁	江苏	常州	炼钢、轧钢	190	300+	3	21	2	108	2.8	79
39	东方希望	上海	—	饲料生产、铝电、投资	72	87	10	26	7	100	7.0	61
40	波司登	江苏	常熟	纺织服装制造	72	179	11	27	7	65	6.3	43
41	百仕达控股	香港	—	房地产开发与经营	89	83	9	28	27	49	11.7	123
42	金田铜业	浙江	宁波	铜加工	112	171	27	61	6	113	8.1	23

续表

排名	公司名称	总部所在地		主营业务	销售增长率3年加权平均(%)	利润增长率3年加权平均(%)	总资产回报率3年加权平均(%)	净资产报酬率3年加权平均(%)	销售利润率3年加权平均(%)	销售收入	利润	总资产
43	富力地产	广东	佛山	房地产开发与经营	42	105	8	32	22	58	16.2	173
44	永乐电器	上海	—	家用电器、电子通信产品销售	54	40	6	30	3	122	3.5	77
45	伊泰煤炭	内蒙古	鄂尔多斯	烟煤和无烟煤的开采洗选	42	198	17	36	18	35	8.5	37
46	永兴钢铁	河南	安阳	炼铁、炼钢	66	300+	8	28	4	38	2.0	18
47	华立仪表	浙江	杭州	供应用仪表及其他通用仪器制造	300+	173	7	15	6	56	2.7	52
48	维维集团	江苏	徐州	豆制品、乳制品制造	16	16	14	22	7	97	6.5	45
49	丛林集团	山东	龙口	水泥制造	51	51	20	31	20	46	8.9	39
50	万向集团	浙江	杭州	汽车零配件制造	26	-16	6	13	5	252	7.6	168
51	伊利股份	内蒙古	呼和浩特	液体乳及乳制品制造	39	26	8	17	4	122	4.9	55
52	蒙牛乳业	内蒙古	呼和浩特	液体乳及乳制品制造	59	47	10	6	6	108	6.2	61
53	梦兰集团	江苏	常熟	纺织制成品制造	141	116	9	24	5	53	2.3	22
54	隆力奇	江苏	常熟	化妆品、日用化学品制造	56	89	18	41	7	50	4.3	21
55	五征集团	山东	日照	拖拉机制造	41	50	29	59	5	50	2.6	9
56	福田重工	山东	潍坊	机械设备制造	67	99	10	44	3	63	2.2	20
57	京华制管	河北	衡水	建筑装饰及水暖管道零件制造	47	41	16	65	9	37	3.0	24
58	南京钢铁	江苏	南京	炼钢、轧钢	47	-15	9	24	6	149	5.8	84
59	创维—RGB电子	广东	深圳	彩电、激光视盘机、家庭影院等家电生产	13	36	2	37	1	130	1.5	68
60	远东集团	江苏	宜兴	电线电缆制造	65	81	12	35	6	49	2.9	29
61	联华超市	上海	—	超级市场零售	27	13	6	19	3	143	3.6	70
62	万达集团	山东	东营	电线、电缆、光缆及电工器材制造	64	57	13	32	9	49	4.1	31
63	华宏实业	江苏	江阴	液压和气压动力机械及元件制造	98	78	10	25	8	41	2.9	26

续表

排名	公司名称	总部所在地		主营业务	销售增长率3年加权平均(%)	利润增长率3年加权平均(%)	总资产报3年加权平均(%)	净资产回报率3年加权平均(%)	销售利润率3年加权平均(%)	销售收入	利润	总资产
64	荣盛化纤	浙江	杭州	涤纶纤维制造	82	108	5	14	3	70	2.3	38
65	横店集团	浙江	东阳	电气电子、医疗化工、影视娱乐	-4	3	8	24	10	97	10.7	151
66	倪家集团	江苏	江阴	毛纺织和染整精加工	85	91	9	21	9	32	2.8	28
67	阳光集团	江苏	江阴	毛纺织和染整精加工、纺织制成品制造	58	39	6	10	6	98	5.5	84
68	西王集团	山东	滨州	淀粉及淀粉制品的制造	100	83	8	17	7	45	3.1	42
69	张铜集团	江苏	张家港	金属制品生产	51	73	9	44	4	43	1.7	16
70	恒安国际	福建	晋江	生活用纸制品及日化护肤品制造	31	33	13	21	18	32	5.6	41
71	盾安控股	浙江	诸暨	制冷、空调设备制造	50	43	14	34	8	44	3.3	21
72	雨润食品	江苏	南京	屠宰及肉类加工	59	69	9	24	8	45	3.7	29
73	澳洋实业	江苏	张家港	纺织服装制造、毛纺织和染整精加工	49	107	9	21	7	37	3.1	28
74	综艺集团	江苏	通州	应用软件服务	1	11	20	32	14	38	6.0	32
75	物美商业	北京	—	超级市场零售	56	44	9	16	6	39	2.3	27
76	忠旺铝型材	辽宁	辽阳	塑型材、铝型材等铝加工材料生产	64	83	5	9	11	36	4.3	82
77	华芳集团	江苏	苏州	棉、化纤纺织及印染精加工	18	45	4	12	3	103	3.0	70
78	双良集团	江苏	江阴	中央空调、钢炉等机械设备制造	71	18	6	14	11	50	4.1	74
79	长城汽车	河北	保定	汽车制造	9	-11	12	19	17	38	5.6	58
80	如意集团	山东	济宁	毛纺织品制造	97	78	4	9	4	43	1.5	34
81	比亚迪	广东	深圳	手机电池及汽车制造	20	-24	10	21	11	65	6.2	110
82	建龙钢铁	吉林	吉林	钢铁、采矿、房地产开发	30	2	16	42	14	33	3.9	30
83	万利达科技	福建	漳州	视听产品、电子产品制造	86	5	13	33	5	31	1.0	9
84	宏安集团	山东	文登	光纤、光缆制造	32	93	11	25	5	42	2.2	20

续表

排名	公司名称	总部所在地	主营业务	销售增长率3年加权平均(%)	利润增长率3年加权平均(%)	总资产回报率3年加权平均(%)	净资产回报率3年加权平均(%)	销售利润率3年加权平均(%)	销售收入	利润	总资产
85	大成生化	香港	—	淀粉及淀粉制品的制造	27	-10	10	18	21	42	6.0	98
86	亚邦化工	江苏	常州	染料制造	44	106	4	13	4	35	1.5	27
87	青岛变压器	山东	青岛	变压器、整流器和电感器制造	36	39	9	26	8	31	2.4	24
88	雅戈尔	浙江	宁波	纺织服装制造、房地产开发与经营	25	21	7	19	18	46	8.1	117
89	金发科技	广东	广州	高性能改性塑料研发、生产和销售	47	42	8	18	5	35	1.6	20
90	龙盛控股	浙江	上虞	染料制造	31	34	13	24	10	41	4.1	29
91	太阳纸业	山东	兖州	造纸及纸制品业	44	16	9	29	8	59	4.3	49
92	海亮集团	浙江	诸暨	铜材加工	31	38	10	22	5	56	2.7	26
93	宝业集团	浙江	绍兴	房屋工程、土木工程	21	44	10	29	9	47	4.2	46
94	力帆实业	重庆	—	摩托车、汽车制造	21	34	5	15	3	71	2.1	48
95	高力集团	江苏	南京	房地产开发与经营	51	36	9	11	5	68	2.9	30
96	凤祥集团	山东	诸城	肉制品及副产品加工	27	45	5	14	6	30	1.9	33
97	天士力	天津	—	现代中药、化学药研发和生产	19	7	5	12	11	33	3.3	67
98	道远化纤	浙江	萧山	化纤弹力丝制造	40	47	9	21	4	30	1.0	10
99	大东南塑胶集团	浙江	诸暨	功能性塑料制品生产	22	15	15	25	6	51	3	30
100	海鑫钢铁	山西	运城	钢铁、水泥生产	13	-13	9	17	8	74	4.8	67

注：①3年加权平均值：2003~2005年三年的加权平均值；②300+表示3年加权平均销售（利润）增长率超过300%；③在本榜单制作期间，排名第8位的国美电器收购了排名第44位的永乐电器。
资料来源：《福布斯》。

称这些企业为中国经济的脊梁。这次评选并没有涵盖国有企业，如中国石油、中国石化、中国银行等，因为这些企业除其本身企业责任外，还被赋予了更高一个层次的国家策略的任务。

经过近 30 年的改革开放，中国民营经济的日趋活跃，为中国经济这块平静的水域提供了活跃的"鲶鱼"，在实力日益增强的中国经济中又增添了无穷的活力。像联想、华为、海尔这样的公司，更是走上了世界舞台，在全球化浪潮中强筋健骨。未来的世界将是全球一体化的。要想持续保持企业稳健的发展，国际化视角是当今中国企业不可或缺的能力。取得一定规模的大型企业则更应该开阔自己的眼界，为自己建立起全球优势。

国际化的视角更需要国际化的思维。在面对不同市场的时候，企业家要善于摸索出国际上不同国家的不同特性，找出自己独特的经营思路。正如"猎购全球"一文中所描写的北极星资本管理公司（Polaris Capital Management）总裁豪恩（Bernard Horn）所做的那样，他在选择投资对象时不是像在美国国内一样只关注净利润，而是根据全球市场的特性去找他所谓的"自由现金流"，并从中发现看似平淡无奇却非常有投资价值的公司。他甚至根据自己的"自由现金流"标准对全球 50 个国家 2.4 万个企业进行了排名，从中筛选出最有前途的 500 强企业。他掌管的基金在过去 5 年里取得了 17.7%的年回报率。

实力是企业持续发展的基石；企业要得到实力，企业家需要独特的眼光和潜心的研究。

《福布斯》中文版在中国首次按两年长期业绩评选发布了"2006 年福布斯中国优选基金"。此次共有 4 只基金从 79 只候选基金中脱颖而出。

根据《福布斯》的两年评价标准，截至 2006 年 6 月 30 日，虽然中国共有 212 只开放式基金，但成立两年以上的只有 79 只。4 只入选基金则分别为：广发基金公司的"广发聚富基金"、华夏基金公司的"华夏回报基金"、嘉实基金公司的"嘉实增长基金"和景顺长城基金公司的"景顺长城动力平衡基金"（见表 5.6）。

入选的 4 只基金，在时间上，它们成立运作都接近三年，经历了较长时间的市场考验。从业绩上看，这 4 只基金最近两年的年均回报率都在 30%以上，名列候选的 32 只股票型基金中的前 10 位（见表 5-7 至表 5-10），在一个较长的周期内保持了较好的收益。

表 5-6 2006 年《福布斯》中国优选基金

基金名称	最近两年年均回报率（%）	最后一年总回报率（%）	设立以来总回报率（%）	波动幅度（%）	成立日期
广发聚富	47.01	91.08	116.73	19.21	2003-12-03
华夏回报	36.37	77.78	93.93	20.66	2003-09-05
嘉实增长	35.03	67.28	112.01	16.91	2003-07-09
景顺长城动力平衡	32.85	62.69	90.01	18.28	2003-10-24

资料来源：上海财汇咨询。

表 5-7 广发聚富基金（270001）十大重仓股

十大重仓股								
序号	证券代码	证券简称	市值（元）	占基金净值比（%）	持股数（股）	占公司总股本（%）	较上期增减（股）	其他基金持有（家）
1	600519	G 茅台	219410000.00	7.21	4625000	0.49	2275003	120
2	000792	G 钾肥	211442526.40	6.95	10415888	1.36	1883361	81
3	002024	苏宁电器	179200000.00	5.89	3500000	0.97	-100000	83
4	600456	G 宝钛	157377000.00	5.17	3300000	1.65	-74460	53
5	600694	大商股份	130784839.90	4.30	3162874	1.08	不详	87
6	600316	洪都航空	114605804.84	3.77	3299908	1.31	不详	43
7	600585	G 海螺	90927123.00	2.99	6593700	0.53	679000	42
8	000538	G 云南白药	79612500.00	2.62	2750000	0.85	530000	67
9	600309	G 万华	65250000.00	2.14	4500000	0.38	1200000	81
10	600028	中国石化	62852050.00	2.07	10056328	0.01	不详	108

资料来源：上海财汇咨询。

表 5-8 华夏回报基金（002001）十大重仓股

十大重仓股								
序号	证券代码	证券简称	市值（元）	占基金净值比（%）	持股数（股）	占公司总股本（%）	较上期增减（股）	其他基金持有（家）
1	002024	苏宁电器	161373593.60	6.37	3151828	0.87	486503	83
2	600456	G 宝钛	147006666.43	5.80	3082547	1.54	73900	53
3	000895	双汇发展	126964324.62	5.01	4073286	0.79	-244600	91
4	600415	小商品城	126609660.27	5.00	2001101	1.60	416701	50
5	600694	大商股份	125684813.60	4.96	3039536	1.03	-1607622	87
6	600271	G 航信	122987192.07	4.85	4098207	1.33	不详	44

				十大重仓股				
序号	证券代码	证券简称	市值（元）	占基金净值比(%)	持股数（股）	占公司总股本(%)	较上期增减（股）	其他基金持有（家）
7	000039	G中集	121828200.90	4.81	7566969	0.38	不详	83
8	600583	G海工	98469679.40	3.89	4299986	0.54	不详	96
9	600616	G食品	94351361.40	3.72	6001995	1.64	不详	50
10	600320	G振华	94309251.54	3.72	4777571	0.31	不详	74

资料来源：上海财汇咨询。

表 5-9　嘉实增长基金（070001）十大重仓股

				十大重仓股				
序号	证券代码	证券简称	市值（元）	占基金净值比(%)	持股数（股）	占公司总股本(%)	较上期增减（股）	其他基金持有（家）
1	000069	G华侨城	105907826.25	8.55	9201375	0.83	-88625	69
2	600859	王府井	103287231.60	8.34	7975848	2.03	不详	38
3	600386	G北巴	79233268.34	6.40	15063359	3.74	不详	12
4	600036	G招行	77100000.00	6.23	10000000	0.08	-10400000	138
5	600075	G天业	60863725.89	4.91	4531923	2.07	-227392	13
6	000758	G中色	60173207.20	4.86	7249784	1.25	不详	24
7	000729	G燕啤	52591468.95	4.25	6151049	0.56	不详	46
8	600183	G生益	44858107.28	3.62	4092893	0.64	不详	45
9	600590	G泰豪	39260749.80	3.17	4221586	2.15	不详	14
10	600436	G片仔癀	37707467.52	3.05	2059392	1.47	不详	13

资料来源：上海财汇咨询。

表 5-10　景顺长城动力平衡基金（260103）十大重仓股

				十大重仓股				
序号	证券代码	证券简称	市值（元）	占基金净值比(%)	持股数（股）	占公司总股本(%)	较上期增减（股）	其他基金持有（家）
1	600519	G茅台	18027200.00	7.23	380000	0.04	131359	120
2	600320	DRG振华	15002400.00	6.02	760000	0.05	-115475	74
3	600583	G海工	13053000.00	5.24	570000	0.07	140000	96
4	002024	苏宁电器	11264000.00	4.52	220000	0.06	不详	83
5	000869	G张裕	10869290.00	4.36	289000	0.05	29000	63

			十大重仓股					
序号	证券 代码	证券 简称	市值（元）	占基金 净值比 （%）	持股数 （股）	占公司 总股本 （%）	较上期 增减 （股）	其他基 金持有 （家）
6	000792	G 钾肥	10608171.00	4.25	522570	0.07	125990	81
7	600694	大商股份	9924000.00	3.98	240000	0.08	-10000	87
8	600887	G 伊利	9840288.99	3.95	431781	0.08	不详	122
9	000002	G 万科 A	9576750.00	3.84	1695000	0.04	195000	75
10	600269	G 赣粤	9249310.70	3.71	941885	0.12	150385	52

资料来源：上海财汇咨询。

第四节　全球伟大飙涨大牛股启示录（上）

至今仍让人津津乐道的"5·19"网络股行情，是在美国市场网络股兴起并被大肆炒价涨了数十倍之后，国内市场的同类股票如东方明珠、清华同方、上海梅林、综艺股份等才呼应而大涨的；美国 2003 年交通运输、海运股受到追捧，此后国内在 2004 年年初的行情，充分演绎了海运板块的牛股行情；从 2003 年开始，石油、天然气、有色金属板块在成熟市场逐步走强，特别是巴菲特也在香港股市大量买入中石油的股份，但沪深股市明显滞后，金属股的飞涨行情直到 2005 年年底才慢慢显现出来；如果能在 A 股里找到成熟市场大牛股的翻版股，那一定是件令人兴奋的事。

1959~2001 年美国股市历史上涨行情的领导产业股见表 5-11。

表 5-11　美国股市历史上涨行情的领导产业股

时　间	名　　　　称
1959	自动贩卖机
1960	食品、储蓄、银行、烟草
1963	航空
1965	太空、彩色电视、半导体
1967	电脑、集团公司、饭店
1968	可移动式住屋（Mobile Homes）

续表

时 间	名　　称
1970	建筑、煤业、石油服务、餐饮、零售业
1971	可移动式住屋（Mobile Homes）
1973	金矿、银业
1974	煤业
1975	零售（Catalog Showrooms）、石油
1976	医院、污染防治、安养院、石油
1978	电子、石油、小型电脑
1979	石油、石油服务、小型电脑
1980	小型电脑
1982	服装、汽车、建筑、折扣超市、军用电子、可移动式住屋、服装零售
1984~1987	生化药品、食品、糕饼、超市、有线电视、电脑软件
1988~1990	鞋业、糖业、有线电视、软件、珠宝零售、通信、医疗保健
1990~1992	医疗产品、生化科技、电脑周边/LAN、餐饮、电玩
1992~1994	银行、油气探采、半导体、通信、生化药品、有线电视
1995~1998	电脑周边/LAN、电脑软件、网络、银行、个人电脑
	探油设备、直销
1999~2001	网际网络、医药、电脑记忆体、电信设备、半导体生产、电脑通信
	光纤设备、电脑商务软件

一、美国"漂亮 50"时代

我们泰源隆投资公司研究认为，中国目前的经济水平和技术水平大约相当于美国 20 世纪 50 年代的水平，而 60~70 年代美国股市曾经发生过精彩的股市。

"漂亮 50"（Nifty Fifty）起源于 20 世纪 70 年代美国《福布斯》杂志的一个脚注（也有一种说法是它起源于 Kidder Peabody 的一篇文章），此后成为"最值得拥有的股票"的代名词，并在 20 世纪的后 30 年间为投资人提供了平均 13.13% 的年回报率，可口可乐、迪斯尼、吉列、沃尔玛、麦当劳、IBM 等一批国际型大企业从中脱颖而出；1999 年，汇丰提出了新的"漂亮 50"名单，涵盖了整个欧美市场。

经过第二次世界大战带来的经济不景气，美国终于走出了大萧条的阴影。战后的美国成为经济实力全球遥遥领先的超级大国，步入了经济持续高涨的太平盛世。这一轮增长一直持续了 30 余年，在 20 世纪 70 年代初达到了顶峰。与此同时，美国人的信心也达到了顶峰；经济的持续稳定增长似乎是无止境的——既然已经增长了这么多年，根据经济和人类思维的惯性，人们相信这一趋势在未来仍将延续。反映在投资方面，则是投资人对成长投资的追求，所谓"漂亮 50"由此应运而生。

"漂亮 50"被视为 20 世纪 60 年代到 70 年代初美国机构投资者"必须拥有"（Must Have）的股票投资组合。首先，它们是一些大盘股，这样，机构投资者的买进和卖出才不会对股价有显著的影响；其次，它们是一些业绩持续增长的股票——每股收益多年一直保持两位数的增长；再次，它们拥有强劲的基本面：出色的资产负债表、强大的品牌和不容挑战的竞争地位。因此，它们不仅是"必须拥有"的，而且是"一旦拥有，别无所求"的，就是说，值得长期乃至永远拥有的。

由于机构投资者的热烈追捧，如此光彩照人的股票当然价值不菲。由摩根保证信托挑选的"漂亮 50"，在 1972 年股价达到高点时，其市盈率最高的股票为 90.7 倍（宝丽莱），最低为 16.3 倍（混合经营的 Conglomerate 公司 ITT）；平均市盈率高达 41.9 倍。由皮博迪（Kidder Peabody）挑选的另一个"漂亮 50"组合，其中最低的股票市盈率也在 40 倍以上，平均市盈率高达 60 多倍。这两个单子所共有的 24 只股票，被称为"恐怖 24"（Terrific 24），其最低市盈率也高达 45.9 倍。

从美国的经验看，从 1980 年起，电子类上市公司作为新兴的优势产业，成为支撑 20 世纪 80 年代以来美国科技、经济实力飞速发展的主体力量，直至今日电子类上市公司仍是主导美国上涨行情领导产业股的首选。

美股历史上排名前 20 位的大牛股分别是：戴尔（DELL）8900 倍、商业电台（CCU）8100 倍、零售业（BBY）995 倍、软件开发（MSFT）960 倍、理财经纪（SCH）827 倍、食品供应（NBTY）782 倍、通信技术（WCOM）694 倍、生物技术（AMGN）576 倍、法律服务（PPD）416 倍、计算机芯片（INTC）372 倍、建材制造（HD）370 倍、工资报表设计（PAYX）340 倍、零售业（DG）270 倍、摩托车制造（HDI）241 倍、服装零售（GPS）232 倍、办公用品供应（SPLS）186 倍、银行（WBPR）170 倍、药品供应商（MDT）168 倍、银行（ZION）161 倍、建筑材料供应商（LOW）152 倍，美国家居，9 次拆分，连续 14 年上涨，涨幅 300 倍，BEST BUY（美国的苏宁、国美）涨幅有 500 倍。

2003 年以来，美国道指成份股里大多表现亮丽，巨大的身躯依然能够翻倍，其中，翻两倍的有：埃克森美孚石油（XOM）、联合技术公司（UTX）、霍尼韦尔公司（HON）；翻2~3倍的有：菲利普莫里斯公司（MO）、摩根大通（JPM）、迪斯尼公司（DIS）；3倍以上的有：卡特彼勒（CAT）、波音飞机制造（BA）、惠普康柏（HPQ）。

从中国台湾地区的经验来看，由于国际产业移动，从1990年起台湾对技术密集度高、附加价值高、关联效果大、市场潜力大、能源系数低、污染程度低的"策略性工业"等提供5年免征营利事业所得税或加速折旧的优惠，开始大力发展所谓的"两兆双星"产业，"两兆"指电子类高科技产业，尤其是未来产值超过新台币一兆元以上的半导体（IC）产业及影像显示（TFT-LCD）产业，"双星"指数字内容产业（包含软件、电子游戏、媒体、出版、音乐、动画、网络服务等领域）及生物技术产业。电子类也成为台湾股市的主导上涨行情的产业的领导股。

"历史会重演"。预计2005~2010年，作为"世界工厂"的中国，其主导性优势产业——工业制造业中的科技附加值较高和技术含量较高的子行业，如电力设备、装备制造、化工新材料、IT硬件产业、电信设备业等将成为中国股市未来上涨行情的投资重点和领涨股。

目前的中小企业板孕育着未来能涨20倍的股票，高速发展的中国经济必然能孕育出高速成长的科技公司，美国经济高速发展中产生了GE、微软、英特尔、思科、IBM等一大批跨国科技企业。日本经济发展中产生了日立、索尼、NEC等世界级公司，中国经济的高速成长一定会培养出一批高速成长的科技公司。中国目前已经有了联想、华为、中兴，接下来10年还会有其他公司成为世界级公司，它们是谁？大族激光、用友软件、华胜天成、航天信息、长电科技、士兰微、恒生电子、东软股份、中国软件、浙大网新吗？让我们拭目以待。

二、最近全球5年来飙涨大牛股

根据作者立春在闽发多彩博客发表的《近年来美国十大牛股》的研究心得再结合笔者的观点，我们下面重点解析最近全球5年来飙涨的大牛股，或许能给大家一些启发。

第一只：TASER

Taser International由Smith兄弟创建，公司主要生产和开发非致命性或弱致命性的自卫武器Advanced Taser和Air Taser等。公司生产的自卫武器主要应用于安全保卫部门、航空业、监狱和个人消费者。

"9·11"的惨剧和恐怖袭击的不断出现，使更多的人认识到安全的重要。因此，对于自卫武器的需求也逐渐上升。Taser 的自卫武器设计先进，重要的是在保护使用者自身安全的同时，可以制服攻击者而不致造成致命伤害，这更符合人们对自卫武器的要求。目前这种非致命型自卫武器的市场比较广阔，根据有关的统计，潜在的市场总额达 152 亿美元，这为公司未来销售的增长提供了足够的空间。同时，由于自卫武器涉及人身安全，所以一项产品的商业化需要经过较长时间的审批。这也形成了行业进入的障碍。Taser 的核心产品 Advanced Taser 和 Air Taser 在业界得到了广泛的认可，具有一定的优势。

主要证券数据：

挂牌市场：纳斯达克证券交易所

IPO 日期：2001 年 5 月 8 日

IPO 价格：4.00 美元

上市时间：2001 年 6 月 19 日

目前市值：4.32 亿美元

首日开盘价：7.00 美元

公众流通股：500 万股上市初期，2004 年 2 月中 3:1 拆分，同年 4 月再次 2:1 拆分，11 月再次 2:1 拆分，一年内股本扩张 12 倍，目前流通股 6205 万股。

年销售额：5440 万美元

分红情况：没有分红

销魂大牛股了，22 个月内股价上涨 100 倍，期间只有 4 个月小幅调整，从起涨日 2003 年 3 月 1 日的 3.95 美元算起，涨了 100 倍！

Taser 的超级大涨，是符合美国当时的背景的，那就是反恐和安全，单单把它看做是一个高科技产品的攻克和发布是不会引起市场如此反应的，所以任何时候题材和背景一定是有关联的，因此关心国家和世界的方方面面总是投资人的重要功课；在美国私人是可以持枪的，这样一个既能护身又不至于死人的东西，当然会很有市场，各国警局也很关注它。一个基本是空白的市场完全由一家公司来填补，自然引发无穷的联想，而这种大涨的根本，主要还是因为其微小的初始公众股本，这就是纳斯达克的魅力所在了。

这家公司在 A 股中似乎找不到同类公司，但这个股票上涨的两个主要驱动因

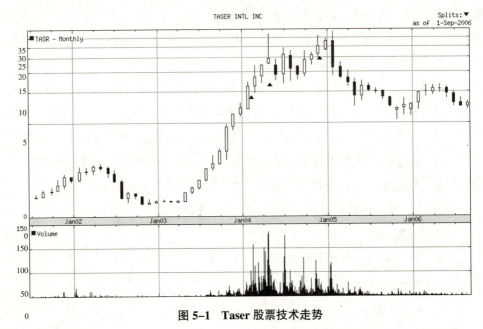

图 5-1　Taser 股票技术走势

资料来源：雅虎。

素则可以给我们足够的启示：其一，公司产品设计独具匠心，创新能力是其不可替代的核心竞争力；其二，微小的初始股本是公司实现高速扩张的重要条件。从上述两点看，中小企业板 A 股中应能找到与其"对接"的公司。2006 年各大证券研究机构均不约而同地加强了小盘股的研究，我们也看到一些股票已经有了 Taser 的影子。

第二只：TIE

Titanium Metals Corporation 是钛海绵，熔磨产品的综合生产商。他们是唯一在美国和欧洲有主要钛生产设施的综合生产商。

主要证券数据：

挂牌市场：纽约证券交易所

IPO 日期：1996 年

IPO 价格：20 美元左右

上市时间：1996 年 6 月 5 日

目前市值：40 亿美元

首日开盘价：24.92 美元

公众流通股：上市初期估计是 4000 万股，2004 年 8 月 5:1 拆分，2005 年 9 月再次 2:1 拆分，2006 年 2 月再次 2:1 拆分，2006 年 5 月三次 2:1 拆分，股本扩张 40 倍，目前流通股 1.61 亿股。

年销售额：9.98 亿美元

分红情况：自 2004 年起每季分红约 0.8 美元

自 2003 年 2 月开始到 2006 年，美国市场出现一家耀眼的上市公司，它就是从 19 美元涨到 1900 美元的 100 倍大黑马——TIE 公司！疯狂程度超过当初的太阳能！在此背景下，G 东方钽正是凭借海绵钛项目而受到资金的疯狂狙击。

据统计，海绵钛价格 2004 年为 5 万元人民币/吨，2005 年涨至 10 万元人民币/吨，2006 年年初为 20 万元人民币/吨，前期价格更高达 25 万元人民币/吨！由于价格大幅上涨，一时间，海绵钛成为商家竞相追逐的热门产品。

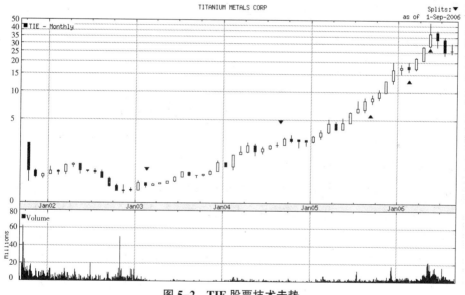

图 5-2　TIE 股票技术走势

资料来源：雅虎。

A 股中，宝钛股份和 TIE 的业务几乎一致，该股最低点出现在 2005 年年初，而此时 TIE 的股价已经连续上涨了两年。当时国内除了少数券商研究员及一些私募基金经理非常看好宝钛股份以外，多数投资者都没有认识到这只股票的巨大潜力，直到后来该股冲上 30 元后，才有投资者猛然意识到这就是中国的 TIE！

第三只：HANSEN

Hansen Natural Corporation 是一家控股公司，仅仅通过它独资拥有的两家子公司 Hansen Beverage Company 和 Harde Beverage Company 进行业务经营作业。其经营活动包括营销、销售和分发不同于传统的饮料，比如，自然苏打、果汁、鸡尾酒调味果汁等。

主要证券数据：

挂牌市场：纳斯达克证券交易所

IPO 日期：1995 年

IPO 价格：2 美元左右

上市时间：1995 年 8 月 18 日

目前市值：27 亿美元

首日开盘价：1.19 美元

公众流通股：上市初期估计是 4000 万股，2005 年 8 月 2:1 拆分，2006 年 7 月再次 4:1 拆分，股本扩张 8 倍，目前公众流通股 9072 万股。

年销售额：4.79 亿美元

分红情况：没有分红

该股从 2003 年 5 月初的 4 美元开始涨起，历时 37 个月，两次拆分，股本扩大 8 倍，到 2006 年 5 月，复权价最高 404 美元，涨幅 100 倍（见图 5.3）。

关爱健康的人都知道汉森天然饮料公司（Hansen Natural Corp.）是一家生产健康饮料的企业，其产品有不含防腐剂的天然苏打水和低碳酸桃汁等。但最近，汉森公司在饮料市场推出了一款完全不同的产品。汉森公司的这款"怪物"功能饮料含有大量咖啡因和糖，用一个大黑罐子包装，外印一个氖色爪子标志。在一个发展迅速、每年总值达 20 亿美元的运动能量饮料市场上，"怪物"饮料以其恐怖的外包装和一群极限运动赞助商而与红牛饮料形成了楚汉两王雄霸天下的局面。"怪物"饮料的口号是"释放野性"。

汉森公司的转型要归功于两位南非商人——公司董事长兼首席执行官、55 岁的罗德尼·萨克斯和 51 岁的总裁兼首席财务官希尔顿·施勒斯伯格。从亲友那里筹到 600 万美元之后，他俩于 1990 年买下了一家贸易公司的外壳，并着手寻找一桩可以买断的生意。通过一位投资银行家，他们了解到汉森公司是一家生产天然苏打水和果汁饮料的企业，公司由休伯特·汉森在 1935 年创办。1992 年，萨克斯和施勒斯伯格支付 1450 万美元买下了这家公司，当时其销售额是 1700 万美元。

据业内刊物《饮料文摘》(Beverage Digest) 称，现在汉森公司已拥有功能饮料 18% 的市场份额，而红牛饮料仍是行业中的领头羊，占据了近一半的市场份额。2005 年汉森公司的功能饮料销售激增 162%，比红牛的增长率高出 3 倍。《饮料文摘》的编辑和发行商约翰·瑟尔说："有些消费者已经对这类饮料上了瘾，汉森公司的发展势如猛虎。"

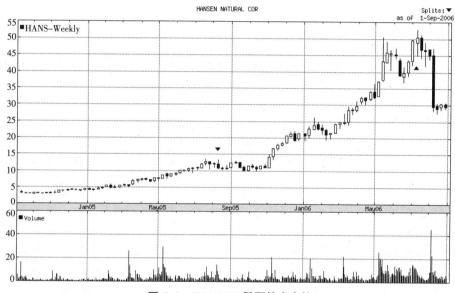

图 5-3　HANSEN 股票技术走势

资料来源：雅虎。

第四只：ISRG

Intuitive Surgical Inc. 设计和制造 da Vinci Surgical System。da Vinci Surgical System，中文叫"达文西机器手臂"，包括医师的控制台、手术床边的机器手臂和影像系统。通过机器手臂的协助，外科医师只要坐在控制台，看着手术部位的三维空间影像，即可遥控机器手臂，做出与人手相媲美的各种角度的旋转、弯曲、捏夹等动作，切、拉、缝、打结，灵巧不输人手，还可避免人手会颤抖的情形。机器人手臂具有人手无法比拟的稳定性与精确性，使用机器手臂协助医师，可以让手术更精确、侵害性更小，相对于传统手术，不但可以缩小伤口、减轻疼痛，更可以降低感染及并发症的问题发生，有效缩短病患者住院时间。

未来运用机器人协助医师开刀将成为发展方向及趋势，预计机器手臂手术系统的临床运用将更广泛，患者的医疗过程也更加安全舒适。

主要证券数据：

挂牌市场：纳斯达克证券交易所

IPO 日期：2000 年

IPO 价格：10 美元左右

上市时间：2000 年 6 月 23 日

首日开盘价：10.19 美元

目前市值：34.80 亿美元

公众流通股：上市初期估计是 800 万股，目前 3480 万股，未查到拆分记录。

年销售额：2.97 亿美元

分红情况：没有分红

ISRG 从 2003 年 3 月的 3.75 美元涨起，到 2006 年 1 月底收盘 137 美元，历时 35 个月，其间有 8 个月小幅回调震荡，累计涨幅 37 倍，而且，看架势，似乎是没有走完。国内也报道有些医院使用了达文西机械手设备，看来该股只是"小荷才露尖尖角"！

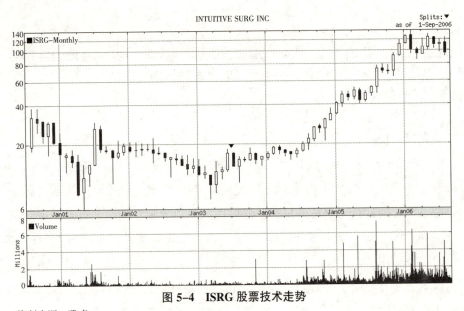

图 5-4　ISRG 股票技术走势

资料来源：雅虎。

第五只：NTRI

Nutri System 是一家领先的与体重相关产品和服务的供货商。他们根据局部控制、低血糖指数标准的膳食、减肥计划，以及私人电话和在线服务等提供户内减肥计划。

主要证券数据：

挂牌市场：纳斯达克证券交易所、纽约证券交易所

IPO 日期：2000 年

IPO 价格：10 美元左右

上市时间：2000 年 6 月 23 日

首日开盘价：13.25 美元

目前市值：19 亿美元

公众流通股：目前 3600 万股，未查到拆分记录。

年销售额：4.13 亿美元

分红情况：未分红

NTRI 自 2003 年 6 月从 0.65 美元起步涨到 4 美元，到 2004 年 9 月又跌回 1.40 美元，实际上是从 2004 年 10 月起涨，到 2006 年 5 月最高 75 美元，历时 20 个月，其间 3 个月小幅调整，上涨 52 倍，所有市场较大的回调一概不顾，径

图 5-5　NTRI 股票技术走势

资料来源：雅虎。

直上冲，牛气了得。

减肥是个时髦概念，这家公司不同于别家，它因人而异地为你特别定制属于你自己的减肥计划，服务算是到家了，而且运动、饮食、药物三管齐下，效果自然是比较显著的。这方面的企业，国内还很少，不太好比照，但这是一个未来的方向，这类公司，一旦做出自己的市场是很赚钱的，因为它们没什么成本要承担，完全靠脑子和执行力，希望未来的中国股市上也有这样类型的公司。

第六只：TZOO

Travelzoo Inc. 是一家全球网络媒体公司，它出版超过 400 家旅行社的推销和特殊计划。在 Travelzoo 的各种媒体渠道拥有 800 多万的用户，其中包括 Travelzoo 网站，Top 20 电子邮件通信，Newsflash 电子邮件警示服务以及 SuperSearch，为旅游搜索引擎。

主要证券数据：

挂牌市场：纳斯达克证券交易所

IPO 日期：2002 年

IPO 价格：7 美元左右

上市时间：2002 年 8 月 30 日

首日开盘价：6.50 美元

目前市值：4.5 亿美元

公众流通股：目前 1600 万，未查到拆分记录。

年销售额：6200 万美元

分红情况：未见分红

TZOO 从 2003 年 6 月的 4 元起涨，到 2004 年 12 月的 110 元，历时 18 个月，累计涨幅 27 倍，其间 4 个月调整，但震荡激烈，是个不太好跟的牛股。

总的来说，在网上旅游服务领域里，竞争是非常激烈的，而且概念多多，传统旅游分销商性质的在线服务商，或旅游搜索引擎，或新一代的在线旅游公司如携程等。Travelzoo 则是超市概念的旅游平台，在确立了一定的盈利模式后，立即受到市场追捧，市值曾一度高过 EBAY，所以随后的下跌也是剧烈的，不过对这种竞争性很强的行业，除非已经做出了很大的规模。

从历史上看，在国际成熟的资本市场，在经济成长期和牛市状态下，小盘股的收益要高于整个市场的平均水平。1991~2000 年，全球小盘股基金平均年收益率为 20%，是所有股票型基金平均收益率的两倍，因此，国际著名的基金评价公司 Lipper 公司在其基金行业年度报告中指出，"国际股票市场上最热的词汇是'小盘'和'成长'"。相对于蓝筹股价值防御性投资策略而言，通常情况下小盘成长股的进取型攻击投资策略能获得超过市场平均的收益率。随着中国股市对外开放的不断加速、QFII 的日益壮大，国内市场的小盘股板块将成为市场不可或缺的重要热点，并成为战胜市场的好品种。

绩优小盘股更具投资价值。根据企业生命周期理论，企业组织的成长大致可分为创业期、成长期、稳定期、衰退期四个阶段，而中小企业板作为我国小盘绩优股的典型代表，大都具备较大的扩张潜力，往往会在较短的时期内出现爆发性的业绩增长，高成长预期无疑使得投资小盘股完全可能获得超额回报。另外，中小企业运作相对灵活，即使是在一段时期内出现经营现状不佳的状况，企业也较易通过产品、经营方式等方面的突破，或是优质资产的注入而实现基本面的根本性好转。中国的中小企业作为一支最具活力和成长性的生力军，在国民经济发展中处于举足轻重的地位。据测算，我国 50%以上的 GDP、60%以上的工业总产值、76.6%的工业新增产值、57%的销售收入、60%的出口额、40%以上的税收以及 75%以上的就业岗位均来自中小企业；而且 2003 年 1 月施行的《中小企业促进

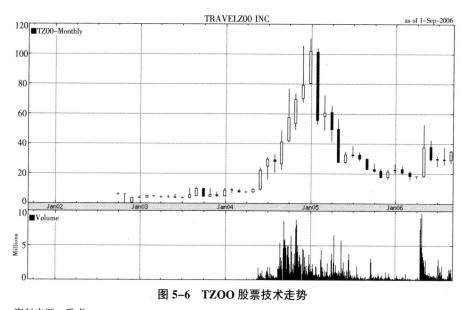

图 5-6　TZOO 股票技术走势

资料来源：雅虎。

法》更是为中小企业的未来发展提供了良好的法律保障。可以预见，中国的宏观经济在未来一段时期保持稳定高速的增长，而中小企业无疑将迎来更加有利的发展机遇。

第七只：AAPL

总部位于美国加利福尼亚的库比提诺，核心业务是电脑科技产品，苹果电脑的 Apple II 于 20 世纪 70 年代助长了个人电脑革命，其后的 Macintosh 接力于 80 年代持续发展。最知名的产品是其出品的 Apple II、Macintosh 电脑、iPod 数位音乐播放器和 iTunes 音乐商店，它在高科技企业中以创新而闻名。

主要证券数据：

挂牌市场：纳斯达克证券交易所

IPO 日期：1984 年

IPO 价格：待查

上市时间：1984 年 9 月 7 日

首日开盘价：26.50 美元

目前市值：566.8 亿美元

公众流通股：目前 8.5299 亿股

拆分记录：四次 2:1 分拆，16 倍扩张

年销售额：181 万美元

在 2000 年股灾前苹果就是一个牛股，之后在与微软、戴尔的竞争中失利，一度陷入困境，等到乔布斯再次回到苹果时，企业才再次起航，而这次腾飞的核动力就是 IPOD。市场上，苹果股价在 2003 年的 4 月中旬以 12.8 元左右（复权实际是 101 元）启动，历时 33 个月，涨到 2006 年的 1 月最高 171 元（复权实际是 1382 元），涨幅 13.5 倍，其间只有 7 个月小幅回探（见图 5-7）。苹果上涨之凌厉可以看其多个至今未补的跳空缺口，日均交易量都在千万以上，实在是大机构长期参与的品种，在其股价上涨最凶悍之时，也是 IPOD 卖得最为火爆之刻。小巧性感的设计，确实迷倒众生，这么一家中年公司居然还能站在时髦年轻人的前面并且引导时髦，实在是功力不一般。

另外，苹果电脑在 1985~1988 年，1997~2000 年均各有一次上涨 10 倍的记录，非常优秀！这些故事比书本上的还精彩，由于市值小、风险大，一般投资者不容易参与。

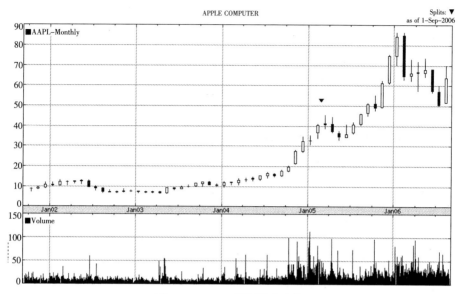

图 5-7　AAPL 股票技术走势

资料来源：雅虎。

第八只：BTU

它是世界上最大的私营煤矿公司。它提供广泛的煤炭供应，包括从该公司管理或拥有主要利益的业务生产的煤，以及 Peabody Coaltrade 作保障的经销的煤；它拥有美国最大的露天煤矿，煤炭年产量约占美国煤炭总产量的 18% 左右，该公司计划到 2010 年年底前把年产量提高一倍至 4 亿吨，2003 年，Peabody 首次进入财富 500 强排行榜。

主要证券数据：

挂牌市场：纽约证券交易所

IPO 日期：2001 年

IPO 价格：待查

上市时间：2001 年 5 月 22 日

首日开盘价：36 美元

目前市值：118 亿美元

公众流通股：目前 2.64 亿股

拆分记录：两次 2:1 分拆，4 倍扩张

年销售额：50.9 亿美元

BTU 从 2002 年 7 月的 18 美元起涨，其间经历两次 2:1 分拆，股价到 2006 年 5 月达到最高 308（复权）美元，涨幅 17 倍，历时 46 个月，其中 13 个月小幅回调，上涨之路稳健，远远强于指数表现，是一个很好跟的大牛股。

在基本面上，在其股价上涨之时，公司不断通过扩张在全球进行收购，实力也更加增强，这也许就是它不同于国内同类公司之所在。

通过收购澳大利亚 Excel Coal，未来数年内，Peabody 能源在全球最大的煤出口国澳大利亚的生产能力将增加两倍。

Peabody 能源是全球最大的私人煤炭企业，2005 年的煤炭销售量为 2.4 亿吨，营业收入为 46 亿美元。该公司的煤炭产品为全美和全球电力分别提供约 10% 和 3% 的燃料，2006 年第一季度 Peabody 已实现收入 13.1 亿美元，利润 1.32 亿美元，长期负债为 13.3 亿美元，现金及现金等价物为 3.5 亿美元。从区域构成来看，第一季度来自澳大利亚的收入占 Peabody 总收入的比例为 12%，来自美国本土的占 72%。可见，澳大利亚是 Peabody 海外收入的最大来源，收购 Excel 对巩固和加强 Peabody 在澳大利亚的战略地位具有极为重要的意义。

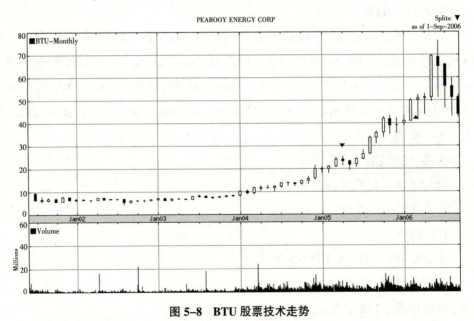

图 5-8　BTU 股票技术走势

资料来源：雅虎。

第九只：CME

芝加哥期权交易所（CBOE）和商业交易所（CME）都是全美六大期货期权

交易所之一。经过二百多年股市跌宕起伏和激烈博弈之后，人们逐步认识到期货和期权具有套期保值作用，并能够有效减少市场交易风险，因而美国期货期权市场发展迅速。今天期货期权交易市场上的投资者已经不再是自然人为主，取而代之的机构投资者已经占投资者总数的 70%，交易所交易的品种齐全且交易活跃。目前，CME 期货期权运行指标已经达到三个全球第一：交易量、未平仓合约、金融结算。今天的 CME，每年 1 月 10 日前的交易量就可以超过纽约证券交易所的交易量，每一个半月的交易量超过全美 GDP 的总量。CME 与其他期货期权交易所相比有自己的特点：一是有独立的清算系统，包括为自己的竞争对手 CBOE 提供清算服务；二是交易量大并侧重金融品种交易；三是交易品种覆盖面广，只要是具有权益的指标都设法创新和发展，甚至气象预报指数也已成为交易品种；四是对会员适时开展免费培训，及时将创新品种及其交易方法、交易规则传授给会员。

主要证券数据：

挂牌市场：纽约证券交易所

IPO 日期：2002 年

IPO 价格：35 美元

上市时间：2002 年 12 月 24 日

首日开盘价：43.60 美元

目前市值：162 亿美元

公众流通股：目前 3400 万股

拆分记录：无

年销售额：11.1 亿美元

如果说这几年股市里哪只股票走得最帅，那就非 CME 莫属了。从 2002 年 12 月起的 40 美元到 2006 年 7 月的 508 美元，历时 43 个月，不涨就横盘，只有一次碰到年线的回调，也是在大盘跌得实在厉害时，这种一上市就无限风光的股票，确实不很多见；CME 的耀眼表现，让随后上市的同类公司全部受益，受到市场的热烈追捧。

由于目前 A 股依然缺乏自己的"定价权"，因而大牛股的产生往往要依赖成熟市场的传导。在这样的背景下，A 股中大牛股的形成有两个重要条件：一是影子效应。多数牛股形成必然是与国际市场大环境有关，A 股中的牛股往往是成熟

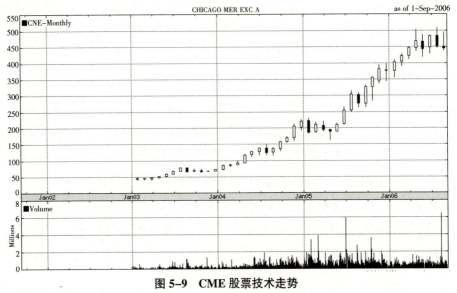

图 5-9　CME 股票技术走势

资料来源：雅虎。

市场大牛光环下的一个投影。二是滞后性。一个热点的形成往往滞后于国际市场半年甚至两三年，这主要是因为内地的投资者对境外市场保持密切关注的仍是少数。

　　可见投资者通过对成熟市场动态及其明星股的分析，完全有可能领先一步，掌握 A 股中大牛股的先机。像饮料行业中的新星汉森天然饮料，代表老牌科技公司复苏的苹果电脑等这些成功的明星公司仍都是值得我们去重点关注和借鉴的。

第五节　全球伟大飙涨大牛股启示录（下）

　　太阳能，这是全世界最为走红的概念。它不同于网络泡沫，因为它有真实暴增的业绩支撑；它超越网络，因为它是人类必须得以延续生存的必然选择！德国 Solar World AG，股价从 2004 年初 11 欧元，涨到了 2005 年 2 月 22 日 90 欧元以上；一年时间涨幅高达 700%！德国的 Solar World AG 不到三年时间股价最高涨了 140 倍！中国台湾的茂迪也大涨了近 40 倍！太阳能还创造了新的中国首富——施正荣！

第十只：茂迪股份有限公司

茂迪股份有限公司成立于 1981 年 5 月，由一群娴熟基础仪器设备之合作团队所组成。二十多年来以数字万用表作基础，陆续开发出钳形表、LCR 电桥、函数信号源（含可编程）、数控式电源（含可编程）等，创造了许多世界第一的技术，也奠定了茂迪公司在基础仪器技术上的领先地位。

除了基础仪器外，茂迪公司同时开发出世界第一台手持式的传输线缆测试仪，而涉足通信测试领域，并陆续推出 ISDN、HDSL、ADSL 数据线路测试仪。在电力系统部分也推出针对功率分析及谐波分析等的测试仪器，来满足电力质量

图 5-10 茂迪股票技术走势

资料来源：雅虎。

要求所需要的测量。为满足无线通信产业对人才的需求，更推出全球第一台射频电路通信教学系统——RF-2000，来培养学生在射频/微波段的动手实践能力！

经济的发展如何与大自然和谐共生一直是茂迪领导层不断思索的问题，在能源逐渐枯竭的今日，该公司于 1998 年成立太阳能电池事业部，成为台湾第一家大规模生产晶体硅太阳能电池的公司。短短几年，公司挟其质量、技术上的优势而迅速占领市场，目前已是中国最大、世界前十大的太阳能电池生产厂家！产品在欧、美、日及中国内地均有极高的市场占有率，在 2005 年《数位时代双周》台湾科技 100 强的名单中位列第 5 名，股东权益报酬率和投资报酬率分别高居第一，更印证了客户对茂迪公司的支持与信赖！

第十一只：无锡尚德

无锡尚德是由施正荣一手创办的高科技民营企业。

2005 年 12 月 14 日，无锡尚德在纽约证券交易所挂牌上市，施正荣个人身价跃升至 14.416 亿美元，在间隔不到一个月的 2006 年 1 月 10 日，尚德在纽约证券交易所股价冲破 30 美元，施正荣个人持股 6800 万股，身价跃至 161 亿元人民币。其后，在美国《福布斯》杂志公布的全球富豪榜上，中国大陆新首富火辣出炉，他的名字叫施正荣。但施正荣本人不喜欢“一夜暴富”的说法，他是一个有务实精神的海归实业家。

施正荣于 1988 年被公派到澳大利亚新南威尔士大学留学，师从“世界太阳能之父”马丁·格林教授（澳大利亚新南威尔士大学 Centre of Excellence for PV Engineering，光伏研究中心，国际著名科学家，2002 年诺贝尔环境奖获得者），苦修太阳能技术长达 14 年。2001 年，施正荣回国创业，用他在澳大利亚自主研发的多晶硅薄膜专利技术，与中方股东共同创办了无锡尚德太阳能电力有限公司。施正荣创业之初，仅靠融资 600 万美元。尚德在 2002 年处于亏损状态，到 2004 年则获纯利 1845 万美元。2002 年，尚德的第一条 10 兆瓦太阳能电池生产线投产，其产能相当于当时中国太阳能电池四年产量的总和，一举将中国的相关制造水平提高了 15 年。尚德投产后 1 年，施正荣没有急于开拓市场，而是坚持在国际上做技术认证，一年内拿下了几乎所有的相关国际认证，为日后产品进入国际市场扫除了障碍。目前，尚德的客户遍布德国、西班牙、中国、美国等世界各地，尚德的太阳能电池生产能力已经入围世界十强。

据统计，世界太阳能发电规模从 1995 年的 80 万兆瓦增加到 2004 年的 1194

万兆瓦，增长了 14 倍。据估计，太阳能发电至 2010 年将保持每年 30% 的增幅，其后的 40 年也将保持 25% 的年增幅。近几年，为应付海外市场的巨大需求，中国企业的太阳能电池生产规模年增长超过 100%，中国已在日本、德国、美国之后，成为世界第四大太阳能电池制造国。2005 年 9 月 9 日，生产能力达到 120 兆瓦的新太阳能电池生产线在尚德投入使用，其产能占中国总产量的 60%。在技术和资金的支持下，施正荣领导尚德正驶入发展的快车道。

无锡尚德太阳能电力有限公司是一家集研发、生产、销售为一体的高新技术光伏企业，主要从事晶体硅太阳能电池、组件、光伏系统工程、光伏应用产品的研究、制造、销售和售后服务。在公司创立者、董事长兼总经理施正荣博士的卓越领导和全体股东的支持下，在全体员工的共同努力下，公司已成功地谱写了创业的第一篇章。公司的产品技术和质量水平已达到甚至超过国际光伏行业先进水平，同时是中国首家拥有 TUV、IEC、CE、UL 等进入国际市场权威认证证书的光伏企业，产品在世界各地深受青睐，其中欧美、中东、非洲和东南亚地区市场占尚德公司业务总量的 90%。中国市场已经广泛应用到通信、广电、交通、海事、照明、军队等领域。尚德公司积极参与和承建了西部光明工程项目，不断探索光伏建筑一体化（BIPV）技术，公司产品凭借卓越的品质被国家商务部选定为

图 5-11　无锡尚德股票技术走势

资料来源：雅虎。

政府对外援助项目产品，国务院总理温家宝等多位国家领导人亲临尚德公司视察，对公司成就给予了充分的赞扬和肯定。

该公司还建立了省级光伏能源工程技术研究中心，以技术研发和产业化研究为主要业务，并按国际惯例运作，提供国内从业人员技术培训，进行产品性能检测和质量认证并获得了一系列的资质和认证。

尚德光伏技术研发中心的主要专家构成：

施正荣　　海归博士，尚德公司董事长兼总经理，国际薄膜太阳能电池专家

季静佳　　海归博士，太阳能电池专家

汪义川　　副总工程师，光伏技术专家

温建军　　高级工程师，光伏技术专家

第一代技术：单晶硅太阳能电池转换效率 > 17%

　　　　　　多晶硅太阳能电池转换效率 > 15%

第二代技术：多晶硅薄膜太阳能电池转换效率 > 10%

第三代技术：超高效率太阳能电池转换效率 > 50%

第十二只：零售巨子沃尔玛成为世界第一

如果说美国股市里面哪个板块最出牛股，那可能要算零售业了，历史上排名前 20 位的大牛股有不少就是零售业的。

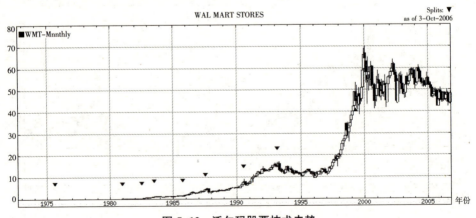

图 5-12　沃尔玛股票技术走势

资料来源：雅虎。

沃尔玛百货有限公司由美国零售业的传奇人物山姆·沃尔顿先生于 1962 年在阿肯色州成立。经过四十余年的发展，沃尔玛百货有限公司已经成为美国最大的

私人雇主和世界上最大的连锁零售商。沃尔玛一直奉行"人才本地化"的政策，几年来为当地居民提供了大量的就业机会，同时也为当地零售业培养了大批人才。沃尔玛自 1996 年进入中国，目前已经在深圳、北京、武汉、上海等 28 个城市开设了 56 家商场。

《财富》杂志评选出 2006 年美国企业 500 强，零售业巨子沃尔玛连锁，以 3156.5 亿美元的营业收入总额登上了美国乃至世界企业的第二把交椅。1955 年，《财富》杂志开始给巨型企业排座次时，沃尔玛还根本不存在。1979 年，沃尔玛全年销售额才首次达到 10 亿美元，可到了 1993 年，一周的销售额就达到这个数，2001 年更是一天就予以完成。沃尔玛既不经营赚钱快的汽车、石油，更不生产获利丰厚的飞机、大炮，而是靠出售廉价的零售百货，愣是在 40 年内"打遍天下无敌手"。

的确，沃尔玛走向成功的过程演绎出许许多多令人拍案叫绝的故事。翻开沃尔玛的历史，人们不难发现有四条经验至为关键。

第一是薄利多销。沃尔玛创始人山姆·沃尔顿 1962 年在阿肯色州乡村创立第一家连锁店时靠的就是这一条。当年，沃尔顿对其商店的定位就是中下阶层，经营服装、饮食以及各种日常杂用，最重要的是以低于别家商店的价格出售，因而吸引了众多顾客，连锁店越开越多，但"天天低价"的法则始终没有变。沃尔顿有句名言："不管我们付出的代价多大，如果我们赚了很多，就应当转送给顾客。"其中重要的一个方法就是大力节约开支，绕开中间商，直接从工厂进货。统一订购的商品送到配送中心后，配送中心根据每个分店的需求对商品就地筛选、重新打包。这种类似网络零售商"零库存"的做法使沃尔玛每年都可节省数百万美元的仓储费用。

第二是服务至上。除了低价，沃尔玛再一个引人注目的特点就是良好的服务。从 1962 年开始到 1992 年退休，沃尔顿引领公司飞速发展 30 年中，格外强调要提供"可能的最佳服务"。为了实现这一点，沃尔顿编制了一套又一套的管理规则。他曾要求职员做出保证："当顾客走到距离你 10 英尺的范围内时，你要温和地看着顾客的眼睛，向他打招呼并询问是否需要帮助。"这有名的"十英尺态度"至今仍是沃尔玛职员奉为圭臬的守则。对于职员的微笑，沃尔顿还有个量化的标准："请对顾客露出你的八颗牙。"此外，什么"太阳下山"原则、"超越顾客的期望"等都是沃尔玛吸引顾客的制胜法宝。

第三是团队精神。沃尔玛企业文化中崇尚的三个基本原则的第一条是："尊重个人"。沃尔玛不只强调尊重顾客，提供一流的服务，而且还强调尊重公司的每一个人。在沃尔玛内部，虽然各级职员分工明确，但少有歧视现象。该公司一位前副董事长曾经说，"我们是由具有奉献精神、辛勤工作的普通人组成的群体，来到一起为的是实现杰出的目标。我们虽然有不同的背景、肤色、信仰，但坚信每一个个人都应受到尊重和尊严的待遇"。

第四是力争完美。沃尔玛从 20 世纪 60 年代初的一家店到 90 年代已发展成为世界十大公司之一，可"力争完美"的雄心依然未变。沃尔玛吸纳新的经营理念和创意的同时，还迅速跟上时代步伐，利用新技术为自身发展服务。它曾投入 4 亿美元巨资，委托休斯公司发射商用卫星，实现了全球联网，为其高效的配送系统提供保证。据报道，通过全球网络，沃尔玛总部可在 1 小时内对全球 4000 多家分店每种商品的库存量、上架量和销售量全部盘点一遍。

综上所述，沃尔玛的成功经验对于今天的企业家来说似乎并没有多少新鲜之处，可值得注意的是，山姆·沃尔顿领导下创就的种种经营法则坚持几十年不变，说到做到。这不只令人叹服，而且应当成为万千企业效法的蓝本。

第十三只：WFMI

挂牌市场：纳斯达克证券交易所

拆分记录：3 次 2:1 拆分，股本扩张 8 倍

年销售额：54.30 亿美元

美国零售业明星天然食品超市（Whole Foods Market）1980 年创立于美国得州奥斯汀市，是目前全球实力最强、规模最大的天然有机食品连锁超市。不到 200 家店的规模，由于以有机、环保、健康及顾客满意为诉求，并且落实执行这些理念，得到许多认同这些价值的消费者支持，过去几年的经营绩效惊人，每年成长逾 50%，即使是 2005 年，既有店的成长依然超过 15%。民以食为天，民以健康的食品为天，这方面，国内的股票有类似的公司可循。

在美国，有机食品销售额以每年平均 20% 的高增长率持续增长，这一速度已保持 20 年不衰，2004 年达 110 亿美元，目前美国有 1/3 的人消费有机食品。当美国最大的连锁零售商沃尔玛一再被指控"刻薄"、"剥削"员工时，天然食品超市却连续八年获选为"《财富》100 大最值得服务的公司"，也是唯一入选的连锁零售业者。

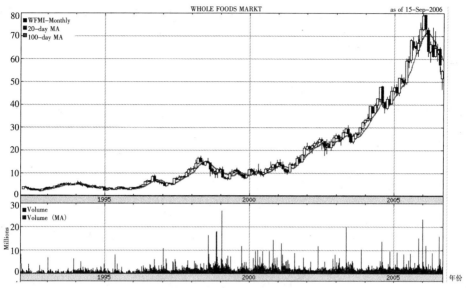

图 5-13　WFMI 股票技术走势

资料来源：雅虎。

过去的五年中，美国零售业的销售额一共增长了 13%，而 Whole Foods 过去五年的销售额增长率依次是 14%、23%、21%、21%、17%。这家零售超市的利润率高达 29.77%。

第十四只：CAT

卡特彼勒公司（Caterpillar Inc.）（纽约证券交易所代码：CAT）

目前市值：447 亿美元

公众流通股：目前 6.55 亿股

拆分记录：多次

年销售额：386 亿美元

CAT 从 2002 年 10 月的 18 美元，一直涨到 2006 年 5 月的 81 美元，44 个月，其间还有一次 2:1 拆分，扩股一倍，累计上涨 4 倍。

卡特彼勒公司一直致力于全球的基础设施建设，是世界上最大的土方工程机械和建筑机械生产商，也是全世界柴油机、天然气发动机和工业用燃气轮机的主要供应商。并与全球代理商紧密合作，在各大洲积极推进持续变革。卡特彼勒 2005 年销售收入达到 363.4 亿美元，是建筑机械、矿用设备、柴油和天然气发动机以及工业用燃气轮机领域的技术领导者和全球领先制造商。大约有一半的销售额产生于美国境外的客户，这使得卡特彼勒得以保持全球供应商和美国主要出口商的稳固地位。据 2005 年的统计结果，卡特彼勒公司一年销售额占全球工程机械 50 强制造商总销售额的 23.2%。

20 世纪 80 年代，卡特彼勒与开始生产其授权产品的中国制造商签署了技术转让协议。通过建立更具活力的本地生产策略，卡特彼勒在 20 世纪 90 年代初加速拓展中国市场。现在，该公司在中国经营 13 家工厂（既有合资企业也有独资企业）。

作为全球最大的工程机械制造商，卡特彼勒早在 1972 年就开始了与中国的合作。1995 年至今，卡特彼勒在中国已经建立了 11 个生产基地、2 个研发中心和 1 个培训中心。2003 年，卡特彼勒正式提出了在中国投资 100 亿美元的宏伟布局，并表示在中国建立全球的竞争性生产基地，并将对国内几个重要的国有企业进行投资。此后，卡特彼勒马不停蹄地开始实施其中国并购计划。2005 年，收购了山东山工机械有限公司 40% 的股份，将其纳入卡特彼勒的中国体系。业内传闻卡特彼勒计划并购的对象包括广西柳工机械股份有限公司、河北宣化工程机械有限公司、潍柴动力股份有限公司、湖南三一重工，以及在 2006 年年初就已付诸行动的厦门工程机械股份有限公司和上海柴油机股份有限公司等一大批中国工程机械行业的龙头企业。

工程机械和重大装备工业是整个工业的基础，涉及国家长远的发展能力等方面的问题。卡特彼勒的并购版图使国人担心其会造成机械行业的过度集中和垄断，国内企业因此失去自主创新能力和自有品牌，在未来的竞争中处于弱势地位。有人甚至一针见血地指出："卡特彼勒的目的不仅仅是要控制中国工程机械行业的个别龙头企业，它要吃掉的是整个行业，但是很少人能看到其中的危险性。"因此，在中国工程机械行业频频动作的卡特彼勒公司，被舆论认为是"外资恶意并购的典型例子"。

跨国公司近年来已开始大举进军我国大型制造业，并购重点直奔我国工程机械业、电器业等领域的骨干企业、龙头企业。如果听任跨国公司的恶意并购自由发展，中国民族工业的自主品牌和创新能力将逐步消失，国内龙头企业的核心部分、关键技术和高附加值就可能完全被跨国公司所控制，甚至作为建设创新型国家的主体——我国企业特别是一大批骨干企业也将不复存在。

笔者以为，我国的决策者应该看到资本市场蕴蓄的巨大力量，金融就是现代

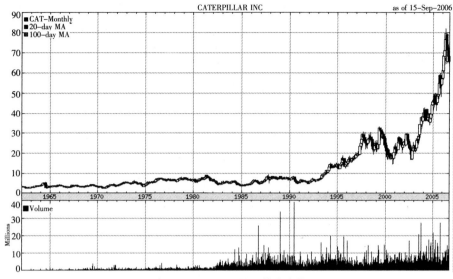

图5-14 CAT股票技术走势

资料来源：雅虎。

国家最高层次的交锋工具，甚至远高于一般意义上的战争。不建设一个健康有效的资本市场和金融体系，再多的财富也会被人一夜之间卷走，什么叫欲哭无泪，乏力无章，我们在自己的证券市场上无数次自毁长城的做法，应该有一个了结了!

第六节　国内基金选股大智慧

基金通常应用自行开发的投资管理流程，采用"自上而下"资产配置和行业配置，"自下而上"精选股票的投资策略，主要投资于具有竞争力比较优势和长期增值潜力的行业和企业的股票，通过积极主动的投资策略，追求基金资产长期的资本增值。

一、采用"自上而下"资产配置和行业配置

1. 资产配置

根据宏观经济指标、市场价值指标、投资者气氛指标、盈利预测指标、证券市场流动性指标等相关因素的综合分析，对股票、债券的风险和收益率进行预

测。利用情景分析对上述预测进行分析，确定投资组合的资产配置比例。其中，股票投资比例范围一般为基金资产的40%~95%，为了满足投资者赎回要求，基金持有现金及到期日在一年以内的政府国债的比例不低于基金资产净值的5%，债券投资比例范围应不超过基金资产的55%。

2. 行业配置

基金通过定性定量的方法确定行业配置比例。基金管理人将根据对宏观经济变化及行业结构调整的分析判断，确定行业配置比例。

确定行业配置的主要依据为：根据竞争优势分析，确定行业中具有竞争优势和比较竞争优势的行业范围。根据多因素模型分析确定每个行业的内在价值，以及行业价格向内在价值回归的速度，结合均值方差分析确定行业配置比例范围。

行业配置的主要步骤为：

（1）通过以下分析，确定行业相对投资价值。①对全球、地区、国内行业发展趋势和发展环境进行分析，判断行业或产品的增长前景（全球观念下，行业景气趋势分析）。②宏观经济周期对行业发展的影响（宏观分析）。③优势行业的发展模式分析（评价商业模式）。④该行业财务状况分析（财务稳健性分析）。

（2）根据多因素模型分析，确定行业配置比例范围。利用多因素模型通过对宏观经济变量、价值变量、增长变量、盈利变量、动量变量等多种因素指标的定量分析，确定每个行业的内在价值，以及行业价格向内在价值回归的速度，利用均值方差分析有效边界确定行业配置比例范围。

分析模式可以分为三步：

第一步，利用长期模型估计每个行业和影响其基本因素的长期依赖关系，同时估计行业价值与其内在价值的偏离程度，比如利用红利贴现估值法（DDM）模型作为估计行业内在价值的框架模型。

第二步，结合经验和实证分析结论，对不同行业设定不同的影响因素。利用短期动态模型分析每个行业价值向其内在价值回归的速度和各行业收益率的预测水平。

第三步，利用定性和定量相结合的方式，确定优势行业，结合均值方差分析确定行业投资组合比例范围。

二、基金采用"自下而上"精选股票

精选股票大致可以遵循以下五步：

第一步，首先对股票市值大小进行排序，挑选出符合基金投资规模和流动性需要的股票，作为模型的基础股票库。

第二步，对股票投资价值和股票预期收益增长性进行定量分析与评分筛选：通过选取与股价变动有较强相关性的每股预期收益增长率、市盈率、市净率、市销率（P/S）、流通市值等基本因素和技术因素为指标，对基础股票库中各行业股票的投资价值和预期收益增长性进行定量分析与评分筛选，在剔除掉通过不公允关联交易、非经常性收益等方式实现净利润大幅增长的个股后，组成股票备选库。

第三步，通过商业评估、公司评估、价值评估、盈利预测和市场表现对备选股票库上市公司进行综合比较，按照比较后的优先顺序，在备选股票库中寻找价格合理、基本面良好、具有一定上涨空间的股票。

第四步，构建执行投资组合。基金经理按以下步骤建立投资组合：①对当前的投资策略进行分析评估；②基于"自上而下"进行的资产配置与行业配置，基于"自下而上"选择的股票，结合基金经理自身的研究分析，构建、执行投资组合。

第五步，进行业绩风险控制。基金金融工程部运用基金管理公司风险控制模型，对投资组合的风险构成进行度量预测分析。基金经理跟踪证券市场和上市公司的发展变化，结合基金申购和赎回导致的现金流量变化情况，以及对基金投资组合风险和流动性的评估结果，对投资组合进行动态调整。基金监察稽核部负责对基金投资过程进行日常监督。

三、中国产业的大趋势

基金流程搞清楚之后，现实问题是，我们最重要的是如何从理念上认识基金的资产配置和行业配置？中国产业的机会和风险在哪里？哪些产业是有机会的？哪些产业是有着机会的假象而背后隐含着巨大风险？在增长类、稳定类、周期类、能源类的划分坐标里，中国的产业格局是怎样分布的？

以史为鉴，可知世界大势。在人类历史发展的长河中，每逢其大趋势进入时代转折的时期，都会出现若干战略性的机遇。如何应对这些历史机遇，常常成为某些民族和国家浮沉的决定性因素。中国正在崛起，这是进入 21 世纪以来，全球都在关注和思考的大问题。我们作为中国人，更加应该关注和思考这个问题。古人云："以史为鉴，可知兴衰。"现代世界近 500 年来，先后崛起的有葡萄牙、西班牙、荷兰、英国、法国、德国、日本、俄罗斯、美国 9 个世界性强国，如果从全球的角度，抓住这 9 个世界性强国的崛起和治乱兴衰，综合地探寻其历史轨迹，那就可以分析其深层的前因后果，以长时段的眼光总结其经验教训。

因此，要看清当今时代的中国产业大势，需要具备国际比较的眼光和角度：改革开放以来，中国出现了三轮以高增长行业推动经济进入高增长周期的过程，形成了结构变化推动经济增长的格局。其中第一轮是 20 世纪 80 年代初中期以轻工、纺织为主导的增长周期，以满足居民的吃、穿为主。第二轮增长周期始于90 年代初期，起带动作用的高增长行业包括基础设施和基础产业（公路、港口、电力等）、家电产品（彩电、冰箱、洗衣机、空调等）等。第三轮增长周期是发生在 2001 年之后，住宅、汽车、城市基础设施建设、通信成为新的带头性高增长产业，并由此带动了钢铁、机械、建材、化工等提供中间产品的行业快速发展。这三次结构转变都与居民的消费结构升级相关，形成了消费结构升级推动产业结构升级的发展规律。

1. 对比美国和中国产业史——如今的中国产业集中面临的种种问题

（1）需要进行横向产业整合。100 年前的美国，其产业状况和今天的中国差不多，各行各业都有无数个厂商在里面进行低水平恶性竞争，无法产生领袖和获取足够的利润进行技术改造和产业升级，行业普遍亏损、整体失效。以摩根为代表的金融机构通过资本的力量驱动产业整合，形成了以横向并购为特征的第一次并购浪潮，造就了美国第一批现代大工业。中国现在的产业状况处在当年北美相似的摩根时代，最重大的命题是产业整合，不完成产业整合，产业升级换代是提不上议事日程的。

（2）需要进行纵向价值链整合。今天的中国商界，具有战略眼光的中国企业家已经走出现金流折现的企业估值思维模式，开始按照价值链打造产业链条。优秀企业家和产业家的思维方式已经从基于标的质地的估值转到结构效率的估值：一个公司的价值并不取决于它自身，而取决于它所处的更大的系统结构，取决于这个经济结构动态变迁的特定情势。

（3）需要企业再造。由于委托—代理、内部人控制问题的普遍存在，再辅以特定历史时期中国资本市场提供的资本支持，中国企业进行了大量非相关多元化的盲目并购，为数不少的上市公司融到资金后由于缺乏对产业的理解和战略思维，盲目的非相关多元化投资很快使它们陷入困境。因此需要进行转型、结构重组和资源重新配置。

（4）国际化已成不二选择。今天发达国家正在发生的第五次并购浪潮可以理解成知识经济和网络经济条件下的换代性产业革命。随着信息技术的发展、客户个性化的需求，公司再造成为非常重要的命题；公司核心战略已经从产品制造和推销转为理解客户需求，这是终端整合非常重要的部分。市场开放导致的产业终端和客户资源整合、跨国资本融合、全球价值链再造是这个时期产业整合最重要的现象。我们也不难发现，很多中国大型企业也已经走上了这条道路。

（5）资源比利润更重要。那些真正占据着战略性资源的公司，即便今天利润为负，明天也将价值连城；而那些没有资源优势的公司，即便眼前利润可观、红极一时，也很可能只是资本市场上的过眼烟云、昙花一现。而跨国公司在华投资也走过了"追求一般资源（如廉价劳动力）→追求市场份额→追求效益和利润→追求战略资源（如专利、品牌、高级人才、稀缺能源、某些牌照）"四个阶段的清晰轨迹。一个真正关心公司长期前景的价值投资者，需要在股票定价方式上超越基于会计利润的市盈率单向思维，转而同时重视公司的资源状况。基于资源的定价思维，或许更能反映一个上市公司的长期价值。比如，中国的管网资源（油气水管网、邮政电信网、有线网、电力网等）、市场网络资源（营销网络、物流网络、金融服务网络）、矿藏资源（油气田、有色金属等）、土地资源，甚至是天然禀赋、物产和自然或文化景观（如中药材种植基地、武夷山或桂林等景观资源等），都将在全球资本涌向中国和中国经济高速成长的大潮中持续增值。

（6）产业结构分析比产业成长性分析更重要。产业演进中的这种道理与自然界里的生物进化道理如出一辙：在环境发生重大变化之后，在原环境中生长得最好的生物（最适者）在新环境中最先灭绝。产业史昭示的道理是，在旧结构下规模最大的公司，在走向未来新结构的过程中或者在走到未来的新结构之后，企业面临的困难和危机也会最大。典型的例子是美国的电力行业和航空行业。长期以来，美国的航空业管制政策造成了僵化的和垄断的产业格局。在这种格局下，拥有航线垄断权力的泛美航空公司成为了美国规模最大的航空公司。后来航空业管制放宽，整个行业逐渐走向市场竞争，于是依赖旧结构发展起来的泛美航空遭遇了最大的经营危机，很快就倒闭了。而在原来旧结构下的小公司西南航空，却在这次产业结构变迁的过程中异军突起，迅速发展成为在新结构中成长最快、盈利能力最好、竞争力最强的航空公司。

2. 未来 5~10 年中国发展的驱动力是什么

未来若干年，将是产业地区结构大变动的时期，经济结构的调整、产业的升级是未来 5~10 年中国发展的驱动力。在当今中国经历的市场转型到市场成熟的巨变期中，中国企业、产业、资本都不成熟，而发达国家过去 100 年遇到的所有问题都在今天的中国出现了，更为严峻的是加入世界贸易组织以后跨国公司大举进入中国给中国企业留下的时间不多。

对中国三次产业结构变动趋势的总体判断是，我国工业化进程中期阶段的特征可能将持续到 2020 年之后。在产业结构中，以第二产业为主的格局不大可能在 2020 年发生变化；历史性的机遇是，中国的很多公司面临着双重成长机会：既可搭乘行业总量的增长，又可实行产业整合。

第七节　国际大师式选股思路

一、大牛股和高增长公司之思辨

高增长公司往往被誉为大牛股的代名词，中外市场似乎都这样。如果放在某个时点或某一小段时期看，事实便是如此，但作为一个价值型的长期投资者而言，情况往往适得其反。

当前有两家公司让国际投资者唏嘘不已，其一是戴尔电脑业绩下滑 50%，导致股价大跌，DELL 是 20 世纪末美国乃至全世界最耀眼的一只成长股明星，但是现在投资者发现，目前其股价仍是 6 年前股市崩溃后的价格，是历史最高价的 1/3，原因是 DELL 在那之后已无法做到继续高速成长。其二是沃尔玛的市盈率已经从几年前的 40 倍降至现在的 20 倍左右，原因是增长难以达到投资者预期，因此这段时间投资沃尔玛自然不会有多少收益。

"戴维斯王朝"有一个精彩故事，描述的是华尔街最成功的一个投资家族的投资史，其第二代掌门人最擅长的就是买"低期望值"的稳定增长类股票。假设一只"高期望值"的股票，每股收益 0.75 元，每年增长 30%，由于成长性好，投资者趋之若鹜，在第二年初以 30 倍 PE 抢购，也就是 30 元，连续增长 5 年之后，高速增长难以维持，到了第 6 年收益仅增长 15%，市场反应激烈，只愿意以 15 倍 PE 购买。尽管企业相当成功，可是股价只有 38 元，年投资回报率为 6.7%。相反一只"低期望值"的股票，假设每年增长 13%，每股收益 0.88 元，由于缺乏足够吸引力，投资者不屑一顾，只以 10 倍 PE 交易，在第二年初的交易价格为 10 元。随着业绩的稳定增长，投资者对这只股票慢慢地开始感兴趣，愿意以更高的 PE 来购买，到第 6 年时，投资者已经愿意用 13 倍 PE 来购买了，此时的股价抬升到 21 元，年投资回报率达到 20%。所以巴菲特一直认为稳定的增长比什么都重要。

结论：高增长公司和大牛股并不能简单等同，需要进行缜密的辩证思考，特别是 PE 处在较高位置的股票，事实上已经预支了今后年度的高增长，一旦这种增长没有达到，必然引起股价的暴跌，这就是当前股市中个股最大的风险。相反，对于一些低市盈率的蓝筹股，由于普遍预期不高，从长期看，这些稳定增长的股票其回报会是相当不错的，假如中间幸运出现意外的增长，则可以带来更加丰厚的利润。因此，这里有一个问题值得深思，就是高成长的持续性的问题！

二、10 年复合增长 25% 的大牛股

Tenbagger 是什么意思："Tenbagger"来自"Ten bagger"是几年内能涨 10 倍的股票的代名词。投资大师林奇在其自传中谈到一个能涨 10 倍的股票（Tenbagger）的意义，即假定估值不变，当盈利年增长率超过 25% 时，10 年期间公司的盈利和股票价格将上涨约 10 倍。

Tenbagger 同样是由这种持续的高复合增长率造就的：因为，假定估值不变，当盈利年增长率超过 25% 时，10 年期间公司的盈利和股票价格将上涨约 10 倍。两三年的超高速增长无法造就 Tenbagger，只有长期稳定的高速增长才能造就真正的 Tenbagger。

爱因斯坦说："宇宙中最强大的力量是什么？……是复利。"复利是股价上涨最大的推动力。从 1957 年到 2002 年，巴菲特合伙公司/伯克希尔—哈撒韦的年收益率约为 23.5%，其账面价值在 46 年间增长了 14998 倍；同期道琼斯/标普

500 指数的年收益率约为 9.8%，增长了约 82 倍。正是这 13.7% 的年收益率差距导致了最后上万倍的投资成果差距。

林奇将公司划分为六种类型：稳定缓慢增长型公司、大笨象型公司、快速增长型公司、周期性公司、转型困境型公司和资产富裕型公司，并且指出，"快速增长型公司是我最喜欢投资的类型之一，这种公司的特点是规模小，年增长率为 20%~25%，有活力，有创新精神。如果你仔细挑选，你就会发现这类公司中蕴藏着大量能涨 10~40 倍，甚至 200 倍的股票。"

还有什么比 "Tenbagger" 一词更让投资者动心？彼得·林奇在其自传 "One Up on Wall Street" 中谈到一个能涨 10 倍的股票的意义："在规模较小的投资组合中，即使只有一只股票的表现出色也可以把一个赔钱的资产组合转变成一个赚钱的资产组合。"

因此，投资者要想买到 Tenbagger，就必须寻找能在国内市场长期存活的企业，而大盘蓝筹股更具备满足这个条件的优势。大盘蓝筹股的优势就在其规模上，A 股市场许多大盘蓝筹股均是行业中的龙头企业，大部分企业均是中国企业 500 强之一。而规模大，就能带来竞争上的优势，而且抗风险能力是中小企业不能比拟的。一轮宏观调控、一次产能过剩都将使中小企业面临灭顶之灾，而大盘蓝筹企业在这方面的抗风险能力则强得多。不但如此，在风浪中还可以通过雄厚的实力收购兼并别的中小企业。同时，我国 GDP 每年都在高速增长，大盘蓝筹企业又是国内经济的顶梁柱，其增长率完全可以达到每年 25%，而这正好符合 Tenbagger 的定义。

最后，既然进入大盘蓝筹时代，我们看中的就是企业发展前景，并且，大盘蓝筹股的主要投资对象是机构，那么在以价值投资为主的机构面前，投资者也应该坚持价值为主线，深度挖掘大盘股的潜力，毕竟优质才是大盘蓝筹股的根本所在。另外，投资者也要多了解企业的经营手法，从多方面考虑企业的发展前景，如巴菲特投资可口可乐时甚至考虑到了可口可乐的营销策略。因此，只有全方位考察大盘蓝筹企业，才能挖掘到像可口可乐、吉列这样的优质蓝筹股。

三、成为 "Tenbagger" 应该具备的素质

招商证券认为一个能成为 "Tenbagger" 的公司应该具备以下六个方面的素质：合理的战略目标和产业布局；积极进取的管理层；完善的公司治理结构；持

续领先、难以模仿的核心竞争力；可复制的盈利模式；广阔的市场空间。围绕资源（自然资源和品牌、土地等社会资源）和技术（成本控制、产品研发、市场营销）上的核心竞争力构建的、可复制的盈利模式，是公司得以持续快速成长的关键。

1. 合理的战略目标和产业布局

公司的战略目标及产业布局若能符合产业的发展方向，则其发展可收到事半功倍之效。

2. 积极进取的管理层

积极进取的管理层是公司战略意图的执行者，持续高速增长的实现者。

3. 完善的公司治理结构

好的公司必须在股东、董事会、管理层之间建立完善的公司治理结构，以从制度上保证公司的持续成长能够顺利体现为股东的收益，同时保证公司能够在面临短期困境时不至于出现严重的机会主义行为。

4. 持续领先、难以模仿的核心竞争力

核心竞争力使一个公司得以区别于其竞争对手。依靠持续领先、难以模仿的核心竞争力，尚未确立市场地位的公司将能够获得超越行业平均水平的增长速度，已经确立市场地位的公司则能够构筑起较高的进入壁垒。从生产要素的稀缺性看，中国企业的核心竞争力可以归纳为两大类：资源和技术。

（1）围绕资源构建的核心竞争力。中国等新兴国家伴随劳动力快速增长的重工业化进程对资源形成了持续快速增长的需求，使资源的价格呈现长期上涨趋势，拥有资源的企业因此具备获取超额收益的能力。我们把资源大概划分为自然资源和社会资源。

自然资源，包括矿产、土地等，对公司核心竞争力的主要意义在于其不可再生性。在能源与基础原材料短缺的局面下，石化公司的竞争优势主要来源于原油储备，冶金来源于矿石，造纸来源于林业，电力来源于煤炭或水资源。此外，房地产、商业零售、旅游公司的主要竞争优势来源于其所拥有的土地储备、商业地产、景点。不可再生性使自然资源的价格呈现长期上涨趋势，资源型企业因此能够获取超额收益，而缺乏相应资源的公司将始终面临严重的成本挤压。

社会资源，包括品牌、渠道网络、垄断权力等，对公司核心竞争力的主要意义在于排他性，同时资源的应用范围可以在一定程度上复制或延伸，从而使公司可以获得持续成长及超额利润。对于食品、酒精饮料、中药、服装等稳定增长的消费品行业的公司而言，品牌构成其主要的核心竞争力，且产品越走高端品牌路线作用越大。金融、物流、连锁商业的公司在布局完整、规模膨胀到一定程度后，渠道网络将成为其具有垄断性质的资源。供水供气供电、有线电视等公用设施具有明显的区域自然垄断特征。港口、机场、铁路等交通运输基础设施的区域自然垄断特征略弱但同样构成其核心竞争力。

（2）围绕技术构建的核心竞争力。在中国的制造业普遍缺乏技术优势和自主创新能力的现状下，高投资率和高投资增长率使企业面临严峻的竞争环境，技术因此成为企业生存和发展的必要条件，尤其是对于缺乏资源优势的企业而言。我们认为，依据产业链的上下游顺序，技术上的竞争优势将主要体现在成本控制、产品研发、市场营销等方面。

5. **可复制的盈利模式**

公司的盈利模式围绕其核心竞争力构建。一旦核心竞争力得以确立，公司将获得较其竞争对手更强的定价能力，或者说获取超额利润的能力。我们更关注的是，为了实现持续的高成长，公司的核心竞争力以及由此决定的盈利模式必须具有较强的可复制性。

（1）围绕资源竞争优势构建的盈利模式。依靠资源建立的核心竞争力很难被模仿和超越，因此围绕资源竞争优势构建的盈利模式相对而言更为有效且稳定。对于拥有自然资源的公司而言，自然资源的不可再生性决定了其盈利模式很难复制，纯粹的资源型公司只能从周期繁荣中的价格上涨中受益，可持续成长的能力不足。但持续的资源扩张可以实现持续增长，这包括自然资源储备异常丰富的公司。

对于拥有社会资源的公司而言，可以通过一定程度上复制或延伸其应用范围获得持续成长。品牌即具有一定的可复制性，只要复制高端品牌的速度和范围控制得当，将不至于降低产品毛利甚至毁损其品牌价值。

（2）围绕技术竞争优势构建的盈利模式。围绕技术这一竞争优势构建的盈利模式相对而言比较容易复制。一般而言，成本控制、产品研发、市场营销这几方面的技术在应用于新建立或收购的企业上并不存在太多问题。

6. **广阔的市场空间**

对于一个盈利模式具有可复制性的企业而言，潜在的市场空间相对于企业规模的大小将决定企业成长的速度与持续时间。我们认为，公司能否持续成长的关键，并不在于行业是否处于快速增长阶段，而在于能否通过持续领先的竞争优势顺利占领市场。

四、选择成长股需要注意的几个问题

首先要做到的是，在"成长"概念上明确区分企业成长的两种类型：一类是创造价值的企业成长；另一类是不创造价值甚至毁灭价值的企业成长。前者是在企业规模扩大的同时为股东创造了价值；后者是不创造股东价值，只是单纯地将企业规模扩大。现代金融经济学是通过引入经济利润的概念来对此做出区分的。因此，投资股票要注意以下问题：

第一，投资成长股，是投资于创造价值的公司成长，而不是投资于不创造价值的公司成长。换句话说，是投资于经济利润的增加，而不是投资于公司的成长性本身。那些唯成长性即投的成长股投资思维是错误的。

第二，投资成长股，必须选择那些未来的成长性（即经济利润增长）尚未被贴现进当前市价的股票。就是说，市场当前的估值没有反映公司的未来成长，所以当前股价偏低，有机会以低价买进。等到公司成长起来之后，或者等到市场形成对公司成长性的预期之后，市场将对公司做出重新估值，于是股价将上升。所以，成长股投资，实质上是一个时间差概念，而不是一个非价值投资概念。

在这个意义上说，把成长型股票和价值型股票对应的说法是错误的。但确实成长股有着与价值型股票对应的一面，即价值型股票的估值是基于公司现状及其现状的可持续性预期的，成长股的估值则不是基于现状而是基于未来的成长预期的。用通俗的比喻说，价值型股票已经是白天鹅，而成长型股票是当前的丑小鸭。仅此意义上，成长股才是与价值型股票对应的一种股类。成长股投资的精髓是时间差，是公司还是丑小鸭的时候以丑小鸭的价格买入未来的白天鹅。如果未来的成长性已经反映到了当前的股票市价中，即当前的丑小鸭已经被当做白天鹅定价了，那么投资于这种股票就背离了成长股投资的本意。

第三，投资成长股还有一个意味，即蓝筹股或价值型股票有着规模基数大、经营成熟而稳定、市场估值已基本到位等特征，所以投资蓝筹股只能指望获得相对稳定的收益；而成长股却存在着以丑小鸭的价格买进白天鹅的机会，所以成长股投资是可能创造投资奇迹的。那些风险偏好较强、试图创造投资奇迹的投资者，自然倾向于成长股投资而不留恋蓝筹股。

总之，值得投资的成长股必须满足两个条件：其一是，创造价值意义上的成长，而不是单纯规模扩大意义上的成长。其二是，公司的未来成长尚未被贴现进当前的股票市价。

五、中国具有产生"Tenbagger"的肥沃土壤

招商证券认为，相比较于其他经济体而言，中国经济的持续快速增长为企业提供了极其广阔的市场空间，这是产生"Tenbagger"的肥沃土壤。2003 年以来，在重工业化、城市化、消费升级、制造业向中国转移等几大趋势拉动下，中国经济已经进入一轮长周期繁荣。从劳动力增长、资本投入、技术进步这三个推动经济增长的内在动力考察，预计中国经济 8.5% 以上的高速稳定增长仍可以持续 10 年以上。

只要宏观经济政策运用得当，使总需求的增速能够与总供给的增速基本匹配，中国经济即有望长期保持高速稳定增长的繁荣状态。历史上的文景之治、开元盛世、康乾盛世均发生在建国 50~100 年之后，招商证券认为，2003 年开始的长周期繁荣非常有可能再一次造就"中国盛世"。同时，产业结构升级在消费结构升级背景下将有众多行业呈现快速增长趋势。消费升级的一般趋势是依次满足衣食等温饱阶段的需求、住行等小康阶段的需求、服务等富裕阶段的需求。

通过考察世界主要国家和地区人均 GDP 在 1000 美元和在 3000 美元两个阶段的居民消费结构变动的规律，结合中国的实际情况以及未来技术水平的发展，未来中国消费结构升级的重点方向在于：服务类、交通、通信占消费支出比重将显著上升；住房消费支出比重将较快上升；医疗保健、文教娱乐用品及服务占消费支出比重将有所上升。产业结构升级的一般方向是劳动密集型、资本密集型、技术密集型、知识密集型。未来中国产业结构升级方向将与消费结构升级方向相对应，金融、保险、旅游、物流等新兴服务行业将得到大力发展，房地产行业仍将保持高速成长态势，信息技术、机械设备、医疗保健、传媒、通信等技术密集型行业将因经济发展需要和政策支持而长期受益。

此外，大规模的行业整合在中国尚未发生过，化工、钢铁、水泥、汽车、家电、零售、证券、地产等众多行业的集中度仍较低，行业整合尚未完成或正在进行，具备竞争优势的企业通过并购进行行业整合可望获得较高增速并进一步提高

盈利能力。

六、中国"漂亮50"! 未来10年最具成长性的蓝筹A股名单

2004年12月,《新财经》提出了中国的"漂亮50"名单。2006年伊始,第二届《新财经》"漂亮50"评选揭晓(见表5.12)。中国哪些公司会进入我们的视野? 中国"漂亮50"到底是什么?"漂亮50"的评选标准和结果或许能给您答案。

表5-12　网民心中的"漂亮50"代表

未来10年中国最具成长性的蓝筹A股上市公司

排　名	公司名称	票数
1	招商银行	4548
2	中国石化	4382
3	同仁堂	3973
4	G宝钢	3933
5	中兴通讯	3878
6	贵州茅台	3660
7	中集集团	3301
8	五粮液	3220
9	G长电	3100
10	万科A	3039
11	上海机场	2996
12	G民生	2852
13	G上港	2802
14	中国联通	2669
15	海油工程	2583
16	青岛啤酒	2380
17	云南白药	2245
18	伊利股份	2217
19	G武钢	2211
20	中远航运	2102
21	宇通客车	1962
22	中海发展	1944
23	白云机场	1941
24	盐田港A	1931
25	佛山照明	1868

第八节　寻找中国股市翻番 20 倍的"养老"股票

一、为什么寻找 A 股养老股

因为养老股是我们战胜通货膨胀的最有力的武器。通货膨胀无时无刻不在侵蚀着我们的财富，"养老股"可以帮助我们战胜这个极容易被我们忽视的财富慢性杀手。中国古代有句名言，"富不过三代"，原因之一是后代子孙奢侈浪费，但是根本原因是财富未能抵御通货膨胀的侵蚀而大幅度缩水。

不考虑现实的通货膨胀率是多少，若以每年 5% 的通货膨胀率计算，今天的100 万元，5 年后将缩水 20%；10 年后的实际价值将是 59.87 万元，损失超过40%；30 年后，实际价值变成了 21.46 万元，近 80 万元白白蒸发。

还记得 20 世纪 80 年代的"万元户"，那时 1 万元简直就是巨额财富的代名词。如果当时把 1 万元存入银行，现在账面价值也仅约为 5 万元。到了 90 年代，富人们新的特定称谓由万元户变成了百万富翁。而最近《福布斯》富人榜排名的最低门槛就是 5 亿元。如果夸张一点推断，中国富人的财富通货膨胀率大概是每10 年 100 倍。

面对这样的数字，得出的结论只能是，普通投资者必须挑选适合自己的"养老股"或者具有养老功能的其他投资品种。汇丰晋信基金管理公司的十大投资金律中的一条便是，"只有投资才能抵御通货膨胀对财富的侵蚀"。从一个相对较长的历史周期看，战胜通货膨胀的较好的金融工具主要是股票，而不是债券、存款、现金和房地产。

二、起飞前的战略准备

未来三年，中国经济 GDP 将继续保持以 9% 左右的速度增长，蓝筹股理所当然会成为经济的晴雨表和温度计，投资者应该能够从中获得巨大的收益。那么，谁是未来的龙头，谁是未来中国的"微软"、"可口可乐"、"通用汽车"呢？我们认为，应该根据以下的原则选取：一是要认识中国经济的巨大潜力，其中"工业制造大国＋消费结构提升＋城市化"是研究中国经济的"关键词"。二是从行业背景入手，抓住行业的龙头，龙头股一定在龙头板块股中产生。要注意，在选择行业龙头时，要用动态的眼光来看待各种问题，记住紧紧抓住景气度变化指标，就不会迷失方向。三是要站在西方人的角度看待中国，看待中国股市，要特别关注中国的各种资源价值（包括有形的和无形的），从中找出黑马。不但要关注现在，更要关心未来，要从成长性着手，静态的东西对预测未来没有价值。比如，静态的市盈率高低，就不如动态的市盈率更能反映股市和股票的投资价值。

要从宏观经济、从行业着手选取行业中的领袖企业、伟大的公司。"好企业是价值的源泉，投资者的任务就是不断地寻找伟大的企业"。伟大企业的产生有一定的前提条件：一是市场前景必须足够宽广，所以小行业的龙头是不可能长成伟大企业的。中国的零售市场有近 10 万亿元的规模，这是商业公司的前提。二是有成熟的盈利模式，业态是盈利的，如果赔本赚吆喝，企业就永远长不大，所以现金流应该是正的。三是有清晰的发展战略，比如大商业的收购战略、白药的产品战略、苏宁的扩张战略等都已成型而且清晰可见。最关键一点是还要有执行力，必须有优秀的管理层。"伟大的企业都是由优秀的管理层造就的"，没有比尔·盖茨就不会有微软、没有山姆大叔就不会有沃尔玛；所谓品牌溢价、管理溢价、无形资产溢价说到底都是人的溢价。"光有资源并不能造就伟大的企业，只有有了人，垃圾行业也能出现优秀的企业，我国的饲料行业、屠宰行业、水泥行业、集装箱行业等很多被人瞧不起的行业最后都出现了世界级企业。"

三、寻找伟大公司的标准

可以说，一个自然人或是一个组织潜在的经济价值，在于它为人民提供服务的能力。这个能力可以用一个简单的公式考量，即计算出它的能力系数，能力系数越大，它的潜在经济价值越大，换句话说，你可以从三个方面理解，这三个方面还存在先后的顺序。

A：能够同时享受你提供服务的人民边际最大数量是多少；

B：假定每个提供给单个人民无差别的服务的边际最大价值有多大；

C：在 A、B 为确定条件下，能够持续地为人民提供服务的能力有多大（最小为 0，最大为 1），即技术含量有多大，能不能轻易被复制，会不会遇到大量的竞争？

我们认为，公司的价值就等于 ABC 中的乘数最大值。其中，C 最难以计算。而且，往往是乘数越大的企业或个人，其获取的经济收益和社会地位也就越大越高，这种趋势和现象，超越了社会和时代的差别。之所以说存在先后顺序，就是说 A 比 B 重要，一个能给 100 个人提供服务，每次收费 10 元的行业，比一次只能给 1 个人服务，收费 1000 元的行业更先进、更有发展前景。这样计算的结果，对于比较广泛的优先行业，应该是网络信息提供商、传统媒体和通用软件供应商，还有能源。

我们可以举例说明：

（1）微软，做的东西服务全人类，单独价值虽然不是非常高，但是持续为人民服务的能力目前一流，所以几年之间市值超越许多传统垄断和暴利行业，并享受非常高的社会地位，以至于相当长一段时间成为美国法院系统服务的重点。

（2）在中国有历史记载以来，教师的社会地位长时间远远超越比其获得报偿、生活水平高得多的其他行业，包括医生，主要原因是，教师是能够提供一对多的服务行业，医生则不能。

（3）超级女声的一个小女生，因为进入到传媒这个先进性的行业，利用这个广阔的舞台，成功地对神州大地的人民提供了优质的服务，一夜之间取得最大的价值，其他例子不胜枚举。

四、从国外的经验来看未来国内投资和消费的主题是什么

1. 美国 GDP 达到 1 万亿美元后翻两番的动力

个人消费支出对美国 GDP 的贡献不断上升，个人消费支出的构成＝耐用品＋非耐用品＋服务，服务在消费中的比重稳步上升，耐用品支出的周期特征明显，非耐用品的消费在波动中下降（详细看图 5-15），美国个人消费支出中的耐用品＝汽车及零部件＋家具及家具设备＋其他。美国个人消费支出中的非耐用品＝食品＋服装鞋帽＋汽油燃料及能源商品＋其他。食品占非耐用品的支出比例一直在 50% 以上，但增速下降明显；服装鞋帽在支出中的比例持续下降；能源类商品的消费支出则呈上升趋势。

美国个人消费支出中的服务＝住房＋住房运营＋交通＋医疗＋娱乐＋其他。服务消费中用于住房的开支明显高于其他各类，但在支出中的比例是逐渐下降的，

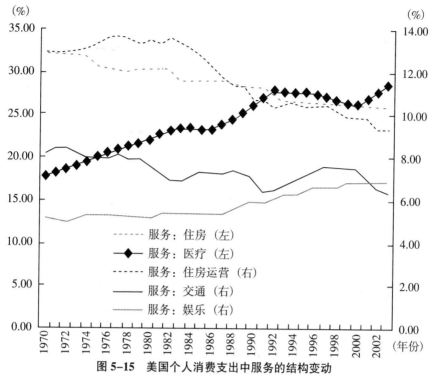

图 5-15 美国个人消费支出中服务的结构变动

资料来源：申银万国研究所。

而医疗支出的比例则明显上升，20 世纪 90 年代后增幅已经超过住房。娱乐开支稳步上升，交通支出稳中有降。消费支出总排序在 GDP 增长的过程中层次非常清楚，食品、医疗和住房属于第一集团，其中食品从第一位降到第三位，医疗从第三位升到第一位。汽车、住房运营、家具和家具设备属于第二梯队。

在翻两番的过程中，制造业、金融保险房地产业、服务业的贡献超过 50%，制造业的贡献率呈下降趋势，金融保险房地产和服务业的贡献稳步上升，采矿业的贡献增幅在后期明显提高。

2. 世界经济产业移动规律

（1）产业移动的四个阶段（见图 5-16）。世界经济呈现出具有规律性的周期变动已经历了五个长波，分别是：①"早期机械化"技术革命，时间出现在 18 世纪末至 19 世纪 30 年代；②"蒸汽动力及铁路"技术革命，出现在 19 世纪 40 年代至 70 年代；③"电力及重型工程"技术革命，出现在 19 世纪 80 年代至 20 世纪 30 年代；④"福特制及大生产"技术革命，出现在 20 世纪 30 年代至 70 年代；⑤ "信息及通信"技术革命，由 20 世纪 80 年代开始。由此构成五个世界经济长波周期。根据以上划分的时间间隔，大致在 40~70 年不等，平均大约 54 年左右。

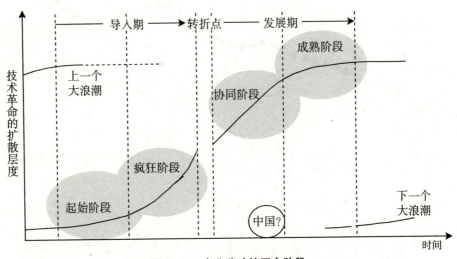

图 5-16　产业移动的四个阶段

资料来源：申银万国研究所。

（2）可能移动到中国的产业和基础设施（见图 5-17）。汽车产业链、高速物流运输系统、数字远程通信服务、多种能源服务、金融服务，中国在接近世界的同时，世界也在接近中国。

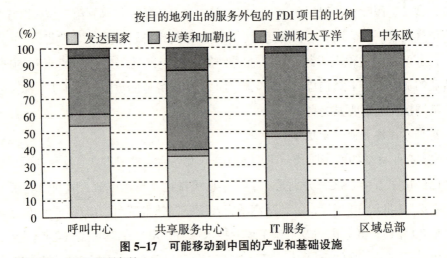

图 5-17　可能移动到中国的产业和基础设施

资料来源：申银万国研究所。

五、伟大公司牛股模型走势的六个阶段

第一阶段：市场长时间发掘阶段。这个阶段是某些在市场调查和行业研究上站在最前沿的机构投资者发掘基本面后进行的长时间吸纳造成的，因为作为真正的战略投资者，会令这些股票的筹码锁定性越来越高，造成后面市场认同的时间比例缩短。

第二阶段：市场第一次认同阶段。这个阶段是在机构长时间的吸纳后，市场的流动性投机资金认同走势，而公司的增长性也支持走势所造成的第一次认同。这个第一次市场认同阶段，股票价格走势会非常简单而且节奏明显。

第三阶段：通常指第一次价格定位分歧。这个阶段是因为第一阶段机构在评估企业增长性时因为评估标准不一样出现的价格分歧，造成这个阶段出现了比第

表 5-13 每次移动的产业和基础设施

技术革命	新产业或得到更新的产业	新的基础建设或得到 更新的基础设施
I 始于 1771 年 产业革命，英国	机械化的棉纺织业 熟铁 机器	运河和水道 收费公路 水力
II 始于 1829 年 蒸汽和铁路时代 英国，扩散到欧洲大陆	蒸汽机 铁矿业和煤矿业 铁路建设 铁路车辆生产	铁路 普通的邮政服务 电缆（主要在一国铁路沿线传输）大型港口、仓库和航行世界的轮船城市煤气
III 始于 1875 年 钢铁、电力、重工业时代 美国和德国超过英国	廉价钢铁 重化工业和民用工程 电力设备工业 钢和电缆 罐装和瓶装食品 纸业和包装	高速高汽轮船在世界范围内的航运 世界范围的铁路 大型桥梁的隧道 世界范围的电报 一国范围的电话 电力网络
IV 始于 1908 年 石油、汽车和大规模生产的时代 美国，扩散到欧洲	批量生产的汽车 廉价石油、石化产品 内燃机 家用电器 冷藏和冰冻食品	公路、高速公路、港口和机场的交通网络 石油管道网络 普通的电力供应 世界范围的有线或无线模拟远程通信
V 始于 1971 年信息和远程通信时代 美国，扩散到欧洲和亚洲	信息革命 廉价微电子产品 计算机、软件 远程通信 控制工具 生物技术和新材料	世界数字远程通信（电缆、光纤、无线电和卫星） 互联网/电子邮件和 E 化服务 多种能源、灵活用途、电力网络 高速的物流运输系统

一阶段价格波动幅度更宽的现象，但这个阶段的振幅在时间上会比较短，因为公司的实际增长性又给了一些比较犹豫的机构一线的希望。

第四阶段：企业增长得到了整个市场的普遍认同。公司的增长性凸显并得到市场整体的认同，市场的资金因此而被吸引过来，这个时候的价格也是采用比较简单的形态，用比较少的时间拉开比较大的幅度。

第五阶段：市场对企业价格定位大分歧阶段。这个阶段很多市场的投资机构因为企业的增长性而变得盲目乐观，而且因为第一阶段发掘蓝筹股的机构也对企业的增长性产生了很大的评估分歧，造成了价格最大幅度的上下振荡，伴随着股票流通性的大幅度换手，而结束了整个牛市的格局。

第六阶段：价值回归之路。这是价格的反向回归之路，经过市场的再三验证，企业增长性和股价的增长性发生了偏离，价格向价值回归，造成了价格的迅速到位。

六、股市是价值的放大器

什么是竞争力？巴菲特讲"没有竞争就是最大的竞争力"，巴菲特还讲"竞争有害健康"。企业某一年的盈利并不重要，重要的是持续竞争力、战略和未来发展空间。

股市的价格发现功能应该比融资功能更有吸引力，应该有可观的放大效果。有形资产如果不能创造价值，就是一块石头，只有人的劳动建立的信誉、品牌、知识产权等无形资产才是创造价值的源泉。评价资产价值的标准应该是看资产在未来所带来的现金流量的折现。过去我们对国有资产和股权不管资产的盈利能力，只以净资产为标准转让国有资产和股权，实际上是国有资产的流失。只有资本市场具备这样的价值发现功能，通过市场为资产定价，从而使好公司得到更多的社会资源，坏公司被淘汰，这种价值取向的变化会给市场带来转折点。

过去以企业净资产而不是以盈利能力作为价值判断标准，不能反映出企业的实际价值，使得资产转卖时被低估。股改后的趋势是大量的优良资产开始被注入上市公司，并在股市中被发现和放大。并且，业绩越好，市值放大的倍数越高，财富增值效果越明显。通过这种良性循环，使市场成为价值的发现器和放大器。这与过去很多企业通过融资使净资产扩大后赚取差价完全不同。

因此，一个好的公司应该有五方面的溢价：品牌溢价、管理溢价、技术溢价、壁垒溢价、成长性溢价。投资的关键是看未来的现金流量，未来的盈利贴现决定现在的估值。

值得提醒投资者的是，选择成长股需要着重注意下列几个问题：

（1）成长股未必与新经济产业相挂钩，成长股也可能出现在传统行业甚至是夕阳行业里。在大众心目中，成长股总是与网络、IT、生物技术等新经济产业相联系的。但事实上，钢铁、石油、汽车、电力、商业等传统产业领域，也经常出现高速成长的公司。在中国的当前阶段尤其如此。普莱斯认为，夕阳行业如果脱胎换骨进入了新的成长期，不管是新产品的开发还是老产品有了新用途，都可以成为成长股的投资对象。巴菲特更是从来没有染指过新兴的科技类股票，但他选择的也是那些成长性非常优秀的股票，而不同的是它们处于传统行业中。

（2）成长股未必与高增长行业相挂钩，成长股也经常出现在增长放缓的成熟行业。当前中国正处在市场爆炸的特殊历史阶段，几乎各行各业都面临着市场总量的快速放大，从而表现出行业的高速增长。但是由于行业内的竞争结构问题，我们更易见到的现实是，在行业总量高速增长的同时，行业内的厂商却因为过度竞争而经营维艰，比如中国的彩电、软件、旅游等行业。相反，世界经验表明，在那些增长放缓甚至负增长的行业里却往往出现高成长公司，比如快餐和软饮料行业总量增长幅度很小，但麦当劳和可口可乐却以其出类拔萃的竞争优势获得了企业的高速成长。

（3）成长股未必与小盘股相挂钩，大盘股甚至是蓝筹股也可能保持快速成长。中国的小盘股公司，大多没有产业地位、资源优势和核心能力，成长为大公司的概率不是很大。而中国的大盘股公司，或者经历市场竞争成长而来，形成了自己的竞争力，或者由具备一定行业地位或资源垄断优势的大型国有企业转制而来，其中的优秀企业，反而前景更可期。国外的经验也显示，大规模未必与高成长不兼容。典型的例子如沃尔玛，在超大型规模的基础上依然保持着惊人的成长速度。

（4）成长股未必与企业的历史成长速度相挂钩。中国有很多公司，因为抓住了一时的商业机会而一夜暴发，表现出高成长的历史纪录和势头。实际上，这些公司的高速成长是一时机会导致的，而不是企业的系统能力和竞争优势造就的，往往是昙花一现。所以，选择成长股，要谨防被过往成长的历史假象所迷惑。

第六章　案例分析

第一节　茅台股份　战略品牌估值无极限

一个股民这样写道："我视该股为我一生的情人。但愿高层管理能够一如既往发展下去并再接再厉，不辜负中国人心中的品牌形象。但愿人长久，千年茅台好！"为什么"中国股市最贵的股票是贵州茅台"，却有如此忠诚的投资者。请看如下资料：

◆控盘情况◆

时间	2006年9月30日	2006年6月30日	2006年3月31日	2005年12月31日
股东人数（户）	26440	38655	8993	9333
人均持流通股（股）	11434.11	7820.93	15007.61	14460.88

2006年三季报显示，股东人数较上期减少32%，筹码较集中；前十大流通股东合计持有6476万股（上期为5662万股），其中QFII-富通银行持股数未变，广发优选、社保109组合、平安人寿略有增持，新进中国人保2账户、银华优质等基金，基金科瑞略有减持。2006年三季度基金投资组合显示，基金合计持有12563.18万股流通股（第二季度持有12483.93万股），占流通盘的41.56%。

1. 我想，大概有如下几点值得思考再思考

（1）贵州茅台有永远不会枯竭的永续现金流，在未来的几百年之内，贵州茅台的产品不会消失，产品的价格不会下跌，而且会不断上涨，收入像水一样持续

地流到企业和股票持有者手中来。大家可能有过这样的经验，有很多股票过了几年找不到了，一打听才知道是下市了，不管你是多少钱买的基本上是血本无归了，拿着那些股票，哪怕是你一块钱买来的，到底是便宜还是贵了呢？

（2）我们做这样一个假设，你拿着价值100万元的贵州茅台股票和价值100万元的ST股票到银行去申请抵押贷款，其结果必然是这样的，ST股票银行压根不承认这是可抵押物，而贵州茅台银行可能会笑脸相迎你。这说明在市场之外的整个社会经济中ST们已经没有资产的属性了，相关经济单位已经不承认它是一种资产了。之所以它在股市上还有一定价格是因为它还有交易价值、炒作价值、对赌价值。我们知道有很多低价股往往会上演一个暴涨的走势，这种走势的本质就是表现出它作为一种对赌工具，通过上涨实现快速的社会财富转移和分配，在低价股的显而易见的暴涨过程中很多投资者都羡慕不已，跃跃欲试。

（3）贵州茅台虽然很贵，但是因为随着时间的推移，它的价格总是在增加，不能说贵州茅台的价格永远是这样不断地创新高，但是从贵州茅台的实际经营和需求的角度上讲，这种可能性非常巨大。因此，在中国股市上要想持续地挣钱必须学习用资产的观念来看待股票和股价，如果继续用筹码的观点来看待股票和股价的话，实际上已经与市场的基本趋势相背离了。

2. 企业因素使得茅台股份成为深沪两市第一高价股

首先，企业坚持质量诚信。当年，在一些地方"发酒疯"的时候，茅台没有跟风，而是按部就班、踏踏实实把自己的事情做好，稳步前进。茅台坚持质量第一，尤其是茅台酒紧俏的时候，质量的弦绷得更紧。这条原则，茅台在过去、现在都没有动摇，今后也不能动摇。

领导班子对于一个企业的发展很重要，其重要性就在于能否把消费者真正当成企业发展的决定性因素。一位外省的领导人走访了国内两家大型企业后到茅台，觉得茅台的班子很和谐，很有创新精神。

近年来，茅台依靠科技进步逐步揭开了茅台酒质量好的秘密，是企业实现跨越式发展的一个重要原因。同时茅台集团的市场运作不断向科学的方向发展。市场细分、团购公关、专卖店建设及服务改进等一系列举措，包括新产品开发、营销队伍建设等都符合市场经济规律。

3. 创新是国酒茅台跨越式发展的重要动因

一是观念创新。思路决定出路。茅台集团坚持贯彻科学发展观，着力提升企业全面、协调、可持续发展的能力，控货的目的就在于确保茅台酒窖藏的老酒达到必要的一定数量，确保产品质量，增强企业发展后劲。从 1999 年到现在，集团每年都有新思路、新套路提出来，并反复向员工灌输忧患意识、危机意识和责任意识。通过观念创新，促进了企业各方面工作的创新。

二是文化创新。文化的渗透是最强大的渗透，积淀丰厚的文化正是国酒茅台的核心竞争力之一。茅台集团在全国率先提出了"文化酒"的概念，同时，"国酒茅台喝出健康来"的文化理念日益深入人心，与之相应，企业大力推进"文化营销"，并寓教于乐，通过举办职工艺术节等文体活动，让国酒文化进一步浸入员工血脉。

三是管理创新。以争创全国质量管理奖为载体和手段，茅台集团各方面的管理工作都跨上了全新的台阶，实现了与国际标准的接轨，企业决策的科学化和民主化极大地得以提高。

四是营销创新。1998 年，走出计划经济堡垒的茅台集团开始建立自己的营销队伍，营销网络从无到有，目前在全国已有 29 个片区 600 多个营销网点，建成了全国白酒行业最大的营销队伍。企业提出了"八个营销"的营销思路，即工程营销、文化营销、公关营销、服务营销、诚信营销、个性营销、网络营销和时节营销，使得茅台酒完全从以往的"皇帝女儿不愁嫁"的计划经济发展模式转型至市场经济的营销模式上来。

五是环境创新。一个好的环境对茅台酒酿酒微生物的保护和培养至关重要。茅台酒之所以不可复制，与产地环境密不可分。环境也是国酒茅台的核心竞争力。

六是制度创新。不断深化改革、不断加强管理、不断健全各项制度，始终贯穿于茅台集团近年的发展过程中。通过劳动用工制度、分配制度的改革，企业实行了"干部末位淘汰制"和"绩效工资制"，基本上告别了等级工资制，从而更好地激发了大多数员工的工作激情。

七是科技创新。先进技术的引入和运用，推动茅台酒的整个酿造过程、酿造工艺，从基础酒的生产到成品的出厂，都有了不同程度的创新，进一步增强了企业的核心竞争力，生产效率和产品质量因而有了很大提高。

茅台股份业绩预测见图 6-1。

【基本资料】

600519	G 茅台	2005 年年报	2006 年 8 月 31 日		
A 股价格（元）	45.230	总股本（万股）	94380.000	流通 A 股（万股）	26992.680
总市值（亿元）	426.881	A 股流通市值（亿元）	122.088	每股收益（元）	1.185
每股净资产（元）	5.395	市净率（倍）	8.384	销售毛利率（%）	69.028
净资产收益率（%）	21.967	EV/EBITDA	20.397	A 股市盈率（倍）	38.164

【业绩预期】

时间	2005A	2006E	2007E	2008E
报告 EPS	1.185	1.533	1.923	2.540
摊薄 EPS	1.185	1.531	1.925	2.542
净利同比（%）	0.363	29.178	25.750	32.018
收入同比（%）	0.306	24.338	20.153	14.181
市盈率（倍）	38.164	29.544	23.494	17.796
PEG	1.390	1.076	0.856	0.848
EPS 最高值	1.185	1.577	2.043	2.633
EPS 最低值	1.185	1.509	1.850	2.492

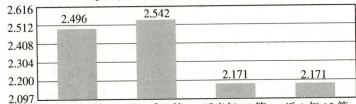

【摊薄 EPS 预期变动图】选择预测年度 2008

注：摊薄 EPS、EPS 最高值（最低值）均为最新股本摊薄值，即"未来预期净利/当前最新股本"；PEG 按 2 年复合增长率计算；统计周期为近 3 个月。

【市场评价】

市场评价分布

	报告数	买入	收集	中性	派发	卖出
近 15 日	3	3	0	0	0	0
近 30 日	3	3	0	0	0	0
近 60 日	4	4	0	0	0	0
近 90 日	4	4	0	0	0	0
近 120 日	5	5	0	0	0	0

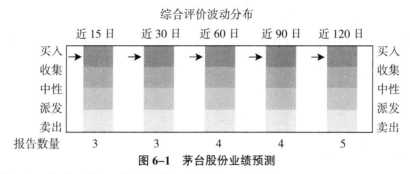

图 6-1 茅台股份业绩预测

资料来源：上海财汇咨询、上海万国测评。

第二节 盐湖钾肥 铺就百年品牌之路

2006 年，在博客网站，盐湖钾肥公司股民之间就"盐湖钾肥是粗放型的资源公司，主导产品也是唯一产品就是氯化钾价格决定了公司"发起了辩论，其中一个股民的留言写得很精彩，我觉得他的观点基本正确，现在把他的观点摘录如下：

"我 17.50 元就已经开始建仓，如今重仓持有该股。为什么看好它，因为它具有垄断性，也是国家战略资源。青藏铁路的完工，给该公司带来强大的运能，公司的产品也就可以更快地走出去。在半年以内肯定能回到 20 元以上，蓝田股份、银广夏是什么性质的公司？也能和盐湖钾肥相提并论吗？"

请看机构投资控股资料：

◆控盘情况◆

时间	2006 年 9 月 30 日	2006 年 6 月 30 日	2006 年 3 月 31 日	2005 年 12 月 31 日
股东人数（户）	16255	20695	15583	16191
人均持流通股（股）	20670.56	16235.81	19251.75	18528.81

根据 2006 年三季报披露，前十大流通股东均为机构投资者，合计持有 9539 万股（上期为 9489 万股），占流通盘的 28.39%，其中红塔证券持有 2492 万股，为第一大流通股股东。股东人数减少 4000 余户，筹码高度集中。2006 年三季度

基金投资组合显示，基金合计持有 8361.50 万股流通股，占流通 A 股的 24.89%。这说明机构依然对其后市看好！

那么，是什么原因让机构在一片质疑声中，依然情有独钟重仓持有该股呢？还是让我们回顾一下其发展史吧。

青海盐湖钾肥股份有限公司地处察尔汗盐湖，主营氯化钾的开发、生产和销售，兼营其他矿产品开发、加工等，在国民经济中占有重要地位。举世闻名的察尔汗盐湖是我国最大的可溶性钾镁盐矿床，也是世界特大型盐湖矿床之一。湖区内各种盐类资源总储量达 600 多亿吨，其中已探明的氯化钾总储量为 5 亿吨，钠、镁、锂等元素储量均居世界前列，初步开采价值超过 12 万亿元。盐湖钾肥拥有察尔汗盐湖资源面积 80%以上，保证了公司充足的资源储备，这也正是它在无数上市公司中所独有的优势和不断发展的后劲。

国家西部大开发的着眼点是资源开发。青海盐湖钾肥二期工程（年产 100 万吨氯化钾项目），2000 年被列为国家西部大开发首批十大工程之一，也是唯一一个资源型产业化项目和唯一一个上市公司控股承担开发的国家西部大开发项目。这既体现了国家对发展钾肥工业的高度重视，也表明国家将盐湖资源开发放在了一个战略的高度，这无疑有利于促进西部资源优势向经济优势的转化。

凭借上述得天独厚的资源优势和国家产业政策的大力支持，盐湖钾肥不仅在生产上将以其 150 万吨氯化钾产能而占据国内钾肥生产的垄断地位，而且在钾肥生产工艺技术上也代表国家水平。上市近 8 年来，盐湖钾肥以资源为依托，以技术进步为动力，通过搭建各种平台，在众多上市公司中凸显出相对更多的优势，成为扬帆在大盐湖上的中国钾肥工业的一艘航母。

1. 资金平台是增强活力的"输血库"

1997 年，盐湖集团通过剥离主业和集中优良资产，与另外几家企业发起创立"青海盐湖钾肥股份有限公司"，并于同年 9 月 4 日在深圳证交所挂牌上市。从此，在国内上市公司肥料板块有了唯一一家钾肥业务上市公司——盐湖钾肥。

1999 年 9 月，公司完成首次配股。募集资金 1.06 亿元全部用于氯化钾主业的扩能建设和重大设备国产化改造，此间，用自主研发的反浮选—冷结晶工艺技术，建成了可与世界钾肥工业最先进水平相媲美的现代化 10 万吨氯化钾生产装置，不仅实现了生产能力的大幅提升和产品质量与国际标准的接轨，而且为国家西部大开发首批十大重点工程之一的青海百万吨钾肥项目建设提供了重要的工艺技术示范依据，为项目的顺利建设铺平了道路。2002年，公司再次完成增发工作，募集资金4.27亿元全部用于青海百万吨钾肥项目，为设立并控股青海盐湖发展有限公司创造了条件。

由于盐湖钾肥历史沿革所致，盐湖钾肥在盐湖集团这个大环境中，其氯化钾业务存在内部同业竞争问题。为此，按照规范运作要求，盐湖钾肥在2002年间，先后实施了对经济效益非常好的青海盐湖三元钾肥股份有限公司57%和青海盐湖晶达股份有限公司73.2%的股份收购，实现了对以上两公司的控股，解决了同业竞争问题。

主业突出，规范运作，股票稳健，经营业绩一年比一年好，投资者和管理部门满意——这是盐湖钾肥上市以来在股市上的基本形象。到2004年，盐湖钾肥已连续6年被中证—亚商评选为"中国最具发展潜力50强上市公司"之一。盐湖钾肥作为一家资源性企业，产品单一，市场竞争激烈，面对的主要对手是国际钾肥行业老大，通过上市公司的融资平台，不仅壮大了企业规模，在国际钾肥市场也占有一席之地。公司自组建至2003年，累计生产氯化钾320万吨，是组建前38年总量的2.3倍。数据表明，盐湖钾肥虽然没有走多元化道路，但在主业领域已形成垄断地位，并以较高的回报率赢得了投资者的信心。

2. 市场平台是产品营销的"助推器"

察尔汗盐湖的多种元素极具开采价值，但受工艺技术的限制，除氯化钾外，其他资源的开发尚在技术研发与工业化试验中。氯化钾作为公司的主业，其开采加工已有40多年历史，所以公司没有盲目走跨行业发展之路，而是集中精力专做主业，把氯化钾品牌做大、做强、做精、做细，由此赢得市场优势和主动权。

中国是一个缺钾大国，每年钾肥需求量在650万吨左右。加入WTO以后，进口配额取消，国外产品大量涌入，使原有的市场格局被打破。与此同时，盐湖钾肥氯化钾产量稳步增长，规模扩大，面临更大的市场压力。公司一方面在产品质量和生产成本上下工夫；另一方面积极调整营销策略和价格策略，反客为主，争取主动，不断扩大市场份额。即使多次提高产品售价，仍然处于供不应求的局面。

在质量上，"盐桥"牌氯化钾产品与加拿大氯化钾肥效基本相同；在价格上，比国外同类产品售价每吨低约5%；在供应上，较进口产品稳定，因而产销量连年增长，目前已占国内市场份额20%以上。"盐桥"牌氯化钾不仅实现了青海省驰名商标零的突破，同时也是中国化工行业最具竞争力十大品牌之一，成为国内唯一能够与进口钾肥相抗衡的品牌。2004 年，"盐桥"牌氯化钾产品通过国家质量监督检验检疫总局审核，成为国家免检产品。

盐湖钾肥公司的产品以直销为主，在积极探索直销、分销、区域代理的同时，建立了六大销售仓储的新策略，同时利用媒体宣传，树立"盐湖钾肥"的品牌形象，加大市场开拓力度。品质抓源头，服务到终端，随着销售网络的建立健全，"盐桥"牌氯化钾已行销中国大江南北，并与全国上百家复合肥厂及各省区各级农资公司保持着良好的业务往来。据权威部门预测，我国的钾肥需求量还将持续上升，盐湖钾肥的市场优势将进一步凸显。

3. 技术平台是科研成果的"蓄水池"

对于企业，设备、资料、产品仅仅是一些静态存量，人才才是最具有活性的成分，在发展中发挥着核心作用。由于自然环境和气候条件的限制，公司的人才引进难度较大，员工 60% 以上是第二代、第三代盐湖人。此外，盐湖钾肥在国内钾肥行业中具有唯一和较强的独特性，制造工艺和生产设备选型在国内无经验可供借鉴，所以盐湖专家和各类工艺技术人才只有在盐湖工作的实践中才能培养产生。公司从创业阶段就十分注重人才的培养，可以说，中国最优秀的盐湖专家和钾肥生产技术工人就在盐湖钾肥。

有了人才保证，技术创新才有可能。公司不断研究新工艺、新技术，增加产品的科技含量。氯化钾生产目前使用的"反浮选—冷结晶"工艺是在多次与国外先进企业寻求技术合作无果的情况下，依靠自己的盐湖专家自行研制的生产工艺。该技术在 2000 年获得国家多项技术专利金奖，2001 年又被国家专利局和世界知识产权组织评为专利发明金奖。在年产 20 万吨氯化钾加工厂改造中，该技术得到成功应用，实现了国产钾肥生产工艺与国际先进工艺接轨的重大突破，使我国的氯化钾技术走进世界先进水平行列。此外公司的水采船国产化、钾肥生产工艺自动化控制等三项专有技术，也达到世界同行业先进水平，公司对盐湖晶间卤水的开采、渠道输送及老卤排放等技术也积累了诸多经验，同时建成了中国最大的利用太阳能的盐田卤水蒸发池，这为大规模、高质量、集约化地开发利用盐湖资源提供了可靠的技术保障。

4. 管理平台是企业发展的提速器

盐湖钾肥是青海省最早建立现代企业制度的公司之一，法人治理结构基本确立，股权多元化步伐明显加快，生产经营和财务决策完全拥有独立性，独立董事制度也已经建立，并在实践中发挥着积极作用。公司通过制定监督、约束机制和完善的内控制度，正确处理了出资人与公司独立性的关系，实现了有效制衡，有效保证了企业的稳健运行。

盐湖钾肥发展到今天，已经具备了强有力的抵御市场风险的能力，也可以从容应对生产经营中出现的波折，但公司意识到投资失误将使企业背上沉重的包袱，因此在完善董事会管理职能的同时，公司在重大项目决策机制方面制定并坚持了五大原则，即效益原则、市场原则、优势原则、技术原则和效率原则，将效益好不好、市场是否认同、风险大不大、综合优势是否明显、技术是否先进可靠、投资效率是否高等作为公司决策的原则。同时，公司提出了"思路决定出路、决策总揽全局、组织关系成败、机制保障实施"的管理理念以及"科学管理、持续贯标、质量取胜、用户满意"的质量方针，为公司的快速发展奠定了坚实基础。

公司首先加强财务管理，防止资产缩水。其次实行全员量化、综合指标考核，以指标为杠杆调节和保障各系统稳定运转。目前，公司已经全面建立起规范的、具有可操作性的考核机制和指标体系。细节决定成败，而加强细节管理首先要抓好现场管理。公司力争通过强化领导力、加强创新力、加大执行力，同时加强审查和自省，时刻审视管理由松散向严密、由粗放向精细、由无序到规范、由片面的要求到全面的要求，不断提高现代化管理水平。

目前，公司钾肥产能达 150 万吨，是亚洲最大钾肥生产企业，其中公司本部 35 万吨、晶达公司 5 万吨、三元公司 10 万吨、盐湖发展 100 万吨。公司 2005 年生产氯化钾产品 140 万吨，计划 2006 年产量较 2005 年提升 10%以上，销售收入达到 20 亿元以上。公司控股子公司三元股份有限公司控股新建的 20 万吨氯化钾生产装置 2006 年 5 月初步建成（该装置设计规模调整为年产 25 万~30 万吨），2006 年总产量有望达到 160 万吨。据预测，公司氯化钾的单位成本在未来几年将稳定在 420 元/吨。钾肥资源毛利率高，公司氯化钾毛利率，2005 年末期高达 64.61%，公司 2005 年市场占有率约为 18%。2006 年第三季度主营业务毛利率为 67.87%。氯化钾用途广泛：在工业上主要用于制取钾盐，如氢氧化钾、硫酸钾等，广泛用于石油、橡胶、电镀工业；在医药卫生上做利尿剂、代盐等；在农业上，氯化钾是农业化肥的三要素之一，能增强抗倒伏能力，广泛用于大田作物与经济作物的底肥和追肥。

盐湖钾肥业绩预测见图 6-2。

【基本资料】

000792	G 钾肥	2005 年年报		2006 年 8 月 31 日	
A 股价格（元）	19.000	总股本（万股）	76755.000	流通 A 股（万股）	33600.000
总市值（亿元）	145.835	A 股流通市值（亿元）	63.840	每股收益（元）	0.672
每股净资产（元）	2.149	市净率（倍）	8.843	销售毛利率（%）	64.615
净资产收益率（%）	31.275	EV/EBITDA	17.124	A 股市盈率（倍）	28.276

【业绩预期】

时间	2005A	2006E	2007E	2008E
报告 EPS	0.672	1.043	1.264	1.459
摊薄EPS	0.672	1.046	1.266	1.506
净利同比（%）	0.749	55.719	20.982	18.954
收入同比（%）	0.308	42.882	17.826	17.585
市盈率（倍）	28.276	18.158	15.009	12.617
PEG	0.759	0.487	0.403	0.339
EPS 最高值	0.672	1.107	1.376	1.702
EPS 最低值	0.672	0.959	1.058	1.150

【摊薄 EPS 预期变动图】选择预测年度 2008

近 1 月 6 篇　1.445　　近 1 季 10 篇　1.506　　近半年 14 篇　1.391　　近 1 年 14 篇　1.391

注：摊薄 EPS、EPG 最高值（最低值）均为最新股本摊薄值，即"未来预期净利/当前最新股本"；PEG 按 2 年复合增长率计算；统计周期为近 3 个月。

【市场评价】

市场评价分布

	报告数	买入	收集	中性	派发	卖出
近 15 日	6	4	2	0	0	0
近 30 日	6	4	2	0	0	0

续表

	报告数	买入	收集	中性	派发	卖出
近 60 日	8	5	3	0	0	0
近 90 日	12	6	6	0	0	0
近 120 日	15	7	7	0	0	0

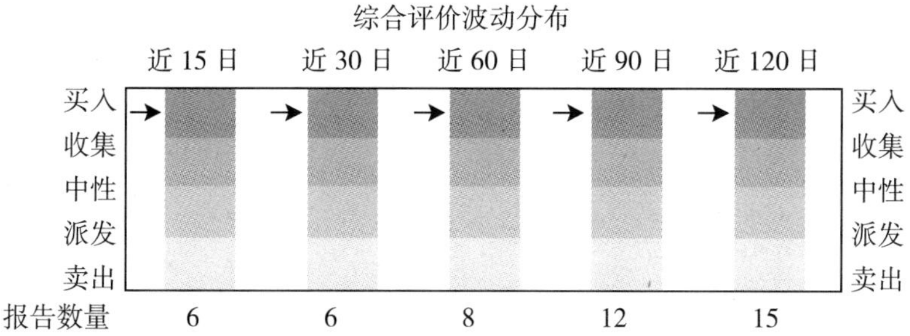

综合评价波动分布

图 6-2 盐湖钾肥业绩预测

资料来源：上海财汇咨询、上海万国测评。

第三节　三精制药　好产品成就名品牌

在《证券市场周刊》公布的 2006 最佳成长性上市公司 50 强名单中，哈药集团有限公司控股的三精制药（600829）、哈药集团（600664）作为黑龙江省仅有的两家入围公司，分别名列总排行榜的第 24 位和第 28 位，同时分别位居制药类上市公司第一位和第三位。

据介绍，评选采用的基本指标是股票价值中增长机会价值（PVGO）/市价以及公司股票在过去 5 年内的涨幅，最终选择了自 2001 年 6 月 1 日至 2005 年 5 月 31 日股价涨幅最大的 50 家上市公司进入最佳成长公司 50 强。以下是该公司的基本情况和成长之路：

◆控盘情况◆

时间	2006 年 9 月 30 日	2006 年 6 月 30 日	2006 年 3 月 31 日	2005 年 12 月 31 日
股东人数（户）	6918	9061	6846	7257
人均持流通股（股）	14069.02	10741.58	14216.99	13411.81

2006年三季报显示，股东人数较上期减少24%，筹码有集中趋势。前十大流通股东中有8家基金、1家券商、1家QFII，合计持有2225万股，其中社保111、604组合分别持有197万、153万股；荷兰银行持有209万股。2006年11月2日股改股东大会公告显示，十大流通股合计持有1482万股。

"在成熟的市场经济体系中，企业不能只依靠广告来塑造一个知名的品牌，而是要靠好的主打产品成就一个品牌。"基于这样的认识，多年来，三精人本着这一基本理念，积极增强企业的研发实力，严格产品质量管理，不断提升企业的核心竞争力，从而得以使三精品牌一直在市场上保持着旺盛的生命力。

1. 三精制药力推品牌战略，走自主研发之路

现代制药工业是高新技术产业，拼的就是研发。世界上著名医药企业之所以具有竞争力，最大的秘密武器就是技术创新能力和研发实力。三精制药股份有限公司董事长姜林奎对此有深刻的认识："以前，我国的医药企业以仿制药打天下。现在，大家都很清楚，做药是谁发明谁赚钱，谁跟进谁赚不到大钱。在医药界，仿制药的价格是自主药的1/2。"

三精制药的自主研发是从其主打产品——三精葡萄糖酸钙口服溶液开始的。当时，科研人员在市场调研中发现，很多孩子补钙要靠输液，可给孩子输液却是件难事，孩子、医生、家长都不愿接受。面对市场需求，三精人想到研制一种安全有效、服用方便的液体补钙口服制剂。"越是没人干，我们越要干！"三精人下定决心。从1990年5月开始，经过整整10个月的苦战，无数次的实验，终于攻克了产品过饱和溶液的析出问题，三精葡萄糖酸钙口服溶液诞生了，口服液从此取代了注射液。1991年，这一产品荣获第三届全国新技术、新产品展销会金奖。随后，三精人又开发出葡萄糖酸钙的姐妹产品——葡萄糖酸锌口服溶液，这两个产品成为三精决胜市场的独门秘器，使三精一路突进。

三精人每开发一款新药都紧盯市场需求，并努力抢先投放市场。1995年5月，三精人开始开发国家二类新药司乐平。司乐平是国际新型降压药，国外的制药公司生产的此药品价格昂贵，并准备抢占中国市场。而当时国内的普遍情况是，一个新药从临床研制到获得生产批件需要12年的时间，而三精司乐平只用了半年的时间。在这半年的时间里，三精投入主力研发军团，加班加点，尤其是在进行临床总结、搜集数据的最后一个星期，科研人员白天黑夜连轴转，就在各种资料备齐的当天夜里，姜林奎总经理带人赴京报批，用一夜时间将车开到了北

京，终于于 1995 年 5 月 14 日抢先从卫生部拿到了国家二类新药证书。而就在三天后，该药品的专利生产厂家英国的葛蓝素公司获得了中国的专利保护，即 7 年内我国不能再有其他企业生产这种产品。三精在 5 月 14 日拿到新药证书，可以说是和洋药在抢时间，为中国医药赢得了市场。

就这样，短短几年间，三精双黄连口服液、立复丁、穿琥宁冻干剂、蜂王浆冻干含片、塞金、柴连、利之舒等一大批产品相继推出，企业的销售额也一路攀升。三精制药的产品销售之所以遍及全国并打开了世界 30 多个国家和地区的市场，最主要的是在响亮的品牌背后有着强大的研发实力。

2. 占领研发制高点

科研开发是目前中国制药企业的"软肋"。世界 25 强跨国制药巨头现已有 20 家踏入中国门槛，我国医药企业面临着"快艇对航母"的窘迫形势。所以只有夯实研发实力，才是提高企业核心竞争力的根本。深谙此理的三精人对研发工作的重视贯穿于企业发展的始终。随着三精产品的热销，他们在研发上的投入也越来越多，目前研发投入已占总销售额的 5%，这种投入比例在全国也是领先的。

三精研发经历了四次重大变革，每次变化都使其水平得到极大的提高。20世纪 80 年代后期，三精制药（原制药三厂）的科研条件十分简陋，实验室和办公室加在一起不足百平方米，实验设备只有电炉、煤油炉、白瓷桶和手工灌药针头等简单设备，压盖、灭菌等许多工作都需要到车间去做，开发产品为移植品种。20 世纪 90 年代，公司开始对科研条件进行改善，实验室面积调整到近 200平方米，添置了蒸汽层中药提取锅、烘干箱、中药粉碎机等一些实验设备，实验人员从几人扩展到 10 人左右，并尝试进行新药研发，这一阶段公司每年平均研发和批复一种新药。2000 年后，公司加大品种研发力度，对研发模式也进行了重大调整，品种研发从仿制品种、自主研发品种到合作开发，发展到今天自主研发、委托开发、合作研发、买断技术、品种入股、技术合作及外部人员带品种进入孵化器等多种开发模式，2000~2004 年，每年立项品种在 10 个以上，批复新药、保健食品在 4~6 个。

三精新药研发重视市场更重视产业化。在新的研发中心，三精制药投入巨资按国家药品 GMP 管理规范设计了液体、固体、天然药物提取和化学合成中试车间。四个中试车间的建立不仅可为三精而且还可为哈药集团、全省及国内制药企业提供新产品中试研发平台，减少产品研发过程中的不必要浪费，提高了科技成果转化率。

3. 苛求自己就是对百姓负责

为了创品牌，三精人给自己制定了苛刻的质量标准和研发高度，抬高了自己产品质量的门槛。以三精葡萄糖酸钙、葡萄糖酸锌口服溶液为例，主要成分钙、锌标示量均严格执行国家标准。而三精人为自己制定的含菌量标准仅为国家标准的 1/10——每瓶口服液用水都是经过 27 层过滤的纯净水。

为了增强品牌的生命力，从 1996 年开始，三精每年都有新产品问世。它们与全国各地医药院校、顶尖科研机构建立了协作关系，与佳木斯大学成立了"三精药学院"，聘请科研顾问和新药信息顾问，实现实力互补，让技术优势、市场分析优势、资产运作优势结合起来，自行开发与合作开发并行。三精制药真正做到了新药开发上的"研制一代、开发一代、生产一代、储备一代"，形成金字塔形产品架构。

不能不佩服三精的远见。它们超前开始实施并通过了国家 GMP 认证系统工程。2000 年，在收购哈尔滨中药一厂后，三精人就斥资数亿元在原厂址的基础上兴建了 15.4 万平方米的新厂区，并以国际上通行的 GMP 认证标准修建了口服液车间、注射剂车间、粉针车间、科研中心等绝对具有现代化水平的生产设施。该厂区一次性通过了国家药品监督管理局 GMP 认证中心的现场认证。

三精制药业绩预测见图 6-3。

【基本资料】

600829	三精制药	2005 年年报	2006 年 8 月 31 日		
A 股价格（元）	11.280	总股本（万股）	38659.240	流通 A 股（万股）	9732.950
总市值（亿元）	43.608	A 股流通市值（亿元）	10.979	每股收益（元）	0.375
每股净资产（元）	1.965	市净率（倍）	5.741	销售毛利率（%）	46.780
净资产收益率（%）	19.106	EV/EBITDA	17.698	A 股市盈率（倍）	30.048

【业绩预期】

时间	2005A	2006E	2007E	2008E
报告 EPS	0.375	0.520	0.600	—
摊薄 EPS	0.375	—	—	—
净利同比（%）	4.437	—	—	—

续表

时间	2005A	2006E	2007E	2008E
收入同比（%）	1.752	—	—	—
市盈率（倍）	30.048	—	—	—
PEG	—	—	—	—
EPS 最高值	0.375	—	—	—
EPS 最低值	0.375	—	—	—

【摊薄 EPS 预期变动图】选择预测年度 2007

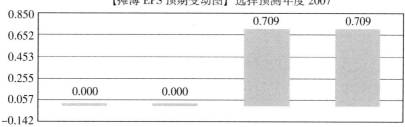

注：摊薄 EPS、EPS 最高值（最低值）均为最新股本摊薄值，即"未来预期净利/当前最新股本"；PEG 按 2 年复合增长率计算；统计周期为近 3 个月。

【市场评价】

市场评价分布

	报告数	买入	收集	中性	派发	卖出
近 15 日	0	0	0	0	0	0
近 30 日	1	0	1	0	0	0
近 60 日	1	0	1	0	0	0
近 90 日	1	0	1	0	0	0
近 120 日	1	0	1	0	0	0

综合评价波动分布

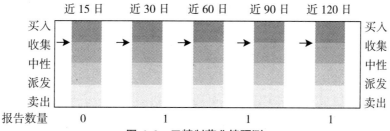

图 6-3 三精制药业绩预测

资料来源：上海财汇咨询、上海万国测评。

第四节　伊利股份　或许会成为世界性公司

现在的牛奶已经从最初的滋补品到必需品转变，牛奶占领人们的早餐桌后，酸酸乳、优酸乳、金典等更像是时尚饮品更多地出现在我们的生活中，在更讲究健康、品位、时尚的今天，更健康更时尚的奶饮品将占据更多的市场份额。去超市购物的时候，注意观察一下人们的购物车就可以想象一下这个市场的空间了。奥运是世界的，伊利是中国的。中国奥运会指定的饮品不会错。

2006年6月16日，在品牌研究权威机构"世界品牌实验室"发布的"2006年中国500强最具价值品牌"排行榜中，伊利集团以152.36亿元的品牌价值再次蝉联行业首位，超出第二名60多亿元，进一步拉大了品牌优势。

伊利的品牌价值，股价尚未完全反映品牌带来的溢价，特别是奥运会带来的契机。伊利和蒙牛，是否可以用当初可口可乐与百事可乐作类比呢，如果可以，那么，对于两者都应该是好事，中国乳业这块蛋糕还将有很大的成长空间，对伊利和蒙牛而言，这场竞争并非你死我活。我们甚至可以想象，像奶制品这样的超短限期的消费品牌会出现在国门外。和美国人的生活方式比较，中国人的生活方式相对温柔，每个家庭在食品方面更多的是倾向营养性，平时除了茶就是牛奶，我们已经渐渐地把这些当做了中国的可口可乐。在2005年，经过多轮严格的评选之后，伊利集团成为2008年北京奥运会乳制品独家赞助商。用伊利集团相关负责人的话说："这是我们成长为世界品牌的一个契机。"

中国乳业市场未来的发展前景光明，中国液态乳品行业过去10多年的快速发展有目共睹，从1993年到2004年，年平均增长率达26%。未来5年，虽然保持这一速度会有一定难度，但相信增长率仍然会稳定在15%左右。统计显示，目前中国人均年饮奶量还不到22公斤，仅为世界平均水平的1/5。麦肯锡的一份研究报告也认为，2010年中国乳业市场将达到200亿美元的规模。

从市值对比上来看，伊利的市值相较蒙牛确实便宜，真实的情况可能是蒙牛市值已经接近伊利的3倍左右。双寡头格局下市值对比，肯定有一方错了，未来会被市场纠正。在这一点上与茅台和五粮液2006年之前的市值对比有点像，尽管原因不一样。只是纠正的时间无法知晓。

◆控盘情况◆

时间	2006 年 9 月 30 日	2006 年 6 月 30 日	2006 年 3 月 31 日	2005 年 12 月 31 日
股东人数（户）	23832	18930	16626	16929
人均持流通股（股）	15563.76	19594.06	15500.46	15223.03

2006 年三季报显示，股东人数较上期增加 26%，筹码有发散趋势。前十大流通股东全部是机构投资者，合计持有 6733 万股，占流通盘比例的 18%。2006 年三季度基金投资组合显示，基金合计持有 8275.98 万股流通股（第一季度持有 7802.36 万股），占流通 A 股的 22.31%。

伊利集团以生产"纯天然、无污染"的系列优质奶制品而闻名全国，事实上，伊利如今稳坐国内乳业市场的龙头位置，在很大程度上与其一贯的品牌主张也是密不可分的。

伊利集团很早以前就喊出的一个口号是："打造乳业第一品牌。"经过 20 多年的苦心经营，目前，伊利已经成功地在消费者心中树立起了"中国乳业第一品牌"的地位，在 2005 年度央视《品牌中国》特别节目中，伊利品牌经过权威机构专业数据、资深专家严格评估和数千万消费者的投票等层层验证，名列中国食品业榜首。而在此前的数次权威调查中，伊利无与伦比的品牌价值与影响力都体现其作为中国食品行业龙头大哥地位的无可争议性。

综观国内乳业乃至整个食品行业，其营销的主要手段不外乎依靠几个爆炸性事件去炒作知名度、通过几个事件营销去推销某个产品，等等，而与国内众多的食品行业不同，伊利在塑造品牌的手段和方法上均独树一帜，可圈可点之处甚多，其精华之处就在于塑造品牌的"亲、稳、强"。

（1）"亲"即亲和力。伊利注重用健康品质和亲情诉求去赢得消费者口碑，进而建立自己稳定的消费群体。"纯天然、无污染"的概念很早就被伊利所推广，而"为梦想创造可能"的广告词也很容易使消费者产生亲近的感觉。此外，伊利广告中的"大草原、蓝天、白云、牧羊"等，都使生活在都市的消费者产生一种对伊利的向往。

（2）"稳"即稳重、持久。尽管伊利在品牌推广方面提出了"360 度"推广的概念，以电视、广告、报纸、网络等一切媒介及各类活动来提高品牌形象，但我们仍然可以发现，伊利推广品牌仍注重一个"稳"字，利用长期的不间断的推广使其品牌形象逐步深入人心，这也符合伊利作为乳业大集团的形象。

（3）"强"即强势。在品牌消费时代，品牌能赋予消费者某些心理暗示，一个强势的品牌能让消费者感觉这个品牌"就是好"、"就是强"，使用起来会"更放心"，由此，伊利始终坚持以"中国乳业第一品牌"来宣扬自己，而伊利这一战略战术执行得也非常成功，一个强势的品牌就这样在消费者心里塑造了起来。

作为中国乳业的领跑者，可以说，伊利的品牌塑造和推广是比较成功的，在乳品高度同质化的当今社会，伊利唯有依靠品牌的强势才能使其与竞争对手拉开差距，继续给消费者购买它的信心。

◆**公司基本资料**◆

（1）国内乳业行业龙头。伊利公司是国内唯一在液体乳、冷饮和奶粉三大类产品中均名列三甲的企业。作为中国乳业龙头，公司通过进一步整合资源、强化品牌建设、完善产业基地布局等举措，积极提升企业核心竞争能力。

（2）沪深两市高派现公司之一。公司近年来一直保持连续分红派息，平均每年每股派现约 0.304 元，居上市公司前 50 名之列。

（3）我国牛奶产量年增长为 8%，而市场乳制品需求量年增长率为 30% 左右，这种供求关系直接导致了乳业公司的高增长。"伊利"品牌作为中国驰名商标，产品畅销全国各地市场。

（4）管理层戴上"金手铐"。授予激励对象 5000 万份股票期权，自授权日起8 年内可在行权日以行权价格（13.33 元）和行权条件购买一股股票权利。其中，拟授予潘刚数量为 1500 万份，占期权数量的 30%，对应股票数为 1500 万股，占公司股本总额的 2.9043%。

（5）奥运概念。公司 2005 年 11 月 16 日与北京奥组委联合宣布正式成为北京 2008 年奥运会乳制品赞助商。据双方签署的协议，伊利股份将向北京 2008 年奥运会和残奥会、北京奥组委、中国奥委会以及参加 2006 年冬奥会和 2008 年奥运会的中国体育代表团提供服务。

（6）股改题材。若 2006 年、2007 年业绩达不到目标（净利润增长率低于17%或被出具除标准无保留意见之外的审计报告），公司将向流通股股东追送一次股份，否则，将追送股份转送给公司激励对象作为股权激励。

（7）第一大股东呼和浩特投资公司承诺：自获得上市流通权之日（2006 年 4 月 24 日）起 60 个月内不交易出售。非流通股股东承诺：如果权证发行于限售期内，则非流通股股东获得派发及在权证存续期间买入的权证不能卖出，只能在行权日行权；如果权证发行于限售期外，则非流通股股东获得及在权证存续期间买入的权证可以卖出，可以在行权日行权。

（8）新项目。公司拟在湖北省黄冈市投资新建三个项目，投资总金额达到 5.8 亿元，其中包括新建产能为 1100 吨的大型液态奶生产厂，项目固定资产投资 41385 万元，内部收益率为 11.43%；新建日产 250 吨冰淇淋的生产基地，该项目投资额为 10090 万元，投资收回期为 4.68 年；投资一个 150 吨酸奶项目，该项目投资额为 6499.94 万元，投资收回期为 4.62 年。2006 年 8 月，公司还拟在四川省邛崃市新建成都日产 430 吨液态奶、150 吨酸奶、260 吨冷饮项目，该项目预计固定资产投资额为 37622 万元，静态投资回收期 5.3 年。另外，2006 年 9 月，公司拟在新疆维吾尔族自治区石河子市经济技术开发区投资建设年产 2.5 万吨中高档系列配方奶粉技术改造项目，固定资产投资额为 20789.9 万元。

伊利股份业绩预测见图 6-4。

【基本资料】

600887	G 伊利	2005 年年报	2006 年 8 月 31 日	
A 股价格（元）	19.400	总股本（万股）	51646.978	流通 A 股（万股）	37091.551
总市值（亿元）	100.195	A 股流通市值（亿元）	71.958	每股收益（元）	0.568
每股净资产（元）	4.396	市净率（倍）	4.413	销售毛利率（%）	28.578
净资产收益率（%）	12.921	EV/EBITDA	13.372	A 股市盈率（倍）	34.151

【业绩预期】

时间	2005A	2006E	2007E	2008E
报告 EPS	0.568	0.706	0.838	0.979
摊薄 EPS	0.568	0.705	0.838	0.979
净利同比（%）	0.227	24.129	18.805	16.866
收入同比（%）	0.394	34.623	29.584	23.153
市盈率（倍）	34.151	27.513	23.158	19.816
PEG	1.593	1.283	1.080	0.924

续表

时间	2005A	2006E	2007E	2008E
EPS 最高值	0.568	0.800	0.950	1.010
EPS 最低值	0.568	0.671	0.792	0.954

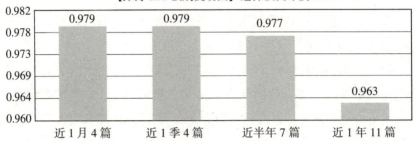

【摊薄 EPS 预期变动图】选择预测年度 2008

注：摊薄 EPS、EPS 最高值（最低值）均为最新股本摊薄值，即"未来预期净利/当前最新股本"；PEG 按 2 年复合增长率计算；统计周期为近 3 个月。

【市场评价】

市场评价分布

	报告数	买入	收集	中性	派发	卖出
近 15 日	4	3	0	0	1	0
近 30 日	4	3	0	0	1	0
近 60 日	5	3	1	0	1	0
近 90 日	5	3	1	0	1	0
近 120 日	6	3	2	0	1	0

综合评价波动分布

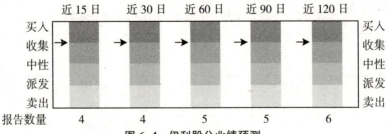

图 6-4 伊利股分业绩预测

资料来源：上海财汇咨询、上海万国测评。

第五节 驰宏锌锗 资源霸主

驰宏锌锗为什么天马行空，独往独来。因为它代表了中国股市价值投资的高尚理念，它就是黑夜里的一座灯塔，为中国股市，指引着胜利的航向！

驰宏锌锗（600497）公布了 2006 年第三季度业绩报表，显示该公司前三季度每股收益达到 3.8558 元，改写了上市公司三季报业绩的最高纪录。相比航天信息（600271）于 2003 年创下的每股收益 2.19 元的历史纪录，又大为提高。随着国民经济持续稳定发展，上市公司业绩有所提高，而处于行业优势地位或在行业链上处于上游的资源性企业获得了更为可观的收益。公司是我国目前唯一的集采、选、冶为一体的国家大 I 型铅锌生产企业，铅锌产品产量居我国第 5 位，锗产品产量居我国第 1 位。其主要产品为铅锌等有色金属，公司资源优势明显，目前拥有两座铅、锌矿山，保有铅锌金属量超过 300 万吨，银 800 吨，锗 350 吨。同时，矿山铅 + 锌品位超过 25%，远高于国内铅、锌矿山 6.8% 的平均水平，且富含稀贵金属锗和银。其中，锗的储量位居全球第一。

全球资源价格不断走高，目前国际市场上铅锌价格涨势不减。2005 年以来，LME 当月期锌价已上涨 69.45%。进入 2006 年，锌价屡创历史新高。目前，LME 当月期锌价为 3522 美元/吨，2006 年来的涨幅已达 84%。公司因拥有丰富的矿储资源，业绩出现了快速的增长。有关专家估计锌价有望继续上涨，锌精矿供应紧张、库存持续降低以及需求强劲，将支持锌价上升；并预计 2006 年 LME 铅均价为 1150 美元/吨，LME 锌均价为 2710 美元/吨。就目前态势看，全球资源价格总体上升趋势难以改变，这将为公司长期的获利能力提供保障。公司以其稳定的业绩增长态势吸引了多家机构的关注，广发基金、社保基金等多家机构都在其中。

◆控盘情况◆

时间	2006 年 9 月 30 日	2006 年 6 月 30 日	2006 年 3 月 31 日	2005 年 12 月 31 日
股东人数（户）	25864	17953	11814	15857
人均持流通股（股）	3437.21	4951.82	5925.17	4414.45

2006 年三季报显示，股东人数较上期增加 44%，筹码有分散迹象；前十大流通股东中机构和个人合计持有 953 万股（上期为 1793 万股），其中新进的 QFII–荷兰银行持有 79 万股，上期持有 707 万股的广发旗下 4 只基金已退出，社保 107 组合、大成旗下 2 只基金和广发证券有所减持。

◆**公司基本资料**◆

（1）新资产注入公司对控股股东云南冶金集团定向增发 3500 万股 A 股用于收购集团公司拥有的昭通铅锌矿 100% 股权，截至 2006 年 3 月 31 日该矿拥有矿石采选能力 10 万吨/年（可服务 16 年），金属冶炼能力粗铅 6 万吨/年，电铅 10 万吨/年，银 150 吨/年，金 72 公斤/年，为集采矿、选矿、金属冶炼为一体的大型企业（预计昭通铅锌矿 2006 年净利润可达 1.1 亿元）；收购完成后，公司将在"十一五"期间对昭通矿区实施找探矿工作，保守计算将获取 100 万吨以上铅＋锌金属量［目前已探明矿石总量为 164.4 万吨（铅＋锌金属量 30.5 万吨）］。本次收购将较大幅度地增加公司铅锌金属储量和采选冶炼能力，同时消除同业竞争和减少关联交易，增强公司综合竞争力和可持续发展能力。

（2）资源优势。公司资源储备丰富，拥有的矿山厂、麒麟厂两座自备矿山储量大、品位高；公司目前已探明矿石储量有 1196.67 万吨，已探明铅锌金属储量超过 30 万吨。

（3）规模优势。公司铅锌产品产量居我国第 5 位，而随着募资项目冶炼车间的投产，公司 2005 年铅锌的实际产量将达到 15 万吨以上；公司锗产品产量和质量居全国首位，是全国最大的锗生产出口基地，锗产量约占世界产量的 10%。

（4）循环经济概念。公司坚持走环保型可持续发展道路，是国家发改委、环保总局等 6 部委确定的首批循环经济试点企业，是我国目前唯一的集采、选、冶为一体的国家大 I 型铅锌生产企业，现有配套冶炼能力 8 万吨/年，随着募资项目"深部资源综合开发利用、环保节能技改工程"——矿山采选工程的投产，公司采选能力将达到 2000 吨/天，年采选能力扩大到 60 万~80 万吨，居国内一流水平。

（5）产品信誉高。公司银晶牌锗锭为国优产品，获国家银质奖；银鑫牌锌锭、七水硫酸锌为部优产品；银磊牌粗铅、华达牌工业硫酸锌为省优产品，多次获国家及省部级荣誉称号；锌、锗系列产品被云南省商检局认定为出口免检产品。

（6）募资项目进展良好。截至 2005 年年底，公司总投资 14.38 亿元的募资项目"深部资源综合开发利用、环保节能技改工程"已基本达标达产，其中矿山部分采选工程试生产已正常；锌冶炼工程及其配套 5 万吨/年电锌工程产出的锌产品数量和质量品级率达到了设计要求，主要技术经济指标基本达到了设计水平。公司 2006 年 4 月 25 日开始建设的 6 万吨/年锌合金项目（预期税后利润为 1240 万元/年），截至 2006 年 11 月 1 日已投入生产，且产出合格批量产品。

（7）向深加工方向发展。公司将积极组织实施预算投资 4577.88 万元的"6 万吨/年锌合金项目"工作，力争在 2006 年建成投产，进一步向有色金属产品深加工方向发展，提高企业产品加工附加值，综合回收有价金属。

（8）股改题材。公司控股股东承诺：其所持原非流通股自股改方案实施之日（2006 年 6 月 12 日）起 24 个月内不上市交易，之后每年出售比例不超过总股本的 10%；其他非流通股东承诺：自 2006 年 6 月 12 日起 12 个月内不上市交易。

驰宏锌锗业绩预测见图 6-5。

【基本资料】

600497	驰宏锌锗	所属行业：多种金属与采矿		2005 年年报	2006-11-19
A 股价格（元）	47.750	总股本（万股）	16000.000	流通 A 股（万股）	8890.000
总市值（亿元）	76.400	A 股流通市值（亿元）	42.450	每股收益（元）	0.818
每股净资产（元）	4.509	市净率（倍）	10.590	销售毛利率（%）	30.388
净资产收益率（%）	18.130	EV/EBITDA	29.676	A 股市盈率（倍）	58.409

【业绩预期】

时间	2005A	2006E	2007E	2008E
报告 EPS	0.818	4.953	6.487	6.220
摊薄EPS	0.818	5.621	7.406	7.108
净利同比（%）	1.220	587.633	31.753	−4.028
收入同比（%）	0.636	261.095	20.204	−3.520
市盈率（倍）	58.409	8.494	6.447	6.718
PEG	0.291	0.042	0.032	0.033
EPS 最高值	0.818	5.950	8.563	8.594
EPS 最低值	0.818	5.300	6.806	6.274

【摊薄 EPS 预期变动图】选择预测年度 2006

注：摊薄 EPS、EPS 最高值（最低值）均为最新股本摊薄值，即"未来预期净利／当前最新股本"；PEG 按 2 年复合增长率计算；统计周期为近 3 个月。

【市场评价】

市场评价分布

	报告数	买入	收集	中性	派发	卖出
近 15 日	0	0	0	0	0	0
近 30 日	1	0	1	0	0	0
近 60 日	2	1	1	0	0	0
近 90 日	3	2	1	0	0	0
近 120 日	4	2	2	0	0	0

综合评价波动分布

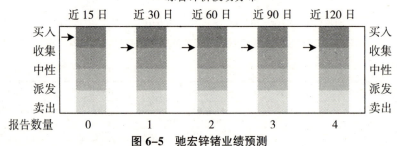

图 6-5　驰宏锌锗业绩预测

资料来源：上海财汇咨询、上海万国测评。

第六节　张裕股份　立志全球十强

烟台张裕集团有限公司，其前身是 1892 年由我国近代爱国华侨张弼士先生创办的烟台张裕酿酒公司，至今已有 100 多年的历史。1912 年，孙中山先生亲题"品重醴泉"四字,对张裕葡萄酒的品质及其为中国酒业作出的贡献给予了极高的评价。1915 年,张裕葡萄酒在巴拿马太平洋万国博览会上,一举获得四枚金质奖章和最优等奖,为我国赢得无限的荣誉,极大地促进了中国民族工业的发展。在以后的历届全国乃至世界名酒评比中,张裕葡萄酒又先后获得了 16 枚国际金银奖章和 20 项国家金银奖。鉴于张裕公司对国际葡萄酒业的杰出贡献,1987 年,国际葡萄·葡萄酒局正式命名烟台市为"国际葡萄·葡萄酒城",烟台市被接纳为国际葡萄·葡萄酒局的观察员。

截至 2006 年 11 月 26 日,张裕的总股本为 52728.00 万股,国内 2000 年 10 月 16 日上市首日开盘 8.5 元,按照本日复权价收盘价格 104.45 元起计算,持有至今上涨的 1228%原因何在?

(1)张裕所属葡萄酒行业为非周期性的快速消费品行业。国内葡萄酒市场容量近年来呈加速上升态势,市场份额则呈现张裕、长城、王朝三家的寡头垄断局面(合占 40%左右市场份额)。"民以食为天",食品饮料业成为不落的太阳!

(2)张裕拥有强大的品牌优势。据中国品牌研究院 2006 年 1 月发布的信息,张裕的品牌价值达 34.339 亿元人民币,折合每股净资产增加 8.47 元。品牌价值引发了张裕较强的产品定价能力。加上公司的高端化战略,张裕主流产品已初步呈现奢侈品的特性。

(3)2005 年张裕集团完成销售收入 30.8 亿元,实现利税 8.2 亿元;分别比上年增长了 25%和 36%,市场占有率约为 20%,张裕 2006 年第三季报显示:期末股东权益为 185917.67 万元,实现净利润 29332.69 万元,每股收益 0.556 元,净资产收益率为 15.78%,稳居国内葡萄酒行业第一品牌的地位。目前按销售收入排名,张裕已跻身国际葡萄酒业前 20 强,提前 3 年实现既定战略目标。按照欧美葡萄酒业目前 1.5%的平均发展速度,到 2008 年全球十强的销售额将达到 6 亿美元到 44 亿美元之间。未来 3 年张裕将进一步加快国际化的步伐,目标是到 2008 年销售收入突破 50 亿元人民币,打入全球葡萄酒行业十强。

(4)力推国际化战略。为了确保全球十强目标的如期实现,张裕将在业务战略、原料战略、产品战略、品牌战略上全方位出击,系统推进各项国际化战略部署。在业务战略方面,张裕将通过三级业务链的平衡管理,以确保盈利目标的实现以及营业额的持续增长。首先是核心业务葡萄酒。作为张裕利润及营业额贡献最大的业务单元,葡萄酒一直是张裕获得持续增长的动力源。增长业务是指白兰地、保健酒等相关产品。由于国内白兰地、保健酒市场潜力很大，而且与葡萄酒形成资源共享的平台，这两个酒种将成为张裕下一个强劲的增长点。

（5）对于海外业务，张裕将通过三种途径实现。一种途径是直接出口形式，这是张裕目前主要经营形式；第二种途径是借船出海形式，通过合作伙伴的销售渠道打开欧洲等市场；第三种途径是通过联合品牌或者直接收购，例如，与国际知名酒庄厂家开发联合品牌，共同拓展国际市场。

（6）在原料、技术战略方面，张裕借鉴意迩瓦"基地＋公司"的国际先进产业链条模式，今后3年内将分阶段投入2亿元，在山东、宁夏等优质葡萄产区，发展自有葡萄种植基地，从原有"农户基地＋社会化"的形式转变为"公司自有基地＋农户基地＋社会化"的基地发展模式，基地面积将由现在的7万亩增加到12万亩，以确保高端产品对优质酿酒葡萄的需求得到满足。

翻开中国葡萄酒产业的发展史，你就会发现，葡萄酒产业的每一次具有历史意义的进步，都留下了张裕人坚实的足迹。从生产出中国的第一瓶葡萄酒，到中国的第一个葡萄酒城，再到中国加入OIV（国际葡萄·葡萄酒组织）似乎每一件事都是因张裕而起，而每一件事都对葡萄酒业的发展有着举足轻重的意义。企业的广告宣传，张裕每年都要投入一个多亿，比员工的工资总和还要多。作为百年品牌的张裕，它有着自身独特的优势，就像国酒茅台，不用做任何宣传，但它的影响却是不言而喻的，比如，在技术、人才、资金等方面的积累，是其他企业所不及的。随着近几年的发展，公司基本已走上了正规化、多元化的道路，而公司也正在不断地利用技术、资金等方面的优势，一步一个脚印，踏实、快速地向前发展。有理由相信，张裕仍将是今后中国葡萄酒业发展的主导力量，而且这种主导地位将会更加明显。

张裕股份业绩预测见图6-6。

【基本资料】

000869	G 张裕	2005 年年报	2006 年 8 月 31 日		
A 股价格（元）	33.030	总股本（万股）	52728.000	流通 A 股（万股）	8306.688
总市值（亿元）	174.161	A 股流通市值（亿元）	27.437	每股收益（元）	0.592
每股净资产（元）	3.508	市净率（倍）	9.415	销售毛利率（%）	58.509
净资产收益率（%）	16.887	EV/EBITDA	35.571	A 股市盈率（倍）	55.755

【业绩预期】

时间	2005A	2006E	2007E	2008E
报告 EPS	0.592	0.843	1.164	1.598
摊薄 EPS	0.592	0.839	1.156	1.599
净利同比（%）	0.530	41.640	37.753	38.376
收入同比（%）	0.348	29.570	29.573	29.824
市盈率（倍）	55.755	39.364	28.576	20.651
PEG	1.405	0.992	0.720	0.520
EPS 最高值	0.592	0.869	1.229	1.722
EPS 最低值	0.592	0.814	1.109	1.494

【摊薄 EPS 预期变动图】选择预测年度 2008

注：摊薄 EPS、EPS 最高值（最低值）均为最新股本摊薄值，即"未来预期净利/当前最新股本"；PEG 按 2 年复合增长率计算；统计周期为近 3 个月。

【市场评价】

市场评价分布

	报告数	买入	收集	中性	派发	卖出
近 15 日	3	1	2	0	0	0
近 30 日	5	1	4	0	0	0
近 60 日	5	1	4	0	0	0
近 90 日	8	1	7	0	0	0
近 120 日	8	1	7	0	0	0

综合评价波动分布

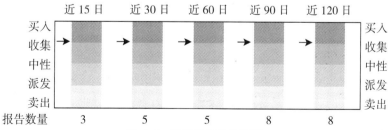

图 6-6 张裕股份业绩预测

资料来源：上海财汇咨询、上海万国测评。

第七节　中集集团　中国制造世界第一

中集集团（000039），集装箱产量连续 8 年世界第一，全球市场份额超过 50%，拥有行业内唯一的国家级的技术研发中心，累计申请自主专利 1000 多项，目前已形成覆盖集装箱，罐式储运设备，道路运输车辆，物流仓储设备，空港设备等 6 大产品领域的 24 个产品系列 1000 多个产品品种，是唯一能够提供全系列集装箱的生产企业，占据干货集装箱、冷藏集装箱、罐式集装箱、登机桥四个世界第一，其主营业务从集装箱干箱向综合物流装备制造商转型。随着半挂车新产品的成功，中集开始慢慢脱离对干货集装箱市场简单的周期性，中集是基于中国优势的最好的制造企业之一，它的生命力远比集装箱市场要坚强，中集将成为具有中国竞争优势的世界品牌。它在成本控制、大规模制造、收购整合、企业管理、国际化视野上的竞争力是国内企业难以望其项背的。如果对中集历史，及其现有业务体现的全球竞争力，以及未来依托中国竞争优势发挥的进一步成长性进行考察，我们完全有理由认为中集将始于集装箱，最终成为中国最具全球化竞争力的世界企业。

连续 4 年对上市公司竞争力进行监测的中国社科院工业经济研究所在其出炉的《中国企业竞争力报告》（2006）中称，在 2005 年中国上市公司竞争力排名中，制造业企业为目前中国上市公司中最具竞争力的企业，其中总部位于深圳的中国国际海运集装箱（集团）股份有限公司（000039）名列榜首。报告同时显示，中国资本市场出现了两大新趋势：资本市场进入利润平均化新阶段；资本市场的市场化进程加速。报告显示，中集集团在排名中夺冠。紧随其后的是重机械制造业同一军团的上海振华港口机械（集团）股份有限公司（600320）和东方锅炉（集团）股份有限公司。

中集最大的亮点就在于公司在半挂车行业内的成功，这表明公司的盈利模式是能够复制的，而且半挂车行业的市场容量远比集装箱行业大得多。这证明公司在集装箱行业内的成功并不是偶然的。优秀的管理层，可复制的盈利模式，特殊的股权结构等这些因素结合在一起，最终将缔造出一个世界级的制造企业。那么，中集是如何角逐世界第一的呢？

（1）点金大师。把集装箱这个"铁箱子"变成"钱箱子"，需要多长时间？中集集团给出的答案是：25 年。从 25 年前在蛇口诞生，到 2005 年实现主营业务收入 265.68 亿元，中集集团已拥有了全球集装箱市场 55% 的份额。

把"铁箱子"变成"钱箱子"的点金大师，当然是现年 46 岁的中集集团总裁麦伯良。1982 年，曾经上山下乡的麦伯良大学毕业，这一年他才 23 岁，满载着乡村与校园的双重记忆，他来到蛇口这片热土，进入中集工作。第一个四年过去，他成为中集副总；第二个四年后，他出任代理总经理。1992 年 2 月，麦伯良正式坐上中集总裁的位子，33 岁的他和深圳的阳光一样年轻闪亮。

麦伯良的"点金术"有三条：一是眼光敏锐，在行业萧条期四处收购，成为国内最早的行业并购者；二是奇招迭出，引领中集成功突破国际巨头专利保护网；三是当占据行业垄断优势后，再度出击下一产业领域，开始创造新的神话。

（2）最早的行业并购者。中集全称"中国国际海运集装箱股份有限公司"，1980 年筹备，1982 年投产，1986 年曾一度濒临破产，最终大规模裁员、变卖资产才得以存活。中集的腾飞是在 1987 年中远集团入股后，中远和招商各占股权的 45%，外资占股权的 10%。中远进驻，一方面给了中集资金支持；另一方面为中集的集装箱业务提供了稳定订单。到 1991 年时，中集销售收入已从零发展到人民币 2 亿多元，并开始策划沿海布局和兼并战略。

中集的成功经验，就是它的快速成长。这是通过不断兼并收购完成的。20世纪 90 年代初，全国一下子涌现出 40 多家集装箱厂，竞争残酷。部分企业开始酝酿退出，中集却展开了大规模并购：1993 年收购了大连集装箱公司，在北方成功扎根；1994 年收购了南通顺达集装箱公司；1995 年对广东省新会集装箱厂实施了整体并购。除国内企业外，中集还一举收购了当时另一集装箱巨头韩国现代在青岛的工厂。当 1994 年中集集团在深圳证券交易所挂牌上市时，中集的全球市场占有率只有 4%，到 1996 年时，中集第一次赶超韩国现代和韩国进道（JINDO），成为全球最大的干货集装箱制造厂，干货箱市场份额达到 20%。

（3）突破专利网的"奇招"：专利、技术，当无数的中国制造企业为它碰得头破血流时，中集总裁麦伯良奇招迭出，终于顺利跨越过了巨头们的专利保护网。

第一招是"借小博大"，一个成功的案例是中集集团的加入使冷箱产业中的一项非主流技术打败了主流技术。1995 年 3 月，中集投资 5000 万美元成立上海中集冷藏箱有限公司，正式进军集装箱产业的中高端领域。当时世界冷藏集装箱分不锈钢质和铝质两个流派，两个流派的技术原理完全不同，分别掌控在德国和日本企业手中。而且当时日本企业主导的铝质冷藏箱主导着市场95%的份额，是绝对的主流。但是中集却出人意料地决定引进德国Graaff公司的"三明治发泡"技术。在中集集团的引领下，到2000年时钢质冷藏箱首次以60%的份额超过铝箱，连集装箱运输的发明者，几十年来一直坚持倡导使用铝箱的北美第一大远洋运输公司海陆服务公司也开始转向采用钢质冷藏箱。到2003年，中集集团以6.35万的标箱冷箱产量占据全球冷藏箱44%的市场。

中集集团业绩预测见图6-7。

【基本资料】

000039	G中集	2005年年报	2006年8月31日	
A股价格（元）	12.830	总股本（万股）	221866.338	流通A股（万股）	66645.308
总市值（亿元）	284.655	A股流通市值（亿元）	85.506	每股收益（元）	1.203
每股净资产（元）	4.262	市净率（倍）	3.010	销售毛利率（%）	16.344
净资产收益率（%）	28.227	EV/EBITDA	7.895	A股市盈率（倍）	10.665

【业绩预期】

时间	2005A	2006E	2007E	2008E
报告EPS	1.203	1.302	1.390	1.716
摊薄EPS	1.203	1.268	1.350	1.664
净利同比（%）	0.117	5.376	6.526	23.251
收入同比（%）	0.165	9.453	14.623	19.877
市盈率（倍）	10.665	10.121	9.501	7.708
PEG	1.793	1.701	1.597	1.296
EPS最高值	1.203	1.362	1.544	1.832
EPS最低值	1.203	1.146	1.002	1.464

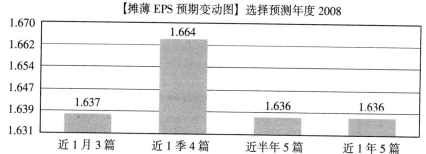

【摊薄 EPS 预期变动图】选择预测年度 2008

注：摊薄 EPS、EPS 最高值（最低值）均为最新股本摊薄值，即"未来预期净利/当前最新股本"；PEG 按 2 年复全增长率计算；统计周期为近 3 个月。

【市场评价】

市场评价分布

	报告数	买入	收集	中性	派发	卖出
近 15 日	0	0	0	0	0	0
近 30 日	8	4	3	1	0	0
近 60 日	10	4	3	2	0	0
近 90 日	12	5	3	3	0	0
近 120 日	17	8	5	3	0	0

综合评价波动分布

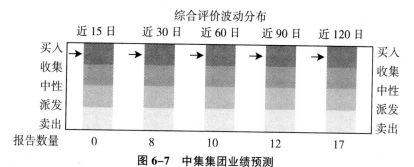

图 6-7 中集集团业绩预测

资料来源：上海财汇咨询、上海万国测评。

第八节 云南白药 中国的神秘配方

20 世纪中成药中最神秘的莫过于云南白药，发明人曲折而坎坷的经历以及药物本身神奇的疗效，一直是人们津津乐道的话题。2002 年，云南白药荣获

"中国驰名商标"称号，百年老字号再次让世人瞩目。在天然药物逐渐成为世界潮流的今天，我们欣喜地看到，云南白药这个百年品牌与时俱进，不断焕发出新的生机与活力。

截至 2006 年 11 月 26 日，云南白药的总股本为 48405.11 万股，总市值为 939.05 亿元人民币。1993 年 12 月 15 日上市首日开盘 8.50 元，截至 2006 年 11 月 26 日收盘复权价 181.69 元，持有至今上涨的 2140%。在过去三年中，云南白药的年均利润复合增长率达到 35%，预计未来三年仍能保持年均 35% 的增长速率，则 2008 年云南白药的利润可达 5.66 亿元，每股收益则为 1.95 元。

云南白药所属中药及日用品行业为非周期的快速消费品行业。中药业是中国现阶段最具有国际竞争力的行业，也是典型的日不落行业。中药业未来的市场增量主要体现在国际市场。在云南白药所属的伤科中药细分市场，市场份额几乎为云南白药独家垄断。

云南白药拥有超强的品牌优势以及卓越的疗效优势。云南白药被誉为"伤科圣药"，疗效则经过了历史长河的考验，是无冕的"国药"。据 WBL 世界品牌实验室 2004 年 6 月公布的信息，云南白药品牌价值达 21.81 亿元（品牌价值是动态概念，现在应该远远不止这个数目），折合每股净资产增加 7.52 元。品牌加疗效，是云南白药的核心优势。云南白药拥有中国 A 股市场几乎是最强的定价能力。除了上述品牌加疗效的优势，云南白药和片仔癀是中国仅有的两个国家绝密配方品种以及一级中药保护品种。行政保护期长达 20 年，并且到期可以申请延期保护。这就赋予了白药技术外加行政的双重垄断特征和超强的产品定价能力。

早在 20 世纪，云南白药就对配方中的天然麝香进行了人工麝香的替换并且取得了成功，避免了原材料资源瓶颈的制约。白药的市场必然将伴随其疗效经过科学实验和民间体验的不断再发现而得以有效放大。"宫血宁"就是由疗效延伸而带来市场拓展的一个个案。与常人理解不同，白药其实是内外兼修。妇科用药和手术止痛用药将会是白药现在或是不远的将来跨越的领地。

现在的白药牙膏，创可贴和将来的白药面膜使得云南白药成功地迈入了市场广阔的日用品行业。品牌效应的延伸、疗效的保障和独特的诉求以及 OEM（让别的企业代工）的快速便捷，都将确保云南白药跨越行业的成功。日用品是一片"红海"，竞争惨烈，凭借上述优势，白药无疑找到了属于自己的"蓝海"，成功避免了恶性竞争并且获取超额利润。此外，对于这几项产品，海外市场的大门永远是敞开着的。富有"蓝海"战略特点的"白药模式"必然将大获全胜。

（1）神秘的配方。就像可口可乐公司那张神秘配方一样，云南白药的神秘配方带给了人们无穷的想象，也是它保持恒久魅力的秘诀之一。19世纪末，云南民间名医曲焕章根据明、清以来流传于云南民间的中草药物，苦心钻研试验，经十载临床验证，反复改进配方，于1902年创制出一种伤科圣药，取名曲焕章百宝丹，俗称云南白药，并进而演化为三丹一子（普通百宝丹、重升百宝丹、三升百宝丹、保险子）。尔后，百宝丹的声誉走向中国香港、中国澳门、新加坡、雅加达、仰光、曼谷、日本等地。1955年，曲焕章的家人将此秘方献给政府，由昆明制药厂生产，改名为云南白药。次年，国务院保密委员会将云南白药处方及工艺列为国家级绝密资料。1971年，云南白药厂正式成立。1995年，云南白药被列为国家一级保护品种，保护期20年，这也是国内享受此种保护仅有的两个中药产品之一。直到今天，云南白药的配方仍然秘而不宣。作为中药国宝第一号，相信它的神秘面纱还会一直戴下去。

（2）产品立体化。作为传统剂型，云南白药散剂已经不能充分满足现代人的需求，市场的扩展空间受到了局限。因此，云南白药公司从市场实际出发，不断开发云南白药的新剂型，先后从散剂开发出胶囊剂、酊剂、硬膏剂、气雾剂、创可贴等，使云南白药的内服和外用达到高效、方便、快捷，更适合现代人的需求。

宫血宁胶囊为国内外首创，主要用于功能性子宫出血症，大小产后宫缩不良，盆腔炎、宫内膜炎及避孕措施所致出血。是妇科止血、消炎的有效药物，已列入国家基本用药目录，是国家中药保护品种。该药也属于云南白药公司独家产品。由于产品定位清晰，且患群稳定，因此销售额也呈稳定增长的趋势。目前，宫血宁胶囊已成为该公司的第二大产品。

云南白药创可贴和云南白药膏是云南白药公司两种较新的产品，也是两种较具市场潜力的产品。2001年3月云南白药公司投资450万元（占被投资公司总股本的90%），成立云南白药集团上海透皮技术研究有限责任公司，专门负责云南白药创可贴、云南白药膏的研究、生产、销售。

云南白药创可贴在市场上推广以来凌厉的攻势，已经对创可贴大王邦迪构成巨大冲击，2003年其销售收入突破1亿元，稳稳坐上创可贴市场的第二把交椅，但这仅仅是创可贴战役的开始。云南白药膏是在云南白药秘方的基础上研制而成，也是由云南白药公司独家生产。膏剂穿透皮肤能力强的特点，使云南白药镇痛消肿，活血散瘀的功效更加突出。由于贴膏的市场需求量较之创可贴更大，因此，云南白药膏的市场前景令人憧憬。云南白药的外用药还有云南白药酊和云南白药气雾剂，市场反响也都非常不错。云南白药的气雾剂具有一定的市场垄断性。预计今后几年云南白药气雾剂的销售收入仍然将有跨越式的增长，云南白药气雾剂逐渐成为云南白药公司一个新的而且是主要的利润增长点。不难看出，云南白药公司研发新品时充分突出了患者使用药物的方便性。内服和外用制剂相辅相成，构成了云南白药公司立体的白药体系。

云南白药业绩预测见图 6-8。

【基本资料】

000538	G 云南白药	2005 年年报	2006 年 8 月 31 日	
A 股价格（元）	18.040	总股本（万股）	48405.114	流通 A 股（万股）	18671.321
总市值（亿元）	87.323	A 股流通市值（亿元）	33.683	每股收益（元）	0.476
每股净资产（元）	1.699	市净率（倍）	10.619	销售毛利率（%）	27.496
净资产收益率（%）	28.015	EV/EBITD	29.058	A 股市盈率（倍）	37.905

【业绩预期】

时间	2005A	2006E	2007E	2008E
报告 EPS	0.476	0.597	0.763	0.991
摊薄 EPS	0.476	0.597	0.771	1.014
净利同比（%）	0.344	25.436	29.166	31.552
收入同比（%）	0.336	28.106	25.038	28.359
市盈率（倍）	37.905	30.219	23.395	17.784
PEG	1.389	1.107	0.857	0.652
EPS 最高值	0.476	0.612	0.800	1.085
EPS 最低值	0.476	0.586	0.694	0.940

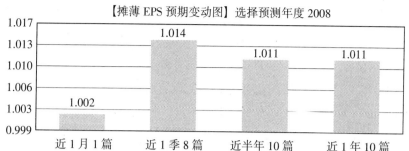

【摊薄 EPS 预期变动图】选择预测年度 2008

注：摊薄 EPS、EPS 最高值（最低值）均为最新股本摊薄值，即"未来预期净利/当前最新股本"；PEG 按 2 年复合增长率计算；统计周期为近 3 个月。

【市场评价】

市场评价分布

	报告数	买入	收集	中性	派发	卖出
近 15 日	0	0	0	0	0	0
近 30 日	1	1	0	0	0	0
近 60 日	9	3	6	0	0	0
近 90 日	9	3	9	0	0	0
近 120 日	11	4	7	0	0	0

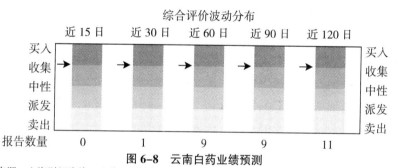

综合评价波动分布

图 6-8　云南白药业绩预测

资料来源：上海财汇咨询、上海万国测评。

第九节　万科　地产蓝筹 10 年 20 倍

1. 行业前景

根据发达国家经验，人均 GDP 达到 10000 美元后，房地产行业才算进入一个相对成熟期。今天的美国，人均住房早已超过 60 平方米，但住宅龙头公司 Pothoem 依然保持强劲的盈利能力，2003 年，净资产收益率高达 18%。之前连续 52 年盈利。目前，我国的人均 GDP 才刚刚突破 1000 美元，居民生活正由温饱向小康过渡，好日子、好房子才刚起步。我国的房地产还有广阔的需求空间。20 世纪 90 年代初，发达国家的人均住房面积是：美国 60 平方米；英国 38 平方米；德国 38 平方米；法国 37 平方米；日本 31 平方米，而我国的小康目标是 2020 年，人均住房面积达到 35 平方米，2004 年年底，我国的人均住房面积才有 24.9 平方米。这样，我国在未来 15 年里，需要增加住房 200 亿平方米，而现在每年供应仅为 4 亿~5 亿平方米。照此发展速度，15 年 60 亿平方米的增量，离 200 亿的目标，缺口相当大。可见，我国住宅产业的发展潜力巨大，龙头公司如万科的成长速度更要高于行业平均增长速度。房地产行业，科技含量不高，不需要投入巨额研发资金，大部分收入都能转化成利润，投资者能够分享公司成长所带来的收益，企业的收入被用来购置土地，以滚动开发。土地资源是一种稀缺资源，长期来讲，是一个不断增值的过程。投资房地产行业的龙头公司，其回报更要远远超过投资于固定房产，现在买进万科股票，回收期低于 8 年，而投资固定房产，回收期至少长达 20 年，8 年回本和 20 年回本，稍有理性的投资者就知道，谁更有投资价值。

2. 万科的企业文化

在中国，聪明的人，优秀的人，甚至伟大的人有很多，但是优秀和伟大的集体却很少，如企业、政府，其主要原因，就是缺少一种文化和制度，把优秀的个人，凝聚、塑造成一个杰出的集体。人既有天使的一面，又有魔鬼的一面。好文化好制度，会将人天使的一面发挥得淋漓尽致，坏文化坏制度，会将人魔鬼的一面展现得一览无余。万科的优秀，因为有了王石，王石的最大价值在于他创建的万科文化和万科制度——所培养和造就的一群"王石"。用他自己的话说，为万科选择了一个行业、培养了一支团队、创造了一种制度、建立了一个品牌。万科的价值就是：人才、文化和制度。

万科的核心价值观念，是以人为本，创建健康丰盛的人生。万科把企业定位在最受社会欢迎上，努力做到三个最受欢迎：最受消费者欢迎；最受投资者欢迎；最受员工欢迎。把企业定位在最受社会欢迎上，这在国内企业并不多见。万科是这样说的，也是这样做的，二十多年来，万科不能说做到了尽善尽美，但是不得不承认，万科是所有 A 股上市公司中做得最好的。企业靠什么可以基业常青？做成百年老店？是伟大的创意、杰出的领导人、先进的科技，还是复杂而高明的策略？《基业常青》的作者认为，这些都不是，要成为高瞻远瞩、可以面对市场巨变、数十年繁荣发展的卓越公司，第一步也是最重要的一步，就是明确核心理念，树立任何情况下都能坚定不渝地坚持的价值观。改革开放以来，中国新兴企业如雨后春笋，财富巨星，交相辉映。然而，有多少企业在获取利润的同时，能坚定自己的操守，又有多少企业的财富，可以放在阳光下曝晒？有多少企业家可以对天盟誓，自己的财富不含污垢与血迹？他们为达目的，不择手段，但是又有几家能经得起岁月沧桑的历练？万科是少有的出淤泥而不染者之一。

3. 寂寞万科　纳税大户

自成立 20 年来，万科人始终坚守自己的核心价值观：以人为本，永远尊重人。追求公平合理的回报，实行开放透明的体制，在任何利益诱惑面前，坚守自己的职业底线。2005 年度中国纳税 500 强排行榜颁发了，而进入 100 强的房地产企业仅有万科孤零零一家，万科 2005 年以 13.24 亿元的纳税位居第 97 名，在其名次之前，基本上都是烟草、石油、能源、银行等企业。房地产企业在纳税领域与其在做形象广告时相比，一直较为低调，同时也说明企业数量众多，纳税分散，缺乏行业巨头。

万科 2006 年有望进入前 80 名，在 20 年里，万科累计纳税 46 亿元，年均 2.3 亿元。2004 年万科实现净利润 8.78 亿元，缴纳税款 8.02 亿元；2005 年万科的净利润为 13.5 亿元，缴纳税款 13.2 亿元。万科的净利润和纳税额的比例接近 1:1。按此推算，预计万科 2006 年纳税额将超过 20 亿元，如果按照 2005 年排行榜的金额计算，万科将进入全国前 70 名以内。当然，百强企业在新的会计年度也在进步，但万科的排名进一步提升是肯定的，万科继续成为房地产企业纳税的标兵也是肯定的。

纳税本是分内之事无须夸耀，但在一个法制不健全、偷税漏税普遍的社会里，是否纳税则成为企业是否诚信的试金石。当一些房地产企业号称自己的营业额已达到 100 亿元以上时，但是纳税情况却一塌糊涂，营业额可以自说自话，但是纳税就不行了，除了纳税，万科还从利润中提取一定比例专门用来做公益活动，2006 年是 1000 万元，这个数额将随着利润的增长逐年提高。

自古英雄多孤独。从这个意义上来说，万科是寂寞的，它一直在和自己竞争，一直在给自己设置更高的道德目标。

万科业绩预测见图 6-9。

【基本资料】

000002	G 万科 A	2005 年年报	2006 年 8 月 31 日			
A 股价格（元）	6.900	总股本（万股）	396989.875	流通 A 股（万股）	292472.866
总市值（亿元）	273.923	A 股流通市值（亿元）	201.806	每股收益（元）	0.340
每股净资产（元）	2.093	市净率（倍）	3.296	销售毛利率（%）	28.721
净资产收益率（%）	16.251	EV/EBITD	13.812	A 股市盈率（倍）	20.285

【业绩预期】

时间	2005A	2006E	2007E	2008E
报告 EPS	0.340	0.468	0.610	0.762
摊薄EPS	0.340	0.500	0.658	0.851
净利同比（%）	0.538	46.891	31.753	29.323
收入同比（%）	0.377	40.114	28.350	43.813
市盈率（倍）	20.285	13.810	10.481	8.105
PEG	0.519	0.353	0.268	0.207
EPS 最高值	0.340	0.522	0.705	0.902
EPS 最低值	0.340	0.457	0.581	0.695

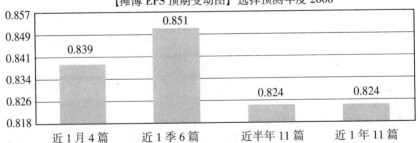

【摊薄 EPS 预期变动图】选择预测年度 2008

注：摊薄 EPS、EPS 最高值（最低值）均为最新股本摊薄值，即"未来预期净利/当前最新股本"；PEG 按 2 年复合增长率计算；统计周期为近 3 个月。

【市场评价】

市场评价分布

	报告数	买入	收集	中性	派发	卖出
近 15 日	1	1	0	0	0	0
近 30 日	3	2	1	0	0	0
近 60 日	18	8	8	0	2	0
近 90 日	19	9	8	0	2	0
近 120 日	20	9	9	0	2	0

综合评价波动分布

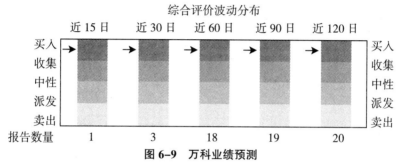

图 6-9　万科业绩预测

资料来源：上海财汇咨询、上海万国测评。

第十节　烟台万华　五年赚八倍

　　烟台万华是于 2000 年 12 月 15 日发行，并于次年 1 月 5 日在上证所挂牌上市的，也因此成为"新世纪的第一股"。然而这个时候上市很难说时机是好还是坏。因为不久后，沪深股市便开始了长达 4 年多的下跌。这期间近千家股票飞流直下，若从万华上市时算起，截至 2005 年 12 月 20 日，上证指数从 2125.30 点走到 1130 点，下跌幅度接近 50%。烟台万华呢？

　　根据公司历年公开资料，2001 年 4 月每 10 股送转 10 股派现金 1.00 元；2002 年 4 月每 10 股送转 6 股并派现金 2.00 元；2003 年 6 月每 10 股派现金 2.00 元；2004 年 5 月每 10 股送转 7 股并派现金 2.00 元；2005 年 3 月每 10 股送 3 股并派现金 2.00 元。如果一个投资者以招股价格 11.28 元持有 1 手（100 股）烟台万华，成本为 1128.00 元（印花税及佣金忽略不计），到 2005 年 12 月 20 日，股本扩张 7.072 倍，累计分红 90 元；如果以该日万华收盘价 12.96 元计算，则投资者的 1 手原始投资的综合价值为 9255.31 元，为原始投资的 8 倍多。截至 2006 年 11 月 26 日，本日收盘复权价 219.57 元，如果从二级市场以上市日开盘价格 28 元持有至今则上涨 784%。值得指出的是，有研究人员实地参观调研了该公司，给他的感觉是这个集团非常穷，明显是一块所谓的优质资产养活一批人，让他想起了当年的东方电子，有点心寒！因此这里我们不是在推荐这只股票，而是回顾一下这只股票为什么会逆势飙涨罢了！以便今后我们正确地选择和投资其他股票！以下是其独门秘籍及市场流传的概念题材。

能够在股市的风吹雨打中长期屹立不倒者，无不有其过人而独到之处。如贵州茅台之秉承国酒第一品牌、盐湖钾肥之独得盐湖资源地利之便、中兴通讯之手握若干核心技术，等等，而烟台万华的“独门秘籍”，则是因为其在国内第一个，也是到目前为止唯一一个独家掌握了 MDI 的生产技术、工艺及设备的企业。

从 1998 年万华成立时算起，销售收入、利润以年均 50% 以上的速度递增，国内市场占有率从 8% 扩大到 30% 左右。2004 年，公司净利润同比增长达 73.7%，净资产收益率达到 31.26%。2005 年前三季度实现净利润 4.8 亿元，每股收益 0.57 元，净资产收益率仍高达 29.3%。2002 年和 2003 年，烟台万华连续两年被评为中国上市公司石化板块综合绩效第一，2004 年入选未来中国最具发展潜力蓝筹股——漂亮 50。

由此亦可见这个并不为普通消费者和投资者所熟知的 MDI，魅力有多么大。其实，由 MDI 做原料衍生出的各种聚氨酯产品，人们却会天天接触到。譬如，穿鞋戴帽、提箱包、坐沙发、听磁带、用冰箱、开汽车等。MDI 已经广泛应用到航空航天、化工、轻工、建筑、家电、医疗、电子等各领域。而且，经济越发展，人们生活水平越高，应用越广泛。

有统计数据显示，MDI 自 20 世纪 60 年代以来，发展速度远高于同期 GDP 的增长，近 10 年来全球需求年均增速超过 9%，接近全球 GDP 增速的 3 倍。过去五年，中国 MDI 市场需求年均增速超过 27%，已经成为继美国之后的第二大 MDI 消费国，2004 年消费量达到 42.6 万吨。目前，中国人均聚氨酯消费量不到发达国家人均消费量的 10%。据专家预测，未来几年中国 MDI 需求仍将保持较高增长速度，2011 年需求量将达到 100 万吨以上。由此可见，MDI 留给万华的未来空间仍然十分巨大。

◆公司基本资料◆

（1）新材料+技术壁垒。该公司是国内唯一生产 MDI 产品的企业，MDI 光气化技术是公司的独有技术。MDI 产品的销售额占到公司收入的 90% 以上，产品利润率达到 30%。目前，公司已形成 26 万吨年生产能力，国内市场占有率达到 40% 左右，居国内第一位，成为亚洲最具竞争优势的 MDI 生产企业之一，并成功打入欧美等国家和地区。据预计，2011 年国内 MDI 的需求量将达到 100 万吨以上。未来 10 年 MDI 需求增量的 70% 集中在亚太地区，而亚太地区需求增量的 70% 集中在中国市场。2006 年该公司入选首批创新型企业试点（由科技部等发布）。

（2）MDI 项目。MDI 是生产聚氨酯最重要的原料，该公司作为国内唯一的 MDI 生产企业，在宁波大榭开发区总投资约为 25.8 亿元。新建年产 16 万吨 MDI 项目，2006 年 1~6 月，万华宁波年产 16 万吨 MDI 项目正式投料生产并实现净利润 9576 万元，贡献投资收益 7134 万元。另外，公司还将对宁波现有装置进行技术改造，提高产能至 24 万吨。公司的目标是，在三年内成为亚太地区 MDI 产能产量最大、产业链最合理、成本最低，市场占有率最高的 MDI 供应商。

（3）扩充产业链。公司将目前现有的 TPU 资产剥离出资，与昆山宇田树脂有限公司共同出资设立万华 TPU 有限公司，注册资本 1 亿元（万华占 70%）。TPU 具有储存条件低、时间长的特点，是纯 MDI 重要的下游产品之一，是公司 MDI 下游产业链发展的重要领域，加快 TPU 业务的发展对于消化公司纯 MDI 具有重要的战略意义，公司争取在 3 年内成为在亚太地区最具综合竞争优势的 TPU 制造商。

（4）节能建材。聚氨酯在建筑节能市场和人造板领域具有优势，预计建筑节能市场最快将在 2006 年下半年开始启动。根据此前颁布的《节能中长期专项规划》规定，到 2010 年，我国城镇建筑达到节能 50% 的设计标准。据统计，在美国 63% 的 MDI 被应用于建筑业，而我国仅占 10%。而据科学测算，使用以 MDI 为原料生产的聚氨酯外墙围护层，可使房屋减少 65% 的能耗。

（5）新业务培育。公司将联合国外同行和下游聚氨酯施工企业积极地参与国家聚氨酯节能墙体材料施工标准的制定工作，为下一步在全局范围内推动聚氨酯节能墙体材料的应用奠定了制度保证；加大利用农作物秸秆和聚氨酯生态黏合剂制作人造板的研究工作力度，并计划通过建立示范工厂的方式，力图解决农作物秸秆焚烧对大气的污染和室内装饰对人体的化学危害。

（6）股改题材。万华华信承诺自获得上市流通权之日（2006年4月24日）起至少在36个月内不上市交易或者转让；期满后12个月内通过证交所挂牌出售价格不低于15元/股。

烟台万华业绩预测见图6-10。

【基本资料】

600309	G万华	2005年年报	2006年8月31日		
A股价格（元）	14.170	总股本（万股）	118809.600	流通A股（万股）	45939.712
总市值（亿元）	168.353	A股流通市值（亿元）	65.097	每股收益（元）	0.520
每股净资产（元）	1.497	市净率（倍）	9.466	销售毛利率（%）	36.679
净资产收益率（%）	34.729	EV/EBITDA	19.930	A股市盈率（倍）	27.258

【业绩预期】

时间	2005A	2006E	2007E	2008E
报告EPS	0.520	0.685	0.937	1.114
摊薄EPS	0.520	0.696	0.955	1.166
净利同比（%）	0.531	33.813	37.255	22.113
收入同比（%）	0.573	56.666	40.726	26.964
市盈率（倍）	27.258	20.370	14.841	12.154
PEG	0.767	0.573	0.418	0.324
EPS最高值	0.520	0.846	1.079	1.266
EPS最低值	0.520	0.628	0.865	1.056

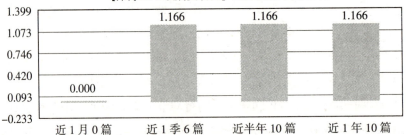

【摊薄EPS预期变动图】选择预测年度2008

注：摊薄EPS、EPS最高值（最低值）均为最新股本摊薄值，即"未来预期净利/当前最新股本"；PEG按2年复合增长率计算；统计周期为近3个月。

【市场评价】

市场评价分布

	报告数	买入	收集	中性	派发	卖出
近 15 日	0	0	0	0	0	0
近 30 日	0	0	0	0	0	0
近 60 日	10	4	5	1	0	0
近 90 日	10	4	5	1	0	0
近 120 日	14	6	6	2	0	0

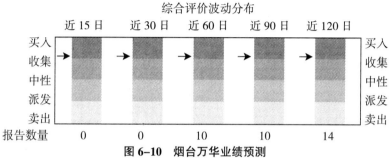

综合评价波动分布

图 6-10　烟台万华业绩预测

资料来源：上海财汇咨询、上海万国测评。

第十一节　中兴通讯　科技龙头

中兴通讯是目前中国最大的通信设备制造业上市公司、中国政府重点扶持的 520 户重点企业之一。1985 年公司成立。1997 年，中兴通讯 A 股在深圳证券交易所上市。 中兴通讯是中国通信设备制造业的开拓者、中国综合性的电信设备及服务提供商，拥有无线产品、网络产品、终端产品（手机）三大产品系列。

无线产品领域。中兴通讯已形成 CDMA、GSM、PHS 等全网解决方案，成为国产无线设备"第一品牌"。在联通 CDMA 三期招标中，中兴通讯新获市场容量超过 300 万线，主设备进入联通 15 个省分公司市场。从联通 CDMA 开始建网至今，中兴通讯是唯一拥有全套自主开发、自主品牌基站、交换系统的中国厂商。小灵通设备连续取得广东、天津、湖南、江苏、山西、北京、上海等省、市新建市场，同时在已有市场大规模扩容，总体市场占有率上升到 40%。GSM 设备 2003 年实现了历史性突破，国内外市场份额同步稳定提升，跻身全球主流 GSM

设备供应商行列。在国内 3.5GHz 宽带无线接入市场中，中兴通讯市场份额稳居第一。在 WCDMA、CDMA2000 领域，中兴通讯均已具备为全球运营商提供成熟商用化系统的能力，TD-SCDMA 预计 2004 年年底推出商用产品。作为综合性网络设备厂商，中兴通讯将深入整合企业内部资源，倾力打造多方共赢、可持续发展的 3G 产业链。

有线产品领域。中兴宽带数据产品异军突起，ADSL 设备大规模服务于上海、北京、武汉、南京、深圳、西安等大城市，国内运行超过 500 万线。公司软交换产品已步入国际前沿，并在国内主要运营商市场获得正式商用，牢固确立了国内第一品牌的地位。

手机代表了公司经营领域的拓展。中兴通讯手机研发立足于掌握核心技术，拥有核心软件、硬件电路、核心芯片、整机设计集成等全套自主技术，是目前国内唯一提供 GSM、CDMA、PHS 三大系列产品的手机生产企业。2003 年，GSM、CDMA、PHS 三大类合同销售额已占到公司总合同销售额的 20% 以上。2003 年 9 月，中兴 CDMA 手机荣膺"中国名牌"称号。

中兴通讯是中国火炬计划重点高新技术企业、技术创新试点企业和 863 高技术成果转化基地，承担中国第三代移动通信、高性能 IPV6 路由器平台、国家信息示范网（3Tnet）等多项 863 重大专项课题，每年投入的科研经费占销售总额的 10% 以上。中兴通讯实施以人为本的人才战略，建立了一套引进、培训、使用、激励人才的机制。17000 名员工中，博士、博士后 500 多人，硕士 5500 人，本科以上学历占员工总数的 80%。

最近三年，在全球范围的电信业调整中，中兴通讯通过实施积极的市场策略，发挥多元化产品优势，加强管理，实现了持续增长，合同销售额保持 34.1% 的复合增长率，成为全球通信设备领域最受关注、最具差异化竞争力的通信设备企业之一。

国际市场是中兴通讯的战略市场。中兴通讯 CDMA、交换、接入、光传输、GSM、视讯等多元化产品已进入全球 50 多个国家和地区市场。未来中兴通讯将以人才国际化为根本，市场国际化为重点，资本国际化为依托，积极迎接挑战，打造全球范围的中兴通讯品牌，建设世界级的卓越企业。

截至 2006 年 11 月 26 日，中兴通讯的总股本为 95952 万股，总市值为 355 亿元人民币。1997 年 11 月 18 日上市首日开盘 21.81 元，截至 2006 年 11 月 26

日收盘复权价 151.63 元，持有至今上涨 695%。

在过去三年中，中兴通讯的年均利润复合增长率达到 28%，由于 3G 的影响，预计未来三年能保持年均 30% 的增长速率，则 2008 年中兴通讯的利润可达 26.23 亿元。中兴通讯所属 IT 行业为周期性不明显的朝阳行业。IT 行业的特点是市场容量大并且不断扩张，产品、技术更新换代快。这一行业的胜出者必然是技术领先者。在庞大的国内电信市场，昔日的"巨大中华"现在跑出了华为和中兴两家胜出者，在国内中兴和华为及几家国外巨头处于寡头竞争态势，中兴市场份额暂时落后于华为，两者都成为国际市场上蒸蒸日上的企业。

长期以来，中兴在技术层面上属于跟随者，直到中兴开发出领先于国际的基于 CDMA 的数字集群技术 GOTA。每年符合国际领先企业标准的研发投入，良好的技术开发平台，与对手间此消彼长的竞争态势以及日臻良好的人才激励机制，使得人们相信中兴至少能在相当长一段时间继续紧跟先进技术，甚至继续取得技术突破。此外，中兴和华为这种"同城双雄"现象其实是双赢的一个有力保障，因为伊利和蒙牛，三一和中联，海尔和海信都在说着同一个故事。

◆公司基本资料◆

（1）3G 大规模商用题材。TD-SCDMA、CDMA2000、WCDMA 三种制式产品齐头并进，达到业界领先水平，完全满足 3G 大规模商用需求，为即将启动的中国 3G 网络建设做好了全面准备并打下了良好的基础。在三种制式的测试中，集团均取得了比较优异的测试结果。2006 年入选首批创新型企业试点（由科技部等发布）。2006 年 8 月，公司研发的全球第一款 TD-SCD-MA（3G）/ GSM 双模双待 3G 手机正式面世。公司已推出了三种制式包括手机和数据卡在内的 14 款终端，大部分已实现商用。

（2）3G 测试良好。已完成用于 3G 核心网和基站控制器的全 IP 移动交换平台，以及用于 NGN 网关的设备转产工作，并通过中国移动大话务量测试和中国电信大容量网关性能测试。全 IP 移动交换设备和基站控制器设备已在海外多个国家开始商用，将对中兴通讯的全球市场收益产生良好影响。在 3G 产品上，集团已为国内 3G 网络建设做好准备，在 TD-SCDMA 测试中，取得预期效果，公司还是唯一一家能够提供 TD 产业链上全系列产品的厂商。

（3）全球市场开拓。中兴通讯是中国电信市场主要通信设备供应商。在国际电信市场，集团目前已向全球 100 多个国家和地区销售产品，与 500 多家运营商建立业务关系，进入全球前 100 名顶级运营商中的 30 家。2005 年海外市场为 77 亿元，增长 56%，占主营比重从 22%增长到 36%。毛利率高于境内市场 10%。CDMA 产品在印度 BSNL 市场占有率已经超过 80%，DWDM 产品在印度 BSNL 市场占有率超过 60%，成为印度电信主流供应商。中国网通与中兴通讯签署了面向海外业务拓展的合作备忘录，运营商和设备制造商是电信产业链上最重要的两大环节，这两个环节的捆绑能实现产业链上下游资源的整合和竞争力的聚合。

（4）形象良好。在 2005 年全球华人竞争力品牌大会上，成功入选"中国 IT 业最具影响力十佳品牌"。H 股被纳入香港恒生中国企业指数和摩根斯坦利——MSCI 标准指数。推出业界最全系列 TDSCDMA 解决方案。取得中国电信 NGN 长途商用试验网独家建设权。

董事长侯为贵荣获"首届《证券市场周刊》中国 A 股上市公司投资者关系最佳领导人"奖。作为中国境内唯一的通信设备制造企业成功入选美国《商业周刊》全球信息技术百强榜（Information Technology 100）。签约和记黄埔集团旗下的 3G 业务，首批 3G WCDMA-F866 手机开始供货欧洲。

（5）挺进 IPTV 商用市场。2006 年 6 月 2 日，被业内称为"2006 年 IPTV 重头戏"的上海 IPTV 商用招标结果明朗，这份具有"战略意义"的合同被 UT 斯达康和中兴通讯拿下。目前公司是在国内获得 IPTV 合同最多的公司，2006 年上半年，公司建设了中国第一个 H.264 标准的 IPTV 商用网。

（6）首家 Atoh 公司，价值投资理念的典范。2004 年 12 月在港上市，以 22 港元/股发行 1.41 亿股 H 股，受到国际投资者追捧，公开发售超额认购 253 倍。国际发售获 23 倍超额认购。境内外机构在公司估值上趋同，在国际视野下公司显示了较大吸引力。

（7）3G 技术优势。电信设备优秀的供应商。CDMA 系统保持了本土最大的供应商的市场地位，也是在海外销售规模最大中国 CDMA 设备厂商之一；GSM 系统继续保持在部分非洲国家主流供应商之一的市场地位，并成功进入印度市场；PHS 系统是国内最大主导供应商之一；光通信产品是国内光网络系统第二大供应商。2006 年入选首批创新型企业试点（由科技部等发布）。成功获得信息产业部首张 TD-SCDMA 终端入网试用批文，在 TD-SCDMA 的测试中取得了预期效果；在海外，公司的 WCDMA 及 CDMA EVDO 的试验及商用规模也在扩大。

（8）3G 设备龙头。公司 TD-SCDMA 优势明显，能够独立提供从系统设备到终端全套设备，预计市场份额 30% 以上。CDMA2000 占有份额在 18% 左右、WCDMA 市场份额小于 CDMA2000 的份额。

（9）股改题材。大股东深圳中兴新通讯公司特别承诺：获得上市流通权之日（2005 年 12 月 29 日）起第 13 个月至第 24 个月内，出售价格不低于本次股改方案前 A 股 60 个交易日收盘价算术平均值 26.75 元的 115%，即 30.76 元。

（10）出口退税受益。2006 年 9 月 5 部门发出通知调整部分出口商品的出口退税率，中兴通讯的手机及数据产品将从中受益，此次出口退税调整对中兴通讯的 2007 年净利润的影响约为 1.44 亿元人民币。

（11）股权激励：2006 年 10 月，出台第一期股权激励计划，将以授予新股的方式给予 21 名高管和 3414 名员工 4798 万股 A 股期权，有效期 5 年，其中禁售期 2 年，解锁期 3 年；2007 年、2008 年和 2009 年加权平均净资产收益率不低于10%（以扣除非经常性损益前和扣除非经常性损益后计算的低值为准）为激励对象第一、第二和第三申请股票解锁业绩考核条件。

中兴通迅业绩预测见图 6-11。

【基本资料】

000063　　G 中兴		所属行业：通信设备		2005 年年报	2006 年 9 月 10 日
A 股价格（元）	27.850	总股本（万股）	95952.165	流通 A 股（万股）	37756.800
总市值（亿元）	267.227	A 股流通市值（亿元）	105.153	每股收益（元）	1.245
每股净资产（元）	10.552	市净率（倍）	2.639	销售毛利率（%）	34.879
净资产收益率（%）	11.796	EV/EBITDA	10.718	A 股市盈率（倍）	22.374

【业绩预期】

时间	2005A	2006E	2007E	2008E
报告 EPS	1.245	1.274	1.792	2.192
摊薄 EPS	1.245	1.233	1.729	2.186
净利同比（%）	0.184	−0.968	40.230	26.476
收入同比（%）	−0.049	9.508	27.557	23.597
市盈率（倍）	22.374	22.593	16.111	12.739
PEG	1.254	1.266	0.903	0.714
EPS 最高值	1.245	1.325	2.248	2.617
EPS 最低值	1.245	0.996	0.983	1.048

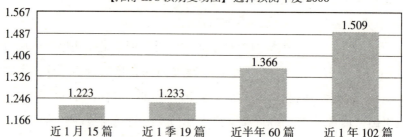

【摊薄 EPS 预期变动图】选择预测年度 2006

注：摊薄 EPS、EPS 最高值（最低值）均为最新股本摊薄值，即"未来预期净利/当前最新股本"；PEG 按 2 年复合增长率计算；统计周期为近 3 个月。

【市场评价】

市场评价分布

	报告数	买入	收集	中性	派发	卖出
近 15 日	4	2	2	0	0	0
近 30 日	15	7	6	1	1	0
近 60 日	17	8	7	1	1	0
近 90 日	19	10	7	1	1	0
近 120 日	24	13	8	2	1	0

综合评价波动分布

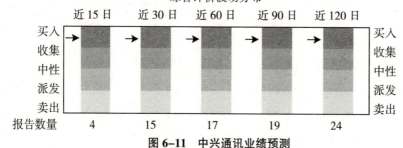

图 6-11 中兴通讯业绩预测

资料来源：上海财汇咨询、上海万国测评。

第十二节 招商银行 中国版"汇丰"

招商银行成立于 1987 年 4 月 8 日，是我国第一家完全由企业法人持股的股份制商业银行，总行设在深圳。自成立以来，招商银行先后进行了三次增资扩股，并于 2002 年 3 月成功发行了 15 亿 A 股，4 月 9 日在上海交易所挂牌（股票代码：600036），是国内第一家采用国际会计标准上市的公司。2006 年 9 月又成功发行了 22 亿 H 股，9 月 22 日在香港联交所挂牌交易（股票代码：3968），10月 5 日行使 H 股超额配售，共发行了 24.2 亿 H 股。目前，招商银行总资产逾8000 亿元，在英国《银行家》杂志"世界 1000 家大银行"的最新排名中，资产总额位居第 114 位。

经过 19 年的发展，招商银行已从当初偏居深圳蛇口一隅的区域性小银行，发展成为了一家具有一定规模与实力的全国性商业银行，初步形成了立足深圳、辐射全国、面向海外的机构体系和业务网络。目前在大陆 30 多个大中城市、香港设有分行，网点总数 400 多家，在美国设立了代表处，并与世界 80 多个国家和地区的 1100 多家银行建立了代理行关系。

19 年来，招商银行以敢为天下先的勇气，不断开拓，锐意创新，在革新金融产品与服务方面创造了数十个第一，较好地适应了市场和客户不断变化的需求，被广大客户和社会公众称誉为国内创新能力强、服务好、技术领先的银行。为中国银行业的改革和发展做出了有益的探索，同时也取得了良好的经营业绩。根据 2006 年半年度报告，招商银行人均效益、股本回报率等重要经营指标位居国内银行业前列。近年来，招商银行连续被境内外媒体授予"中国本土最佳商业银行"、"中国最受尊敬企业"、"中国十佳上市公司"等多项殊荣。

招商银行坚持"科技兴行"的发展战略，立足于市场和客户需求，充分发挥拥有全行统一的电子化平台的巨大优势，率先开发了一系列高技术含量的金融产品与金融服务，打造了"一卡通"、"一网通"、"金葵花理财"、"点金理财"、招商银行信用卡、"财富账户"等知名金融品牌，树立了技术领先型银行的社会形象。招商银行于 1995 年 7 月推出的银行卡——"一卡通"，被誉为我国银行业在个人理财方面的一个创举；截至 2006 年 6 月，累计发卡量已近 4000 万张，卡均存款余额逾 5000 元，居全国银行卡前列。1999 年 9 月在国内首家全面启动的网上银行——"一网通"，无论是在技术性能还是在业务量方面在国内同业中都始终处于领先地位。2003 年 6 月，"一网通"作为中国电子商务和网上银行的代表，登上了被誉为国际信息技术应用领域奥斯卡的 CHP 大奖的领奖台，这是中国企业首次获此殊荣。2002 年 12 月，招商银行在国内率先推出一卡双币国际标准信用卡，目前发卡量已突破 500 万张，占有了国内双币种信用卡市场超过 30% 的份额，成为国内最大的国际标准信用卡发卡行。

招商银行秉承"因您而变"的经营理念，在国内业界率先通过各种方式改善客户服务，致力于为客户提供高效、便利、体贴、温馨的服务，带动了国内银行业服务观念和方式的变革，拉近了银行与客户的距离。招商银行在国内率先构筑了网上银行、电话银行、手机银行、自助银行等电子服务网络，为客户提供"3A"式现代金融服务。根据市场细分理论，招商银行在继续做好大众服务的同时，致力于为高端客户提供量身定制的"一对一"的尊贵服务，不断提高金融服务的专业化、个性化水平。2004年8月，招商银行又率先在国内建立了"客户满意度指标体系"，为管理质量和服务质量的持续提升提供了有力保障。

在稳健快速的发展中，招商银行坚持"效益、质量、规模协调发展"的战略指导思想，大力营造以风险文化为主要内容的管理文化，规范化的经营管理为国内外监管机构一致公认。在国内同业中，招商银行较早地实行了资产负债比例管理、审贷分离和贷款五级分类制度，建立了比较完善的稽核内控体系，同时成功地在全行推行了储蓄、会计业务质量认证，获得了英国BSI太平洋有限公司和中国船级社质量认证公司颁发的ISO9001质量体系认证书，成为中国国内第一家获得ISO9001证书的商业银行。由于注重防范风险，招商银行的资产质量得以不断优化，按照五级分类口径，不良贷款率为2.30%，是国内资产质量最好的银行之一。

面对经济金融全球化带来的机遇与挑战，招商银行将以"力创股市蓝筹、打造百年招银"为目标，以改革创新为动力，加快推进经营战略调整和管理国际化进程，不断增强核心竞争力，努力把招商银行建设成为有知名品牌、有鲜明特色、有较高社会认同度的现代商业银行，实现股东、客户、员工长期利益的最大化。

投资中国银行业祸兮福兮？正如许多海外银行自己在声明中所说的，这是新世纪最有价值的投资机会之一：它们将得以进入一个拥有4万亿美元资产的金融市场，而且这一市场正呈现两位数增长，毫无放缓迹象。中国的人均收入只有1500美元，消费者刚开始表现出对抵押贷款和信用卡贷款的极大热情；想象一下，随着人均收入翻番再翻番，未来20年中国将有多少富裕人士出现在我们面前。

"百年招行"曾是马蔚华提出的口号，坦率地说，以中国证券市场十余年历史积淀，对于百年我们只能想象，若"百年招行"真能实现，于今日之投资者，招行或许还真是一只"养老股"。

作为国家经济命脉的银行，在中国经济转型和消费启动以及人民币升值的背景下，其受益程度是不容置疑的。招商银行作为一家优质的商业银行，零售业务在国内做得最好，核心竞争力明显，未来可持续增长态势明显，所以估值应该明显高于国有银行。招行继承百年老店招商局的稳健风格，公司业绩的稳定成长和持续向好趋势昭然若揭。我们认为，在未来一两年内我国商业银行利差仍将基本保持稳定的宏观背景下，零售和非利息业务突出的招商银行具备获得相对估值溢价的优势。

◆公司基本资料◆

（1）行业地位。2005 年年末，公司人民币存款总额占市场份额的 12.73%，在 12 家股份制银行中排名第二位，人民币储蓄存款总额占市场份额的 22.41%，排名第二位，人民币贷款总额占市场份额的 13.51%，排名第二位，人民币个人消费贷款总额占市场份额的 17.80%，排名第一位。

（2）金融指标股。截至 2006 年 9 月 30 日，公司资产总额为 8740.09 亿元，增长 19.08%。存款总额为 7321.01 亿元，增长 15.40%；贷款总额为 5401.29 亿元，增长 14.39%；五级分类不良率为 2.30%，比年初下降 0.28 个百分点。H 股发行后，资本充足率提高到 12.35%；核心资本充足率增加到 10.50%。

（3）零售业务领先。截至 2006 年 6 月底，"一卡通"累计发卡近 4000 万张，卡均存款 5653 余元；金葵花客户数超过 12 万户，新增 1.61 万户。公司在中国拥有优秀并不断高速发展的信用卡业务，信用卡发卡量已经超过 800 万张，在 2007 年第一季度前，发卡量将达到 1000 万张。截至 2005 年 12 月 31 日，公司发行的双币信用卡占中国双币信用卡市场份额的 42%。在 2003 年至 2005 年期间，以公司的累计发卡量计算，年均复合增长率达到 194.4%。

（4）大力拓展中间业务。2006 年上半年，公司累计实现非利息净收入为 15.05 亿元，较上年同期增幅 80.24%；手续费及佣金收入为 13.22 亿元，比上年同期增幅 89.36%。其中，含信用卡在内的 POS 消费交易金额为 364.8 亿元，手续费收入 2.4 亿元；网上企业银行支付笔数占比 24%，支付金额占比 39%，继续占据同业首位；银关通交易量 201 亿元，增幅 121%，占据国内商业银行业务量一半以上。中间业务收入在招行的占比日渐重要。

（5）良好分配预期。对于招商银行在香港上市后的股息政策，董事会建议，就截至 2006 年、2007 年及 2008 年 12 月 31 日各年度，预计将会分配总金额介乎公司有关年度净利润 25%~35% 的股息。公司预计 2006 年度的净利润将不低于人民币 55 亿元。

（6）银邮合作：计划进一步扩大与国家邮政储汇系统的合作空间，挖掘合作潜力，从而实现优势互补，银邮双赢。截至 2005 年年底，全国邮政储蓄存款余额 13000 亿元，储蓄规模仅次于 4 家国有商业银行；全国邮政储蓄营业网点已超过 36000 个，成为国内网点数量最多的金融机构。

（7）列全球大银行第 114 名。英国《银行家》杂志公布了 2006 年世界 1000 强银行排行榜，截至 2005 年年底，招商银行以 909.49 亿美元的资产总额位列全球大银行第 114 名，比上一年度的 138 名有较大幅度提升。

（8）股权分置改革。招商局轮船股份有限公司等 6 家公司非流通股股东承诺，在股改方案实施之日（2006 年 2 月 27 日）起的第 37 个月至第 48 个月期间，当公司股票价格首次达到或超过 8.48 元之前，该等股东所持的原非流通股份不进行上市交易或转让。所有承担认股责任的非流通股股东承诺，在本次股改完成后，将建议招商银行董事会制定包括股权激励在内的长期激励计划。

（9）海外上市概念。公司新增发行 22 亿股 H 股，并行使超额配售权额外发行 2.2 亿股 H 股，总计发行 24.2 亿股 H 股，发行价格为 8.55 港元，共集资 206.91 亿港元。同时，公司相关国有股东为进行国有股减持向全国社会保障基金理事会总计划转 2.42 亿股股份并转为 H 股。超额配售完成后，公司发行在外的 H 股总股数约占公司总股本的 16.71%。H 股股份（3968.HK）于 2006 年 9 月 22 日开始在香港联交所挂牌并上市交易。

（10）股权激励计划。公司对有关高级管理人员推行股票增值权激励计划，股票增值权持有者获取自授予日至行权日之间公司 H 股市值上涨差额所致收益的权利，每一份股票增值权与一份 H 股股票挂钩，股票增值权在授予日后 10 周年内有效。高管人员被授予的增值权数量分别是：行长 30 万份，常务副行长 21 万份，副行长 15 万份，含分管两个以上总行部门的行长助理 12 万份，总监和董事会秘书 9 万份。

（11）QDII 资格。中国银监会 2006 年 8 月 15 日公布，批准招商银行开办代客境外理财业务的资格，使公司成为第 8 家获得 QDII 资格的银行。首只代客境外理财产品（QDII）"金葵花代客境外理财系列之全球精选货币市场基金" 2006

年 10 月 8 日开售。

（12）拟收购基金公司。2006 年 9 月，公司 H 股招股说明书显示，公司计划收购招商基金管理有限公司 33.4%的股权，以开展基金管理业务。

招商银行业绩预测见图 6-12。

【基本资料】

600036	G 招行	所属行业：综合性银行		2005 年年报		2006 年 9 月 10 日	
A 股价格（元）	8.890	总股本（万股）		1227982.896	流通 A 股（万股）		470619.938
总市值（亿元）	1091.677	A 股流通市值（亿元）		418.381	每股收益（元）		0.320
每股净资产（元）	2.009	市净率（倍）		4.425	销售毛利率（%）		39.702
净资产收益率（%）	15.931	EV/EBITDA		14.059	A 股市盈率（倍）		27.775

【业绩预期】

时间	2005A	2006E	2007E	2008E
报告 EPS	0.320	0.390	0.499	0.654
摊薄EPS	0.320	0.440	0.560	0.715
净利同比（%）	0.250	37.571	27.174	27.657
收入同比（%）	0.114	30.057	21.590	28.901
市盈率（倍）	27.775	20.190	15.876	12.436
PEG	0.861	0.626	0.492	0.385
EPS 最高值	0.320	0.496	0.612	0.804
EPS 最低值	0.320	0.416	0.520	0.650

【摊薄 EPS 预期变动图】选择预测年度 2008

注：摊薄 EPS、EPS 最高值（最低值）均为最新股本摊薄值，即"未来预期净利/当前最新股本"；PEG 按 2 年复合增长率计算；统计周期为近 3 个月。

【市场评价】

市场评价分布

	报告数	买入	收集	中性	派发	卖出
近15日	6	4	1	0	0	0
近30日	8	5	2	0	0	0
近60日	23	12	10	0	0	0
近90日	23	12	10	0	0	0
近120日	23	12	10	0	0	0

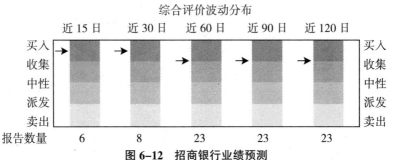

综合评价波动分布

图 6-12 招商银行业绩预测

资料来源：上海财汇咨询、上海万国测评。

第十三节　东方明珠　文化传媒霸主

上海东方明珠（集团）股份有限公司（以下简称"东方明珠"）成立于1992年8月，系中国第一家文化类上市公司。公司成立以来，先后在旅游观光、媒体广告、信息传输和策略投资等领域进行多元化拓展，在规模、效益和品牌等方面取得了显著提升，实现了产业结构优化和业绩的稳健、快速发展。公司现有注册资本19.26亿元，截至2005年年末，公司总资产59亿元，净资产35亿元，品牌价值66亿元，被上海市人民政府列入50家重点大型企业，名列中国最具发展潜力上市公司50强、中国科技上市公司50强，"东方明珠"还被国家工商行政管理总局认定为中国驰名商标。

公司所属东方明珠广播电视塔是上海市标志性建筑，经过多年的精心打造和品牌经营，现已成为上海乃至中国现代化建设的标志、对外宣传和风貌展示的窗口、文化交流的纽带、改革开放的象征。

公司控股的上海国际会议中心拥有一家五星级酒店、风格各异的多功能会议厅和一个目前上海规模最大的宴会厅，先后成功承办了 APEC 会议、全球扶贫大会、全球工程师大会、上海合作组织峰会等重大国际性会议。作为东方明珠管理品牌输出的成功范例，上海东方绿舟管理中心管理着占地面积达 5600 亩的上海青少年校外活动营地"东方绿舟"，成为上海文化休闲娱乐的重要基地。

东方明珠传输公司承担着整个上海地区无线广播和电视发射以及数据传输等任务，24 小时不间断地把几十套广播电视节目传输到上海乃至华东部分地区的千家万户，保持了在全国同行业的先进水平。

进入 21 世纪，东方明珠依托文广集团的整体优势，积极介入媒体领域，确立了以新媒体产业为主导的战略发展方向。公司投资上海有线网络有限公司，参建上海最具规模和影响的"东方网"，购买上海东视娱乐频道和上视新闻综合频道黄金广告时段，并获得了平面媒体《每周广播电视》、《上海电视》等上海著名报纸和杂志 50 年的广告经营权。

近年来，东方明珠立足创新经营，适应媒体技术日新月异的发展趋势，进一步加快在新媒体业务领域的开拓。2002 年 8 月，东方明珠和文广集团等单位共同发起创建了东方明珠移动电视有限公司，整合资金、节目、传输等多方优势，率先在中国推出了移动数字电视这一全新媒体，创下了中国第一、全球第二的纪录。2005 年 7 月，东方明珠移动电视有限公司、上海东方宣传教育服务中心和东方上海国际文化影视有限公司联合推进楼宇电视，开通了上海公共视频信息平台。在此基础上，东方明珠城市电视公司于 2006 年 4 月成立，标志着构筑于公交、出租车辆、轨道交通、楼宇和连锁门店等的移动电视立体交通平台体系的确立。与此同时，公司锲而不舍，以新理念、新技术、新模式致力于推进数字多媒体广播技术在通信网络终端的应用，经过近两年的积极研发，2006 年 5 月正式推出 DMB 手机电视业务，成为全国首家手机电视运营商。

东方明珠加快推进新的发展战略，以国际化、市场化、规模化为方向，进一步增强核心竞争力，发展成为中国实力雄厚、具有重要影响力的大型文化企业集团，不断提升公司在资本市场上的良好形象，成为公众信赖的优质上市公司。

东方明珠是上海的有线电视网络运营商。参股的上海市有线网络公司是国务院指定全国唯一"三网合一"试点的高新科技企业，所经营管理的上海市有线电视网络是全球最大的城市局域电视网，拥有近 400 万的用户和接近 100% 的市区覆盖率。同时，东方明珠参与上海市地铁电视、公交电视投资开发，打造移动多媒体平台。据 2006 年 8 月的公告，东方明珠拟定向增发不超过 8000 万股，预计可募集资金约 8 亿元，用于投资上海东方有线网络公司、新媒体中心、地铁电视公司和北京歌华文化中心公司。其中，北京歌华文化中心公司主要从事 2008 年北京奥运会的新闻和文化项目开发，东方明珠有望通过参股歌华文化中心而正式涉足奥运项目经营，无疑将会从奥运项目中获得巨额收益。

东方明珠持有海通证券约 2.60% 股份，投资 5750 万元参股申银万国证券。作为创新类大券商，海通证券和申银万国在国内具有较高的市场知名度和行业竞争力。股权分置改革的推进以及全流通之后 IPO 和再融资开闸，券商经纪业务和投行业务"水涨船高"，东方明珠也将有望从中获得丰厚投资收益。特别是海通证券借壳都市股份上市已经确定，东方明珠将成为辽宁成大第二大股东。

此外，上海的金融中心地位日益显现，陆家嘴汇集了数百家国际金融机构，上交所、期交所等国际交易市场进驻，刺激陆家嘴高档写字楼房价一路疯涨。东方明珠电视塔是上海的标志性建筑，具有极高的知名度和品牌效应，公司以电视塔为核心，注重东方明珠品牌周边产品的开发以及电视台旅游资源潜力的发掘，使之成为公司稳定的利润来源，公司土地也将大幅度增值。

◆控盘情况◆

时间	2006 年 9 月 30 日	2006 年 6 月 30 日	2006 年 3 月 31 日	2005 年 12 月 31 日
股东人数（户）	134466	132960	87147	80149
人均持流通股（股）	6395.58	4625.42	3528.50	3836.58

2006 年三季报显示，股东人数较上期增加 1%，人均持股数大幅上升系 2006 年 8 月部分限售流通股上市所致。前十大流通股东中有 4 家基金和 1 家券商，合计持有 5673 万股。

◆公司基本资料◆

（1）参股券商概念。持有海通证券（创新试点类券商）2.3 亿股股权，占总股本的 2.64%；投资 5750 万元参股申银万国。

（2）移动多媒体概念。子公司上海东方明珠移动电视有限公司（合并报表，占33%加间接控股10%），继巴士之后又新增大众和锦江两大公交平台，并进入轨道交通构建起由6000辆公交巴士、3000辆出租车及部分轨道交通线路组成的立体交通平台体系。楼宇电视顺利开播第二套节目；推出《MMTV》杂志。2005年营业收入达到5008万元，同比增长46.43%，实现利润1027万元，同比增长31.9%。

（3）参与投资地铁电视。拟与申通地铁资产经营公司共同出资成立合资公司，建设上海轨道交通全网络下车厢、站台、站厅的电视媒体平台。公司拟出资2亿元，出资比例为25%。随着上海地铁线路增多（2010年将发展到13条线路，408公里线长，预计日均乘客达700万人次，通车里程为世界之最），地铁电视将使公司在现有的移动电视、手机电视、城市电视、楼宇电视四大平台基础上得以进一步拓展，构建全方位覆盖移动人群的数字新媒体网络。

（4）加大新媒体发展战略。控股子公司"东方明珠移动电视"收购商娱传播（将更名为东方明珠城市电视传播）51%的股权，商娱是目前中国规模最大的以即时资讯发布为主的出租汽车移动电视信息发布平台。截至2006年3月底，播出终端覆盖8000辆出租车，计划至2006年底终端覆盖15000辆出租车。

（5）IPTV概念。文广传媒集团下属上海电视台已获IPTV牌照（网络电视），该业务以电视机或手机等为显示终端，通过机顶盒接入宽带网络，可以向用户提供数字广播电视等诸多宽带业务。有关数据显示，中国内地宽带网络用户将于2008年直逼1亿户，届时IPTV电视市场份额可望超过1000亿元。

（6）手机电视题材。公司拟投入1.02亿元（占51%股权）联手文广传媒集团投资手机电视项目，可为上海地区的1000多万名手机用户提供即时的电视资讯，其DMB电视手机在2006年上半年推向市场，进度为100%。手机电视业务将采取包月制收费方式，价格约30元/月，公司计划2006~2007年发展手机电视用户20万~40万户，实现收入7200万~14400万元。目前上海手机用户有1056万户（年换机率30%），蕴含巨大商机。

（7）有线电视网络运营商。公司出资11600万元参股上海东方有线网络有限公司29%的股权，该公司是国务院指定全国唯一"三网合一"试点的高新科技企业，目前经营着全球最大的城域网——整个上海市的有线电视网络资源，拥有近400万的用户和高达100%的市区覆盖率（13元/月/户），共传送61套模拟电视节目。公司对东方有线2006年上半年的权益利润达到2300万元。

（8）大股东优质资产将大量注入。董事长薛沛建同时也是上海文广集团总裁表示 2006 年将一些概念好、前景广阔的项目，让东方明珠投资或参与，包括 DMB 手机电视业务、参与 IPTV 的发展、参与东方宽频电视业务，争取更多参与 2008 年奥运会、联合院线的发展等，媒体业务利润将力争做到 50%以上。

（9）多元化投资。如投资 16600 万元参股上海国际会议中心有限公司 25.15%的股权；投资 1000 万元参股上海黄浦江人行隧道联合发展有限公司 10%的股权；投资 7200 万元参股上海东方网股份有限公司 12%的股权；投资 3000 万元参股上海市信息投资股份有限公司 10%的股权。

（10）总体战略目标。根据国家广电总局的要求，上海东方有线网络公司正在研究数字化整体平移工作，作为有线网络公司的第二大股东，公司也将参与数字化整体平移的工作。公司认为，随着新媒体业务的发展，其媒体业务利润将力争做到 50%以上。公司总体战略目标是以新媒体为中心的现代文化产业。

（11）旅游概念股。公司主要利润来源东方明珠广播电视塔是上海的标志性建筑之一，旅游观光效益为世界高塔首位，盈利能力较强（2005 年利润总额 1.42 亿元）。另外，2010 年世界博览会将带动上海旅游业的发展，东方明珠塔的旅游也将从中直接获益。

（12）股改题材。公司 6 家发起人股东承诺获得流通权之日（2005 年 8 月 5 日）后 12 个月内不上市交易或者转让，此后出售数量占总股本比例在 12 个月内不超过 5%，在 24 个月内不超过 10%，3 年内合计持有公司股份不低于 51%。

东方明珠业绩预测见图 6-13。

【基本资料】

600832 东方明珠		所属行业：工业集团企业		2005 年年报	2006 年 12 月 3 日
A 股价格（元）	11.520	总股本（万股）	192648.040	流通 A 股（万股）	85998.865
总市值（亿元）	221.931	A 股流通市值（亿元）	99.071	每股收益（元）	0.185
每股净资产（元）	1.803	市净率（倍）	6.390	销售毛利率（%）	42.116
净资产收益率（%）	10.248	EV/EBITDA	38.380	A 股市盈率（倍）	62.355

【业绩预期】

时间	2005A	2006E	2007E	2008E
报告 EPS	0.185	0.232	0.265	0.354
摊薄 EPS	0.185	0.225	0.237	0.254
净利同比（%）	0.123	21.699	5.490	7.146
收入同比（%）	0.265	20.853	7.089	18.896
市盈率（倍）	62.355	51.237	48.570	45.331
PEG	4.687	3.851	3.650	3.407
EPS 最高值	0.185	0.227	0.278	0.311
EPS 最低值	0.185	0.220	0.206	0.226

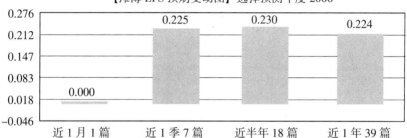

【摊薄 EPS 预期变动图】选择预测年度 2006

注：摊薄 EPS、EPS 最高值（最低值）均为最新股本摊薄值，即"未来预期净利/当前最新股本"；PEG 按 2 年复合增长率计算；统计周期为近 3 个月。

【市场评价】

市场评价分布

	报告数	买入	收集	中性	派发	卖出
近 15 日	0	0	0	0	0	0
近 30 日	1	1	0	0	0	0
近 60 日	6	1	3	1	1	0
近 90 日	7	1	3	1	2	0
近 120 日	14	1	8	2	3	0

综合评价波动分布

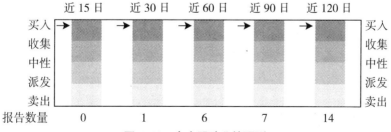

图 6-13　东方明珠业绩预测

资料来源：上海财汇咨询、上海万国测评。

第十四节　中国石化　中国的"美孚"

中国石油化工股份有限公司（以下简称"中国石化"）是一家上中下游一体化、石油石化主业突出、拥有比较完备销售网络、境内外上市的股份制企业。中国石化是由中国石油化工集团公司依据《中华人民共和国公司法》，以独家发起方式于 2000 年 2 月 25 日设立的股份制企业。中国石化 167.8 亿股 H 股股票于 2000 年 10 月 18 日、19 日分别在香港、纽约、伦敦三地交易所成功发行上市；2001 年 7 月 16 日在上海证券交易所成功发行国内公众股 28 亿股。目前，中国石化总股本为 867.02 亿股，其中中国石化集团公司持有的国有股占总股本的 71.23%，未流通的其他国有股和法人股占 6.2%，H 股占 19.35%，国内公众股占 3.23%。

中国石化是一体化能源化工公司，主要从事石油与天然气勘探开发、开采、销售；石油炼制、石油化工、化纤、化肥及其他化工的生产与产品销售、储运；石油、天然气管道运输；石油、天然气、石油产品、石油化工及其他化工产品和其他商品、技术的进出口、代理进出口业务；技术、信息的研究、开发、应用。中国石化是中国最大的石油产品（包括汽油、柴油、航空煤油等）和主要石化产品（包括中间石化产品、合成树脂、合成纤维单体及聚合物、合成纤维、合成橡胶和化肥）生产商和供应商，也是中国第二大原油生产商。截至 2005 年年底，剩余探明经济可采石油储量 3294 百万桶，剩余探明经济可采天然气储量 29517 亿立方英尺；原油一次加工能力 1.6 亿吨，乙烯生产能力 539.5 万吨；拥有加油站 29647 座，其中自营加油站 27367 座。2005 年，生产原油 3927 万吨，天然气 63 亿立方米；加工原油 1.4 亿吨，生产汽煤柴成品油 8452 万吨；生产乙烯 532 万吨，生产合成树脂 761 万吨、合成橡胶 63 万吨、合纤单体及聚合物 672 万吨、合成纤维 157 万吨；销售成品油 1.05 亿吨，其中零售 6352 万吨。

中国石化参照国际模式，构筑了公司的架构，建立了规范的法人治理结构，实行集中决策、分级管理和专业化经营的事业部制管理体制。中国石化现有全资子公司、控股和参股子公司、分公司等共 80 余家，包括油气勘探开发、炼油、化工、产品销售以及科研、外贸等企业和单位。

中国石化将全面贯彻落实科学发展观，继续秉承竞争、开放的经营理念，扩大资源、拓展市场、降本增效、严谨投资的发展战略，公司利润最大化和股东回报最大化的经营宗旨，外部市场化、内部紧密化的经营机制，规范、严谨、诚信的经营准则，努力把中国石化建设成为主业突出、资产优良、技术创新、管理科学、财务严谨、具有较强国际竞争力的跨国公司。

中国石化的独家发起人——中国石油化工集团公司是国家在原中国石化总公司的基础上于1998年重组成立的特大型石油石化企业集团，是国家出资设立的国有公司，是国家授权投资的机构和国家控股公司。

中国石化就是美国的美孚：《华尔街日报》力推中国石化，主要原因是外国机构将大量抢购600028，雷曼兄弟（Lehman Brothers）评述称，基于对2007年的收益预测，中国石化市盈率仅为6.5倍。从这个方面来看，它仍然是石油类股中最便宜的。雷曼兄弟在一份研究报告中指出，中国石化炼油业务的亏损势头终于停止了。全球（其他主要石油生产商）都在遭受损失，唯有中国石化笑看利润增长。

在原油价格一路走高的时候，中国石化并不受人关注，而另外两家大型中国石油上市公司——中国海洋石油总公司（CNOOC，简称：中海油）及中国石油天然气股份有限公司（PetroChina，简称：中国石油）——却是众多投资者倾慕的对象。现在原油价格已跌至每桶60美元左右，比高点时回落了约23%，加之北京不断推进石油产品价格改革，一些分析师及基金经理人称应该重新挖掘中国石化的魅力。

中国石化基本上属于石油行业的下游运营商。2006年上半年其运营收入为人民币4930亿元（合624亿美元），其中仅有8.7%来自勘探与开发，其他收入主要来自炼油、市场营销、分销以及石化产品生产。中国政府允许原油价格随国际市场浮动，但是为了防止国内市场不稳定，又对炼油产品的价格实行控制。在过去的两年中，这种政策对中国石化产生了巨大的负面影响。不过，虽然炼油业务出现了亏损，但中国石化整体仍处于盈利状态，这要得益于高利润率的石油生产业务以及政府的补贴。中国石化已在香港、上海、纽约及伦敦上市。

◆**公司基本资料**◆

（1）权重股+强杠杆效应。中国石油化工集团属于国资委直接管理的中央企业，公司国有股数量达到 671 亿股，流通 A 股 28 亿股，国有股对流通股的比例悬殊，该股杠杆效应对上证综合指数影响大，调控指数的杠杆作用明显。中行上市后，其市值（扣除 H 股后）约占沪总市值的 10.99%（2006 年 7 月 5 日计）。

（2）石化、石油业巨头。2006 年上半年公司生产原油 14089 万桶，生产天然气 1262 亿立方英尺（约合 35.74 亿立方米），原油加工量 7168 万吨，分别同比增长 3.07%、20.42%、5.29%；国内成品油总经销量 5432 万吨，同比增长 6.99%，其中零售量 3533 万吨，增长 19.52%；乙烯产量 303.1 万吨，同比增长 24.53%。公司预计 2008 年原油产量将达到 4200 万吨，天然气产量达到 100 亿立方米，成品油经营量将达到 1.2 亿吨，其中零售量 7500 万吨；原油加工能力将达到 1.87 亿吨，乙烯生产能力将达到 710 万吨。

（3）外资合作。公司与埃克森美孚中国石油化工有限公司、沙特阿美海外公司、BP、壳牌等知名企业均有合资项目，外资概念较为突出；与 BP 在上海的合资乙烯项目已试车成功，与德国巴斯夫在南京合资建设的扬巴一体化项目已正式投入商业运行；与埃克森美孚、沙特阿美在福建的国内最大合资炼油乙烯一体化项目正式兴建，将于 2008 年底全面建成投产。

（4）四地上市。公司是中国首家在香港、纽约、伦敦、上海四地上市的公司，亦是上、中、下游综合一体化的能源化工公司；是中国最大的上市公司；也是中国及亚洲最大的石油和石化公司之一；中国及亚洲最大的汽油、柴油、航空煤油及其他主要石油产品的生产商和分销商之一；中国第二大石油和天然气生产商。在美国《财富》杂志 2006 年全球企业 500 强排名中居第 23 位。

（5）新增气田。2006 年 4 月发现迄今为止国内规模最大、丰度最高的特大型整装海相气田——普光气田。截至 2005 年年末，普光气田累计探明可采储量为 2510 亿立方米，技术可采储量为 1883 亿立方米。该气田已具备商业开发条件，规划到 2008 年实现商业气量 40 亿立方米/年，2010 年实现商业气量 80 亿立方米/年。

（6）人民币升值题材。中国石化目前加工的进口原油比例大致占 70%，对于炼油业来说，汇率每上升 1%，成本相当于下降 1%。如果人民币相对美元升值 3%，则进口原油节约的人民币将是 80 亿元左右，静态看，对每股收益的影响也有 0.10 元之多。

（7）加油站价值重估。公司在成品油零售市场占据绝对优势，截至 2006 年 6

月 30 日，中国石化品牌加油站总数为 29198 座，其中自营加油站数 27628 座。而且由于设立新的加油站需要获得有关主管部门的批准，具有较大难度，因此加油站资产具有账面无法体现的价值，2006 年 7 月，公司通过股权转让直接持有冠德油站公司 100%股权。

（8）外资参股。2000 年 10 月，中国石化在香港发行 H 股，海外投资者总计持有公司 167.80 亿股 H 股（占到 20.00%），其中，作为战略投资者，埃克森美孚持有 31.69 亿股，壳牌持有 19.66 亿股，BP 持有 16.29 亿股。

（9）股权投资。中国石化已用卖壳方式整合了湖北兴化、中国凤凰，用现金回购方式回购了齐鲁石化、石油大明、扬子石化和中原油气，在香港市场以现金方式吸收合并了北京燕化和镇海炼化。目前，中国石化还拥有仪征化纤、上海石化、武汉石油、石炼化和泰山石油 5 家 A 股上市公司。

（10）成品油定价机制调整。自 2006 年 5 月 24 日起，国家发改委再次调高成品油价格，汽油、柴油和煤油销售价格分别提高 500 元/吨。按公司 2005 年产量规模，中国石化可增加成品油销售收入 219.24 亿元（另注：基于原油成本不变的静态假设，以中国石化炼油能力 1.4 亿吨/年，按 65%的成品出油率保守计算，2006 年 3 月的一次性调价预计 2006 年可增每股收益 0.19 元，2007 年可增 0.26 元）。

（11）重大投资项目。联合建设的内蒙古鄂尔多斯 300 万吨二甲醚及其配套工程已成立工程组织机构。该工程由中煤能源集团公司、中国石化、申能（集团）有限公司、中国银泰投资有限公司和内蒙古满世煤炭集团有限责任公司投资建设，总投资约为 210 亿元。各方股比为 32.5%、32.5%、12.5%、12.5%、10%。鄂尔多斯二甲醚项目建设规模为：煤炭开采 2000 万吨/年，甲醇 420 万吨/年，二甲醚 300 万吨/年，自备热电站 2×13.5 万千瓦。并修建一条鄂尔多斯至京唐港长输管道。

（12）参与海外油田开发。2006 年 9 月，中伊亚达瓦兰共同开发计划即将再次启动。亚达瓦兰油田位于伊朗南部，目前已探明原油储量逾 300 亿桶，中国石化在亚达瓦兰油田开发项目中的权益将达到 51%。

中国石化业绩预测见图 6-14。

【基本资料】

600028 中国石化	所属行业：综合性石油与天然气企业	2005年年报	2006年9月16日
A股价格（元）	6.790	总股本（万股）	8670243.900	流通A股（万股）	280000000
总市值（亿元）	5887.096	A股流通市值（亿元）	190.120	每股收益（元）	0.456
每股净资产（元）	2.487	市净率（倍）	2.730	销售毛利率（%）	14.230
净资产收益率（%）	18.346	EV/EBITDA	7.495	A股市盈率（倍）	14.882

【业绩预期】

时间	2005A	2006E	2007E	2008E
报告 EPS	0.456	0.502	0.652	0.677
摊薄 EPS	0.456	0.506	0.676	0.724
净利同比（%）	0.226	10.863	33.739	7.027
收入同比（%）	0.353	22.251	7.456	2.804
市盈率（倍）	14.882	13.424	10.037	9.378
PEG	0.684	0.617	0.461	0.431
EPS 最高值	0.456	0.559	0.956	0.886
EPS 最低值	0.456	0.385	0.544	0.612

【摊薄 EPS 预期变动图】选择预测年度 2008

近1月14篇 0.730　近1季17篇 0.724　近半年23篇 0.705　近1年23篇 0.705

注：摊薄 EPS、EPS 最高值（最低值）均为最新股本摊薄值，即"未来预期净利/当前最新股本"；PEG 按2年复合增长率计算；统计周期为近3个月。

【市场评价】

市场评价分布

	报告数	买入	收集	中性	派发	卖出
近15日	7	3	3	0	0	0
近30日	26	8	14	0	0	0
近60日	28	9	15	0	0	0
近90日	34	12	17	0	0	0
近120日	38	14	19	0	0	0

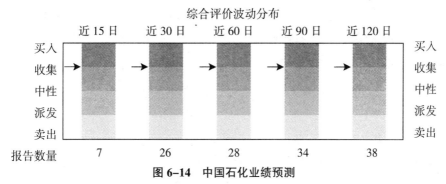

图 6-14　中国石化业绩预测

资料来源：上海财汇咨询、上海万国测评。

第十五节　歌华有线　奥运概念

北京歌华有线电视网络股份有限公司（以下简称"歌华有线"）于 1999 年 9 月经北京市人民政府批准成立，是唯一一家负责北京地区有线广播电视网络建设开发、经营、管理和维护的网络运营商，公司从事广播电视节目收转传送和广播电视网络信息服务，是北京市科学技术委员会核定的高新技术企业。

歌华有线在市委、市政府和有关部门的支持和配合下，先后完成了近、远郊区县有线电视网络的并购统一，2002 年 2 月，歌华有线全面实现了"一市一网"，现已形成覆盖全市 18 个区县、接入 270 万户的超大型有线电视光缆网络。经国家信息产业部和国家广播电影电视总局批准、中国证监会核准，2001 年在上海证券交易所上市（股票代码 600037）。

歌华有线广播电视网络的规划设计采用国际上公认先进的环形自愈网络拓扑模式，以一个一级光缆传输超干线作为骨干传输环，若干个二级光缆传输环组成光缆传输系统；二级传输机房以星树形拓扑模式连接若干个光接收机（光节点）及电缆传输分配网组成分配传输系统。

作为宽带信息传输网络，北京有线广播电视网络可支持高速数据传输、互联网接入、视频点播、远程教育、远程医疗、电视会议和电子商务等广播电视拓展业务和增值业务。目前，歌华有线已开始了大规模的双向网改造，为广大用户提供宽带互联网接入服务；完成了数字有线电视系统平台的建设，开始数字有线电视的播出运营和推广应用，以适应"数字北京、科技奥运"的发展需求。

歌华有线将紧紧把握信息时代和知识经济所带来的发展机遇，依靠高素质的人才队伍、雄厚的资金实力和最新的网络技术，努力把北京有线电视网络建设成为技术一流、管理一流、服务一流、效益一流的有线电视网络。

歌华的网络资源是座金矿，这根线上可操作的增值业务非常多，一旦形成规模将产生巨大的财富，这一切都需要时间，但有一点可以肯定，歌华与数字奥运有着紧密的联系，理应体现奥运对中国、北京的巨大推动。歌华获得 4 年的免税，将带来将近 2 亿元的收入，由此可以推断北京市力促歌华加快数字电视进程，这只股票是只难得的好股，虽然不会像有些股票那样短期爆炒，但 20 多亿元的现金、17% 的资产负债率、79% 的股东权益，这样的股票堪称性价比一流，安全系数一流。歌华有线作为有线网络行业中的佼佼者，其发展前景还是比较乐观的，即使在有竞争的情况下，相信在相当一段时间内其有线网络行业的龙头地位还是会比较稳固。

公司正处在网络升级、营销服务升级、业务模式升级的关键发展阶段。在这个阶段，体现为资本支出骤然增大，营业收入逐步攀升的同时相应费用成本也随之上升，公司盈利增长速度会有所放缓。而一旦越过大的资本开支期，业务模式发育成熟，则公司的增长后劲将绵绵不绝。对于完全不择时的投资资金来说，歌华有线应是非常好的配置品种。对于择时交易的资金来说，则宜在歌华业绩起飞前夜重仓买入。

◆控盘情况◆

时间	2006 年 9 月 30 日	2006 年 6 月 30 日	2006 年 3 月 31 日	2005 年 12 月 31 日
股东人数（户）	33032	38577	28832	21984
人均持流通股（股）	10481.24	8974.68	11979.17	8802.82

2006 年三季报显示，前十大流通股东共合计持有流通股 7116 万股，占流通股比例的 20.55%，其中，天华基金持有 850 万股未变仍为公司第一大流通股东，3 家保险机构合计持仓 2151 万股，占总流通股比例的 6.22%；股东人数较上期有所减少，筹码比较集中。2006 年三季度基金投资组合显示，基金合计持有 5772.02 万股流通股，占流通 A 股 16.67%。

◆公司基本资料◆

（1）有线网络概念，资源垄断概念。北京市人民政府批准公司负责建设、管理和经营全市有线广播电视网络，并成为北京市政府批准的唯一一家建设、经营和管理全市有线广播电视网络的单位。公司的基础网络建设经过近十年的发展，已经形成了一张覆盖全市 18 个区县的大型有线电视传输网络。公司目前数字电视用户为 3 万户，而到 2006 年年底将达到 50 万~60 万户。公司有 280 万有线电视用户，目前北京基本收视费是每户每月 18 元。另外，2006 年年底公司宽带用户有望达到 10 万户以上（宽带服务最低为 83 元套餐）。

（2）数字电视收费提价。公司通过拥有北广传媒数字电视公司 33.33% 的股权，在数字电视产业链中由有线电视运营商进一步向多媒体信息综合服务提供商迈进。2005 年全国数字电视整体转换明显加速，49 个试点城市中已有 41 个启动整体转换。2006 年将成为数字电视大规模发展的一年，数字电视基本收费提价也将成为全国性趋势。

（3）实际控制人变更。公司实际控制人将变更为北广传媒集团有限公司。北广传媒集团为中共北京市委、北京市市政府直属的事业单位法人，归口中共北京市委宣传部领导。广电集团拟把北京歌华文化发展集团作为集团文化产业、事业发展的旗舰企业，开拓更为广阔的文化产业、事业发展空间。

（4）数据增值业务。公司全面开展了北京市财政局财政拨付专网"金财网"的建设，并以此为契机，大力发展数据增值业务，与多家政府机构、企事业单位达成了初步合作意向；提高营销能力，改进业务处理办法，有力推动了个人宽带用户（CM）的业务发展。2006~2007 年，公司的主要增长点将是以宽带接入为代表的增值业务。公司已经成立专门的数据业务部，并计划至 2006 年年底将宽带用户扩展至 10 万户。

（5）股权分置改革题材。全体非流通股股东承诺，在股改方案实施后所持歌华有线股份 12 个月内不上市交易或者转让，在 12 个月后，出售原非流通股股份数量占公司股份总数的比例在 12 个月内不超过 5%，在 24 个月内不超过 10%。公司第一大股东北广传媒投资发展中心特别承诺，所持公司非流通股份自获得上市流通权之日起 36 个月内不上市交易或转让。

（6）未来增长+奥运题材。北京数字电视于 2006 年启动，公司数字电视用户规模未来将有望超过 100 万户，付费电视业务、VOD 点播等业务平台逐步完善。

央视高清和文广高清频道的开播显示高清电视进入家庭产业环境已经具备，公司将是北京地区高清电视传输的最有力竞争者。按照广电总局目前的规划，北京到 2008 年奥运会之前将全面实现有线电视数字化。

（7）享受免征所得税政策。公司符合文化体制改革中经营型文化事业单位转制为企业的相关免税条件，从 2004 年 1 月 1 日起至 2008 年 12 月 31 日止免征企业所得税。公司目前享受 15% 的企业所得税税率，2004 年度和 2005 年度合计缴纳企业所得税 8628.65 万元，公司将向相关部门办理免税手续。

歌华有线业绩预测见图 6-15。

【基本资料】

600037	歌华有线	所属行业：广播与有线电视		2005 年年报	2006 年 12 月 3 日
A 股价格（元）	20.200	总股本（万股）	66175.980	流通 A 股（万股）	34625.189
总市值（亿元）	133.675	A 股流通市值（亿元）	69.943	每股收益（元）	0.409
每股净资产（元）	3.783	市净率（倍）	5.340	销售毛利率（%）	42.707
净资产收益率（%）	10.805	EV/EBITDA	22.289	A 股市盈率（倍）	49.423

【业绩预期】

时间	2005A	2006E	2007E	2008E
报告 EPS	0.409	0.537	0.593	0.707
摊薄 EPS	0.409	0.514	0.568	0.707
净利同比（%）	0.326	25.817	10.395	24.582
收入同比（%）	0.238	13.601	17.492	24.747
市盈率（倍）	49.423	39.282	35.583	28.562
PEG	2.768	2.200	1.993	1.600
EPS 最高值	0.409	0.632	0.676	0.941
EPS 最低值	0.409	0.411	0.423	0.600

【摊薄 EPS 预期变动图】选择预测年度 2006

0.664	
0.632	
0.620	

近1月3篇 0.632　近1季16篇 0.514　近半年28篇 0.498　近1年66篇 0.472

注：摊薄 EPS、EPS 最高值（最低值）均为最新股本摊薄值，即"未来预期净利/当前最新股本"；PEG 按2年复合增长率计算；统计周期为近3个月。

【市场评价】

市场评价分布

	报告数	买入	收集	中性	派发	卖出
近15日	1	1	0	0	0	0
近30日	3	3	0	0	0	0
近60日	16	12	3	0	1	0
近90日	18	13	4	0	1	0
近120日	23	15	6	0	2	0

综合评价波动分布

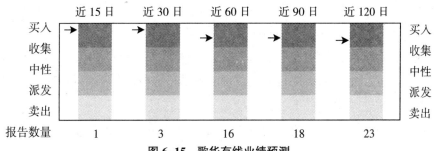

图 6-15　歌华有线业绩预测

资料来源：上海财汇咨询、上海万国测评。

第十六节　中信证券　摩根第二

中信证券股份有限公司（以下简称"中信证券"）的前身系中信证券有限责

任公司，于 1995 年 10 月 25 日在北京成立。1999 年 10 月 27 日经中国证券监督管理委员会批准，同年 12 月 29 日经国家工商行政管理局变更注册，增资改制为中信证券股份有限公司，注册资本为 20.815 亿元人民币，注册地为深圳市。2002 年 12 月 13 日，经中国证券监督管理委员会核准，向社会公开发行 4 亿股普通 A 股股票，并于 2003 年 1 月 6 日在上海证券交易所挂牌上市交易（股票代码 600030）。

经中国证券监督管理委员会批准，中信证券股份有限公司开展的业务包括：证券的代理买卖；代理还本付息和分红派息；证券的代保管、鉴证；代理登记开户；证券的自营买卖；证券的承销和上市推荐；证券投资咨询和财务顾问业务；资产管理；发起设立证券投资基金和基金管理公司。

就像当年的巴菲特买中国石油，他老人家看好的不仅是石油本身，更是中国的汽车工业，汽车消费整体肯定是提升的，而投资单个汽车股就会有风险。所以应该把处于各个产业上游的公司找出来，把能够承载更多有利信息的焦点找出来。相信中国经济持续快速发展，相信我们的金融改革，那就继续相信中信证券及大盘龙头股。

即使不是在本币升值的环境下，如果是一轮可观的牛市，大型的投资银行在美国也是获利最丰的公司，如果持续看好国内市场，相比银行的估值与定价，那么中信证券相当有吸引力。笔者认为，如果中信现在在香港上市，目前的股价可能是 20~25 元港币，因为国内对券商目前的态度还是"一朝被蛇咬"的感觉，但日进斗金，且没有宏观调控的行业，目前到哪里去找？如果用 PEG 定价，且考虑到资产未来在融资条件下的盈利能力，那么它只会比银行安全，盈利水平更高。根据申万统计日元升值时期日本股市表现，证券类股是超额指数涨幅最大的，超额涨幅达到 300%多，而相应银行和地产股只有 200%多，中信在市场的合理市盈率应该给予 50 倍。

◆公司基本资料◆

（1）首家 IPO 券商。该公司是中国证监会核准的第一批综合类证券公司之一，2004 年 10 月成为首批创新试点券商，同时也是第一批获监管机构批准设立境外机构的券商，具有企业年金基金投资管理人资格。2006 年 3 月，公司获得从事短期融资券承销业务资格，成为第一批获得该项资格金融机构中的唯一一家证券公司。增发后公司净资产由 54.4 亿元增长到 100.8 亿元，净资本由 40.9 亿元增加到 87.3 亿元，领先优势进一步加大。

（2）业务发展。公司集合资产管理业务快速起步，2006 年上半年完成"中信理财 2 号"的销售、设立，募集资金 12.04 亿元。持续销售"中信理财 1 号"避险共赢集合计划，募集额度已接近上限（35 亿元）。2006 年上半年公司实现手续费收入 12.27 亿元，自营业务收入 2.18 亿元，承销业务收入 1.10 亿元。截至 2006 年 6 月 30 日，公司拥有营业部 165 家。据国信证券资深金融分析师朱琰测算，通过一系列收购，中信证券经纪业务的市场份额已由原先的 3.02% 提升到 6.73%。

（3）进入中国一流券商行列。从出资控股中信万通证券 78.64% 的股权，到出资 21.9 亿元联合中国建银投资重组华夏证券，再到出资 7.81 亿元收购金通证券全部股份，并以不超过 3.3 亿元的总价款收购华夏基金 40.725% 的股权，中信证券通过一系列并购重组，搭建起一个网点布局合理的销售平台，积极推进"沿海战略"，进一步确立行业领先地位。另外公司拟增持中信基金 51% 的股权（原持股数占 49%），其子公司中信信托则持有信诚基金 33% 的股权。

（4）债券市场首发团队。中信证券债券部为国内目前最大的券商债券部。目前国内债券市场无论是制度创新还是品种创新，中信证券都成为首发团队；2005 年度公司获评《亚洲货币》"中国本地最佳债权融资行"，在中国企业债券市场主承销商市场份额率中以 20.4% 的市场占有率排名第一。2005 年企业债发行和债券自营收入共 4.09 亿元，是 2004 年的 7.6 倍，对主营业务的贡献率达 44.6%。

（5）公司是长江电力（股票代码 600900）的主承销商，长江电力承销费为 1.5 亿元；另外公司以 4.30 元/股的价格包销了长江电力 2106.56 万股流通股；长江电力将于 2015 年左右完成收购三峡工程的发电机组，累计耗资将超过千亿元，而这将以债权融资和股权融资为主；若能长期保持合作关系，长江电力无疑将成为中信证券稳定的利润来源。

（6）受益股权分置改革试点。据保守估计，券商从股权分置改革中获得的收入将超过 10 亿元；公司在国内证券行业中以投资银行业务为主，而股改每个试点都需要三个保荐人，投资银行优势明显的中信证券将有进一步业务提升空间。

（7）股权分置改革题材。持有公司股份总数 5% 以上的非流通股股东，即中信集团、雅戈尔集团、中信国安集团、南京扬子石化炼化公司承诺，自获得上市流通权之日（2005 年 8 月 15 日）起的 12 个月（禁售期）后出售的股份数量占股份总数比例在 12 个月内不超过 5%，在 24 个月内不超过 10%。

（8）股权激励。全体非流通股股东向公司管理层及业务骨干提供总量为 3000 万股的股票，作为首次实行股权激励机制所需股票的来源。公司首次股权激励计划拟分步实施，暂存于中信集团股票账户下的总量为 3000 万股中的 2216.31 万股将成为公司首次股权激励计划第一步实施方案的来源股，以上一期经审计每股净资产价格为初次转让价格，股票锁定期为 60 个月。

（9）行业高成长。证券行业具有高成长性。香港等新兴地区证券化比率均在 200% 左右。美国、英国等发达国家证券化比率都超过 100%，而我国目前的证券化比例约为 40%，具有很大的发展空间。中信在证券行业的地位已处于第一军团。另外，公司还持有中信建投证券 60% 的股权、金通证券 100% 的股权、中信万通证券 79.90% 的股权和中信基金 100% 的股权。

（10）中国人寿独享 5 亿股增发。中国人寿以 9.29 元/股的价格购入中信全部 5 亿股增发 A 股，动用资金 46.45 亿元，为中国证券市场最大一笔股票投资交易（中国人寿集团、中国人寿股份还分别持有 867.45 万股和 460.71 万股流通股，合并持有 5.13 亿股，占总股本的 17.22%）。中国人寿以战略投资者的身份投资中信证券，将有利于推动双方战略合作关系的进一步发展，双方在业务上存在较强的互补性和广泛的业务合作空间。

中信证券业绩预测见图 6-16。

【基本资料】

600030	G 中信	所属行业：投资银行业与经纪业		2005 年年报	2006 年 9 月 16 日
A 股价格（元）	13.550	总股本（万股）	298150.000	流通 A 股（万股）	171456.834
总市值（亿元）	403.993	A 股流通市值（亿元）	232.324	每股收益（元）	0.134
每股净资产（元）	1.894	市净率（倍）	7.155	销售毛利率（%）	0.000
净资产收益率（%）	7.085	EV/EBITDA	65.820	A 股市盈率（倍）	100.988

【业绩预期】

时间	2005A	2006E	2007E	2008E
报告 EPS	0.134	0.401	0.549	0.645
摊薄 EPS	0.134	0.389	0.514	0.636
净利同比（%）	1.414	190.183	32.086	23.662

续表

时间	2005A	2006E	2007E	2008E
收入同比（%）	0.128	203.197	26.700	22.827
市盈率（倍）	100.988	34.801	26.348	21.306
PEG	1.054	0.363	0.275	0.222
EPS 最高值	0.134	0.505	0.723	1.062
EPS 最低值	0.134	0.292	0.307	0.323

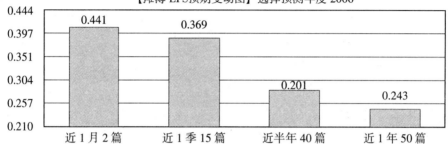

【摊薄 EPS 预期变动图】选择预测年度 2006

注：摊薄 EPS、EPS 最高值（最低值）均为最新股本摊薄值，即"未来预期净利/当前最新股本"；PEG 按 2 年复合增长率计算；统计周期为近 3 个月。

【市场评价】

市场评价分布

	报告数	买入	收集	中性	派发	卖出
近 15 日	0	0	0	0	0	0
近 30 日	1	1	0	0	0	0
近 60 日	14	6	5	1	1	0
近 90 日	18	8	6	1	1	0
近 120 日	18	8	6	1	1	0

综合评价波动分布

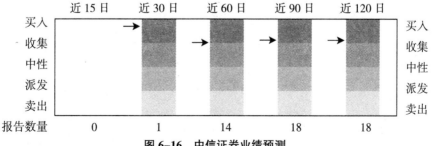

图 6-16　中信证券业绩预测

资料来源：上海财汇咨询、上海万国测评。

第十七节 中国国航 最大的航空公司

　　中国国航是成长性较好的航空股。对于航空股的投资，投资大师罗杰斯则表示，现阶段是人们质疑航空股的时期，但他总是喜欢在人们怀疑的时候买入股票。他认为，高油价肯定是个问题，但这是已经发生的事情，中国的航空公司的票价肯定会涨，这对航空公司是有利的。"假如我是对的，那么今后5到10年，每个人都会买航空股，航空公司会很赚钱，会订购很多飞机，价格竞争又会开始，因为部分运力投放出来，那时才可以考虑卖出股票。"

　　中国国际航空股份有限公司简称"国航"，英文名称为"Air China Limited"，简称"Air China"，其前身中国国际航空公司成立于1988年。根据国务院批准通过的《民航体制改革方案》，2002年10月，中国国际航空公司联合中国航空总公司和中国西南航空公司，成立了中国航空集团公司，并以联合三方的航空运输资源为基础，组建新的中国国际航空公司。2004年9月30日，经国务院国有资产监督管理委员会批准，作为中国航空集团控股的航空运输主业公司，中国国际航空股份有限公司（以下简称国航）在北京正式成立，员工23000人，注册资本为人民币65亿元、实收资本94.33亿元。2004年12月15日，中国国际航空股份有限公司在香港（股票代码0753）和伦敦（交易代码AIRC）成功上市。

　　国航的企业标志由一只艺术化的凤凰和邓小平先生书写的"中国国际航空公司"以及英文"AIR CHINA"构成。凤凰是中华民族古代传说中的神鸟，也是中华民族自古以来所崇拜的吉祥鸟。据《山海经》中记述：凤凰出于东方君子国，飞越巍峨的昆仑山，翱翔于四海之外，飞到哪里就给哪里带来吉祥和安宁。国航标志是凤凰，同时又是英文"VIP"（尊贵客人）的艺术变形，颜色为中国传统的大红，具有吉祥、圆满、祥和、幸福的寓意，寄寓着国航人服务社会的真挚情怀和对安全事业的永恒追求。国航2005年年底新推出的企业文化以服务为主线，全面阐述了国航新时期的价值观。国航远景和定位是"具有国际知名度的航空公司"，其内涵是实现"主流旅客认可、中国最具价值、中国盈利能力最强、具有世界竞争力"的四大战略目标；企业精神强调"爱心服务世界、创新导航未来"，企业使命是"满足顾客需求，创造共有价值"；企业价值观是"服务至高境界、公众普遍认同"；服务理念是"放心、顺心、舒心、动心"。国航的企业文化表达了向世界传播爱心、追求卓越服务品质的理念。

国航是中国唯一载国旗飞行的航空公司，在航空客运、货运及相关服务诸方面，均处于国内领先地位。众所周知，国航承担着中国国家领导人出国访问的专机任务，也承担许多外国元首和政府首脑在国内的专包机任务，这是国航独有的国家载旗航的尊贵地位。国航总部设在北京，辖有西南、浙江、重庆、内蒙古、天津、贵州、西藏分公司和上海基地、华南基地，以及工程技术分公司、公务机分公司，控股北京飞机维修工程有限公司（Ameco）、中国国际货运航空有限公司、北京航空食品公司。国航还参股深圳航空、国泰航空等企业，是山东航空集团有限公司的最大股东，控股澳门航空有限公司。截至 2005 年 12 月底，国航拥有以波音和空中客车系列为主的各型飞机 176 架，通航 22 个国家和地区，其中国际城市 36 个，国内城市 70 个，每周定期航班 4160 班。

国航拥有广泛的高品质客户群体。搭乘该公司航班的 71% 的客人为公务、商务旅客，国航已经成为众多中国政府机构及公司商务客户首选的航空公司。国航的常旅客俱乐部有活跃而忠诚的会员，到 2005 年年底已发展常旅客会员 301 万人。2004 年 8 月，国航成为 2008 年北京奥运会唯一正式的航空客运合作伙伴。为满足高端客户需求，国航先后投巨资对 B747-400 全客、B747-400COMB1 和空客 A340-300 等 15 架宽体远程飞机头等舱、公务舱座椅等硬件和软件服务设施陆续进行改造，改造后的新头等舱、公务舱包厢式、可放平的座椅以及娱乐服务，获得广大追求高品质服务的公务、商务人士的喜爱。

2003 年以来盈利水平连续三年居中国民航业第一，国航的品牌价值进一步凸显。2004 年、2005 年连续两年在"旅客话民航"活动中获得承运 1500 万人次以上旅客航空公司"用户满意优质奖"；2006 年 6 月，国航被世界品牌实验室评为中国 500 强最具价值品牌第 32 名，品牌价值为 188.96 亿元，位列国内航空服务业第一名，是国内 29 个具有"世界影响力"的品牌中唯一的航空运输服务企业；美国著名评级机构标准普尔评出的中国上市公司百强中国航位列第 16 位，居中国民航之首；国航品牌被英国《金融时报》和美国麦肯锡管理咨询公司联合评定为中国十大国际品牌之一；2005 年 9 月，国航荣获"中国最受公众喜爱的十大民族品牌"奖；12 月 19 日，国航荣获世界品牌实验室 2005 中国品牌年度大奖评选活动评选的"中国品牌年度大奖 NO.1"。品牌影响力的急速提升，反映了国航企业管理水平的提高，综合实力的进一步增强。

◆公司基本资料◆

（1）中国三大航空公司之一。中国民航运输业目前已初步形成了以三大航空公司（国航、南航、东航）为主导，多家航空公司并存的竞争格局。以运输总周转量计算，2005 年三大航空公司的市场占有率之和达到 77.11%，其中，国航的市场占有率为 28.48%，居第一位。

（2）航油成本因素分析。受原油价格的直接影响，近年来，航空燃油价格持续上涨，集团的年均燃油采购价格 2005 年为 4836 元/吨，航空燃油采购成本占集团主营业务成本的 39.0%。2006 年上半年集团燃油采购价格进一步上升到 5480 元/吨。如果航空燃油价格持续上涨，在机票价格不能相应上涨的情况下，集团的经营业绩将受到较大影响。以 2005 年燃油采购量进行测算，燃油价格每吨波动 100 元，集团主营业务成本将波动约 2.55 亿元（国内航油价格由国家发改委根据新加坡航油价格确定，一吨航油约等于 8.12 桶新加坡航油）。

（3）人民币升值概念。集团大部分债务以外币计值，在汇率波动情况下，由外币负债折算产生的汇兑损益金额较大。假定集团负债规模及币种结构保持稳定，以 2005 年 12 月 31 日的汇率和负债数额为基础进行测算，人民币对美元汇率变动幅度达到 1%，集团由外币负债折算产生的汇兑损益约 1.86 亿元人民币，对每股收益的影响为 0.013 元；人民币对日元汇率变动幅度达到 1%，汇兑损益约 0.33 亿元人民币，对每股收益的影响为 0.002 元。

（4）竞争经营优势。以 2005 年数据计算，国航单位收入为 5.26 元/吨公里，高于国内其他航空公司；国航的费用 + 成本合计为 3.69 元/吨公里，低于其他国内航空公司；国航客座率上升幅度最快（如果客座率每上升一个百分点，能够抵消航空燃油上涨 200 元/吨所带来的利润压力）。

（5）星辰计划。2006 年 6 月 8 日，国航与国泰航空、中航兴业、中信泰富及太古签订股权合作协议。港龙航空将成为国泰航空的全资子公司，国航和国泰航空将实现交叉持股，国航持有国泰航空 17.5%股权。通过交叉持股和相关营运合作，几方将结成紧密的战略联盟。

（6）燃油附加费上调。国家发改委、民航总局发出通知，经国务院批准，自 2006 年 9 月 1 日起提高民航国内航线旅客运输燃油附加费收取标准，800 公里以下航段由每位旅客 30 元提高到 60 元，800 公里（含）以上航段由每位旅客 60 元提高到 100 元。燃油附加费政策的变化与航空燃油价格的波动相联系，对公司的盈利存在较大影响。2005 年集团燃油附加费收入共 16.63 亿元，较 2004 年增加 11.41 亿元。

（7）拥有广泛、均衡的航线网络。国航的国际航线覆盖全球 23 个国家的 34 个重要城市和 1 个地区。其中欧洲、北美、日本、韩国及东南亚是国航国际业务最为集中的地区。国航在国内的业务，覆盖中国各个地区的 72 个主要城市。截至 2006 年 6 月 30 日，国航及国货航客货运航线共计 331 条，其中国内航线 242 条，国际航线 80 条，地区航线 9 条。根据国航的航线发展计划，到 2008 年国航将新增国际通航国家 9 个，城市 14 个，新增国际航线 17 条；新增国内通航城市 15 个，航线 30 条；地区航线新增通航城市 3 个，航线 6 条。

（8）国内领先的货运业务。以货运总量计算，国航是中国最大的航空货物服务供应商，2005 年国航货运收入吨公里约占中国货运收入吨公里总额的 35%。另外，国航的控股子公司国货航与汉莎航空、日本货运航空公司等 6 家航空公司签订代码共享协议，实现货运业务方面的代码共享合作。

（9）国际化合作。2006 年 5 月 22 日国航与世界最大的航空联盟之一"星空联盟"（Star Alliance）签署加入星空联盟的谅解备忘录，迈出了公司加入星空联盟的实质性步骤。国航加入星空联盟有助于航线网络优化和互补，加强以北京为枢纽的战略。国航与国泰航空、港龙航空的合作将增强北京和香港两大枢纽的互动和竞争力。

（10）股份自愿锁定及增持承诺。中国航空集团公司及中国航空（集团）有限公司承诺国航自 A 股股票上市之日（2006 年 8 月 18 日）起 36 个月内不转让或者委托他人管理其持有的发行人股份，也不由发行人收购该部分股份。中航集团承诺自 2006 年 8 月 18 日至 2006 年 12 月 31 日，在中国国航 A 股股价低于发行价（2.8 元/股）的前提下，将以不低于当时市场价的价格在二级市场上增持股票，直至恢复到发行价为止，累计增持量不超过 6 亿股。

国航业绩预测见图 6-17。

【基本资料】

601111	中国国航	所属行业：航空公司		2005 年年报	2006 年 9 月 16 日
A 股价格（元）	3.280	总股本（万股）	1107221.091	流通 A 股（万股）	81950.000
总市值（亿元）	363.169	A 股流通市值（亿元）	26.880	每股收益（元）	—
每股净资产（元）	—	市净率（倍）	—	销售毛利率（%）	—
净资产收益率（%）	—	EV/EBITDA	—	A 股市盈率（倍）	—

【业绩预期】

时间	2005A	2006E	2007E	2008E
报告 EPS	—	0.137	0.111	0.203
摊薄 EPS	—	0.145	0.113	0.215
净利同比（%）	—		−21.784	89.364
收入同比（%）	—		14.670	17.090
市盈率（倍）	—	22.619	28.919	15.272
PEG	—	—	—	—
EPS 最高值		0.285	0.274	0.391
EPS 最低值		0.079	0.046	0.090

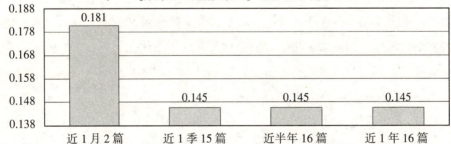

【摊薄 EPS 预期变动图】选择预测年度 2006

近 1 月 2 篇　0.181　　近 1 季 15 篇　0.145　　近半年 16 篇　0.145　　近 1 年 16 篇　0.145

注：摊薄 EPS、EPS 最高值（最低值）均为最新股本摊薄值，即"未来预期净利/当前最新股本"；PEG 按 2 年复合增长率计算；统计周期为近 3 个月。

【市场评价】

市场评价分布

	报告数	买入	收集	中性	派发	卖出
近 15 日	1	0	1	0	0	0
近 30 日	8	0	4	2	0	0
近 60 日	20	0	4	2	0	0
近 90 日	20	0	4	2	0	0
近 120 日	20	0	4	2	0	0

综合评价波动分布

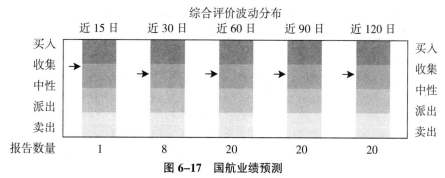

图 6-17 国航业绩预测

资料来源：上海财汇咨询、上海万国测评。

第十八节 广船国际 中国制造

广州船舶国际股份有限公司（以下简称"广船国际"）是中国船舶工业集团公司下属的华南地区最大的现代化造船综合企业，中国最大的 500 家工业企业之一。公司于 1954 年成立，并于 1993 年经改组在香港和上海分别发行 H 股和 A 股。公司享有自营进出口权。

广船国际以造船为核心业务，专注于灵便型船舶产品的开发和建造。多年来，公司坚持以市场变化趋势和客户需求为导向，并通过产品的设计、建造质量和生产效率的不断优化为客户提供卓越的产品。逐步形成造船、修船、大型桥梁与建筑钢结构、港口机械、电梯产品、冰箱成套设备、液压机械设备、压力容器等支柱性产业，连续多年成为国家机电产品出口创汇大户，被誉为"全国机电产品出口先进企业"、"百家产品优秀企业"。

公司追求企业整体价值的不断提升和企业由强及大的可持续性稳定成长。在致力于优化企业内部管理，提高运作效率和不断降低成本的同时，不断扩大生产能力，提高市场竞争力，力争成为全球造船行业灵便型船舶市场的领先者。

未来 5~10 年是我国装备制造业发展的黄金时期，在未来几年内，中国很可能将继续涌现一批挺进到世界前列的制造企业。我国政府大力支持装备制造业的发展。大力振兴装备制造业，是党的"十六大"提出的一项重要任务。2006 年，国家发改委、国防科工委联合正式对外发布《船舶工业中长期发展规划（2006~

2015)》明确提出：2010 年我国造船总重量达到世界总量的 25%，2015 年达到 30%；2010 年船舶配套率达到 60%，2015 年达到 80%；2010 年船用柴油机产量达到 600 万马力，2015 年达到 800 万马力。为此，国家将重点扶持三大造船基地和三大造机厂，不再审批新的造机企业。在此背景下，中国船舶工业集团公司也提出"五三一"奋斗目标，即在 2005 年、2010 年分别进入世界造船集团"五强"、"三强"的基础上，再经过 5 年的努力，到 2015 年力争成为世界第一造船集团，从而推动中国成为世界第一造船大国。实际的全球造船业的订单流向，在经历了从西欧到日本再到韩国的转移过程后，也正在快速流向中国。2006 年，我国造船行业接单量和市场占有率均创历史同期的最高纪录。

◆控盘情况◆

时间	2006 年 9 月 30 日	2006 年 6 月 30 日	2006 年 3 月 31 日	2005 年 12 月 31 日
股东人数（户）	30320	35092	46326	52198
人均持流通股（股）	5297.79	4577.37	2730.21	2423.07

根据 2006 年三季报披露，报告期末公司股东总数较上期继续减少，筹码仍需集中；前十大流通股股东变化较大，新进多家基金，8 家基金机构合计持有 A 股 4740 多万股，占流通盘的 29.51%，而上期为 35.51%；新进社保 106 持有 225 万股。

◆公司基本资料◆

（1）现代化的造船企业。广船国际是中国船舶工业集团公司属下的华南地区最大的现代化造船综合企业，以造船为核心业务，专注于灵便型船舶产品的开发和建造，是中国最大的 500 家工业企业之一，享有自营进出口权，连续多年成为国家机电产品出口创汇大户，被誉为"全国机电产品出口先进企业"。"十一五"期间，公司争取到 2010 年年产达到 16 艘，完工 50 万吨的目标，2006 年努力实现全年造船开工 12 艘、下水 13 艘、完工 12 艘的目标。

（2）规模优势。广船国际公司拥有一座 4 万、两座 6 万吨级造船船台和一座 5 万吨船坞，造船码头岸线 1466 米，可设计建造 6 万载重吨以下的各种船舶。目前年造船能力超过 38 万载重吨，年产万吨级船舶超过 10 艘，业已涉足滚装船、滚客船、半潜船等高技术含量船舶市场；作为中国第一、世界第四的灵便型液货船制造商，产品范围已从成品油轮、原油轮拓展到化学品船，并由原 3 万~5

万载重吨扩展至 2 万~6 万载重吨，国际相应细分市场的占有率已由 2004 年度的 11% 上升为 14%；2006 年第三季度，造船业务实现完工交船 3 艘，下水 3 艘，开工 3 艘；钢结构完成 9480 吨，销售液压机床 35 台、电梯 112 台。

（3）钢结构制作。公司凭借技术优势，成功地承接超大型的悬索桥虎门大桥、广州鹤洞斜拉索桥等桥梁的钢结构制作工程，还承建了深圳超高层建筑赛格广场、香港迪斯尼乐园两大主题区之一的"泰山树屋"等建筑的钢结构工程。1994 年成立的广州永联钢结构有限公司，专门服务于亚太地区建筑钢结构市场，年生产能力可达 4 万吨。

（4）受益振兴装备业。公司是国内灵便型液货船的主要制造商，中国船舶工业集团投资 45 亿元在南沙龙穴岛建设造船基地，龙穴基地计划建造大型集装箱船和 LNG 船。

（5）设备先进。公司拥有华南地区最大型的德国 BFI-180 落地镗床、美国 WILSON503 6000×4000 三轴数控龙门铣床等各类先进、大型、加工能力齐全的机械加工设备，具有雄厚的开发和设计制造机电产品能力，自行开发、研制的"冰箱生产线"荣获 1994 年专利技术博览会金奖，技术指标与质量达到国际先进水平。船坞改造工程于 2006 年年底完工，届时将形成船坞造船生产线，造船业务的生产能力将有一定提高；2006 年前三季度，公司造船业的毛利率为 13.46%，扭转了长期低位局面。

（6）港口产品。公司具有雄厚的建造各类港口产品的实力，拥有总装场地达 1.6 万平方米，具备承建华南地区大构件机加工能力和结构制作能力。近年来成功承建 30 多台香港屯门内河码头 40 吨集装箱吊机、港口卸煤机、德国克虏伯（Krupp）公司卸船机及船用自卸装置、吊船机、120 吨及以下的各类塔吊、龙门吊机等工程。

（7）大单概念。2006 年第三季度，新接获的造船合同约 22 万载重吨，合同金额约为 21 亿元，截至 2006 年 9 月 30 日，公司手持造船合同 175 万载重吨，合同金额约为 130 亿元。目前公司正通过多渠道解决产能不足的问题，其中船坞改造工程于 2006 年年底完工，公司产能将实现一定幅度的提高。2006 年 9 月初，公司在手订单 177 万载重吨，共计 43 艘船，预计年底还将再签 8~10 艘船订单，根据目前每年 14~16 艘、45 万载重吨的产能，订单交船时间已排至 2010 年。

（8）钢价、汇率因素。公司属于港口造船业，生产需要大量钢材，钢材占成本比例为 10%，所以钢材价格的下跌可以减少成本，有望从中受益。但按 2005 年出口船收入 17 亿元人民币计算，若人民币升值 1%，则将损失 1700 万元。公司 2006 年 8 月拟向指定银行申请不超过 4 亿美元的专项贷款，并兑换成人民币，以预减少升值带来的损失。

（9）航天军工概念。公司大股东中国船舶工业集团公司是中央直接管理的特大型企业集团，在军船方面，CSSC 研制产品几乎涵盖了我国海军所有主战舰艇和军辅船装备，是中国海军装备建设的骨干力量。

（10）股改题材。中国船舶工业集团承诺持有的股份自股改方案实施之日（2006 年 5 月 24 日）起的 12 个月之内不上市交易或者转让；在前项承诺期满后，24 个月内不通过证券交易所挂牌交易出售 A 股股份；实施后，若公司 2007 年度的利润总额与 2005 年度的利润总额相比，增长率低于 100%或者 2006~2007 会计年度中任一年度被出具非标准无保留意见的《年度审计报告》，将每 10 股追送 0.2 股。

广船国际业绩预测见下表。

【基本资料】

600685 广船国际		所属行业：建筑、农业机械与重型卡车		2005 年年报　2006 年 12 月 2 日	
A 股价格（元）	15.760	总股本（万股）	49467.758	流通 A 股（万股）	16062.897
总市值（亿元）	77.961	A 股流通市值（亿元）	25.315	每股收益（元）	0.198
每股净资产（元）	1.634	市净率（倍）	9.643	销售毛利率（%）	7.886
净资产收益率（%）	12.146	EV/EBITDA	34.101	A 股市盈率（倍）	79.396

【业绩预期】

时间	2005A	2006E	2007E	2008E
报告 EPS	0.198	0.507	0.872	0.993
摊薄 EPS	0.198	0.513	0.827	0.994
净利同比（%）	1.916	158.286	61.387	20.106
收入同比（%）	0.155	25.854	38.057	15.184
市盈率（倍）	79.396	30.739	19.047	15.859
PEG	0.762	0.295	0.183	0.152
EPS 最高值	0.198	0.527	0.916	1.115
EPS 最低值	0.198	0.499	0.738	0.872

资料来源：上海财汇咨询、上海万国测评。

第十九节　中国重汽　制造大国的表率

中国重型汽车集团（简称中国重汽）济南卡车股份有限公司，是中国重型汽车集团有限公司的龙头企业，自 2001 年 8 月成立以来，在中国重汽集团公司的领导及内部挖潜、科技创新、精益管理的宗旨指导下，卡车公司实现超常规跨越式发展，现已成为国内不可替代的重型汽车生产基地。卡车股份公司不仅拥有一批专业技术水平高超、管理经验丰富、忠诚于中国重汽事业的员工，还具有国际一流的重型汽车总装配生产线，并率先实行了订单式生产方式，其管理与技术水平已逐步与国际接轨。

我国重卡行业起步较晚，市场远未饱和，截至 2004 年年底，我国重卡总保有量约为 159 万辆，约占卡车总保有量的 19%，明显偏低。长期来看，随着我国宏观经济发展带来的货运周转量持续提升，物流业的迅速发展以及国家政策的引导，重卡行业的增长潜力将是商用车中最高的。在经历 2005 年的市场调整之后，预计重卡市场在低基数基础上将出现恢复性增长，特别是大吨位重卡更是需求增长的亮点。

作为生产资料，GDP 的增长是重卡销售增长的主要驱动因素。在可以预见的未来，中国经济仍将保持稳定增长。根据国家统计局预测，"十一五"期间我国GDP 年均增长率将达到 8.5% 左右。宏观经济的持续稳定增长，特别是固定资产投资的持续增长，为重卡行业发展奠定了坚实的基础。

随着市场大规模集约运输的发展和高等级公路的增加，大吨位卡车的燃油经济性优势逐步凸显。2005 年，交通部的交公路发 [2005] 170 号文件发布了货运汽车及汽车列车推荐车型工作规则的通知，要求加快道路货运车辆结构调整和技术进步，促进道路运输装备的现代化，鼓励节能降耗，保障货物运输安全、高效，并根据国家有关法律法规和治理车辆超限超载的要求，翔实地提出了货运汽车及汽车列车推荐车型的要求。在新法规定的要求下，安全、环保、节能和高技术，将是重型汽车产业发展的主题。自重小、运速快的大功率多轴牵引车以及多轴高栏板应是一个发展方向。低油耗、大吨位、大功率、适于专业化运输的高端重型汽车将是市场的主要车型。2006 年公司确立的目标任务是：确保产销重型汽车 4.2 万辆；实现销售收入 85 亿元。

中国重汽前三季度销售重卡 3.25 万辆，实现收入 67.8 亿元，同比增长 45%；净利润 1.76 亿元，同比增长 73%，增发后全面摊薄每股收益 0.546 元。桥箱厂资产的注入显著提高了公司的盈利能力。前三季度桥箱厂 51%权益实现利润约3700 万元，相当于每股收益 0.115 元，按照全年测算，比增发前实现业绩增厚约40%。

重卡市场的繁荣促成公司业绩快速增长。别除桥箱业务，公司重卡业务前三季度净利润在加征 33%所得税的条件下，仍实现约 32%的增长，实际上，重卡业务前三季度营业利润和利润总额增长均超过 100%。

部分投资者担心宏观调控对重卡销售的影响，实际上 2006 年以来，整体上重卡的销售形势并不算理想，重汽的增长更重要的是来源于市场需求结果偏向高速重载。近年来，中国重汽市场地位增强，重汽集团的重卡占有率从 2000 年的不足 5%，提高到 2006 年上半年的 20%。

◆控盘情况◆

时间	2006 年 9 月 30 日	2006 年 6 月 30 日	2006 年 3 月 31 日	2005 年 12 月 31 日
股东人数（户）	9954	8179	8526	8614
人均持流通股（股）	11573.06	14084.85	13511.61	10448.11

根据 2006 年三季报披露，前十大流通股东均为基金及机构投资者，其中QFII 摩根斯坦利持有 232 万股，十大流通股东共合计持有流通股比例为 32.85%（上期为 35.09%）。股东人数增加 20%以上，市场筹码有所分散。

◆公司基本资料◆

（1）行业地位。中国重汽是国内 15 吨级以上载重汽车最大的生产企业，国家颁布的《中华人民共和国道路交通安全法》，对机动车开展了超限超载治理工作。从长远来看，超限超载的治理对载货运输起到了规范作用，将对公司的销售起到一定积极作用。2006 年上半年，公司总重 14 吨以上的自卸车销售了 19000台，全国销售量第一；牵引车也是全国销售量最大的；水泥搅拌底盘销售占全国销售额的 60%~70%。上半年产销各类汽车 31303 辆，同比增长 34.78%，市场占有率达到了 20.41%，实现出口创汇 1.26 亿美元。

（2）重汽集团。大股东中国重汽集团拥有各类车型 760 多个，形成了目前国内最完善的卡车整车产品系列型谱。中国重汽提出了实施国际化战略的目标：逐步实现品牌、资本、管理、人才、技术、市场的国际化，力争到 2010 年把"中国重汽"建成国际知名汽车品牌，力争进入世界 500 强。截至 2006 年 4 月，重汽集团拥有两个发动机生产基地，全部生产中国重汽发动机。中国重汽集团杭州汽车发动机厂 2006 年 3 月月产突破 5000 台大关，达到 5102 台。济南动力有限公司在前两个月的试生产中，已达到 2000 台的生产能力。自 2005 年年末，中国重汽集团在整车上全部采用中国重汽发动机。

（3）定向增发。公司向重汽集团增发 6866 万股，收购桥箱公司 51%股权、HOWO 项目资产、其他土地资产。增发完成后，公司将不仅拥有核心零部件生产业务，还将拥有完整的 HOWO 车型生产业务，HOWO 项目是重汽集团和中国重汽合作投资建设的高端重卡车型项目，比国际重卡产品低一半多的价格造就了高性价比，将大大增强公司的盈利能力和竞争实力。收购完成后公司预计每股收益 0.669 元。2005 年公司实现 4500 辆整车出口，HOWO07 系列产品已与伊朗汽车制造公司签订 3.5 亿美元的出口大单，上市公司将承担部分生产任务，中东其他地区和非洲市场也正在开拓。另外，该产品已开始投放北京市场，成为目前唯一通过北京市环保局认可的国内欧Ⅲ排放标准的重卡产品。

（4）股东大会审议通过公司向重汽集团增发 6866 万股，每股增发价格 8.01 元，收购桥箱公司 51%股权、HOWO 项目资产、其他土地资产。本次收购完成后，公司总资产和净资产分别增长 21.50%和 101.46%，资产规模尤其是净资产的规模有较大幅度的增长。预计公司收购前 2006 年每股收益 0.583 元，收购后 2006 年每股收益 0.669 元，增厚 14.75%。已获中国证监会核准，同时证监会豁免重汽集团要约收购义务。

（5）发动机瓶颈解决。章丘发动机厂已投产，在章丘厂逐步达产后，公司发动机单台采购成本可下降 10%~20%。2006 年 8 月，重型汽车集团有限公司推出了以节油Ⅱ号发动机为动力的节油产品。装备新一代动力系统的重型汽车，百公里油耗比国内同类产品降低 10%以上。

中国重汽业绩预测见图 6-18。

【基本资料】

000951 G重汽	所属行业：建筑、农业机械与重型卡车		2005年年报 2006年9月17日	
A股价格（元）	10.780	总股本（万股）	25397.500	流通A股（万股）	11520.000
总市值（亿元）	27.379	A股流通市值（亿元）	12.419	每股收益（元）	0.593
每股净资产（元）	2.135	市净率（倍）	5.050	销售毛利率（%）	8.362
净资产收益率（%）	27.785	EV/EBITDA	1.477	A股市盈率（倍）	18.175

【业绩预期】

时间	2005A	2006E	2007E	2008E
报告EPS	0.593	0.721	1.032	1.255
摊薄EPS	0.593	0.867	1.258	1.543
净利同比（%）	−0.134	46.229	45.067	22.661
收入同比（%）	−0.153	43.900	19.548	15.262
市盈率（倍）	18.175	12.429	8.568	6.985
PEG	0.398	0.272	0.188	0.153
EPS最高值	0.593	1.068	1.520	1.910
EPS最低值	0.593	0.615	0.676	0.965

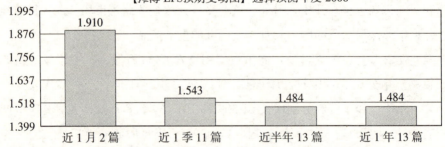

【摊薄EPS预期变动图】选择预测年度2008

注：摊薄EPS、EPS最高值（最低值）均为最新股本摊薄值，即"未来预期净利/当前最新股本"；PEG按2年复合增长率计算；统计周期为近3个月。

【市场评价】

市场评价分布

	报告数	买入	收集	中性	派发	卖出
近15日	1	1	0	0	0	0
近30日	2	2	0	0	0	0
近60日	16	7	7	2	0	0
近90日	23	10	9	3	0	0
近120日	26	12	10	3	0	0

综合评价波动分布

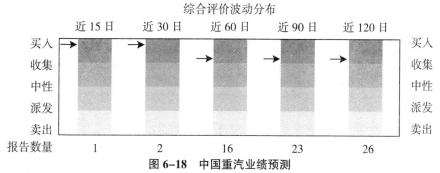

图6-18 中国重汽业绩预测

资料来源：上海财汇咨询、上海万国测评。

第二十节 青岛海尔 世界名牌

海尔集团是世界第四大白色家电制造商、中国最具价值品牌企业。旗下拥有240多家法人单位，在全球30多个国家建立本土化的设计中心、制造基地和贸易公司，全球员工总数超过5万人，重点发展科技、工业、贸易、金融四大支柱产业，2005年，海尔全球营业额实现1034亿元（约合128亿美元）。

海尔集团在首席执行官张瑞敏确立的名牌战略指导下，先后实施名牌战略、多元化战略和国际化战略。2005年12月26日，创业21周年之际，海尔启动第四个发展战略阶段——全球化品牌战略阶段。海尔品牌在世界范围的美誉度大幅提升。1993年，海尔品牌成为首批中国驰名商标；2005年，海尔品牌价值高达702亿元，自2002年以来，海尔品牌价值连续四年蝉联中国最有价值品牌榜首。海尔品牌旗下冰箱、空调、洗衣机、电视机、热水器、电脑、手机、家居集成等16个主导产品被评为中国名牌，其中海尔冰箱、洗衣机还被国家质检总局评为首批中国世界名牌，2005年8月30日，海尔被英国《金融时报》评为"中国十大世界级品牌"之首。海尔已跻身世界级品牌行列。其影响力正随着全球市场的扩张而快速上升。

海尔有9种产品在中国市场位居行业之首，3种产品在世界市场占有率居行业前三位，在智能家居集成、网络家电、数字化、大规模集成电路、新材料等技术领域处于世界领先水平。在国际市场彰显出发展实力。"创新驱动"型的海尔集团致力于向全球消费者提供满足需求的解决方案，实现企业与用户之间的双赢。目前，海尔累计申请专利 6189 项（其中发明专利 819 项），拥有软件著作权 589 项。在自主知识产权基础上，海尔还主持或参与了近百项国家标准的制定修订工作，其中，海尔热水器防电墙技术、海尔洗衣机双动力技术还被纳入 IEC 国际标准提案，这证明海尔的创新能力已达到世界级水平。

在创新实践中，海尔探索实施的"OEC"管理模式、"市场链"管理及"人单合一"发展模式均引起国际管理界高度关注。目前，已有美国哈佛大学、南加州大学、瑞士 IMD 国际管理学院、法国的欧洲管理学院、日本神户大学商学院专门对此进行案例研究。海尔"市场链"管理还被纳入欧盟案例库。海尔"人单合一"发展模式为解决全球商业的库存和逾期应收提供创新思维，被国际管理界誉为"号准全球商业脉搏"的管理模式。

面对新的全球化竞争条件，海尔确立了全球化品牌战略、启动"创造资源、美誉全球"的企业精神和"人单合一、速决速胜"的工作作风，挑战自我、挑战明天，为创出中国人自己的世界名牌而持续创新！随着我国加快振兴装备制造业政策的出台，拥有全球性装备制造能力的青岛海尔将成为罕见的世界装备制造领袖企业，其"钱景"不可估量。

其实，海尔深藏不露的券商题材也极具爆发力。公司投巨资参股了长江证券，是长江证券第一大股东。长江证券作为全国首批八家创新试点券商之一，是国内业务资格最齐备的全国性证券公司之一，其业务触角遍布全国，已在全国 27 个城市设立了营业部，逐步形成了长江三角洲、珠江三角洲、环渤海湾、华中以及西部五大重点业务区域，成为国内少数的强势券商。长江证券还拥有长江巴黎百富勤证券公司（与法国巴黎银行合资）、长信基金管理公司、长江期货经纪公司和诺德基金管理公司（与美国诺德·安博特基金管理公司合资），其在证券行业实力非常强大。而长江证券一旦上市，收益最大的将是其控股股东海尔。与此同时，随着我国证券市场正不断走牛，证券公司的各种收益开始大幅增长，特别是融资融券业务的即将开启，更使券商的经营业绩爆炸性增长，因此控股着长江证券的海尔，其证券投资的回报将极其惊人。

◆控盘情况◆

时间	2006 年 9 月 30 日	2006 年 6 月 30 日	2006 年 3 月 31 日	2005 年 12 月 31 日
股东人数（户）	212803	239495	235831	252307
人均持流通股（股）	3488.34	3099.56	2861.56	2674.70

根据 2006 年三季报披露，报告期末公司股东总数较上期有所减少，筹码仍相对分散；前十大流通股东为基金机构合计持有 11283 万股，占流通股比例的 15.20%，而前一报告期为 8.73%；新进社保 106 组合持有 882 万股，QFII 兴业银行持有 400 万股。

◆公司基本资料◆

（1）全球家电行业龙头。海尔公司具有 700 万台电冰箱、700 万台空调和 200 万台冷柜年产能。公司在中国家电市场的整体份额已达 21%；海尔白色家电市场份额为 34%，处于市场垄断地位。国际著名信息咨询公司 Euromonitor 公布的最新市场报告显示，海尔在全球白色家电市场占有率排名中雄踞第四位，海尔冰箱以 5.98%的市场份额名列市场占有率榜首，成为全球冰箱第一品牌；2006 年海尔空调连续 9 个月市场份额保持第一，最畅销机型 10 强中独占 6 强；中怡康时代市场研究公司调查数据显示，海尔冰箱、空调的市场占有率月月保持第一。

（2）定向增发。拟每股 4.97 元股份公司向海尔集团公司定向增发 14204.63 万股，购买其持有的青岛海尔空调电子 75%的股权、合肥海尔空调器 80%的股权、武汉海尔电器 60%的股权及贵州海尔电器 59%的股权，根据备考合并财务报告，将使海尔公司 2005 年的主营业务收入增长 13.35%，净利润增长 36.85%，每股收益增厚 0.04 元，每股收益增幅达 22.24%；净资产收益率增长 1.01%，净资产收益率增幅达 23.67%。

（3）免缴商标许可费。自 2006 年 10 月 1 日起，海尔集团、投资发展同意公司（及其控股和参股公司）免予向海尔集团、投资发展缴纳商标许可费；2005 年年报显示，2005 年度向海尔集团和海尔投资上缴的商标许可费为 6370 万元。

（4）世界名牌。由世界品牌实验室独家编制的 2005 年度世界品牌 500 强中，4 个中国本土品牌入围，其中海尔排名第 89 位，是唯一进入前 100 强的本土品牌。2004 年海尔蝉联中国最有价值品牌第一名，品牌价值高达 616 亿元。2006

年年初，公司成为首批通过 CIAA 和 SIAA 抗菌国际认证的中国五家企业之一，海尔冰箱由此成为中国第一个，也是唯一一个通过抗菌国际双认证的家电品牌。

（5）国际化策略。海尔从 1996 年起，先后在意大利，美国、印尼、菲律宾、马来西亚等国建厂，生产海尔冰箱、洗衣机等产品。目前，海尔已建海外工厂共 13 个；2006 年 1~5 月的海关数据显示：海尔冰箱按销售金额的出口份额达 26.8%，冷柜占 20.1%，分别领先排名第二企业的 15% 和 11%。

（6）数字电视概念。自主研制开发的海尔"爱国者Ⅱ号"数字电视信源解码芯片，填补了我国在数字电视信源解码产业化芯片领域的空白。

（7）奥运概念。海尔集团成为北京 2008 年奥运会白色家电赞助商，使海尔成为奥运会赞助商历史上出现的第一个中国白色家电制造商。

（8）循环经济概念。由青岛海尔联合国内著名高校共同承担的国家 863 计划项目——废旧家电资源化综合利用成套技术项目顺利通过专家验收。这标志着青岛海尔进入了循环经济新产业，并为该行业的健康发展提供了技术支撑。

（9）技术专利。截至 2006 年 1 月底，海尔集团的国内专利申请累计达 6189 项，申请国外专利 500 多项，拥有软件著作权 589 项。是国内申报专利最多的家电企业。2006 年 5 月海尔申请 30 项发明专利。海尔销售平台在全国各地农村建立了 2000 家海尔专卖店、1 万个乡镇网络和近 20 万个村星级服务站销售平台。

（10）网络家电项目。即结合公司实际和行业发展的趋势制定的投资项目，海尔是国际上最早的家庭网络概念提出者和产品供应商，拥有多项家庭网络相关的技术专利，同时也是国家家庭网络标准工作组组长单位，e 家佳家庭网络标准产业联盟的理事单位，在家庭网络技术标准制定、产品研发、产业推广具备长期的工作经验。借助多年来形成的家电产业链雄厚的研发实力，以及网络家电未来广阔的发展前景，公司投入了这个项目，积极培育未来增长点。

（11）国际市场。海尔品牌在国际市场的竞争力进一步提升，海尔冰箱能耗之星产品更成功地打入美国最大的家电连锁店，在美国小容积冰箱市场，海尔已占据了 50% 的份额。公司推出的一款空调一举成为美国最畅销型号冠军，销量是第二名的 1.3 倍。在欧洲，海尔形成了全系列 A++ 节能冰箱的庞大阵容，并再度获得荷兰等国政府能耗补贴。在英国，海尔冰箱 10 款 A+、2 款 A++ 级冰箱被评为 "Best Buy"（最值得购买品牌）。在尼日利亚，海尔冰箱占据 45% 的第一市场份额，超过第二名 33 个百分点。在俄罗斯市场，占据 43% 的市场份额。

（12）新产品。推出的具有全球首创"双新风"专利技术的海尔"鲜风宝"空调是市场为数不多的亮点之一，受到消费者青睐；2006 年上半年还推出了具有"光波增鲜"技术的"全新鲜＋变频对开门冰箱"、"三超双新风变频空调"等一系列产品。在海尔集团新产品技术成果鉴定会上，海尔集团的 25 项新产品、新技术成果一次性通过有关专家鉴定，并全部达到国际领先水平。

（13）股改题材。海尔集团以及海尔电器国际股份有限公司承诺，持有的股份，在获得上市流通权之日（2006 年 5 月 17 日）起 60 个月内将不通过证券交易所挂牌交易方式出售。在本次股改实施完成后，根据规定，启动股权激励方案研究论证工作。同时就同业竞争问题，根据规定也将尽快达成协议。

（14）版权保护示范企业。国家版权局授予海尔集团企业最高荣誉"国家版权保护示范企业"。

青岛海尔业绩预测见图 6-19。

【基本资料】

600690	G 海尔	所属行业：家用电器		2005 年年报		2006 年 9 月 16 日
A 股价格（元）	4.510	总股本（万股）	119647.242		流通 A 股（万股）	74233.017
总市值（亿元）	53.961	A 股流通市值（亿元）		33.479	每股收益（元）	0.200
每股净资产（元）	4.679	市净率（倍）		0.964	销售毛利率（%）	11.596
净资产收益率（%）	4.271	EV/EBITDA		9.308	A 股市盈率（倍）	22.566

【业绩预期】

时间	2005A	2006E	2007E	2008E
报告 EPS	0.200	0.377	0.380	0.447
摊薄 EPS	0.200	0.355	0.401	0.464
净利同比（%）	−0.353	77.719	12.870	15.853
收入同比（%）	0.079	28.541	19.250	−1.638
市盈率（倍）	22.566	12.698	11.250	9.710
PEG	0.542	0.305	0.270	0.233
EPS 最高值	0.200	0.381	0.429	0.474
EPS 最低值	0.200	0.300	0.360	0.445

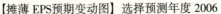

【摊薄 EPS 预期变动图】选择预测年度 2006

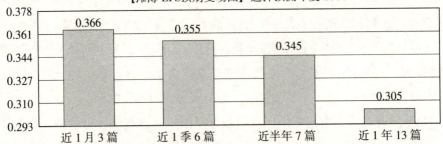

注：摊薄 EPS、EPS 最高值（最低值）均为最新股本摊薄值，即"未来预期净利/当前最新股本"；PEG 按 2 年复合增长率计算；统计周期为近 3 个月。

【市场评价】

市场评价分布

	报告数	买入	收集	中性	派发	卖出
近 15 日	1	0	1	0	0	0
近 30 日	3	0	3	0	0	0
近 60 日	5	1	4	0	0	0
近 90 日	6	1	5	0	0	0
近 120 日	6	1	5	0	0	0

综合评价波动分布

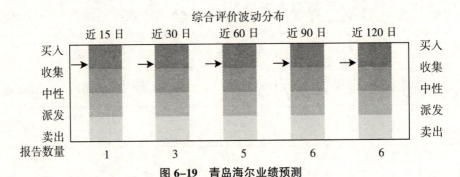

图 6-19　青岛海尔业绩预测

资料来源：上海财汇咨询、上海万国测评。

第二十一节　五矿发展　王者归来

　　五矿发展股份有限公司于 1997 年 5 月 28 日在上海证券交易所挂牌上市。近年来，五矿发展在证券市场逐步树立了绩优蓝筹的良好市场形象，业内地位不断提升，并获得多种奖项：1998 年 7 月公司入选上海证券交易所"30 指数"样本股；2002 年入选 180 指数；从 1998 年到 2002 年连续 5 年入选上海证券交易所评选的"中国上市公司 50 强"；在《财富》杂志中文版公布的由其评出的中国上市公司百强排行榜中，2001 年居第 11 位，2002~2003 年均居第 8 位；在标准普尔评选的 2003 年度中国上市公司 100 强中居第 6 位；2004 年 9 月，入选社科院和中国经营报评选的"中国上市公司企业竞争力 20 强"；2005 年 4 月，成为沪深交易所"沪深 300 成份指数"样本股。五矿发展上市九年来，经营稳健，业绩优良，具有良好的投资价值和发展前景。目前公司股票被南方基金、全国社保101 组合、光大保德信基金等基金和机构投资者看好并积极持有。

展望未来，五矿发展有信心发展建设成为国内领先的，具有国际竞争力和良好成长性的钢铁及原材料流通服务商。公司提出到 2010 年，总体经营规模、销售收入和税前利润实现翻一番以上的目标。

◆控盘情况◆

时间	2006 年 9 月30 日	2006 年 6 月30 日	2006 年 3 月31 日	2005 年 12 月31 日
股东人数（户）	37166	27133	41569	42288
人均持流通股（股）	8184.90	11211.44	5629.19	5533.48

2006 年三季报显示，前十大流通股东合计持仓 7327 万股，占总流通盘的24.09%，其中，开元基金减仓至 1325 万股仍为公司第一大流通股东，大鹏证券持仓 909 万股未变，社保基金 101 组合持仓 500 万股；股东人数较上期有所增加，筹码比较集中。

那么，公司的发展前景如何？

（1）公司作为五矿集团在国内资本证券市场的唯一"窗口"，集团公司的重大战略举措，尤其是与黑色金属相关的资产的整合和相关行业的重组，将会充分利用本公司的资本平台来展开，利用整合重组的手段，采取资产注入、股权置换、吸收合并、实施股权激励计划等多种方式，不断提升公司的市场竞争力和盈利水平，推动公司加快实现跨越式发展。公司持有上市公司唐钢股份 987.6 万股、西单商场 676 万股、宁波联合 7459 万股，而这些低廉的法人股一旦解禁，将给公司带来巨大的投资收益。

（2）"五矿集团"拥有邯邢铁矿的产权，该铁矿拥有 1.7 亿吨的储量，年产 460 万吨铁矿石，并最终形成铁精粉 200 多万吨/年的产量，邯邢铁矿单独上市的可能性几乎没有，那么作为"黑色金属"的范畴，该铁矿的最终出路不言自明。

（3）从行业的发展规律看，如果公司不通过资本运作，仅仅依靠自身的内生增长，五矿集团很难实现"5 年再造一个五矿集团"，再考虑到公司已经进行过股权分置改革，同时公司在 2005 年年报中也明确提出了"渠道+资源"的战略安排，我们认为通过资本运作将上述提到的资产以合适的价格装入到上市公司还是完全有可能的。

（4）公司是目前国内最大的钢材经销商和进口商，也是最大的冶金原材料集成供应商，公司围绕国内外钢铁企业及终端钢铁用户提供原材料供应和产品分销、配送、加工等一系列增值服务，这种从钢铁行业上下游同时展开业务的经营模式是其他钢铁原材料贸易商或钢材分销商所不具备的核心竞争优势之一。公司作为中国最大的五矿进出口企业，近年来，公司主营的大宗商品的进出口规模和市场占有率稳居全国前列，尤其是钢材、铁矿砂、钢坯等的进口，在全国一直发挥着主渠道的作用，增长态势极为迅猛。特别是公司在国内外拥有大量矿产资源储备，在全球性资源紧缺的大环境下，资源价格将持续上涨，而近期全球有色金属价格暴涨更使五矿发展成为最大受益者。

◆**公司基本资料**◆

（1）中国最大的五矿进出口企业。目前国内最大的钢材经销商和进口商，也是最大的冶金原材料集成供应商，公司从钢铁行业上下游同时展开业务的经营模式是其他钢铁原材料贸易商或钢材分销商所不具备的核心竞争优势之一。公司大股东中国五矿集团公司实力雄厚，未来有一定的资本运作空间。

（2）涉足煤焦化工领域。出资 6000 万元与淮北矿业、上海焦化等共同发起设立临涣焦化股份有限公司（五矿公司持有 10%股权），合作建设淮北煤焦化综合利用工程；该公司年设计生产能力达 220 万吨焦炭及 20 万吨甲醇。按照约定，五矿公司将获得 50 万吨/年的焦炭资源，并独家代理临涣焦化的焦炭出口业务，这将有利于完善公司货源结构，降低采购成本，进一步推动焦炭出口业务。

（3）涉足磁盘存储产业。五矿公司全资子公司北京五矿腾龙信息技术有限公司，是我国最早开发和生产 SCSI 硬盘热插拔模组的高科技企业，其最新研制推出的 MRD35355 磁盘模组是国内第一个具有 SAF-TE 功能、面向高档服务器和磁盘阵列的 SCSI 硬盘热插拔模组，已达到世界最高水平。

（4）综合服务商。2005 年，五矿公司经营钢材超过 1100 万吨，保持了国内最大的钢材供应商地位；公司是全国四家煤炭出口专营公司之一，全年出口煤炭 395 万吨。公司的钢材营销网络已经建成一级网点 13 个，二级分销网点 70 个，正逐步由单纯的流通贸易商向"渠道+资源"的综合服务商转变。

（5）股权投资概念。持有 3 家上市公司法人股——G 唐钢 987.6 万股、G 西单 676 万股、G 联合 6519 万股，成为股改受益者。

（6）股改题材。五矿集团承诺持有的公司原非流通股股份自获得上市流通权之日（2006 年 4 月 5 日）起 36 个月内不挂牌出售；承诺所持公司原非流通股股份自 36 个月禁售期后的 24 个月内，只有当股价不低于 7 元时才挂牌出售。承诺将在 2006 年度、2007 年度、2008 年度股东大会中提出现金分红议案，建议五矿发展的现金分红比例不低于当年实现的可分配利润的 40%，并投赞成票。

（7）拓展冶金设备出口领域。2005 年 3 月公司联合中冶建设集团成功中标金额为 2.36 亿美元的冶金成套设备项目，这是迄今为止中国最大的冶金成套设备出口合同。该项目的中标和顺利履行标志着公司新的业务领域的成功开拓，并由此拉开了公司冶金设备出口领域运作的序幕，乌克兰、俄罗斯和印度等正在成为公司大型冶金成套设备出口的目标市场。

五矿发展业绩预测见图 6-20。

【基本资料】

600058 五矿发展		所属行业：贸易公司与经销商		2005 年年报		2006 年 12 月 2 日
A 股价格（元）	7.560	总股本（万股）	82697.299	流通 A 股（万股）		30420.000
总市值（亿元）	62.519	A 股流通市值（亿元）		22.998	每股收益（元）	0.402
每股净资产（元）	3.587	市净率（倍）		2.108	销售毛利率（%）	2.972
净资产收益率（%）	11.210	EV/EBITDA		14.311	A 股市盈率（倍）	18.803

【业绩预期】

时间	2005A	2006E	2007E	2008E
报告 EPS	0.402	0.640	0.750	0.850
摊薄 EPS	0.402	0.644	0.746	0.858
净利同比（%）	−0.444	60.189	15.797	14.999
收入同比（%）	0.031	10.000	10.000	10.000

续表

时间	2005A	2006E	2007E	2008E
市盈率（倍）	18.803	11.738	10.137	8.814
PEG	0.519	0.324	0.280	0.244
EPS 最高值	0.402	0.644	0.746	0.858
EPS 最低值	0.402	0.644	0.746	0.858

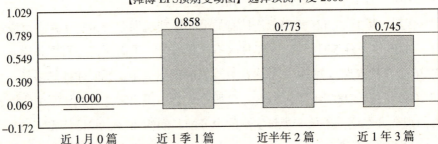

【摊薄 EPS 预期变动图】选择预测年度 2008

注：摊薄 EPS、EPS 最高值（最低值）均为最新股本摊薄值，即"未来预期净利/当前最新股本"；PEG 按 2 年复合增长率计算；统计周期为近 3 个月。

【市场评价】

市场评价分布

	报告数	买入	收集	中性	派发	卖出
近 15 日	0	0	0	0	0	0
近 30 日	0	0	0	0	0	0
近 60 日	1	0	1	0	0	0
近 90 日	1	0	1	0	0	0
近 120 日	2	0	2	0	0	0

综合评价波动分布

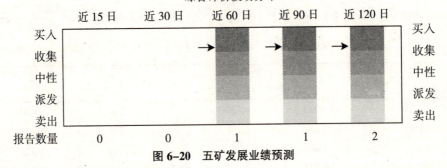

图 6-20 五矿发展业绩预测

资料来源：上海财汇咨询、上海万国测评。

第二十二节 长江电力 一流公司

中国长江电力股份有限公司（以下简称公司），是由中国长江三峡工程开发总公司作为主发起人，联合华能国际电力股份有限公司、中国核工业集团公司、中国石油天然气集团公司、中国葛洲坝水利水电工程集团有限公司和长江水利委员会长江勘测规划设计研究院五家发起人以发起方式设立的股份有限公司。其经营范围包括电力生产、经营和投资，电力生产技术咨询，水电工程检修维护。

公司成立于 2002 年 11 月 4 日，2003 年 11 月 18 日在上海证券交易所挂牌上市，2005 年 8 月完成股权分置改革。2006 年 5 月 25 日，长江电力认股权证在上海证券交易所挂牌上市。截至 2006 年 6 月 30 日，公司总资产为 401.33 亿元，净资产为 219.98 亿元，总股本为 81.87 亿股。

公司全资拥有葛洲坝电站，并先后收购了三峡工程已投产的 6 台发电机组，目前总装机容量为 697.7 万千瓦。同时，公司受中国长江三峡工程开发总公司的委托，统一管理三峡工程已建成投产的其他发电机组，公司实际运行管理的机组容量达到 1257.7 万千瓦。公司所发电力主要销往华中地区（湖北、湖南、河南、江西、重庆）、华东地区（上海、江苏、浙江、安徽）及广东省。

公司目前是我国最大的水电上市公司。在未来，公司将依托三峡工程建设和滚动开发长江上游水力资源的大背景，继续致力于以水电为主的清洁电力生产经营，努力提高发电能力，力争创建国际一流电厂，打造一流上市公司。长江电力是三峡总公司完成"建设三峡、开发长江"历史使命和建设具有完善现代企业制度的大型清洁能源集团的重要组成部分。为实现公司股东价值最大化，根据三峡总公司对长江电力"电力生产经营主体，资本运营载体"的两个基本定位，"十一五"期间长江电力的四项发展目标是：

（1）创建两个一流。创建国际一流电厂，打造一流上市公司。

（2）实现持续增长。"十一五"规划期末，公司拥有和受托管理电力装机超过 2200 万千瓦（其中外部购并权益装机不少于 100 万千瓦）；"十一五"规划期内，公司拥有和受托管理机组总发电量达到 4400 亿千瓦时，拥有和受托管理机组实现销售收入达 1000 亿元，公司每股盈利年复合增长率不低于 8%。

（3）培育核心能力。包括流域水资源综合利用和梯级联合调度能力；大型水电站的运行管理能力；大型水电站的检修维护能力；跨大区的水电营销能力；资产并购整合和融资能力。

（4）履行社会责任。贯彻科学发展观，落实三峡总公司"建好一座电站，带动一方经济，改善一片环境，造福一批移民"的水电开发新理念，提供清洁能源，发挥防洪效益，打造绿色电站，建设和谐企业，积极履行社会责任 。

◆ 控盘情况 ◆

时间	2006 年 9 月 30 日	2006 年 6 月 30 日	2006 年 3 月 31 日	2005 年 12 月 31 日
股东人数（户）	182504	226504	220787	173505
人均持流通股（股）	17738.72	11985.67	12296.03	15646.83

2006 年三季报显示，股东人数较上期减少 19%，筹码有集中趋势。前十大流通股东有 3 家基金保险公司，合计持有 19597 万股，其中社保 501 组合分别持有 4669 万股。2006 年三季度基金投资组合显示，基金合计持有 33158.99 万股流通股，占流通 A 股的 10.24%。那么公司的未来前景如何？

1. 电力行业将是未来最具潜力的瓶颈类垄断企业之一

（1）就电力发展的产业政策来看，"积极发展水电"是我国电力产业政策的基本方针。因为我国世界屋脊的青藏高原，发展水电具有得天独厚的优势。根据国家有关部门确定的未来 15 年的水电开发目标，到 2015 年水电装机要达到 1.5 亿千瓦，占全国电力总装机的比重由目前的 24% 提高到 28%，水电资源的开发率将由目前的 17% 达到 40%，成为世界第一水电大国。

（2）水电的低成本优势更为显著。目前我国水电和火电单位千瓦造价分别为 7000~10000 元和 4500~6300 元，水电建设成本比火电高约 40%，但水电每千瓦时 0.04~0.09 元的运行成本，较火电 0.198 元左右的运行成本低 50% 以上，水电综合发电成本低于火电。

（3）水电属于洁净能源，最符合环保、建立和谐社会和能源结构的调整方向。根据电力体制改革方案，我国电力行业将实行发电排放环保折价等政策，建立起一种有利于激励清洁电源发展的新机制，火电厂脱硫、脱硝、除尘等环保要求所需资金约占总投资的 1/4，使火电建设成本优势弱化，水电的低成本优势将更为显著。

（4）根据党的"十六大"报告提出到 2020 年国民生产总值翻两番的目标测算，我国未来十几年的电力需求增长将保持 6%左右。到 2010 年全社会用电量将达到 27000 亿千瓦时，相应的装机容量将达到 6 亿千瓦，2020 年全社会用电量将达到 42000 亿千瓦时，相应装机容量将达到 9 亿千瓦。

（5）从市场需求来看，随着中国日益成为"世界加工厂"，经济突飞猛进，导致全国用电量大幅增长，电力供应趋于紧张，电力市场出现区域性、季节性、结构性的缺电现象，每年用电量平均增长 10%左右，而且目前这种电力紧张的局面没有有效缓解的迹象。我国目前电力市场消费还处于较低水平，人均用电量不到世界水平的一半，仅为发达国家的 1/10~1/6。

2. 长江电力本身具有的品质和内在价值，决定有长期高速成长的能力

（1）从规模优势来看，葛洲坝装机容量为 271.5 万千瓦，收购三峡 4 台机组后，长江电力装机容量达到了 551.5 万千瓦，已成为国内规模最大的水电企业。今后，公司还将通过不断收购三峡新建机组进一步扩张规模。

（2）从电价竞争优势来看，葛洲坝电厂自 2003 年 1 月 1 日起，上网电价由原来的 0.102 元/千瓦时上调为 0.151 元/千瓦时，还低于华中电网 0.29 元/千瓦时的平均上网电价。随着三峡投产机组的规模不断扩大，送往华东、广东等高电价地区的电量增加，这将提高公司加权平均上网电价。

（3）从政策支持力度来看，下属葛洲坝电厂和三峡电厂的电量主要由华中电网公司统购包销，根据国务院确定的三峡电站的电能分配"最大限度发挥三峡水电站的效益，尽可能不弃水或少弃水"的原则，三峡电站的电能分配纳入各省的年计划、月计划中，各省市区今后新建电站须首先考虑要消纳三峡电能。三峡电能的主要售电市场为华东、华中和广东，由于该地区市场经济发达，同时能源缺乏，对外购电的需求强劲，为三峡的电能消纳提供了坚实的市场保证。同时，根据《财政部国家税务总局关于葛洲坝电站电力产品增值税政策问题的通知》（财税〔2002〕168 号文）及《财政部国家税务总局关于三峡电站电力产品增值税税收政策问题的通知》（财税〔2002〕24 号文），葛洲坝电站和三峡电站适用增值税优惠政策。葛洲坝电站自 2003 年 1 月 1 日起、三峡电站自发电之日起，电力产品增值税税负超过 8%，部分实行"即征即退"政策。以 2004 年为例，实现主营业

务收入达 50 多亿元，因此享受的补贴收入将近 5 亿元，对每股收益的影响为 0.06 元。

（4）从技术优势来看，葛洲坝电站有 21 台水轮发电机组，近年来通过全面检修、优化和技术改造，各项指标均达到国家一流企业的标准。电站虽然经过 20 年的运行，到目前电站的综合自动化水平为国内领先水平，部分装备的技术性能达到国际领先水平。收购的三峡电站的机组都是经过国际公开招标采购，发电机组的可靠性好、自动化水平高、机组容量为世界最大，机组效率最高达 95%，技术水平属国际领先。

（5）从成本来看，由于用户电价呈下调趋势、电网盈利模式有待于形成、发电企业之间相互竞争等，发电企业将面临利润空间难以扩张的压力。而显著的成本优势使其能够在更大程度上保障盈利水平。

（6）从管理优势来看，所属葛洲坝电厂具有 20 多年丰富的水电生产管理经验。葛洲坝电厂按 0.8 万千瓦/人的标准配置运行管理人员，属国内领先水平，高于国内一流水电站 0.25 万千瓦/人的标准；三峡电站计划按 5 万千瓦/人配置运行管理人员，属国际领先水平。

（7）财务状况良好。首先是资产雄厚，截至 2005 年 3 月底，总资产为 425 亿元。其次是业绩连续增长，自 2002 年以来连续三年，销售毛利率分别以 59%、70%、74%递增；主营业务利润率分别以 59%、68%、73%递增；净资产收益率以 5%、70%、14%递增；总资产收益率以 4.46%、4.85%、9.17%递增。随着业绩的增长，对投资者的分红回报也应随业绩增长，而且现金分红原则上不低于公司当期实现可分配利润的 50%，以便投资者能充分分享企业发展的成果。

长江电力业绩预测见图 6-21。

【基本资料】

600900　　G 长电		所属行业：电力公用事业		2005 年年报	2006 年 9 月 19 日
A 股价格（元）	6.830	总股本（万股）	818673.760	流通 A 股（万股）	323738.760
总市值（亿元）	559.154	A 股流通市值（亿元）	221.114	每股收益（元）	0.408
每股净资产（元）	2.715	市净率（倍）	2.516	销售毛利率（%）	73.474
净资产收益率（%）	15.021	EV/EBITDA	9.988	A 股市盈率（倍）	16.748

【业绩预期】

时间	2005A	2006E	2007E	2008E
报告 EPS	0.408	0.423	0.482	0.541
摊薄 EPS	0.408	0.426	0.540	0.607
净利同比（%）	0.099	4.386	26.865	12.481
收入同比（%）	0.176	2.020	28.553	13.422
市盈率（倍）	16.748	16.044	12.647	11.243
PEG	1.111	1.064	0.839	0.746
EPS 最高值	0.408	0.480	0.636	0.790
EPS 最低值	0.408	0.404	0.510	0.540

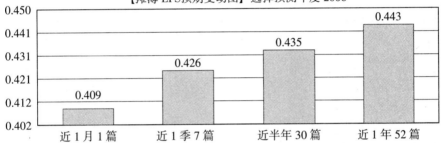

【摊薄 EPS预期变动图】选择预测年度 2006

注：摊薄 EPS、EPS 最高值（最低值）均为最新股本摊薄值，即"未来预期净利/当前最新股本"；PEG 按 2 年复合增长率计算；统计周期为近 3 个月。

【市场评价】

市场评价分布

	报告数	买入	收集	中性	派发	卖出
近 15 日	1	0	1	0	0	0
近 30 日	2	0	2	0	0	0
近 60 日	9	1	7	1	0	0
近 90 日	9	1	7	1	0	0
近 120 日	10	2	7	1	0	0

综合评价波动分布

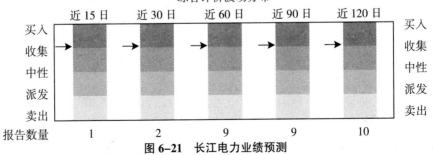

图 6-21　长江电力业绩预测

资料来源：上海财汇咨询、东方财富网。

第二十三节　格力电器　国际品牌

珠海格力电器股份有限公司是目前中国乃至全球最大的集研发、生产、销售、服务于一体的专业化空调企业。

公司自 1991 年成立以来，紧紧围绕"专业化"的核心发展战略，以创新精神促进企业发展壮大，以"诚信、务实"的经营理念赢取市场和回报社会，使企业在竞争异常激烈的家电市场中连续多年保持稳步健康发展，取得了良好的经济效益和社会效益。

十多年的迅猛发展，格力电器业绩斐然：从一个当初年产不到 2 万台的毫不知名的空调小厂，一跃成为今天拥有珠海、重庆、巴西三大生产基地，员工超过 25000 人、家用空调年产能力超过 1500 万台、商用空调年产值达 50 亿元的知名跨国企业；净资产从 1990 年的不足 1000 万元，增长到目前的超过 27 亿元，增长了近 300 倍；自 1995 年以来，累计销售空调 4000 多万台（套），销售收入近 700 亿元，纳税超过 35 亿元；自 1996 年在深圳证券交易所上市以来共募集资金 7.2 亿元，而历年来向股东分红则超过 16 亿元；1995 年至今，格力空调连续 11 年产销量、市场占有率均居行业第一；2005 年实现销售收入 180 亿元，家用空调销量突破 1000 万台（套），跃居世界第一位。

同时，格力电器在技术、营销、服务和管理等创新领域硕果累累，深情演绎了一个中国企业肩负的历史使命和社会责任，让业界为之动容。

一是技术创新：至今已开发出包括家用空调、商用空调在内的 20 大类、400 个系列、7000 多个品种规格的产品，申请注册国家专利 700 多项，成功研发出 GMV 数码多联一拖多、离心式中央空调等高端技术，并全球首创国际领先的超低温热泵中央空调，填补了国际空白，打破了美、日等制冷巨头的技术垄断，在国际制冷界赢得了广泛的知名度和影响力。

二是营销创新：1997 年，格力电器独创的以资产为纽带、以品牌为旗帜、以"三个代表"（代表厂家的利益、代表商家的利益、代表消费者的利益）为灵魂的区域性销售公司模式，树立了格力品牌的领跑地位，被经济界、理论界誉为

"21 世纪经济领域的全新革命"，"格力模式"有力地促进了行业的可持续性健康发展。

三是服务创新：2005 年 1 月 1 日，格力电器率先在业内推出"整机 6 年免费包修"政策，彻底根除了消费者的后顾之忧，肃清了游离在行业边缘的"螺丝刀加工厂"，保护了消费者的利益，使空调行业摆脱了"价格战"等恶性竞争，走向了新的发展方向。

四是管理创新：格力电器设有业内独一无二的筛选分厂，300 多名员工凭借先进的检测设备，对所有外协外购的空调零部件进行 100% 的全检，这是一项不产生任何经济效益的工作，但就是这样的"笨办法"保证了每一台格力空调都能经受岁月的见证。

多年来，格力空调已经奠定了国内空调市场的领跑者地位，格力品牌已深入人心，并以"好空调，格力造"和"买品质，选格力"著称国内空调市场，在广大消费者中享有很高的声誉，先后多次荣获"中国驰名商标"、"中国名牌产品"、"国家免检产品"、海关总署"进出口企业红名单"、"WQC 国际之星金奖"、"杰出成就和商业声誉国际质量最高奖"等知名荣誉。2005 年 10 月，格力电器还被授予 2005 年度中国"节能贡献奖"称号，是空调品牌云集的广东省内唯一获得这一称号的空调企业。2006 年 3 月，格力被巴西民意调查局授予"巴西人最满意品牌"称号；2006 年 7 月，格力获"中国空调行业标志性品牌"称号；2006 年 9 月，格力被国家质检总局授予"中国世界名牌"称号，成为中国空调行业第一个也是唯一一个世界名牌。

在风云跌宕的证券市场上，格力电器的表现同样让人叹为观止：格力电器连续 6 年入选"中国最具发展潜力上市公司 50 强"，是上市公司中的老牌绩优股。2003 年 9 月，全球著名的投资银行瑞士信贷第一波士顿对中国 1200 多家上市公司进行分析，格力电器被评为"中国最具投资价值的 12 家上市公司"之一，是中国家电业唯一入选的企业，被誉为"中国家电最佳上市公司"；2001~2006 年，格力电器连续六年入选美国《财富》（中文版）"中国企业百强"，连续 5 年进入国家税务总局评选的"中国上市公司纳税百强"，并连续 6 年位居家电行业纳税首位。

格力电器还积极倡导在国际市场上打造"格力"自主品牌，让灿烂的中国文化随着"格力"品牌走向世界。目前，格力电器已经在全球 100 多个国家和地区建立了销售和服务网络，并将"格力"牌产品成功打入英国、法国、巴西、俄罗斯、澳大利亚、菲律宾、沙特阿拉伯、印度等40多个国家和地区的家电市场。在巴西，"格力"牌空调自1998年进入当地市场以来，仅用了不到三年的时间，就一跃成为当地市场占有率第二的空调品牌；2001年，格力电器在巴西投资建厂，开创了中国空调企业向国际市场输出技术的先河。经过多年的发展，格力节能技术连续两年获得巴西政府的最高嘉奖并被授予"A级能源标签证书"和"节能之星"奖杯，2004年格力电器巴西工厂盈利近2500万元，成为中国企业"走出去"的典范。据海关统计，格力空调出口量、出口增幅连续多年均位居全国同行前列。

◆公司基本资料◆

（1）主营龙头优势。公司连续10年国内空调产销量第一，年总产能突破1000万台，成为全球规模最大的专业空调生产基地，并位居"节能空调榜"榜首，国内市场份额达20%。2005年空调销售额超过182亿元，增长超过30%，与竞争对手差距进一步拉开。公司2006年目标为销售额增长超过20%，利润增长超过10%。公司的空调连锁专卖已经成为国内独一无二的销售体系，而竞争对手则依赖家电连锁的方式。

（2）中央空调发展迅速。公司目前拥有9大系列中央空调产品，成为中国品种规格最齐全中央空调品牌之一。随着公司在中央空调技术领域的持续创新，以及为中央空调生产配套的六期工程厂房的竣工，公司将在中央空调生产、销售方面有更大的突破。未来几年有望保持50%以上的高速增长。

（3）非公开发行。公司将非公开发行不超过1.25亿股，募集资金不超过10亿元。资金用于投资新增360万台压缩机产能，产品主要为公司空调整机配套，内部收益率达20.04%；以及在华东地区新建年产能300万台空调生产基地，内部收益率为17.4%。

（4）海外市场开拓。格力空调在国际市场形成了"品质好"的口碑，产品成功打入英、法等40多个国家。2005年海外市场销售收入达35.73亿元，占总收入的20%，增长59%。预计未来3~5年，海外收入将占总收入的50%。公司2006年出口订单大幅增长，预计至少增长50%。

（5）自主创新强。公司生产的中国首台拥有自主知识产权的大型中央空调离心式冷水机组，打破了国外对离心机技术的长期垄断；世界第一台超低温数码多联机组技术达到"国际领先"水平。公司已开发出 20 大类、400 个系列的产品，申请注册国家专利 700 多项。2006 年 6 月格力入选"2006 自主创新竞争力十大品牌"名单，格力是其中唯一入选的家电品牌。

（6）压缩机自给率高。公司从国外引进国际最先进的整机装配线等设备，投资新增 240 万套/年压缩机产能。该项目总投资 4.5 亿元，达产后可实现销售收入 9.13 亿元，投资利润率为 14.89%，项目于 2006 年 3 月达产。压缩机总产量达到 700 万~800 万台，自给率 50% 以上。2006 年 9 月格力空调第四大生产基地落户合肥，该基地一期投资额为 5 亿元，主要生产家用空调，年产能达 300 万台（套），预计在 2007 年内建成投产。

（7）高红利。公司盈利能力长年保持在较高水平。自 1995 年以来每年都有分红，1998~2005 年平均每年税后红利约 10 派 3 元。同时，国家自 2005 年 6 月 13 日起减收股息红利税 50%，投资者可获得更多的投资回报。

（8）股改题材。若公司 2005 年、2006 年、2007 年的净利润分别低于 50494 万元（较 2004 年净利润增长 20%）、55543 万元（较 2005 年目标利润增长 10%）、61097 万元（较 2006 年目标利润增长 10%），格力集团将每年追送 213 万股。格力集团承诺：向格力电器无偿转让"格力"商标，并划出 2639 万股作为管理层激励。股改后，格力集团考虑为格力电器引进战略投资者。

（9）全球并购。全球制造业巨擘——美国联合科技公司 2006 年 6 月 8 日表示，正寻求在中国的并购机会，并对中国的家用空调领域尤感兴趣。联合科技中国区总裁关德辉（Jim Gradoville）表示，公司需要加强的一个领域就是家用空调，而考虑到竞争因素，并购则是解决之道。

（10）获全国质量奖。继被授予"世界名牌"和"空调行业标志性品牌"之后，珠海格力电器股份有限公司于 2006 年 11 月 4 日又获得了一项国家质量管理最高奖项"全国质量奖"，从而在一年之内独揽这三大顶级荣誉，创造了中国家电企业乃至中国企业的"全能纪录"。

格力电器业绩预测见图 6-22。

【基本资料】

000651 格力电器		所属行业：家用电器		2005 年年报	2006 年 11 月 19 日	
A 股价格（元）	10.870	总股本（万股）	80541.000	流通 A 股（万股）		40565.070
总市值（亿元）	87.548	A 股流通市值（亿元）	44.094	每股收益（元）		0.633
每股净资产（元）	3.380	市净率（倍）	3.216	销售毛利率（%）		18.198
净资产收益率（%）	18.723	EV/EBITDA	9.315	A 股市盈率（倍）		17.179

【业绩预期】

时间	2005A	2006E	2007E	2008E
报告 EPS	0.633	0.709	0.813	0.968
摊薄 EPS	0.633	0.746	0.845	1.014
净利同比（%）	0.211	17.976	13.161	20.072
收入同比（%）	0.319	31.042	26.319	24.280
市盈率（倍）	17.179	14.562	12.868	10.717
PEG	1.105	0.937	0.828	0.689
EPS 最高值	0.633	0.791	0.900	1.185
EPS 最低值	0.633	0.724	0.745	0.950

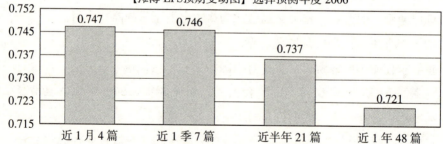

【摊薄 EPS 预期变动图】选择预测年度 2006

	近 1 月 4 篇	近 1 季 7 篇	近半年 21 篇	近 1 年 48 篇
摊薄 EPS	0.747	0.746	0.737	0.721

注：摊薄 EPS、EPS 最高值（最低值）均为最新股本摊薄值，即"未来预期净利/当前最新股本"；PEG 按 2 年复合增长率计算；统计周期为近 3 个月。

【市场评价】

市场评价分布

	报告数	买入	收集	中性	派发	卖出
近 15 日	1	1	0	0	0	0
近 30 日	6	4	2	0	0	0
近 60 日	6	4	2	0	0	0
近 90 日	9	7	2	0	0	0
近 120 日	18	12	6	0	0	0

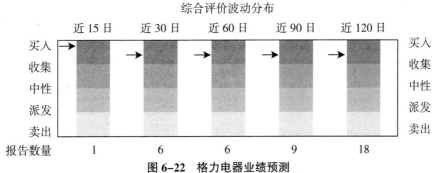

综合评价波动分布

图 6-22 格力电器业绩预测

资料来源：上海财汇咨询、上海万国测评。

第二十四节 大秦铁路 西煤东运

大秦铁路股份有限公司是由原北京铁路局作为主发起人，与大唐国际发电股份有限公司、中国华能集团公司、大同煤矿集团有限责任公司、中国中煤能源集团公司、秦皇岛港务集团有限公司、同方投资有限公司共同出资，对原大同铁路分局资产重组、运输主业整体改组创建，公司于 2004 年 10 月 26 日创立，10 月 28 日在国家工商总局注册，是中国第一家以路网核心主干线为公司主体的股份公司。

2005 年 3 月 18 日，铁道部实行铁路局直管站段改革，公司的控股股东由北京铁路局变更为太原铁路局。公司管辖京包、北同蒲、大秦三条铁路干线，口泉、云冈、宁岢、平朔四条支线。衔接神朔、大准、宁静、蓟港四条地方铁路，区跨山西、河北、北京、天津两省两市。线路总营业里程 1157.3 公里，总延展长度 3185.87 公里。

公司经济吸引区内煤炭储量近 6000 亿吨，约占全国煤炭总储量的 60%。公司管辖内大秦铁路是中国第一条单元电气化重载运煤专线，是山西、陕西、内蒙古西部煤炭外运的主通道，承担着全国四大电网、十大钢铁公司和 6000 多家工矿企业的生产用煤和出口煤炭运输任务，煤运量占全国铁路总煤炭运量的近 1/7，用户群辐射到 15 个国家和地区，26 个省、市、自治区。自 1988 年开通运营以来，相继开行了 5000 吨、1 万吨及 2 万吨重载列车，2002 年煤炭运量首次突破亿吨大关，2003 年实现 1.2 亿吨，2004 年实现 1.5 亿吨，2005 年实现 2 亿吨，2006 年预计将突破 2.5 亿吨。

2006 年以来，随着世界海拔最高的青藏铁路全线开通，中国铁路行业备受外界关注。但是从总体来看，该行业还远远落后于中国整体经济活力十足的增长势头。德意志银行的报告称，中国的铁路是世界上最繁忙的铁路，它承担着全球约 24% 的铁路运输，但是中国铁路线总长度仅占全球的 6%。诸多瓶颈对中国客运及货运发展的制约作用日益突出。

为解决这些问题，国家对铁路行业的投资大幅提高。2006 年前 9 个月，铁路投资为 1302 亿元，比上一年同期的 629 亿元增长了一倍。外国投资者涉足中国铁路类股的机会十分有限，因为它们大多是 A 股，非中国人不能直接购买。外国投资者只可通过合格境外机构投资者（QFII）投资 A 股。

资产收购预期，提升公司长期价值：铁路的跨越式发展面临着巨大的资金缺口，必然会加大资本运作的力度。最终将形成股权融资、债权融资、铁路建设基金三足鼎立的局面。大秦铁路将是铁路跨越式发展和渐进式改革的重要承载者，具有巨大的发展空间。从铁路行业研讨会信息来看，我们更加坚定了获得优质资产注入的预期，并且将在两三年内实施。主要基于以下几个理由：

（1）大秦铁路必将是铁道部股权融资的大平台。“十一五”期间，铁路跨越式发展需要巨额建设资金，其中至少 1/4 需要来自于资本市场的股权融资，大约是 3000 亿元的规模。由于铁路目前的实际情况，通过 IPO 融资的难度较大，主要是缺乏合适的、相对独立且资产规模较大的项目。通过既有上市公司进行增发或资产收购是较切实可行的途径，而目前的铁龙物流、广深铁路、大秦铁路三家上市公司，不管是资产规模和资产收购的难易程度，大秦铁路和广深铁路都是最佳的备选对象。

（2）大秦铁路若不是为融资平台做准备，似乎无上市的必要。由于大秦线的运量规模带来的盈利能力非常好，是国铁系统最好的线路资产，若不是为后续的铁路建设融资做准备，将最好的资产上市让投资者来分享收益而不是用于铁路建设似乎是没有多大必要的，当然也可以为铁路走向市场迈出新路，以及改善公司治理结构、提高运输效率有所贡献。

（3）大股东太原铁路局和实际控制人铁道部拥有的煤炭运输线路较多。与大秦铁路公司相连接的煤炭运输线路的运量已经超过亿吨，也是目前铁道部较为优质的资产，注入上市公司比直接进行 IPO 要容易得多。

◆**公司基本资料**◆

（1）国内铁路运输第一股。公司是以煤炭运输为主的综合性铁路运输公司，是担负我国"西煤东运"战略任务规模最大的煤炭运输企业。2005 年煤炭运输量为 2.39 亿吨，分别占到晋北和内蒙古西部地区外运量的 91.1%、"西煤东运"外运量的 44.3%；公司下辖的大秦铁路西起大同，东至秦皇岛，是我国第一条开行重载列车的双线电气化运煤专用铁路，于 1988 年 12 月 28 日开通运营，全长658 公里，2005 年完成煤炭运输量 2.03 亿吨。

（2）"西煤东运"的主动脉。目前我国"西煤东运"主要通过北、中、南三大铁路运输通道完成，其中北通道主要由大秦、朔黄、丰沙大、京原等几条铁路组成，约承担"西煤东运"总运量的 55%，其中大秦铁路和丰沙大线占到"西煤东运"铁路运能总量的 43.8%，北同蒲线为大秦铁路和丰沙大线上游最主要的煤炭装车线路。大秦线以 2 亿吨的运量成为北通道运能最大的专用通道，是我国"西煤东运"的主动脉，其在煤炭运输中的龙头地位将随着我国对煤炭需求的增长以及自身运能的扩张而逐步增强。

（3）产能扩张保障运量增长。公司完成大秦线 2 亿吨及 2.5 亿吨扩能改造，包括站场、通信、供电等 10 个项目。在确保大秦线 2006 年实现 2.5 亿吨目标的同时，预计投资总额为 9.82 亿元的北同蒲宁武至朔州增建二线、大同南至湖东增建四线、修建大同北至大同东联络线三项工程也将展开，未来运输能力将进一步提升，计划在 2007 年达到 3 亿吨，2009 年达到 4 亿吨。丰沙大线设计能力7000 万吨，2005 年运量为 6199 万吨。运量提升仍有空间。

（4）煤炭外运中的独特优势。大秦铁路侧重于煤炭货运，货物运输收入所占比例达到 92%以上，晋北、内蒙古西部地区内的大同煤矿集团、中煤集团、准格尔能源公司等大型煤炭生产企业的煤炭基本上通过铁路外运。收购丰沙大、北同蒲等资产后，2003~2005 年，公司在晋北、内蒙古西部煤炭外运中占有的市场份额都在 90%以上。

（5）执行煤炭特殊运价。我国铁路货运营运收入由基价 1+基价 2+电气化加费而得，公司大秦线和丰沙大线执行煤炭特殊运价，较其他企业的基价 2 高0.0317 元/吨公里，高出 73%，成为其获得较高盈利能力的主要因素之一。鉴于我国目前铁路定价政策、铁路运能供给情况和铁路运输较其他运输方式的比较优势，这一特殊运价具有很强的支撑能力。

（6）资产边界清晰。作为我国第一家同时拥有基础设施及运输业务的铁路上市公司，大秦铁路产业链完整，且具有垄断性。由于大秦铁路是一条煤炭运输的专线铁路，其运营特点是全程直达，其销售收入的75%~80%来自大同矿区至秦皇岛港口的煤炭运输业务，该线路中间几乎不与其他铁路联网运行，资产边界非常清晰，关联交易有限。

（7）煤炭运输龙头地位巩固。作为国家"西煤东运"战略运输的最大铁路运输企业，大秦铁路目前为五大电力公司、380多家主要电厂提供运输服务。大秦铁路主要接卸港口秦皇岛港是国内第一大煤炭运输港口，目前秦皇岛港以及周边如曹妃甸等港口的煤炭装卸能力都在不断提高之中，为公司未来发展奠定坚实基础。随着秦皇岛港、天津港和唐山港的不断扩建，公司预计2005~2010年煤炭运输将以每年10%的速度增长。

（8）股东资产优先收购权。公司具有外延式扩张的资产资源和政策资源，公司控股股东太原局承诺"在对下属铁路运输主业资产改制时，如该类资产与公司业务相关或经营范围相近，将给予公司优先收购权或参与权"，太原局所辖线路有京原线、石太线、太焦线、南同蒲线、北同蒲线（宁武—太原段）、侯月线、侯西线7条干线。

（9）股份自愿锁定承诺。公司控股股东太原铁路局承诺自公司股票在上海证券交易所上市之日起三年内，不转让或者委托他人管理其已直接和间接持有的公司股份，也不由公司收购该等股份。

大秦铁路业绩预测见图6-23。

【基本资料】

601006	大秦铁路	所属行业：铁路	2005年年报	2006年9月19日	
A股价格（元）	6.460	总股本（万股）	1297675.713	流通A股（万股）	121213.500
总市值（亿元）	838.299	A股流通市值（亿元）	78.304	每股收益（元）	
每股净资产（元）	—	市净率（倍）	—	销售毛利率（%）	
净资产收益率（%）	—	EV/EBITDA		A股市盈率（倍）	

【业绩预期】

时间	2005A	2006E	2007E	2008E
报告 EPS	—	0.322	0.399	0.455
摊薄 EPS	—	0.327	0.404	0.459
净利同比（%）	—		23.644	13.660
收入同比（%）	—		15.697	9.865
市盈率（倍）	—	19.782	16.000	14.077
PEG	—		—	—
EPS 最高值	—	0.372	0.473	0.569
EPS 最低值	—	0.295	0.347	0.414

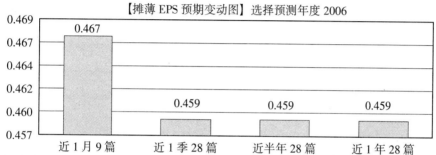

注：摊薄 EPS、EPS 最高值（最低值）均为最新股本摊薄值，即"未来预期净利/当前最新股本"；PEG 按 2 年复合增长率计算；统计周期为近 3 个月。

【市场评价】

市场评价分布

	报告数	买入	收集	中性	派发	卖出
近 15 日	3	2	1	0	0	0
近 30 日	12	6	6	0	0	0
近 60 日	25	8	7	0	0	0
近 90 日	38	8	7	0	0	0
近 120 日	38	8	7	0	0	0

综合评价波动分布

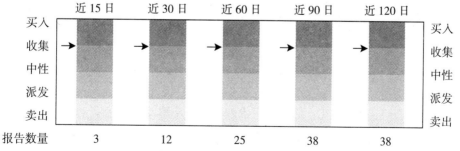

图 6-23　大秦铁路业绩预测

资料来源：上海财汇咨询、上海万国测评。

第二十五节　金龙汽车　中国著名品牌

厦门金龙汽车股份有限公司创立于 1988 年，1992 年改制为股份制企业，1993 年公司股票在上海证券交易所挂牌上市。公司以大、中、轻型客车的制造与销售为主导产业，先后投资设立了厦门金龙联合汽车工业有限公司、厦门金龙旅行车有限公司、金龙联合汽车工业（苏州）有限公司、厦门金龙客车有限公司等客车制造厂以及金龙汽车车身、电器、座椅、橡塑、汽车空调、冲压零件等汽车零部件生产厂，建立了客车冲压、焊装、涂装、总装完整的四大工艺生产线，拥有了大中轻型客车全系列车型的生产能力，形成了集客车整车与零部件制造的金龙客车生产体系。大中型客车的产销量在全国客车行业中名列前茅。

公司致力于市场研究和产品研发，并与德国、美国、日本、英国等国家以及中国香港、中国台湾等地区有着广泛的技术合作，使产品具有良好的性能和丰富的品种，不断满足市场需求，得到客户的广泛认可和赞誉。2004 年，公司的两家主要控股企业厦门金龙联合汽车工业有限公司和厦门金龙旅行车有限公司生产的大中型客车均被国家质量监督检验检疫总局授予"中国名牌产品"。2006 年金龙客车"KING LONG"商标荣获中国驰名商标。金龙汽车入选"2006 年中国机械 500 强"、"2006 年厦门企业 100 强"。金龙品牌以 62.13 亿元入选"2006 年中国 500 最具价值品牌"，排名第 88 位。金龙客车被推选为"2005 年度中国著名品牌 200 强"客车类第一名。

未来全球大中型客车制造中心向中国转移的趋势将进一步明确。与轿车产品能够实现标准化大批量生产不同，大中型客车产品的个性化需求特征非常明显，导致大中型客车制造是最为典型的劳动力密集型。例如，世界客车巨头 Scania 的人工成本占主营业务成本比例高达 16%，再加上中国是全球最大的大中型客车消费国，中国企业无论是规模、原材料成本和劳动力成本都具有显著优势，更难能可贵的是，近二十年，以金龙汽车为代表的大中型客车企业坚持自主开发和自主品牌，目前中国大中型客车企业无论是技术积累还是品牌知名度在世界市场的影响力都在上升，可以预计，未来三年，中国客车行业出口将保持 30% 以上的快速增长。

◆ 控盘情况 ◆

时间	2006 年 9 月 30 日	2006 年 6 月 30 日	2006 年 3 月 31 日	2005 年 12 月 31 日
股东人数（户）	10481	10363	12671	12974
人均持流通股（股）	9287.66	9393.42	5909.56	4439.65

根据 2006 年三季报披露，报告期末公司股东总数较上期变化不大，筹码相对集中；前十大流通股东中为基金，合计持有 4169 万股，占流通股比例为 42.83%，而前一报告期末为 40.71%；其中 QFII 富通银行持有 702 万股，两社保组合合计持有近 630 万股。

◆ 公司基本资料 ◆

（1）大股东实力。第一大股东福建汽车工业集团是福建省政府直属国有独资企业，拥有紧密层企业 6 家，半紧密层企业 61 家，松散层企业 45 家。1995 年 11 月，福汽集团与台湾裕隆集团中华汽车合资创建"东南（福建）汽车工业有限公司"，注册资金为 6030 万美元，总投资为 9982 万美元，闽台双方各占 50% 股份，这是迄今为止最大的两岸合资汽车企业，被视为两岸经贸合作的成功典范。

（2）定向增发。拟发行不超过 3000 万股，投资 29970 万元分别对金龙汽车车身公司、金龙联合以及金龙汽车空调公司增资：车身公司达产后将形成新增 50000 套汽车车身及其 SKD、CKD 的生产能力，轻型客车生产基地达产后将形成 30000 台轻型客车生产能力，客车空调生产项目达产后将形成年产 20000 台大中型客车空调生产能力。

（3）整合效应。逐步实现了对三龙（金龙联合、金龙旅行车、苏州金龙）的整合，三龙的结盟，成就客车霸业的梦想正逐步成为现实，金龙汽车有望一举登顶，坐上客车行业销量的头把交椅。2005 年厦门金龙联合公司销售 7667 辆，同比增长 26.2%；厦门金龙联合公司控股子公司苏州金龙公司销售首次突破 10000 辆，达 10180 辆，同比增长 11.8%；金龙旅行车公司销售 15176 辆，同比增长 10%。

（4）市场占有率高。子公司生产的大、中型客车已占据国内客车市场份额的三成左右，市场占有率稳居客车行业前列。2005 年，金龙汽车大中型客车销量超过 2.2 万辆，全国市场占有率达 26.9%，稳居全国大中型客车市场的龙头地位，其中大型客车市场占有率超过 30%；2005 年 1~9 月，金龙汽车大中型客车销量超过 2.95 万辆，全国市场占有率达 24.3%。

（5）项目进展。控股子公司厦门金龙联合汽车工业有限公司易地技改项目正式建成投产，并成功下线第一辆客车，大金龙易地技改项目是厦门汽车工业城的龙头项目，总占地面积 35 万平方米，总投资 7.9 亿元，规划建设年产客车 1.3 万辆、产值 60 亿元，建成投产后，将成为全球最大的大中型客车生产基地。

（6）进军 MPV。大金龙轻型客车扩能技改项目也已经开工，是易地技改项目的有机延伸，大金龙欲进入 MPV 领域，在轻型客车市场占据领先地位。轻型客车项目主要生产 MPV，总占地面积 14.74 万平方米，总投资 5.2 亿元，建成后，将形成 6 万辆轻型客车整车的生产基地，年产值将达到 70 亿元。

（7）开拓海外市场。2006 年上半年公司共销售客车 18270 辆，其中，出口业务增长迅速，共出口各型客车 981 台，比上一年同期增长 183.5%，出口客车占客车总销量的比例由上一年同期的 2.4% 上升至 5.4%；2006 年 1~9 月，共出口各型客车 1760 台，比上一年同期增长 100.9%；出口交货值达 7927 万美元，同比增长 123.9%。

（8）多项大奖。2006 年第一季度，公司各控股整车生产企业参加第六届世界客车博览亚洲展览会，获得 2006 年度世界客车联盟（简称 BAAV）多项大奖。其中厦门金龙联合公司获得年度客车大奖和最佳城市巴士奖；厦门金龙旅行车有限公司获得最佳客车造型奖和最佳环保巴士奖；苏州金龙有限公司获得最佳安全装备奖。

（9）节能环保公交车。子公司厦门金龙旅行车公司研制的首辆混合动力公交车日前在沪投入运营，该车具有明显的节能、环保等特征，并具有完全自主的知识产权，一举夺得"2006 年度世界客车联盟最佳环保巴士奖"，拟在 2006 年内投入批量生产。

（10）整车出口基地。2006 年 8 月，公司三家控股子公司厦门金龙联合汽车工业有限公司、厦门金龙旅行车有限公司、金龙联合汽车工业苏州有限公司均由商务部、国家发展和改革委员会共同认定为国家汽车整车出口基地企业，并分别获得授牌；2006 年 9 月控股的厦门金龙联合汽车工业有限公司生产的金龙客车被授予"出口免验"资格证书，是我国汽车行业第一家系列车型获得免验的企业，并成为全国通过免验车型最多的客车企业。

（11）股改题材。福汽集团和厦门国投分别承诺所持有的股份自获得上市流通权之日（2006年3月30日）起，在12个月内不上市交易或者转让；自上述承诺期满后，持有的股份12个月内不上市交易，24个月内出售比例不超过10%。2006年度分配比例不低于40%；如2006年净利润受未可预见因素影响出现波动，实际增长率低于15%，则分配比例不低于60%。

金龙汽车业绩预测见图6-24。

【基本资料】

600686	金龙汽车	所属行业：汽车制造商		2005年年报	2006年12月2日	
A股价格（元）	14.000	总股本（万股）	19697.287	流通A股（万股）	9734.400	
总市值（亿元）	27.576	A股流通市值（亿元）	13.628	每股收益（元）	0.523	
每股净资产（元）	2.692	市净率（倍）	5.201	销售毛利率（%）	12.581	
净资产收益率（%）	19.447	EV/EBITDA	9.209	A股市盈率（倍）	26.747	

【业绩预期】

时间	2005A	2006E	2007E	2008E
报告EPS	0.523	0.741	0.905	1.094
摊薄EPS	0.523	0.751	0.940	1.120
净利同比（%）	0.360	43.528	25.182	19.075
收入同比（%）	1.827	17.755	14.540	16.553
市盈率（倍）	26.747	18.635	14.886	12.502
PEG	0.786	0.547	0.437	0.367
EPS最高值	0.523	0.782	1.041	1.239
EPS最低值	0.523	0.701	0.731	0.762

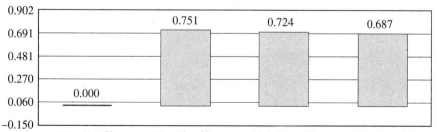

【摊薄EPS预期变动图】选择预测年度2006

注：摊薄EPS、EPS最高值（最低值）均为最新股本摊薄值，即"未来预期净利/当前最新股本"；PEG按2年复合增长率计算；统计周期为近3个月。

【市场评价】

市场评价分布

	报告数	买入	收集	中性	派发	卖出
近 15 日	0	0	0	0	0	0
近 30 日	0	0	0	0	0	0
近 60 日	5	2	3	0	0	0
近 90 日	7	3	4	0	0	0
近 120 日	7	3	4	0	0	0

综合评价波动分布

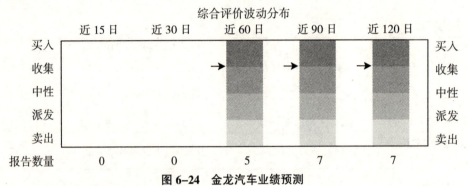

图 6-24 金龙汽车业绩预测

资料来源：上海财汇咨询、上海万国测评。

第二十六节 天威保变 新能源龙头

保定天威保变电气股份有限公司自成立以来，始终以"立足产业报国，铸就世界品牌"为己任，以建设世界著名变压器公司为目标，励精图治，开拓进取，在激烈的市场竞争中取得了骄人的业绩。公司面向国内外市场提供 750 千伏、500 千伏、330 千伏、220 千伏、110 千伏级及以下各类变压器、互感器、电抗器。产品被列入国家 600 兆瓦及以下火电机组、水电机组和 500 千伏及以下变电站（所）主要设备推荐厂家名录。已通过机械工业质量认证中心 GB/T19001-2000-ISO 9001:2000 质量体系认证以及南非国家标准局（NETFA）生产能力认证，公司拥有进出口贸易经营权，大型火电机组变压器、核电机组变压器和输变电变压器已出口美国、巴基斯坦、伊朗、马来西亚和中国香港等 30 多个国家和地区。生产的 500 千伏变压器独家保持事故率为零的纪录，并且拥有国内为核电站提供产品和服务的独家供应商资格。所有这些，得益于公司积极培育并已经形成的能够促进公司持续、快速发展的先进的企业文化；得益于公司拥有一支优秀的经营、技术、管理团队以及这一团队所提供的优秀管理、优良产品、优质服务。

目前市场已经不再将天威保变（600550）视为单纯的电力设备上市公司了，而是更多地将其看做 A 股的新能源龙头。多年前的一笔投资，促成了这家传统的变压器生产商向排名世界前 15 位的光伏电池巨头的转变。2002 年，天威保变出资 4475 万元以增资扩股的方式投入保定天威英利新能源有限公司。

2005 年 9 月，天威保变投资 1.1 亿元对新光硅业进行增资扩股，天威保变持有其 35.66%的股份，为第二大股东。新光硅业是我国第一个千吨级多晶硅项目，一期将实现年产 1260 吨多晶硅原料。二期年产 3000 吨生产线，计划到 2008 年投产，届时产量将达 4260 吨，跃居世界第四位。

目前，新光硅业设备安装正在进行当中，预计在 2007 年 2 月项目将按时投料试车，之后 3 个月将完成整个生产线的试运行。当然，新光硅业的发展也并非一帆风顺，能否保质保量按计划生产将是决定其投资价值的关键。毕竟，新光硅业是首次大规模投产，技术上的确存在一定的不确定性。而技术成熟的国外企业如 Hemlock、Tokuyama 等也在加紧扩充产能，预计这几家公司 2008 年产能增长将达 50%以上，硅原料的供需形势届时将有所变化，这势必将影响到新光硅业的盈利能力。

短短 5 年间，国内变压器三大生产企业之一的天威保变便完成了从一家传统变压器生产企业向一家复合型的投资控股公司的嬗变，目前来看其多元化扩张之路似乎是成功的，也正逐步实现着输变电设备和新能源"双主业、双支撑"的发展战略。

◆控盘情况◆

时间	2006 年 9 月 30 日	2006 年 6 月 30 日	2006 年 3 月 31 日	2005 年 12 月 31 日
股东人数（户）	25265	26441	24758	28717
人均持流通股（股）	5738.62	4765.33	5089.26	4387.64

2006 年三季报显示，股东人数较上期略有减少，筹码有集中迹象；前十大流通股东均为机构，合计持有 3666.5 万股（上期为 2398.9 万股，本期含限售股

解禁部分），其中有 6 家 QFII，合计持有 1219.2 万股（上期 5 家持有 1196.61 万股，本期新进的瑞士银行持有 132.56 万股）。

◆**公司基本资料**◆

（1）太阳能题材。公司持股 37.87% 的天威英利主要生产硅太阳能电池，天威英利 2005 年实现收入 5.36 亿元、净利润 8481 万元，分别同比增长 325%、897%；2006 年 1~9 月实现收入 13.71 亿元、净利润 1.72 亿元。天威英利二期项目已建设完毕，目前硅片年产能 70 兆瓦、电池 60 兆瓦、组件 100 兆瓦。公司太阳能电池组件主营收入 2005 年度、2006 年 1~9 月分别为 3.698 亿元、9.07 亿元，分别同比增长 231%、260%，2006 年 9 月末毛利率为 23.66%。另公司参股 35.66% 的四川新光硅业主要开发并生产电路级和太阳能级多晶硅，其在建项目投产后可年产多晶硅 1260 吨（2007 年 2 月投产、2007 年达到设计产能的 90%、2008 年完全达产）。

（2）太阳能产业龙头。公司是国内唯一具备完整产业链结构的光伏企业，2006 年公司光伏产业产值将突破 10 亿元。2006 年 4 月底公司启动天威英利三期工程建设，总投资 30 亿元，预计 2008 年竣工，投产后天威英利的硅片、电池片和组件年产将达到 500 兆瓦，预计年销售收入 160 亿元、利润 35 亿元；2006 年该项目将完成 70% 土建工程和 30% 设备安装工作，并形成 100 兆瓦太阳能电池的生产能力（每兆瓦需要 17 吨多晶硅）。在原材料方面，公司持有国内最大的太阳能级多晶硅原材料基地新光硅业 35.66% 的股权（新光硅业预计 2007 年 2 月生产试车，其二期 3000 吨多晶硅项目正在进行前期论证，2008 年年产量将达 4260 吨，将位居世界第四）。

（3）子公司境外上市。天威英利拟采用"整体境外上市、择机分步实施"方案，募资用于天威英利三期建设；先由英利集团向天威英利单方增资，英利集团和天威保变分别持有天威英利 51%、49% 的股权，双方再按该比例将天威英利注册资本增至 1 亿元，之后天威英利借英利开曼公司实现整体境外上市（主要操作程序详见 2006 年 8 月 9 日公告）。截至 2006 年 11 月 15 日，天威英利注册资本为 71578 万元（天威保变和开曼公司持股比例分别为 37.87%、62.13%）。

（4）大单概念。2006 年 3 月天威英利与德国光伏系统集成商 Phonix Sonnen Strom AG 和德国厂商 Reinecke + Pohl Sun Energy AG 共签订 305 兆瓦的太阳能电池组件订单，供货期从 2006 年至 2010 年。如果供货价格不变，天威英利 305 兆瓦电池组件长单的合同金额在 95 亿元上下；如果天威英利能够将硅材料的成本控制在 150 美元/公斤之内，预计以上两订单将产生净利润 20 亿~25 亿元。

（5）定向增发。2006 年 6 月公司以 17.6 元/股的价格向 10 家机构增发 3500 万股 A 股（其中控股股东认购 980 万股，锁定期 3 年；其余 9 家机构锁定期 1 年，有 3 家 QFII 共认购 850 万股）；募集资金 6.16 亿元，其中 1.1 亿元增资新光硅业（公司占 35.66%的股权，为第二大股东），用于新光硅业年产 1000 吨多晶硅高技术产业化示范工程项目；2.5 亿元用于风力发电整机项目。

（6）风能题材。公司 2006 年定向增发募资 6.16 亿元中将有 2.5 亿元投资风力发电整机项目，2006 年 3 月组建了天威风电（注册资本 1 亿元），天威风电将从英国 GH 公司引进 1.5 兆瓦风机设计技术，期限自 2006 年 6 月 28 日起至 2009 年 6 月 28 日结束，GH 公司将为天威风电提供包括概念设计、初步设计及软件和培训等在内的各种服务，在设计完成之后，天威风电将是该 1.5 兆瓦风机设计技术知识产权的所有者。

（7）国内大型变压器行业龙头。公司是国内最大的电力设备变压器生产基地之一，大型发电机组主变压器约占国内产量的 45%左右；公司还是国内唯一独立掌握全部变压器制造核心技术的企业，打破了换流变压器制造技术一直被瑞典、德国、日本等国外电气公司垄断的局面，已成功进入直流输电市场。2005 年公司共生产变压器 230 台；截至 2006 年 4 月公司变压器订单接近 50 亿元，2006 年 10 月又接变压器订单约 2.39 亿元；2007 年公司变压器主业的产能将达到 8000 万千伏安。

（8）特高压竞争力。公司是国内唯一能生产高电压大容量壳式变压器的厂家，也是唯一向核电站提供变压器的合格供应商，参与了 1000 千伏试验变压器设备的生产，曾中标生产过 4 台 750 千伏青海官厅变电站变压器、拉西瓦 15 台 800 千伏高压变压器，承制的国内首台 4 万千伏安/1000 千伏变压器已投产。据悉，到 2020 年我国将对特高压电网投入约 4060 亿元，其中设备约 2500 亿元。2006 年公司凭借雄厚的实力入选中国电气工业 100 强。

（9）税收优惠。公司享受国家高新技术企业所得税优惠政策，自 2005 年起所得税税率由 33%调整为 15%。2006 年 2 月公司被中国企业信息化 500 强大会评选为 "2005 年度中国企业信息化 500 强"。

（10）股改题材。天威集团承诺其所持限售流通股自 2005 年 8 月 19 日起 24

个月内不上市交易或转让；3 年内最低持股比例不低于 51%；限售期内减持价格不低于 7.13 元/股；在适当时机通过增持公司股份的方式维护股价（详见 2005 年 7 月 12 日公告），所增持股份锁定 6 个月。

天威业绩预测见图 6-25。

【基本资料】

600550	G 天威	所属行业：电气部件与设备		2005 年年报	2006 年 9 月 10 日	
A 股价格（元）	20.040	总股本（万股）	36500.000	流通 A 股（万股）		14498.625
总市值（亿元）	73.146	A 股流通市值（亿元）	29.055	每股收益（元）		0.278
每股净资产（元）	2.767	市净率（倍）	7.243	销售毛利率（%）		19.776
净资产收益率（%）	10.042	EV/EBITDA	34.458	A 股市盈率（倍）		72.128

【业绩预期】

时间	2005A	2006E	2007E	2008E
报告 EPS	0.278	0.585	1.098	2.033
摊薄 EPS	0.278	0.585	1.097	2.033
净利同比（%）	0.985	110.703	87.409	85.303
收入同比（%）	0.732	53.649	40.818	40.186
市盈率（倍）	72.128	34.232	18.266	9.857
PEG	0.731	0.347	0.185	0.100
EPS 最高值	0.278	0.672	1.181	2.686
EPS 最低值	0.278	0.522	0.955	1.722

【摊薄 EPS 预期变动图】选择预测年度 2006

注：摊薄 EPS、EPS 最高值（最低值）均为最新股本摊薄值，即"未来预期净利/当前最新股本"；PEG 按 2 年复合增长率计算；统计周期为近 3 个月。

【市场评价】

市场评价分布

	报告数	买入	收集	中性	派发	卖出
近 15 日	1	1	0	0	0	0
近 30 日	2	1	1	0	0	0
近 60 日	4	3	1	0	0	0
近 90 日	4	3	1	0	0	0
近 120 日	5	3	2	0	0	0

综合评价波动分布

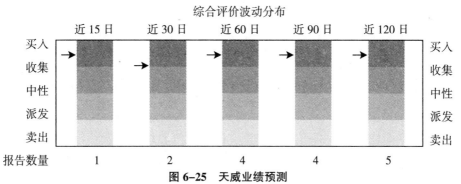

图 6-25　天威业绩预测

资料来源：上海财汇咨询、上海万国测评。

第二十七节　上海汽车　航空母舰

上海汽车（600104）：是由上海汽车工业（集团）总公司独家发起，以原上海汽车齿轮总厂的资产为主体，采用社会募集方式设立的股份有限公司，于1997 年 11 月上市。公司业务范围包括汽车、摩托车、拖拉机等各种机动车整车、总成及零部件、物业管理、咨询服务、国内贸易等。公司上市以来，实现了持续、稳健的发展，经营规模逐步扩大，经营业绩不断提升。截至 2006 年 6 月30 日，公司股本总额为 32.76 亿股，总资产达 149.22 亿元，净资产 114.23 亿元；旗下拥有上海通用汽车、制动系统、上汽股份仪征分公司、汽车齿轮总厂等二十余家参、控股企业。与此同时，公司经济效益稳步增长，2006 年上半年完成主营业务收入 44.659 亿元，同比增长 54.42%；净利润 5.4087 亿元，同比增长14.01%，每股收益 0.165 元，第三季度实现每股收益 0.25 元，公司以绩优、规范的良好形象，成为沪深两市最重要的制造业蓝筹公司之一。

1. 整体上市催生汽车蓝筹航空母舰

2005 年 10 月，上海汽车顺利通过了股权分置改革，为公司进一步发展奠定了坚实基础。2006 年，通过向公司控股股东——上海汽车集团股份有限公司（"上汽股份"）发行股份购买资产，公司又将迎来全新的发展机遇。

公司董事会通过了定向增发并整体上市的方案，其定向增发并整体上市一事及方案已获证监会核准，这是国内首家整体上市的汽车企业。同时，这也是继上海电气和上港集团之后，上海国有企业整体上市的第三例。公司将以每股 5.82 元的发行价格向上汽集团定向增发 32.75 亿股，拟注入价值 214.03 亿元的核心资产，包括上汽集团所拥有的所有整车企业股权，如上海通用 30% 的股权、上海大众 50% 的股权、上汽汽车 60% 的股权、上汽通用五菱 50.098% 的股权、韩国双龙汽车 48.91% 的股权等 11 家整车企业股权，同时剥离价值为 23.42 亿元资产的 15 家非关键零部件企业资产给上汽股份。根据上汽股份核心资产注入后的合并报表，公司于 2006 年 6 月末的净资产为 302.81 亿元，增加约 1.65 倍；净利润为 13.90 亿元，增加约 1.57 倍；每股收益为 0.212 元，增加约 28%；每股净资产为 4.62 元，增加约 30%。由于公司注入资产质量相当不错，将大大提高公司的盈利能力。本次项目完成上汽的总市值将一举跻身两市总市值前 10 名，成为汽车类板块第一股，并将成为国内最大的整车蓝筹上市公司。

2. 整体上市后，公司价值需要重估

（1）轿车行业的复苏需要对龙头公司价值进行重估。2006 年以来轿车行业销量增速同比大幅提高，而价格下降虽然仍是常态，但降幅逐渐减少；从单个主流厂商产能利用率看基本在 70% 以上，主流产能利用率大幅提高，轿车行业利润同比大幅增长，轿车行业最坏时期已过，行业出现复苏迹象。公司整体上市后变成整车上市公司，我们看好上海通用、上海大众、上汽汽车未来盈利能力，公司仍是轿车行业内龙头公司，行业复苏引致龙头公司价值重估。

（2）市场对大盘蓝筹股的追捧，轿车股中首选应该是上海汽车，前期市场对各行业大盘蓝筹股进行了价值重估，而轿车公司中，上海汽车整体上市后，总股本达到 65.51 亿股，按目前股价计算，总市值达到 403 亿元，是轿车公司的大盘蓝筹股，基于此，也应对公司在估值上进行溢价。

◆**控盘情况**◆

时间	2006 年 9 月 30 日	2006 年 6 月 30 日	2006 年 3 月 31 日	2005 年 12 月 31 日
股东人数（户）	79431	64020	79276	81093
人均持流通股（股）	16579.82	20570.94	16612.24	16240.02

2006 年三季报显示，前十大流通股东合计持仓 48501 万股，占总流通盘的 36.83%，其中，上汽集团股份公司股份增持专用账户持有 25747 万股未变，仍为公司第一大流通股东，QFII-花旗银行持仓 1405 万股，社保基金 102、103、108 组合分别持仓 4319 万股、3100 万股、2681 万股；股东人数较上期有所增加，筹码有一定的集中度。2006 年二季度基金投资组合显示，11 家基金合计持有 11777.48 万股流通股，占流通 A 股的 11.12%。

◆**公司基本资料**◆

（1）集团整体上市成整车龙头。公司向上汽集团发行 32.75 亿股新股，并购其拥有的整车企业股权等。完成收购后，公司于 2006 年 6 月末的净资产为 302.81 亿元，净利润为 13.90 亿元，增加约 1.57 倍；公司经营规模和经营业绩均将得到明显提升，置入资产包括上海通用 30% 的股权、上海大众 50% 的股权、上汽汽车 60% 的股权、双龙汽车 48.917% 的股权、上汽财务公司 55.776% 的股权等。

（2）参股上海通用。持有上海通用汽车有限公司 20% 股权，该部分投资收益是公司利润的重要来源。中国乘用车联席会最新统计数据显示，2005 年上海通用以 32.54 万辆的总销量力拔头筹，成为国内汽车市场的领军人物，其差异化、多车型的战略为赢得市场份额奠定了良好基础（2005 年年末，公司对上海通用汽车的应收股利达 82149.50 万元）。

（3）介入整车制造领域。上汽于 2004 年耗资 6700 万英镑收购了罗孚 25 和 75 型轿车的生产权以及发动机的核心技术；出资 5.12 亿元与上汽股份共同设立上汽汽车制造公司，借罗孚的技术平台，打造具有国际竞争力的自主品牌。首款中高档自主品牌产品荣威（Roewe）750 于 2006 年 10 月 24 日正式发布，并于 2006 年年底上市。上汽汽车将在上海宝山和临港新城建立动力总成生产基地，整车生产规模初期为 2009 年达到 12 万辆/年，发动机生产规模为 2010 年达到 17 万台/年。

（4）上汽汽车 2007 年出口欧洲。公司持股 40%股权的上汽汽车制造公司计划 2007 年年底生产的自主品牌轿车开始向欧洲市场批量出口；2010 年，自主品牌轿车将产销 20 万辆，海外目标销售达到 5 万辆。2006 年 2 月，上汽汽车与全国 45 个主要城市的 55 家经销商签订经销协议，2007 年将形成一个容纳 100 家高品质经销商队伍的经销网络，到 2010 年将拥有 300 家经销商合作伙伴。

（5）金融证券概念。出资 3.96 亿元（占 10.41%）参股南方证券，另投资 5.2 亿元（占 40%）参股上汽集团财务公司。

（6）股权分置改革题材。截至 2005 年 10 月 27 日，公司控股股东上海汽车集团股份有限公司根据股改承诺增持公司股票数额为 25747.2 万股（占总股本的 7.859%），所用资金总额为 10 亿元，至此，上汽股份已履行了增持公司股票的承诺并在 2006 年 4 月 27 日之前将不出售所增持股份；在实施股改之后，上汽股份承诺将在股东大会上提议并投赞成票，上海汽车今后三年的现金分红比例将不低于当年实现的可分配利润（非累计可分配利润）的 50%。

（7）受益消费税改革。能够从此次消费税调整中受益的为小排量汽车，特别是排量 1.0L（含）到 1.5L（含）的乘用车。公司参股的上海通用正在大力发展小排量车型，公司将间接受益。

（8）自主品牌轿车。公司自主品牌汽车定名为"荣威"（Roewe），于 2006 年 10 月 24 日正式亮相。按照公司公布的自主品牌发展目标，从 2007 年到 2010 年，上汽还将推出 RV 休闲多功能车、中级车、紧凑型车等 5 个平台上的 30 款新车型。上汽在自主品牌项目初期投资 36.8 亿元，实现年产整车 12 万辆、发动机 17 万台的生产规模；中期规划追加投资 100 多亿元人民币，实现年产整车 30 万辆、发动机 40 万台的生产规模，最终形成从中高档到紧凑型，涵盖轿车及 RV 车型，价格区间从 6.5 万元到 30 万元的全系列产品线。

上海汽车业绩预测见图 6-26。

【基本资料】

600104	上海汽车	所属行业：汽车制造商		2005 年年报		2006-11-19
A 股价格（元）	5.880	总股本（万股）	327599.909	流通 A 股（万股）		131695.163
总市值（亿元）	192.629	A 股流通市值（亿元）	77.437	每股收益（元）		0.337
每股净资产（元）	3.558	市净率（倍）	1.653	销售毛利率（%）		18.168
净资产收益率（%）	9.477	EV/EBITDA	11.358	A 股市盈率（倍）		17.438

【业绩预期】

时间	2005A	2006E	2007E	2008E
报告 EPS	0.337	0.402	0.486	0.543
摊薄 EPS	0.337	0.638	0.796	0.936
净利同比（%）	−0.442	89.284	24.707	17.643
收入同比（%）	−0.147	515.382	−17.332	−47.974
市盈率（倍）	17.438	9.213	7.388	6.280
PEG	0.325	0.172	0.138	0.117
EPS 最高值	0.337	0.940	1.080	1.023
EPS 最低值	0.337	0.336	0.550	0.850

【摊薄 EPS 预期变动图】选择预测年度 2006

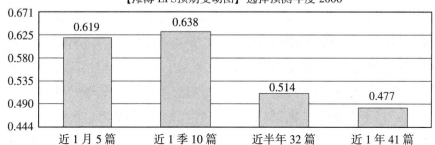

注：摊薄 EPS、EPS 最高值（最低值）均为最新股本摊薄值，即"未来预期净利/当前最新股本"；PEG 按 2 年复合增长率计算；统计周期为近 3 个月。

【市场评价】

市场评价分布

	报告数	买入	收集	中性	派发	卖出
近 15 日	0	0	0	0	0	0
近 30 日	5	1	4	0	0	0
近 60 日	6	1	5	0	0	0
近 90 日	13	4	8	1	0	0
近 120 日	22	7	13	2	0	0

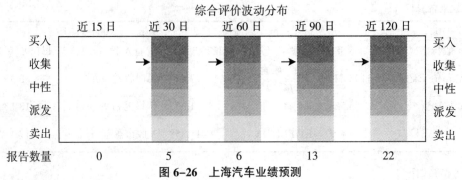

图 6-26　上海汽车业绩预测

资料来源：上海财汇咨询、上海万国测评。

第二十八节　保利地产　地产贵族

保利地产有限公司是经原国家经济贸易委员会 2002 年 8 月 20 日"国经贸企改〔2002〕616 号"文批准，保利南方集团有限公司作为主发起人，联合广东华美教育投资集团有限公司和张克强等 16 位自然人共同发起设立保利房地产股份有限公司。其中，保利南方集团有限公司以广州保利房地产开发公司经评估的截至 2002 年 3 月 31 日的净资产作为出资，广东华美教育投资集团有限公司及张克强等 16 位自然人以货币资金出资。2006 年 3 月 23 日，公司名称由保利房地产股份有限公司更名为保利房地产（集团）股份有限公司。公司的发起人为保利南方集团、广东华美及单亦和、贺平、王小朝、王旭、韩清涛、张克强、李彬海、宋广菊、张玲、陈凯、罗卫民、杨小虎、官集保、刘平、张万顺、谭艳 16 名自然人。经财政部 2002 年 7 月 2 日"财企〔2002〕256 号文"批复，保利南方集团以其所属的广州保利房地产开发公司经评估的经营性净资产 225172142 元出资，按 1.5:1 的折股比例折为 150114761 股，股权性质为国有法人股；广东华美以现金 45577858 元出资，按 1.5:1 的折股比例，折为 30385239 股，股权性质为法人股；张克强等 16 位自然人以现金 29250000 元出资，按 1.5:1 的折股比例，折为 19500000 股，股权性质为自然人股。股份公司设立时总股本 20000 万元。2005 年该公司利润分配及资本公积金转增股本后总股本为 40000 万元。

从美国、日本、中国台湾和中国香港的最近几十年的股票市场发展历程看，金融地产股都是最重要的板块。在过去的 30 年中，美国、日本、中国台湾和中国香港四个股票市场中，表现最好的是地产类公司的股票。中国的经济高速增长、人口的城市化、住房制度改革和住房保障制度的缺乏以及汇率的改革等因素交织在一起，房地产行业成为中国社会财富的再分配场所。毫无疑问，地产类公司是未来 10 年或更长的时间里最赚钱的行业。万科已经崭露头角，该公司的股票在 2001~2005 年熊市期间上涨了数倍，类似的故事还有招商地产、华侨城、金融街等。相信，未来的 5~10 年中，中国的上市公司中还会有比万科等更优秀的房地产类公司出现，相信保利地产就是其中之一。

公司的实质控制人是中国保利（集团），公司是其房地产开发的旗舰，保利南方集团核心房地产业务及经营性资产已整合进来，未来仍有中国保利集团剩余地产资产可能整合进来。公司从地方性公司发展为全国性开发商，在中国房地产百强企业中综合实力居前五强。储备了大量廉价土地，全部在建和拟建项目总建筑面积超过 1000 万平方米，足以开发 5 年。拥有很强的成本竞争优势，每股土地储备指标超过上市公司前十强水平，具有非常优越的竞争优势。储备区域分布广阔，布局于 ZF 市政建设投入集中的城市未来核心区域，已陆续进入高速回报期。产品为商用和住宅建筑，实施精品策略。未来依靠保利集团的品牌、背景、实力和人脉关系等优势，以及在外地合作开发的拿地策略，公司拿地能力相当强，足以满足对土地的长期需求。

在资本竞争的全国性房地产开发时代，资金实力雄厚、土地储备丰厚、有品牌优势、产品高盈利能力、拥有中央企业背景、规范成熟的全国综合性的房地产公司——保利地产具有相当的竞争优势，将成为行业领跑者，从国际经验看，中国的地产股仍将引领未来中国 A 股市场，相信保利地产就是其中之一。

◆**公司基本资料**◆

（1）集团房地产旗舰企业。保利地产从一家广州的区域性房地产开发企业迅速成长为一家全国性大型房地产集团公司，在全国范围内树立起了"保利"的品牌声誉，曾经开发了广州保利红棉花园、保利白云山庄、广州保利花园等众多知名精品楼盘。目前公司在广州、北京、上海、武汉、重庆等地拥有土地储备规划建筑面积 929 万平方米，控股子公司 24 家，2005 年被评为全国房地产领先企业综合实力第六位。截至 2006 年第三季度，公司共有在建拟建项目 37 个，总占地面积 768 万平方米，规划总面积 1320 万平方米。

（2）公司整体经营目标。坚持做大做强房地产主业，适度发展物业管理、建筑、设计、销售代理、酒店管理等相关行业，以广州、北京、上海为未来发展的重点核心城市，以开发面向中等收入阶层的商品住宅为主，同时适量开发高档住宅、低密度生态住宅、写字楼等其他物业。争取在 2010 年以前发展成为总资产达 150 亿元，净资产达 45 亿元以上的国内领先的大型房地产企业集团，品牌资产争取突破 30 亿元。

（3）具有较强的政府背景。公司实际控制人中国保利集团是国资委直属大型国有独资企业，是一家从事贸易、地产、文化艺术、酒店管理等业务的多元化经营控股集团公司，截至 2005 年 12 月 31 日，保利集团总资产 227.87 亿元，净资产 57.72 亿元。上市公司作为保利集团地产业务的主要载体，未来将获得保利集团的支持，使公司在优质土地储备的竞争中具有较强优势。

（4）土地储备丰富，布局合理。公司在全国 10 个城市进行了土地储备，共储备土地 929 万平方米，其中包头、广州和北京土地储备相对较多，拟建在建项目总建筑面积达到 1000 万平方米以上，且绝大部分位于广州、北京、上海等中心城市，土地储备含金量高。2006 年 8 月，武汉保利以 10.3 亿元竞得位于武汉东湖开发区南湖农业园一地块，该地块面积 42.4 万平方米。2006 年 10 月，公司以 9 亿元中标广州经济技术开发区两个地块，土地面积为 22.41 万平方米。

（5）主营业务突出。公司 97% 以上的营业收入和 98% 以上的利润均来自于房地产销售主业。近三年，公司商品房开工面积累计为 228 万平方米，竣工面积为 114 万平方米，累计销售面积 147 万平方米（含预售）。2003 年、2004 年和 2005 年，公司房地产销售收入分别为 6.06 亿元、15.36 亿元和 23.15 亿元，分别占到公司主营收入的 95.5%、98.5% 和 98.3%，年复合增长率为 95.5%。

（6）开发规模持续增长。截至 2006 年 6 月 30 日，公司共有在建拟建项目 36 个，总占地面积 705 万平方米，规划总面积为 1235 万平方米。2006 年上半年公司新增项目 4 个，总占地面积合计约 109 万平方米，规划面积约 255 万平方米。另外有一个项目正在办理相关手续。2006 年第三季度公司新开工面积 48 万平方米，同比增长 140%；2006 年 1~9 月在建面积 368 万平方米，同比增长 92%。

（7）高预收账款。截至 2006 年 9 月 30 日，公司合并报表预收账款达 39.02 亿元（截至 2005 年 12 月 31 日，公司预收账款合计为 20.02 亿元）。

（8）良好的企业形象。2006 年公司综合实力获得由国务院发展研究中心、清华大学房地产研究所、中国指数研究院联合评选的 2006 中国房地产百强企业——综合实力"TOP 10"五强席位。"保利地产"品牌以 12.3 亿元的品牌价值在国务院发展研究中心"TOP 10"评比中名列前五强。2006 年公司被广东省房地产诚信大会等评为"2006 年度广东省最具诚信地产企业"。

（9）已进入城市房地产稳定发展。公司早期主要在广州地区从事房地产开发和销售，现已逐步进入北京、上海、武汉、重庆、沈阳、长沙、佛山、包头等城市。这些城市经济较为发达，城市辐射力强，人口基数大，房地产市场容量、市场需求和发展空间较大。2006 年中期广州地区的主营业务收入实现 6.82 亿元，占公司主营业务收入的比例由上一年的 66.5% 下降到 47.9%，说明广州以外的区域已经逐渐成熟，对公司主营业务收入的贡献在逐步加大。

（10）高管持股。公司本次 IPO 发行前股东包含 16 位自然人，多数为公司高管，共持有 3900 万股，其中，董事张克强持有 1800 万股，董事长李彬海持有 236 万股。IPO 后，这些高管所持有股份在锁定期限届满后，即可上市流通和转让。公司高管持有股份，有着类似股权激励的效果。

（11）股份自愿锁定承诺。公司控股股东保利南方集团及实质控制人中国保利集团承诺，自股票上市之日起 36 个月内不转让或委托他人管理其已直接和间接持有的公司股份，也不由公司收购该部分股份。公司其他股东均承诺其所持有的公司股份中，因 2005 年度中期利润分配及资本公积金转增股本增加的股份（合计 4988.52 万股），自股票上市之日起 30 个月内不转让；其他股份（合计 4988.52 万股）自股票上市之日起一年内不转让。

保利地产业绩预测见图 6-27。

【基本资料】

600048	保利地产	所属行业：住宅房地产投资信托		2005 年年报	2006 年 9 月 14 日
A 股价格（元）	28.010	总股本（万股）	55000.000	流通 A 股（万股）	12000.000
总市值（亿元）	154.055	A 股流通市值（亿元）	33.612	每股收益（元）	—
每股净资产（元）	—	市净率（倍）	—	销售毛利率（%）	—
净资产收益率（%）	—	EV/EBITDA	—	A 股市盈率（倍）	—

【业绩预期】

时间	2005A	2006E	2007E	2008E
报告 EPS	—	1.065	1.515	1.850
摊薄 EPS	—	1.066	1.515	1.851
净利同比（%）	—	—	42.161	22.145
收入同比（%）	—	—	44.268	31.810
市盈率（倍）	—	26.275	18.483	15.132
PEG	—	—	—	—
EPS 最高值	—	1.533	2.453	2.084
EPS 最低值	—	0.764	1.019	1.568

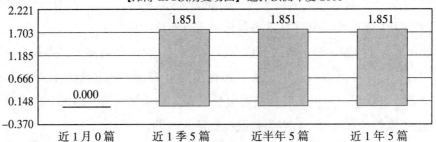

【摊薄 EPS 预期变动图】选择预测年度 2008

注：摊薄 EPS、EPS 最高值（最低值）均为最新股本摊薄值，即"未来预期净利/当前最新股本"；PEG 按 2 年复合增长率计算；统计周期为近 3 个月。

【市场评价】

市场评价分布

	报告数	买入	收集	中性	派发	卖出
近 15 日	1	0	0	0	0	0
近 30 日	1	0	0	0	0	0
近 60 日	13	0	1	0	0	0
近 90 日	20	0	1	0	0	0
近 120 日	20	0	1	0	0	0

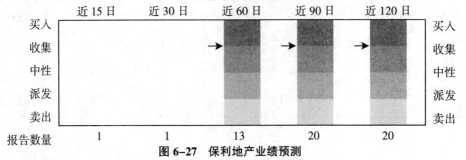

图 6-27 保利地产业绩预测

资料来源：上海财汇咨询、上海万国测评。

第二十九节　宝钢股份　世界 500 强

　　宝钢集团有限公司（以下简称宝钢）是以宝山钢铁（集团）公司为主体，联合重组上海冶金控股（集团）公司和上海梅山（集团）公司，于 1998 年 11 月 17 日成立的特大型钢铁联合企业。

　　宝钢是中国最具竞争力的钢铁企业，年产钢能力 2000 万吨左右，盈利水平居世界领先地位，产品畅销国内外市场。2004 年 12 月 6 日，标准普尔评级公司宣布将宝钢的信用评级从"BBB"调升至"BBB+"。公司信用评级的前期展望均为"稳定"。2005 年 7 月，宝钢被《财富》杂志评为 2004 年度世界 500 强企业第 309 位，成为中国竞争性行业和制造业中首批蝉联世界 500 强的企业。宝钢在《财富》2006 年全球企业 500 强排名中位列第 296 位，比上一年度提升了 13 位。

　　宝钢是我国钢铁行业当之无愧的龙头。完成增发实现整体上市后，形成了普碳钢、不锈钢和特钢三大系列产品。公司计划到 2009 年产能达到 3000 万吨，2012 年实现产能 5000 万吨，成为国际钢铁企业的老大。宝钢实施钢铁精品战略，将建成中国汽车用钢，油、气开采和输送用钢，不锈钢，家电用钢，交通运输器材用钢，电工器材用钢，锅炉和压力容器用钢，食品、饮料等包装用钢，金属制品用钢，特种材料用钢以及高等级建筑用钢等钢铁精品基地，建成中国钢铁工业新技术、新工艺、新材料的研发基地。

　　宝钢实施适度相关多元化战略，除钢铁主业外，还涉足贸易、金融、工程技术、信息、煤化工、钢材深加工、综合利用等多元产业。

　　宝钢实施国际化经营战略，已形成了近 20 个境外和国内贸易公司组成的全球营销网络，与国际钢铁巨头合资合作，广泛建立战略合作联盟，实现优势互补，共同发展。

　　宝钢坚持以人为本，秉承严格苛求的精神，走学习创新的道路，追求世界一流的目标。

　　宝钢股份（600019）于 2006 年 11 月 23 日公布了 2007 年第一季度价格政策。公司大部分产品保持了 2006 年第四季度的价格，包括热轧、普冷、轧硬卷、热镀锌等。钢坯部分产品上调 100~150 元/吨；低碳钢盘条上调 300 元/吨；酸洗热轧普遍上调 100 元/吨；电镀锌上调 200 元/吨；电工钢普遍上调 150 元/吨；ERW 焊管结构管上调 150 元/吨。

公司作为钢铁行业的龙头企业，公司的价格政策对于国内其他钢铁企业具有很强的参照性。公司 2007 年第一季度稳中有升的价格政策，有利于继续维持钢价的稳定。随着公司不锈钢项目、宽厚板项目的达产和汽车板项目的增产，不仅带来产量的提高，还进一步降低了产品成本。公司 2007 年第一季度业绩将好于 2006 年第二季度和第四季度，2007 年第一季度业绩同比将大幅增长，预计增幅达 150%~200%。

在上市公司中，寻找低市盈率和高派现的群体，绝对少不了钢铁板块，其股息收益率是所有行业中最高的。目前许多优质公司的股息收益率达到了 8%，而且收益稳定。随着价值投资者规模的扩大，钢铁股的内在价值将被越来越多的投资者所认同。

尤其重要的是，中国正在成为世界制造中心，劳动密集、装备制造等产业正在向中国转移。中国经济增长和国外钢材需求的增长，为中国钢铁工业提供了广阔的发展空间。中国钢铁业的国际比较优势，为其中的龙头优势企业创造了获取超额利润的良机。

◆控盘情况◆

时间	2006 年 9 月 30 日	2006 年 6 月 30 日	2006 年 3 月 31 日	2005 年 12 月 31 日
股东人数（户）	199684	194919	197447	195467
人均持流通股（股）	23687.13	24266.18	23955.49	24198.15

2006 年第三季度报告显示，前十大流通股东合计持仓 187993 万股，占总流通盘的 39.75%，其中，上海宝钢集团因二级市场增持而持有 93834 万股流通股为第一大流通股东，前十大流通股东中有 5 家为 QFII，合计持仓 50224 万股，较上期有所减持，中国平安、人寿保险两个账户分别持仓 21466 万股、7915 万股，中国人寿股份公司、中国人寿集团分别持有 8160 万股、6391 万股；股东人数较上期略有增加，筹码比较集中。2006 年第二季度基金投资组合显示，16 家基金合计持有 22309.62 万股流通股，占流通 A 股的 5.76%。

◆公司基本资料◆

（1）指标股。上证红利指数样本股之一，调控股指以及将来股指期货设立后都会大有作为。

（2）整体上市概念。公司增发 50 亿股，募集资金 256 亿元将用于收购宝钢集团 280.24 亿元钢铁生产、供应链及相关产业优质资产，用以实现宝钢集团钢铁主业一体化与整体上市。增发收购完成后，公司具备了 2000 万吨级的粗钢生产能力，形成了普碳钢、不锈钢、特钢三大钢铁产品制造体系。

（3）外资合作概念。出资 15 亿元（占 50%）与日本新日本制铁株式会社、卢森堡大公国阿赛洛公司成立合资公司——宝钢新日铁汽车板有限公司，合资将进一步加强公司在汽车用钢板制造和用户服务方面的技术能力，使公司的汽车用钢板达到更高水平。

（4）2006 年全球企业 500 强。上海宝钢集团在《财富》2006 年全球企业 500 强排名中位列第 296 位，比上一年度提升了 13 位，全球钢铁行业企业排名居第 6 位，是国内钢铁企业的旗舰；2005 年，公司宽厚板轧机及连铸工程、1800 冷轧带钢工程、不锈钢扩建工程、合金钢棒材生产线改造工程，以及宝钢阿赛洛激光拼焊公司一期工程等一批重点项目相继建成投产，公司的装备水平得到大幅提升，竞争力大大增强。公司规划到 2012 年将形成 5000 万吨生产能力，其中到 2009 年达到 3000 万吨。

（5）国内最大的汽车用钢供应商。公司 2005 年冷轧汽车板销售 172.6 万吨，国内市场份额由 2004 年的 47.3%提升到 51.6%，特殊钢出口实现跨越式发展，汽车板稳定供应天津丰田、广州日产、上海大众、上海通用、一汽大众等汽车厂，并出口到美国 GM 和欧洲福特等国外知名厂商。2006 年汽车板年产将达到 260 万吨，并将产品、服务向下游延伸。2010 年预计年产量突破 500 万吨。

（6）5 米级宽厚板轧机项目填补国内紧缺。总投资为 60 多亿元的宽厚板轧机及配套连铸工程 2004 年 4 月底已全部建成投产；该项目是进入 21 世纪以来全球投入建设的第一个 5 米级宽厚板轧机项目，产品以管线板及船用板为主，还有建筑、压力容器、模具等钢板，专用板约占九成；该项目对提升我国综合国力具有战略意义，可以填补国内造船板、管线板、桥梁板、锅炉容器板的紧缺。

（7）股权分置改革题材。截至 2006 年 1 月 5 日，控股股东宝钢集团有限公司承诺的两轮、共计 40 亿元的增持公司社会公众股的计划已经全部实施完毕；

宝钢集团承诺自 2005 年 8 月 18 日获得上市流通权起，24 个月（禁售期）后的 12 个月内所出售公司股份数量不超过总股份的 5%，且出售价格不低于 5.31 元/股（原承诺价 5.63 元，2006 年 5 月 25 日实施 10 派 3.2 元，除权后承诺价调整为 5.31 元），3 年内所持公司股份占现有总股本的比例将不低于 67%。

（8）交叉持股，价值重估。全流通后，结合新的会计准则，长期股权投资中的法人股的价值不再是简单按照每股净资产计算的账面价值，而是以二级市场交易价格为主要计量依据，由此，对于市净率大于 1 的 A 股，其法人股流通后的价值存在提升的潜在机会。公司控股宝信软件 15004.41 万股，占参股公司总股本的 57.22%。

（9）铁矿石成本因素。宝钢所需矿石几乎全部依赖进口，矿石价格上涨对公司业绩影响明显。据测算，铁矿合约价格上涨 10%，公司主营成本将增加 10.76 亿元，分别影响净利润和每股收益 7.2 亿元和 0.041 元。但通过与全球主要铁矿石供应商签订长期协议，公司可以 100% 满足自用需求量，并且在海外投资的两座矿山每年可获得 1600 万吨铁矿石。

（10）本币升值降低成本。按照 2006 年宝钢需要进口 3200 万吨铁矿石、150 万吨废钢和 2 万吨镍计算，假设 2006 年人民币平均汇率相对 2005 年升值 5%，宝钢将降低采购成本 7.83 亿元、1.44 亿元和 1.2 亿元，合计降低宝钢主营成本 10.47 亿元，分别增加净利润和每股收益 7.02 亿元和 0.04 亿元。

（11）合金板带工程。公司"十一五"重大项目——总投资 60 亿元的特种金属暨合金板带工程于 2006 年 7 月 25 日在特殊钢分公司破土动工，该工程将主要生产市场紧缺的钛及钛合金、高温合金、镍基耐蚀合金、精密合金、特种不锈钢、合金结构钢、合金工具钢 7 类钢种，其中板材 17.3 万吨、热卷 11.23 万吨、冷卷 7.5 万吨。

宝钢股份业绩预测见图 6-28。

【基本资料】

600019　宝钢股份		所属行业：钢铁		2005 年年报	2006 年 12 月 2 日	
A 股价格（元）	6.780	总股本（万股）		1751200.000	流通 A 股（万股）	379713.643
总市值（亿元）	1187.314	A 股流通市值（亿元）		257.446	每股收益（元）	0.723
每股净资产（元）	4.253	市净率（倍）		1.594	销售毛利率（%）	20.482
净资产收益率（%）	17.006	EV/EBITDA		4.759	A 股市盈率（倍）	9.374

【业绩预期】

时间	2005A	2006E	2007E	2008E
报告 EPS	0.723	0.713	0.793	0.890
摊薄 EPS	0.723	0.712	0.799	0.898
净利同比（%）	0.348	−1.596	12.242	12.416
收入同比（%）	1.159	15.469	8.986	11.504
市盈率（倍）	9.374	9.526	8.487	7.550
PEG	1.840	1.870	1.666	1.482
EPS 最高值	0.723	0.748	0.902	1.039
EPS 最低值	0.723	0.583	0.626	0.700

【摊薄 EPS 预期变动图】选择预测年度 2006

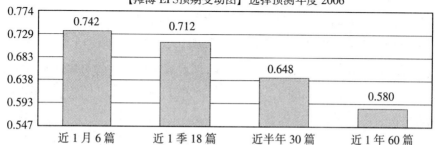

注：摊薄 EPS、EPS 最高值（最低值）均为最新股本摊薄值，即"未来预期净利/当前最新股本"；
PEG 按 2 年复合增长率计算；统计周期为近 3 个月。

【市场评价】

市场评价分布

	报告数	买入	收集	中性	派发	卖出
近 15 日	5	3	2	0	0	0
近 30 日	7	5	2	0	0	0
近 60 日	17	12	5	0	0	0
近 90 日	19	13	6	0	0	0
近 120 日	32	20	11	0	0	0

综合评价波动分布

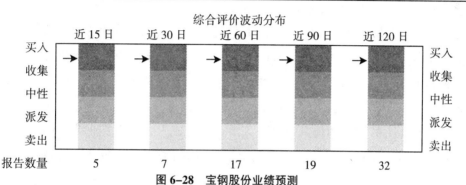

图 6-28 宝钢股份业绩预测

资料来源：上海财汇咨询、上海万国测评。

第三十节 友谊股份 中国的"沃尔玛"

上海友谊集团股份有限公司前身是上海友谊华侨公司（以下简称友谊股份、公司），创立于 1952 年，1993 年改制为股份有限公司，公司 A、B 股分别于 1994 年 2 月 4 日和 1994 年 1 月 5 日在上海证券交易所上市。2000 年 12 月公司更名为上海友谊集团股份有限公司。友谊 A 股股票简称"友谊股份"，代码"600827"；B 股股票简称"友谊 B 股"，代码"900923"。

2000 年，公司经过对优势资源的重新组合，前瞻性地成功实现公司主营业务由传统百货向零售连锁业转型，并清晰地形成之后几年公司快速发展的框架，确定了作为公司发展主体的四个核心业务：①以目前国内最大的连锁超市——联华超市股份有限公司为主体的食品、日用品超市连锁；②以好美家装潢建材有限公司为主体的专业大卖场连锁；③以上海友谊百货有限公司为主体的现代特色百货，品牌专卖店连锁；④以友谊购物中心为主体的社区购物中心连锁，并配以现代物流、配送以及电子商务系统作为支持。从 2001 年起公司已全面启动全国市场发展战略。

公司已由传统百货向连锁超市转型，形成了以四大核心业态为主的控股型组织架构，公司持有联华超市 34.026% 的股权，这也是公司利润贡献的主要来源。联华超市在香港上市，旗下共有大型综超、标准超市、便利店三种业态。目前，大型综超是收入贡献的主要来源，而标准超市则是利润贡献的主要来源，好美家建材连锁是未来重点发展业务。

由于不断增值的商业地产价值以及商圈效应，公司购物中心租金水平也随之水涨船高，西郊购物中心和扩建中的南方商城 2006 年、2007 年每年将为公司带来将近 1000 万元的增量权益净利润。公司建材连锁超市正处于转型期，未来门店建设将偏重盈利较好的上海及周边地区，其网点资源价值在于门店达到一定规模后盈利能力的获得和提升，未来该项业务将成为公司主要业绩增长点。控股 34.026% 的联华超市仍将是公司利润贡献的重要来源，标超的成功转型以及门店的持续扩张将促使净利润维持 10% 左右的增长。

目前公司主要拥有的物业有：上海西郊购物中心（建筑面积 13 万平方米，公司拥有 75%股权），南方商城购物中心（经营面积 8.3 万平方米，公司拥有股权 65.8%），宁波路房产（约 4000 平方米），复兴岛房产（主要做仓库用，面积 15 万平方米），公司持股 34.02%的联华超市是国内销售额最大的连锁超市，公司持股 2.12 亿股份，按联华 8.4 港币左右计算，该项股权市值就达 19 亿元。另外公司还拥有复兴岛土地的价值，合计约 27.2 亿元，基本已与友谊总市值相当。所以以现价买入友谊 A 股，基本上等于好美家建材连锁、友谊百货和接近 20 万平方米的商业物业"白送"给投资者。友谊资产总市值达到 61 亿元，相当于股票市值的 2.3 倍。

该股是一家绩优商业股，在行业上的地位明显在苏宁电器之上，但 7 元不到的股价却远远低于苏宁电器的 30 元多；同时该股在行业上的地位也在国美之上，仅仅是中国第三大零售商的国美就营造了中国新首富，而友谊股份的地位是中国第一大零售商，目前百联已上市，中国第一大零售商和中国第二大零售商的整合重组已摆上议程。2006 年中期公司的主营业务收入在所有的上市公司中排名第一，每股收益排名第九。其股本结构较为独特，大股东仅占总股本的 26%，而流通 A 股也只占总股本的 25%，股改后必将面临一个控股权的问题。

◆控盘情况◆

时间	2006 年 9 月 30 日	2006 年 6 月 30 日	2006 年 3 月 31 日	2005 年 12 月 31 日
股东人数（户）	18862	11192	10979	9647
人均持流通股（股）	7135.16	9619.96	9806.59	11160.63

2006 年三季报显示，股东人数较上期增加 69%，筹码呈发散趋势。前十大流通股东中的 A 股股东有 2 家基金，其中社保 106 组合持有 382 万股。

◆公司基本资料◆

（1）商业连锁。公司是国内零售业销售规模最大的上市公司，拥有中国最大的连锁零售企业联华超市（0980.HK）34.03%的股权。截至 2006 年 6 月，联华超市在全国营业网点总数达到 3901 家。联华超市今后将通过自建、加盟和并购保持 500 家左右门店的发展速度（每年 10 家综超），并开始进行直营便利店转加盟、标准超市的转型工作。

（2）持股好美家建材 90%股权。该公司成立于 1998 年，是一家全国性装潢建材专业连锁超市公司，是目前上海装潢建材超市中经营规模最大的连锁企业之一。在全国拥有 27 家建材连锁大卖场、6 家家装公司、1 家家居公司、1 个配送中心，经营面积超过 30 万平方米，店铺已分布上海、北京、武汉、广州、成都等国内 10 个主要城市。截至 2005 年年末，总资产 10.09 亿元、2005 年实现净利润 600 万元，占据了上海建材超市半壁江山。

（3）参、控股公司业绩优良。参股公司联家超市（联华超市与家乐福合资，联华占 45%）2005 年净利润 2.05 亿，贡献投资收益 3144 万元，占公司净利润的 23.29%；包括友谊商店（100%）、虹桥友谊（40%）、友谊南方（100%）、西郊友谊（100%）以及古玩连锁。公司下属友谊南方 26.7% 的收入增长率居上海市百货单体首位。虹桥友谊的收入居上海市单体的第 11 位。还拥有复兴岛 15 万平方米土地储备以及母公司部分房产。

（4）股改题材。百联集团与友谊股份自改革方案实施之日（2006 年 7 月 3 日）起，在 36 个月内不上市交易或者转让；在前项规定期满后，出售比例在 12 个月内不超过 5%，在 24 个月内不超过 10%。募集法人股股东在股改中既不参与支付对价也不获得对价，自获得上市流通权之日起，在 12 个月内不上市交易或转让。

友谊股份业绩预测见图 6-29。

【基本资料】

600827　　G 友谊		所属行业：大卖场与超市		2005 年年报	2006 年 9 月 7 日
A 股价格（元）	7.350	总股本（万股）	42919.677	流通 A 股（万股）	13458.327
总市值（亿元）	31.546	A 股流通市值（亿元）	9.892	每股收益（元）	0.314
每股净资产（元）	3.677	市净率（倍）	1.999	销售毛利率（%）	17.356
净资产收益率（%）	8.551	EV/EBITDA	3.610	A 股市盈率（倍）	23.374

【业绩预期】

时间	2005A	2006E	2007E	2008E
报告 EPS	0.314	0.348	0.414	0.505
摊薄 EPS	0.314	0.346	0.413	0.501
净利同比（%）	0.025	10.106	19.181	21.416
收入同比（%）	0.317	17.968	15.288	10.422

续表

时间	2005A	2006E	2007E	2008E
市盈率（倍）	23.374	21.229	17.812	14.670
PEG	1.606	1.459	1.224	1.008
EPS 最高值	0.314	0.356	0.426	0.519
EPS 最低值	0.314	0.329	0.384	0.485

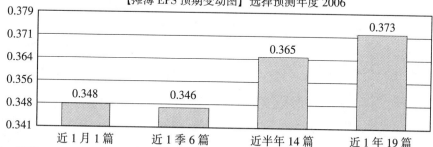

【摊薄 EPS 预期变动图】选择预测年度 2006

注：摊薄 EPS、EPS 最高值（最低值）均为最新股本摊薄值，即"未来预期净利/当前最新股本"；PEG 按 2 年复合增长率计算；统计周期为近 3 个月。

【市场评价】

市场评价分布

	报告数	买入	收集	中性	派发	卖出
近 15 日	1	0	1	0	0	0
近 30 日	1	0	1	0	0	0
近 60 日	4	1	3	0	0	0
近 90 日	6	2	3	0	0	0
近 120 日	7	3	3	0	0	0

综合评价波动分布

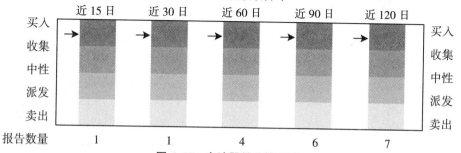

图 6-29　友谊股份业绩预测

资料来源：上海财汇咨询、上海万国测评。

第七章 回 顾

第一节 加入世界贸易组织后中国股市要往哪里走

最近，到深圳、海南去做巡回股评报告会，看到股民焦急的心情，心里有好多感慨和想要讲的话，今日利用休息时间，专门再谈谈中国加入世界贸易组织，中国股市要往哪里去？

有人讲中国股市明天会更美好，有人讲中国股市一江春水向东流——1500点不是底。中国股市难道真的要完了？2001年以来，几乎所有的股市神话都一个接一个地破灭，包括绩优神话，重组神话，强庄神话……现在只剩下最后一个神话——政策神话还在支撑人气，在2001年这个股市寒冬里，它能经受住考验吗？那么到底该如何思考这个问题呢？

回顾1999年5月17日，我们在乌鲁木齐的客户经理培训班上讲过，1000点将成为世纪性的大底，两年过去了，回头看还挺准，记得我在过去两年每一次公司召开的专家委员会的会议讨论过程中，都强调一句话：这是一个牛市。2001年6月以来这次股灾我觉得迟早都会来的，只是没有想到来得如此快而已，我的最大爱好那就是谈股票、说股票、写股评，股市成为我工作和生活的全部，所以每年春节都要为公司的内部刊物写一写关于下一年大盘的走势，所以2001年春节前，由于工作关系，就一口气写下了25000字的2001年投资计划书。由于本人的骨子里风险意识较强，就曾经预言2001年的股市不会好到哪里去。2001年7月份，记得当时有个即兴发言，题目是："相约1998。"大体讲了我对后市的看法比较悲观，记得在这次会议上讲的一句话，而且特别强调2001年是个非牛市行情，未来的调整将是漫长和痛苦的。没有想到的是我预测的极限低点 1500 点，在短短 4 个月就到了，市场无情啊！现在许多股民包括机构都身陷其中不能自拔。下面是我从南方归来的思考，谈谈自己的所感所想，仅供大家参考。

第一，对未来的走势，我从我仅有的能力和知识来研究和判断的话，我对中国股市未来大盘的走势有两套方案，一是中国股市在未来的 3~5 年中将围绕 1500 点上下持续盘底，来反反复复挤出 10 年大牛市造出的多余的泡沫，然后大约在 2005 年前后，开始向中国最辉煌的大牛市挺进，大约需要 15 年的时间，中国股市有希望上证指数见到 10000 点。其主要理由是：根据我的研究和分析，中国台湾股市是 1964 年有综合指数，中国香港是 1967 年有综合指数，其起始点都在 100 点，在前 15 年都有一个漫长的打底过程，中国大陆与中国香港和中国台湾都是中华民族的儿女，其文化和习惯、环境，虽然有所差别，但是在大中华民族的股市规律不会变。这种方案是我心目中的理想或者称之为首选方案。

第二，另一种方案是 2001 年 6 月以后，中国股市跌破 1500 点，股市从此进入熊市，长达 3~5 年，这种观点就是著名经济学家许小年的观点，目标 1000 点。许小年的观点发表以后我经过长时间痛苦的思考，认为这种观点有很大部分是对的。不管你承认也好，不承认也罢。他的看法，你不能因他说股市会暴跌，而不予以理会，甚至给予侮辱。常言说得好，市场永远是对的，错的都是我们自己。

话又说回来，作为投资者股市有风险，在中西方都概不能例外。这是股市铁的规律，更何况我们是一个新兴股市。作为投资者大家都知道股市有风险，而把股市当成一个保险市场或者是一个政策市场本身就是一个天大的错误。看一看我们的基金经理人个个二十八九岁，个个都是博士或者硕士帽子戴在头上，有几人经历过风风雨雨的洗礼呢，亏钱是正常的，都赚钱不是管理层有毛病，就是我们的政策和制度有毛病。我还是那句话，有啥样子的制度就培养啥样子的人才，有啥样子的土壤就结出啥样子的果实。

第三，世界股市的普遍规律是，突发性的利好或利空一般只能对股市起到脉冲式的短时影响，而不能改变股市的中长期走势。中国股市也无数次证明了这一点。像 1996 年年底采用涨跌停制度，股市经短暂大跌后，最后还是涨到了 1510 点。1995 年 5 月底大盘受突发利好的影响，三天时间从 580 点涨到 926 点，但只用了 6 天时间又跌回原地。中国股市已不再是过去的一只"小盘股"，而现在已是一只超级"大盘股"，政策还能像过去那样调控得动吗？任何重要的历史底部都是自然跌出来的，而不是靠政策支撑起来的。最明显的一次是1994年，股市从1558点跌到550多点左右时，当时政策面也是暖风频吹，也有许多机构在此点位杀了进去，但最终还是无法阻挡大盘下跌到325点。

最近出去走了一走，和周围的朋友聊天，才突然感悟到1500点虽然是政策底，人造底，不是股市自然形成的底部，但我想天人合一或许是新兴股市的一大景观。走一走看一看，才知道读万卷书，不如行万里路，走一走看一看，才知道我们的风险意识确实差，看来风险教育确实有必要天天讲，月月讲，日日讲。走一走看一看，才知道1500点不能破，至少明年上半年不能破，不然的话，天会崩，地会裂。根据我们的调查，股民绝大部分的账面损失平均大约在50%。只不过是好多人爱面子，亏了也不敢说而已，这也许从另一个方面反映了一种国人的劣根性。股民如此，我们的机构投资者，从今年基金公布的每周市值，可见一斑，也好不到哪里。

第四，虽然我觉得股市短期内不会大跌，但是我们想从基本面、技术面、政策面来解读许小年的观点，我的看法是基本同意他的股市观点。其理由如下：

（1）从基本面来讲，我们都知道目前深圳和上海股指在大约1600点附近是42倍左右的市盈率。根据我们的专门报告分析可以看出，国际股市的市盈率西方发达国家是15~20倍，发展中国家是20~25倍。由于我们2001年12月10日就正式加入世界贸易组织，中国股市与国际股市接轨就成为必然。这是不以人的意志为转移的客观规律，如果谁要逆历史的潮流而动，那只能是自讨苦吃，亏钱也怪不得别人。记得张志雄先生在他的《放量》一书中这样写道：中国股市的投机性，至少会维持十年。根据有关的统计数据显示，中国股市的市场风险，大约2/3来自于系统风险，1/3来自于个股。而美国股市风险，大约1/4来自于个股，3/4来自于系统风险。看来我们天天倡导的用技术面选股的股评家和研究分析师们，应该好好反省反省了！

中国股市的泡沫还很大。目前香港股市有一大批股票跌到净资产面值以下，而我们的垃圾股股价普遍还在净资产面值的四五倍左右。随着中国加入世贸组织，两地的股价肯定要接轨。股市的比价效应表明，大量个股还没调整到位。作为中国绩优蓝筹的代表——东方电子现在已跌到7元附近；轻纺城尽管做银广夏亏了一把，但总体资产质量依然很好，但现在也只有6元多，中石化2角多的业绩，现价只有3元多。试问大量的垃圾个股业绩比这些股还好吗？凭什么股价还能高高在上？像四川长虹，中报是靠炒股委托理财才没亏损，年报会怎么样？一旦预亏，对股市会构成什么样的杀伤力？预计当中国股市调整到位后，将有一大批股票跌到四五元附近。

（2）从技术面来讲，我的看法是1514点，不能破，破了我们前期推断的大四浪调整就不能成立。而且，根据江恩的0度线理论，我们还可以这样推论，1514在未来的岁月中如果不幸在第三次跌破的话，灾难就会再次来临。关于时间之窗，我的猜想是2002年6月底之前不能跌破。2002年12月30日前后跌破的话，应该是最后一跌，随之而来的是井喷行情。根据波浪理论我们仔细分析可以发现，如果目前是1996年1月大四浪调整的话，其二浪调整如果是1997年5月至1999年5月的话，那么这次的调整应该是一个"之"字形的调整，由于目前股市A浪已经走出了五浪调整，所以C浪一定也是五浪调整。也就是说现在或者明年2月底前后发动的B浪应该上升的空间比较大。至少也应该反弹到200天年线附近，遗憾的是目前200天年线现在每天以2点的速度在下跌，大概到了2002年2月份，该线的点位在1870点附近，同时也是这次调整的头部倒三角形的第一个低点1870点。这样6月份估计会见顶回落一直到2002年年底，才会有更大的行情。

（3）从技术面来讲，道氏通道理论表明，目前的调整是对七年牛市的调整，大盘的上升通道已被破坏。本次下跌大盘轻松补掉了1536~1587点的龙年缺口，而大盘在1999年5月19日的行情在1236~1247点之间还有一向上跳空的缺口没补，按缺口必补的原则同样要补掉。这意味着大盘还有30%的下跌空间，而绝大多数个股股价还将遭到腰斩的厄运，这可能吗？目前深证成指已轻松跌破了1999年年底的底部，上证的1999年底部能坚守住吗？上证1999年的底是1342点！中国股市的历次行情表明，如果是中级以上反弹行情，那么见底后第一波反弹的日KDJ指标必定触顶，如果是大行情，那么见底后第一波上攻的日KDJ触顶后必定高度钝化。本次反弹在如此重大利好下，日KDJ尚不能触顶，很快向下回落，这只有一个答案，1514点绝不是底，还有更低的底出现，中级反弹行情更没开始。其实冷静分析一下，上证的日技术指标与周技术指标固然已很低，但是月技术指标依然很高，MACD尚在半天空上，还没向下穿越0轴线，这意味着大盘的调整之路还很漫长。

如果大盘不能在年底前在本轮反弹当中成功站稳在1750点之上的话，我们讲 A 浪的调整就没有结束，那么在明年 2 月 22 日前后会再度考验 1500 点大关。如果在明年上半年不幸跌破 1514 点，不能在较短的时间收回的话，大盘将面临生死抉择！其下跌步骤我们是这样测算的：1514→1750→1500→1330→1247→1100 点。其调整不是对 1996 年牛市的大调整，而是对 1994 年或者是对 1990 年 10 年牛市的调整，其调整的时间周期估计在 3~5 年之间。我们认为其调整的时间周期应该随基本面，特别是政策面而定，但不会少于 3 年，正常的话是 4 年。其理由是 2005 年是中国大陆向世界全面开放的一年。10 年牛市 4 年的大调整，也符合我国股市的大周期循环。从 1990 年有指数以来到 2005 年也正好符合 15 年江恩的循环周期，更符合大中华的大循环周期。如此看来，这种调整未尝不是一个好的结局，只不过是不知道有些人能不能见到这一天。

（4）从以上技术分析当中我们强烈地感觉到，未来的 3~5 年中国股市是大动荡的，暴涨暴跌是家常便饭，其主要原因我们的判断是"入世"后中西方文化、经济、理念、制度、规则和法律的大碰撞造成的，在这动荡的岁月里，根据经验将机会多多，风险多多，中国股市继续是投机者的天堂。投资继续成为一句空话。通常如果出现这种 3~5 年大的调整其深层次原因可能是社会、政治及经济会出现前所未有的危机，各种矛盾会随着股市的动荡接踵而来，股市的经济晴雨表功能或许已经提前告诉我们了！不知道你感觉到没有。那时候，我敢说相信政策面分析的人会是最大的输家。因为，那时候政府也无能为力，日本、中国香港、中国台湾的历史就曾经明白无误地告诉过我们这个事实。当然，通过巴西、墨西哥、韩国等国的经济危机的实证分析，我们也会得出同样的结论。因此，对熊市的残酷性应有充分的认识，中国股市有过从 1558 点跌到 325 点的教训；而日本股市则已经跌了 11 年，指数已从 1990 年的近 4 万点跌到目前的 1 万余点；纳斯达克两年时间从 5000 余点最低跌到 1400 余点，跌幅达 70%；台湾地区股市也在两年时间里从 1 万余点跌到目前的 4000 余点，台湾地区"当局"尽管采取了种种办法政策救市，但还是无济于事。因此，中国股市在四个月时间里，尽管已大跌，但远没到"残酷"的程度。

所以，未雨绸缪、亡羊补牢，未必不是一件好事。我们不是常说：不见风雨，哪能见彩虹。那我们就拭目以待。

（5）从政策面来讲，我认为中国加入世界贸易组织的意义可以与 1976 年改革开放相提并论，邓小平解放了农民和知识分子。这一次应该是解放企业家和工人老大哥的时候了。城市经济体制改革、政治体制改革会随着国门的打开，继续焕发出勃勃生机。对中国股市也会带来前所未有的历史性机遇。但是我们同时还认为，由于中国股市的结构性矛盾及历史遗留问题的积累，政策面会出现摇摆不定或者重大失误，这也是难以避免的。采取长痛还是短痛的办法，将决定多种利益集团斗争的结果。如果采取的措施得当，调整就会浅些，但是时间会长些，反之亦然。但是既然方针已定，走回头路，那只是白日做梦，痴心妄想。我想改革派会占据一切优势，从而动荡已经不可避免。中国股市目前已进入恶性循环，靠"一招鲜"救市，并贸然认为 1500 点是政策底是极不现实的。现在的中国股市没有一系列组合拳式的救市，是很难走出困境的。

中国股市过去长达七年的持续上涨牛市，使许多散户形成了我只要捂股，不怕庄家不拉的惯性思维。现在中国证监会已明确表示要严厉打击操纵股价的坐庄行为，当股价由市场自然决定时，你手中的个股，还会有人替你拉吗？许多人认为股市大跌不怕政府不救市，但是你想过没有，一旦市场出现连政府也救不了市的时候，你该怎么办？

（原载于《宏源证券市场周刊》2001 年 10 月）

第二节　中国股市 2003 年度预测报告书

回顾 2002 年月刊的出版和编辑，心潮澎湃，感觉有千言万语。但是总的来说我们对 2002 年的把握是得体的，那就是用四个字来概括："动荡不安"，这也是我们对 2002 度中国股市的主题词。回顾过去一年的研究和预测，我们已经深深感觉到了 2002 年股市的残酷和无情。随着股市在 2002 年的消化和整理，2003 年是充满希望的一年，我们有充分的理由去拥抱明天的朝阳。

细想 2002 年报告觉得有以下不足之处：其一，悲观有过，对政策拿捏得不够精确，特别是"6·24"之前，我们对管理层政策的感召采取了消极抵抗的态度，但是我们采用了混沌理论模拟香港和 NASDAQ 指数的新颖技术，弥补了这方面的不足。因此，在公司 6 月中旬召开的专家会议中，我们旗帜鲜明地提出了由熊转多的看法，指出时间之窗"6·21"是个重要的拐点，将有中级以上的行情。这一观点得到了市场的验证，并在 6 月 24 日爆发了著名的井喷行情。但是，遗憾的是我们的观点没有能在《宏源证券日刊》中慢慢灌输我们这一个变化过程，所以，有些投资者对我们提出了批评，认为我们的观点变化太快，这是我们以后需要注意的地方。其二，"6·24"以后，受到市场的感染，我们又过分相信了政策的威慑力，对后市的看法，又有些太乐观。但是好在"6·24"发生后的月度报告中，采取了过去类比的研究方法，指出"6·24"后的行情最多是一个中级行情，创新高的看法是错误的，现在看来无疑是正确的。总结一年来的经验和教训，我们的看法是在行情低迷甚至暴跌时候，要多多研究政策面、宏观面，要多往好处着想。在行情特别火爆时要有足够的定力保持敏锐的目光和冷静的头脑，不能人云亦云。其三，最值得欣慰的事情是我们对江恩时间之窗的把握比较准确，在几次重大变盘前后，都取得了预期的效果；但是在定量方面，还有不完善的地方，即对 2002 年低点预测上还存在 134 点的误差。因为，我们预测中国股市 2002 年在 1200~1800 点波动，实际上是在 1339~1748 点。

为此，我们决心在 2003 年能够有所改进和提高。减少误差的办法是加强定量化方面的研究和分析，可以避免感情冲动；同时要发挥混沌理论模拟国外股市的研究工作长处，提出首选和备选两套甚至三套方案，供投资者参考。最后，要保持观点的连续性和稳定性，对重大事件的反馈要及时、研究要提前，要注意在做出重大预测前，提前向客户、媒体和投资者打招呼，避免误解。

一、拥抱中国股市明天的太阳

中国股市 13 年来，牛熊交错，交替延伸，到现在经历了无数次牛熊洗礼，每一次的调整都令投资者心惊肉跳，但是站在中国历史的画卷和国外百年股票历史的长河来看，2001~2003 年这一次的大调整，股市的底部逐渐在提高，而且已经进入熊市的衰退期和末期，我们相信，历史大底构筑成功之后，必然会迎来一轮大牛市的行情。

回首中国股市 13 年的历程，看看国外的股市。每一次历史性大底的构造都是漫长和痛苦的；但是，每一次痛苦迎来的都是辉煌和快乐；实证分析和研究的结果告诉我们：牛市的来临，通常需具备三个条件，即政策面见底、市场见底、技术见底，三者缺一不可。按照经典的波浪理论和箱型理论来预测中国股市，中国股市无疑已经初现历史性大底的特征和征兆，要说不足的话，唯一的就是时间略显不够。2003 年中国股市怎么走？按照经典的证券投资理论来分析，无非三种可能，第一是下跌，第二是上扬，第三是盘整。我们认为，研究中国股市必须研究中国的国情，研究中国股市，必须研究中国的宏观经济，而 GDP、利率和货币流动性正是解决这一问题的金钥匙。因为股市虽有可能暂时违背经济晴雨表的功能，但是这种背离也只是暂时的，不会偏离太远和太久，最终必然会屈服于股市自身的规律。下面是对 2003 年中国股市未来的走势的思考。

根据波浪理论的交替原则来看，从 1990 年以来中国股市 12 年的年 K 线我们可以发现，即从更大级别也就是从循环级次上来看这次的大调整，预计 2001 年的调整是个平台型，换句话讲，只要找到 A 浪的历史性低点，就找到了 C 浪的位置。这从技术上是可以做到的而且也是可以度量的。问题是现在运行的 A 浪的底部找到了没有？目前看来还不能肯定。从小一个级别的基本波型来看，2003 年大盘的走势有两种：一种是从 1994~2001 年 2245 点的牛市还没有走完，少个五浪；另一种就是五浪走完。现在运行的是 A 浪，还差一个大的 B 浪，但是我们倾向于后者。

因为，如果是针对 1994 年以来的调整，可以发现，二浪是平台型调整即 1052→524→927→512 点。根据交替原则，目前可能是个锯齿型的调整，也就是说 2002 年的大型 B 浪一直没有走出来，达到 2245 − 1339 = 906 点的 0.618 黄金分割率。从国内股市和国外股市的实证分析，可以发现，大 B 浪的高点通常都在 0.618 点，或者说 2002 年 1900 点都没有达到就说明这次的股市调整的 A 浪的底部的另一只脚还没有走出。因此，从这个角度来讲，我们说 2003 年会有大行情。当前最为关键的一点是如何寻找大 A 浪的底部，它在哪里？根据循环周期来看，中国股市的熊市周期是 25 周、73 周、98 周。因为年底前大盘没能走出一轮行情，则说明熊市的低点延期，也就是大 A 浪的另一个脚印在 2003 年。

根据笔者对中国香港和 NSDQ 指数的模拟，可以发现，2003 年第一季度的行情就显得不乐观，换句话讲，大盘还会继续考验一次 2002 年的低点，才会放心地向上发动 2003 年的高点。从波浪理论的角度来看，2003 年的目标，如果 1339 点不跌破的话，1700 点是 2003 年的正常攻击目标，最高点为 1900 点，其中缺口 2097 点是 2003 年的极限。1339 点如果在 2003 年不幸跌破的话，从技术上来看则连续三年形成的大型头肩顶成立，其跌破的国际技术标准是：3 天，3%。也就是说其下跌的目标首先是攻击 1250 点。其次攻击 1120 点，极限目标在 1047 点。目前大盘正处于 1341→2245→1339→1376 大型头肩顶的颈线位附近，跌破它意味着股市的崩溃和结构性的调整才刚刚开始，中国股市必然推倒重来。从技术的角度来讲，大盘还处于崩溃的边缘。这里有全球股市 1997 年的大型头肩顶如法国巴黎、英国伦敦、标准普尔指数为实证。当然，我们还认为后市不一定就那么悲观。从中国股市的自身规律去探讨，我们发现其有固定的生命循环周期，在没有外力的冲击下，这种运行周期通常不会出现大的异化和突变。这种规律就是牛市两年熊市两年，两年一小轮，四年一循环。其中，熊市的生命短周期 25 周，中周期 73 周，长周期 98 周，两年为极限。从历史上的优化后 KD 指标来看，历史上 K 值只有 8 次低于 20，而且第三次低于 20 后就会产生一波中级行情。从这个角度来讲，我们说中国股市的历史性的底部就在眼前。

笔者观点倾向 1339 点是阶段性底部或者是历史性大底这样一种观点。其原因是笔者认为决定股市运行的因素是多方面的，从更大的哲学范畴来看，影响股市运行的本质和核心是国家的宏观经济，这从中国上下 5000 年的历史和国外股市近百年的运行得到验证。按照学者灵剑的研究成果，其主要评判标准就是"GDP+利率"，即依据利率、GDP 和波浪的相互关系评判。其相互关系有四种情况：①利率升、GDP 升——股市缓慢上扬或平台波动；②利率降、GDP 升——股市大牛市；③利率升、GDP 降——股市大熊市；④利率降、GDP 降——股市熊市初期。

比如，1964~1981 年，道指从 784 点到 785 点，几乎没有上升。可美国 GDP 的增长超过 4 倍。宏观基本面可谓良好，究竟是什么引得证券市场裹足不前？答案是：利率。利率从 1964 年的 5% 上升到 1981 年的 15% 以上。1981~1999 年，利率从 15% 下降到 3% 以下，激发 1981 年 785 点起步的循环级大牛市。同理看看中国的情况：中国股市如果从 1949 年开始，在 1952~1971 年我们也会看到一个同等级别的大牛市的，因为中国利率从 1952 年的 14% 以上调整到 4% 以下，如以此为基础，中国股市的长期波动正处于超级大的牛市循环中。中短期来看中国基本上处于 GDP 8% 高速增长和 1.98% 的低利率时代，这说明中国股市的前景是乐观的。从这个角度来讲，宏观面支持股市走牛和强势调整。要说有问题只能从技术上和股市内部功能定位和市场结构上去寻找。

二、2003 年股市运行方案设计

为了准备新年的专刊，佐证笔者的观点，笔者不辞辛苦地收集了心目中的高手的大量的一手资料共 15 家，其中 4 家看好未来，最高看 2245 点，3 家处于中间派 1300~1700 点，悲观派 8 家，最低看空 936 点。那么这些人士的观点是不是代表市场的主流？2003 年股市会在多大的程度上证实他们的预言？

按照笔者的经验，新股的开盘价及其以后的走势规律，就可以嫁接到目前的股市预测当中；新股的走势规律是这样的：如果大众的预期价格是一致的，通常这时股票的开盘价一定是合理的，而且波动也随着大盘的上涨和下跌而自由随机波动。如果大众的预期存在巨大的反差，通常该股的机会较大，其开盘价格就是多空双方的平均价格，一般来说，如果是牛市或者是中级底部的话，其开盘价会高于市场合理定价的 10%左右，并出现高开吸货并高走的走势，换手率也巨大。如果是平开或者略高开的话，则说明后市机会少许多，翻番的行情就更别指望了。我想表达的意思是，2003 年的机会根据我们的调查肯定会超过 2002 年，从他们对后市的看法和分歧上，我们就能强烈感觉到 2003 年的股市充满风险和机会。悲观论者认为 2002 年政策对市场的效果有限，从 2002 年开始的大调整，有其深刻的内涵，不是简单的利好就能把市场的趋势改变；但是，我们认为如果新的一届政府决心解决股市的根本问题，悲观的预言将彻底失灵，股市有望走出一轮真正意义上的大牛市。我们企盼着这一天的早日到来！以下就是对 2003 年股市运行方案的设计：

（1）乐观派的观点：从目前来看，股市最牛的是许沂光先生，他认为 2002年 11 月份，中国股市有营造中期底部或者结束中期熊市的条件。从时间周期来看，2002 年 11 月底是中国股市见底的关键时期；如果成立，由 1339 点开始的三浪三升幅无限可量，远远高出 2245 点。他的主要观点是昨天的中国香港股市是明天的中国内地股市，最为经典的案例就是香港恒生指数在 1982 年 12 月所展开的三浪三。其显著特点是成交量放大，上升缺口出现。我们还发现少壮派孙成刚先生也加入了熊市反转的观点，他说根据神光战略预测系统的预测，我们有98%的把握说，12 月份的行情更乐观，行情反转的概率更大。孙成刚多次出来讲反转，可见其牛市思维依然不减当年。

笔者的观点即使是牛市，也绝不可能是牛市三浪三；从技术上来讲，极大可能将预演 1996 年年初以后的慢牛走势。如果按照乐观派许先生设想的方案运行的话，预示着中国股市在 2003 年会创出新高，但是我们认为这是一次回光返照；因为，2001 年以来的这次大调整是一个短暂的调整，只有 18 个月，是一个低级别的调整；如果是针对 1994 年的大调整的话，时间和幅度都显得有些太短和太小。换句话讲，这种调整的底部不够扎实；从市场背景因素来看，困扰中国的几大难题还没有得到根本的解决。茫然发动三浪三，预示着 2005 年全开放以后的中国面临的调整的时间会延长；从基本面来看，如果随着新经济和全球一体化，我们虽然感觉不到有太大的变化，但是通过对国外股市的模拟和研究，强烈感觉到这种经济接轨、股市接轨在一步步走近我们的生活和投资，茫然无视海归派的忠告和提醒，估计会犯历史性的错误。从政策面来看，我们认为股市真正三浪三的东风还不具备：①政府领导班子没有换届，就不可能出台重大的政策；②政府既然说了国有股不再在二级市场减持，这届政府就不会突然又变调。退一步讲，要变也需等下一届政府！从这个角度来讲，我们认为 2003 年年底发动的行情是个自救的行情。设计三浪三方案的最大缺点是，场内机构仓位太重，再一点是看空后市的著名经济学家如吴敬琏和许小年等没有表态，按照经验，即使这些人出来说话了，这个股市还会低迷好一段时间；另外，看好股市牛市三浪三的主要是许沂光和国内一些没有经历过风风雨雨洗礼的年轻的专业人士，从许先生的经历来看也不是一贯正确的神仙，而且其方案是两套，其实他还有一套方案那就是股市有可能跌到 432 点。这就是说许先生也没有那么自信，他都不自信，你还瞎嚷嚷什么？从每次的股灾和熊市的结果来看，熊市的末期都有大批的知名机构被市场无情地消灭，我们现在只是看到了中经开倒了，还有一批机构在垂死挣扎，按理说，这些机构恐龙不倒一两个牛市三浪三就不会来临！

（2）悲观派的观点：鲁兆先生的观点是目前笔者发现的最悲观的股评人士，虽然他没有说股市最低会下跌到多少点，但是根据他对股市的定性分析，笔者认为其是中国股市熊市第一人，他说：2001 年的 2245 点是中国股市 13 年以来的历史大顶，此顶已经完成了 5 个上升推动浪，中长期将运行 ABC 的大调整，此调整绝非一年半载可以完成，三五年的时间是少不了的。他的看法是 1285 点还是要见到的，2002 年见不到，2003 年见。要说跌的时间至少要到 2002 年六七月间。同时认为必然跌破 1339 点的股评家有三位，香港著名股评家陈永燊在第 47 期《股市动态分析》撰文指出，上海股市目标是跌破 1339 点。他的一个著名的观点就是，技术分析领先于经济因素，尤其是波浪理论，往往可走在基本因素的前面。阮华的观点，根据空间决定行情，行情吸引资金原理，1339 点是会跌破的。头肩顶跌破也是迟早的事情，只不过是跌破头肩顶不会完成它的度量跌幅，会演变成其他的形态。韩慎之的观点：从长期走势图来看，跌破 1339 点，将构成头肩顶形态，但是并不意味着跌破 1339 点，就必然会跌到 1339 –（2245 – 1339）= 433 点。这是不可能的。从纯粹的技术和分析的角度来看，头肩顶的年度跌幅也没有必然达到的道理。从众多的国际金融品种的历史走势的图表来看，形态上是头肩顶的在后续市场的演变中能发展成很多不同的结局。韩慎之还认为由 2245 点开始的长期下跌循环是对 1994 年以来的大调整，至少会延续 28 个月，现在只运行了 18 个月，还有下跌的时间，1339 点肯定会跌破；只是时间早晚的问题。1120 点有可能成为反转点，936 点将是下跌的极限位置。深圳新兰德的观点是 2003 年是深沪股市的寻找底部的年份，股市将构造一个未来数年内的大底，上证指数的波动范围在 1100~1800 点，底部在 6 月份前后探出。最有意思的观点是童牧野，他专门写了一篇文章，题目是《遥远的蓝色是黑洞》，发表在《证券市场周刊》，比喻股市的下跌空间无限。

笔者认为，这种方案其实就是模拟香港股市和 NSDQ 指数曾经走过的老路，是目前最为悲观的一种走势，其特点就是延续 2002 年的熊市和股灾，其调整的时间最短是在 2003 年 5~6 月。这种方案根据波浪理论来看，就是大 A 浪的另一只脚印还没有找到，或者说子浪 C 的调整还没有结束的预兆。其技术关键之处在于下跌的空间无限性和时间的有限性。按照笔者的一贯主张，只要大盘指数不站在 200 天年线之上，这个牛市就没有来临，任何投资和投机都是得不偿失的。其实简单地讲，中国股市正处在熊市的衰退期。那么是什么原因促使这个悲剧一次又一次地发生呢？一是管理层的态度不一，周主席说，我要当裁判员，指数的涨跌和我没有关系，我们要保护多空双方的利益，其实是空方的利益而已。看来政策的不稳定和随机性以及不断出台的所谓的创新和改革，使得投资者无所适从。不知道大盘的真正去向。从 12 年来股市的波动增幅来看，2002 年是历史上最低的一年，只有 24%，远远低于 12 年来的波动幅度 95%，换句话讲，没有震荡，没有涨跌，你就是神仙下凡也不可能获得收益。亏损是正常的，不亏损，那才叫奇怪了！二是我们认为股市的涨涨跌跌其本质是上市公司的价值，其还是由股市的供求关系决定。从深交所的资料显示，2002 年第三季度股民的持仓达到 82%，你说这股市它还能有个20%以上的涨幅吗？再看国有股这个问题，对多方来讲就像是一道鬼门关，过不去，也绕不过。这种担心也是有一定道理的。笔者认为对悲观派的观点，应该了解，只有这样才能做到知己知彼，百战百胜。这种方案的最大缺点是对股市太过于悲观。经验告诉我们，政策不是万能的，但是离开政策是万万不能的。从过去的经验来看，这种情况的发生概率极小，如果一旦发生，则说明中国所暴露出的问题，会随着股市的下跌，越发不可收拾。所以，理论上讲，如果一旦有效跌破大型头肩顶的颈线位，应该在反抽期间坚决出局观望，以不变应万变！切记！！！

（3）中间派的观点：江启堂的观点是，根据波浪理论谈各种调整方式，无非是之字形态、平坦形态、三角形形态和复合形态。他更加关注的是平台形态；因为，这种调整是对牛市的调整和延续，其调整后继续恢复牛市行情。按照国情，深沪历史上更多的是出现3-3-5的调整，而且B浪的浪顶不超过A浪的浪顶，而C浪也不超过A浪的浪底。其形成的机理是，A浪的下跌由政策推动而成并由政策进行刹车。所以，A浪的下跌往往把跌幅跌透跌够，而C浪也就到A浪浪底左右就停止。因此，根据波浪理论，在2002年的C浪下跌之后，2003年应该有个牛市恢复行情，进入牛市的初期阶段。泰来的观点是，2001年以来的中国股市的大四浪调整将以三角形形态出现，2001年1月29日的1339点是三角形底边的第一只脚，后面还有两只脚印，第二只脚印出现的时间就是2002年11月27日的1353点，第四浪调整结束的时间是第三只脚印，将在2003年9月份左右出现。他这种推理完全是在复制1997年5月至1999年5月的第三浪的第四子浪的三角形形态这一理念基础之上的。他认为波浪理论的创始人艾略特提出的第四浪往往以三角形的形态出现的经典法则在股市实战中具有重要的指导意义。

中间派的观点和笔者的想法非常接近。这种方案盘整的底线就是1339点不能有效跌破，若1339点不破的话，中国股市的调整依然是强势的，健康的，良性的，当然这是与全球股灾相比而言。按照波浪理论，四浪调整的格局就是上下无序处于混沌。由于调整的幅度小，而且是针对1994年以来的大调整，所以时间上长一点是可以理解的。这种设计预示着2003年大盘处于牛市恢复期，但是绝不同于许沂光的三浪三，也就是2003年大盘不会创出新高。股市启动的契机估计新政府的诞生，新官上任三把火，股市也跌得凄凄惨惨，只要有人点火，行情就会像火山一样爆发。预计在政府出台的救市政策当中，国有股减持方案的出台，顺应了民意，按照缩股或者每股净资产向一级市场的股民优先配售，皆大欢喜，《证券法》的修改议案也提交给了人大常委会，制约股市上涨的"瓶颈"，资金供给获得了解放，QFII 等引进外资也取得了实质性的突破，股市从此走牛，在 2005 年达到巅峰。这种方案，通常会以井喷脉冲的方式出现，行情的发动是成交量暴涨，价格波动幅度巨大。理论上讲，这种行情应该速战速决，不宜久留，虽然股市还会涨，但是回荡也是巨大的。所以，要敢于在江恩时间之窗来临前后，采取主动出击，提前建仓的战略战术。一定要做到狠、稳、准、快！要敢于逆大众思维而战。这种行情的最大特点是行情来临之前，悄无声息，故而作为一种上上之策略，大机构要未雨绸缪，提前准备好资金在自营账户上，更不能在行情刚刚启动时放货。由于"6·24"的经验教训，如果真要发生那一幕的话，估计机构仓位也基本在 50% 了。

总而言之，我们认为第三种方案可能更加符合中国的国情和中庸之道。那我们把它定为首选方案，次选为第一种方案，最后为第二种方案。简单讲 2003 年既不会创出新高，也不会创出新低。

三、2003 年中国股市高低点预测和推理

下面就按照首选方案预测一下 2003 年的高低点：预计低点在 1298 点。我们是这样考虑的，1298 点既符合表 7-1 统计出的中国股市自身规律要求下探的底线，也符合 1339 点形成的大型头肩顶形成的头肩顶颈线位的容许下破的 3% 的标准，低点一旦找到，高点也找到了，我们就可以中国股市 12 年线的涨跌幅度来预测全年的高低点，如果按照预计 2003 年全年的震荡幅度不低于 1998 年的 31.82%，最高点应该为 $1298 \times 1.3182 = 1711$ 点。次选最高点为 $1298 \times (44.66 + 55.94)\% = 1306$ 点，也非常符合 50% 黄金分割率。

根据最高最低震荡的幅度来看，呈现正态分布，其峰值在 1992 年、1997 年、2000 年，有震荡幅度减弱的趋势，间隔时间是 5 年和 3 年，2003 年应该是波动高峰发生期，预计 2003 年上半年的最低波动幅度不低于 18.5%，理想值是 2000 年的 44.66%，不超过均值峰值 59.7%。从表 7.1 涨跌顺序来看，按照收盘价计，通常涨—涨—涨—跌或者跌—涨—涨。由于 2002 年是跌，则说明 2003 上半年是一个涨势而且上涨的概率是 75%。

表 7-1 2003 年上半年统计数据

日 期	上证指数开盘	半 年			涨 跌	震荡幅度（%）
		最 高	最 低	收 盘		
1991 年 6 月 26 日	96.05	135.19	95.79	134.83	涨	41
1992 年 7 月 9 日	291.71	1429.01	290.85	1178.53	涨	391
1993 年 4 月 20 日	694.1	1558.95	386.85	1235.52	涨	303
1994 年 4 月 28 日	846.25	1044.85	536.34	599.63	跌	48.67
1995 年 5 月 19 日	707.27	855.81	524.43	855.81	涨	63.1
1996 年 6 月 6 日	678.64	739.29	512.83	702.64	涨	44.3
1997 年 6 月 27 日	1225.39	1510.18	855.85	1250.27	涨	76
1998 年 4 月 21 日	1100.7	1328.79	1087.02	1305.22	涨	22.22
1999 年 5 月 14 日	1215.56	1300.15	1060.5	1063.28	跌	18.6
2000 年 6 月 13 日	1468.22	1940.22	1341.05	1938.67	涨	44.66
2001 年 7 月 11 日	2050.07	2245.44	1893.78	2168.74	涨	18.5
2002 年 5 月 13 日	1642.01	1776.02	1339.2	1623.94	跌	24.6
合计	12015.97	15863.9	9924.49	14057.1		
平均值	10001	1321	827	1171		59.7

资料来源：《宏源证券投资内参》，2002 年 12 月。

从上证指数 12 年的年线数据及震荡幅度来看，也呈现正态分布，其高峰值发生在 1992 年与 1996 年。其后逐渐递减，特别是与 12 年来的平均震荡幅度 95%相比，2002 年活力全无。从这个角度来讲，我们认为中国股市存在着一次大的机遇，就像火山爆发一样在酝酿中。预计全年的震荡幅度不低于 1998 年的 31.82%。其理想数值是 2000 年的 55.94%。

根据表 7-1 预计 2003 年上半年最低下探的点位是 1462 × {1 – (1001 – 827) / 1001 × 100%} = 1207 点。或者 1462 – (1001 – 827) = 1288 点，两者的均值是 1247 点。最高涨幅预计为 1462 × {1 + (1321 – 1001) / 1001 × 100%} = 1929 点，或者是 1462 + 321 = 1783 点，两者的均值是 1856 点。

根据表 7-2 预计 2003 年的最低下探的点位是 1396.9 × {1 – (898 – 752) /752 × 100%} = 1122 点。或者 1396.9 – (898 – 752) = 1250 点，两者的均值是 1186 点。最高涨幅预计为 1369.9 × {1 + (1342 – 898) / 898 × 100%} = 2047 点，或者是 1396 + (1342 – 898) = 1840 点，两者的均值是 1951 点。

根据表 7-1 和表 7-2 将两者的低点和高点再次算术平均，得出的最后答案是，低点是（1288 + 1186）/2 = 1237，高点是（1856 + 1951）/2 = 1903。

表 7-2 上证指数年线统计

日　　期	上证指数开盘	年　线		收　盘	震荡幅度 (%)
		最　高	最　低		
1990 年 12 月 31 日	96.05	127.61	95.79	127.61	33.2
1991 年 12 月 31 日	127.61	292.75	104.96	292.75	147.16
1992 年 12 月 31 日	293.74	1429.01	292.76	780.39	388.13
1993 年 12 月 31 日	784.13	1558.95	750.46	833.8	103.6
1994 年 12 月 30 日	837.7	1052.94	325.89	647.87	87.2
1995 年 12 月 29 日	637.72	926.41	524.43	555.29	62.05
1996 年 12 月 31 日	550.26	1258.69	512.83	917.02	134.32
1997 年 12 月 31 日	914.06	1510.18	870.18	1194.1	69.79
1998 年 12 月 31 日	1200.95	1422.98	1043.02	1146.7	31.82
1999 年 12 月 30 日	1144.89	1756.18	1047.83	1366.58	61.77
2000 年 12 月 29 日	1368.69	2125.72	1361.21	2073.48	55.94
2001 年 12 月 31 日	2077.08	2245.44	1514.86	1645.97	35.23
2002 年 12 月 13 日	1643.49	1748.89	1339.2	1396.9	24.89
均　　值	898	1342	752	998	95

资料来源：《宏源证券投资内参》，2002 年 12 月。

所以，我们的最后结论是，2003 年最低点的区域是 1237~1298 点，均值是 1267 点，次高点的区域是 1711 点，最高点是 1903~1950 点，均值是 1927 点。

第三节　迎接牛市的第四次浪潮

实证分析和研究的结果告诉我们：国内股市无疑已经初现历史性大底的特征和征兆，牛市的第四次浪潮将从 2003 年第四季度开始一直延续至 2004 年。

一、中级调整将近尾声

如果将 2003 年年初的 1311 点看做是新牛市循环的开始，目前显然处于牛市二浪的回调。虽然有再回调的可能，但是笔者更加倾向于调整的低点将出现在 1339~1350 点。

从国内股市的自身规律去探讨，我们发现有其固定的生命循环周期，通常在没有外力的冲击下，这种运行周期不会出现大的异化和突变。这种规律就是牛市两年，熊市两年，两年一小轮，四年一循环。其中，熊市的短周期 25 周，中周期 73 周，长周期 98 周，两年为极限。从这个角度来讲，我们说国内股市的历史性的底部就在眼前。

另外，从历史上看，13 年间国内股市曾经出现过三次大的牛市浪潮，其规律是三波上扬，五波下跌。其中，这三次重要的低点分别是 95.79→109.47→131.87；386→325→512；1025→1043→1047。从过去的规律来看，一是历史上重要的底部都是"半百之上不成底"，比如，109、131、325、546、512、1025、1043、1047、1342、1339、1311……因此下破 1350 点成为必然；二是本次调整出现了两次明显的低点：1339 点，1311 点。因此，如果目前确认第二只脚在 1311 点，则第三次回落后跌破 1311 点的机会不大可能，按照交替规律应该大于 1339 点。

以沪市为例，十多年来，平均股价不断下移，截至本周五的平均股价是 8.26 元，跌破了 1996 年 10 月以来的最低价 8.88 元，相当于 1996 年 800 点的价位。

根据江恩理论：股市在一年四季的循环中会出现类似的走势；如果 9 月是跌市，10~12 月则多半是升市。如果 9 月是升市，下一年全年都会是跌市；反之，如果 9 月是跌市，下一年全年都是升市。这就是著名的"九月转势预言"。

年初我们便预计 2003 年 9 月份将会出现重要的底部，并且将 9 月视为价值回归月，现在看来即将成为现实。

从行为科学来讲，股市的大顶是在争论中和怀疑中形成的，而股市的大底和历史性的底部却是在无声无息中形成的，顶部的形态是圆形或者头肩顶居多，而底部特别是大底通常没有任何征兆，暴跌后暴涨呈现 V 字形态。而现在市场舆论一边倒，看 1000 点有之，看 800 点也不奇怪，熊市思维严重，喊多者寥寥无几。看看最近的评论，边缘化的大讨论就是最好的例证。希望总是在绝望中获得新生，凡是经历过生死考验的人，才有机会进入天堂；凡是经过炼狱的人，才可能获得凤凰涅槃，浴火重生。

根据股市相反理论，往往在多数投资者极度悲观时，股市可能正酝酿着一轮大的上升行情。少数机构和多数中小投资者的心态对股市影响不大，而决定市场走势的是有背景的主力机构的意志，真正的主力机构往往逆向操作。而如今全球股市的见底和走牛，非常有利于国内股市走出熊市，踏向牛途。

结论：按照周期循环理论和笔者的模拟，在第四季度可能会出现井喷或者单边上扬的可能，接下来将迎接国内股市牛市的第四次浪潮！预计 2003 年的第四季度大盘将在 1750~1339 点的区域运行；未来在 2004 年 5 月之前，大盘有机会见到 2100 点的新高。

二、历史性底部特征显现

笔者认为，虽然当前指数在 1367 点，从绝对数值来看，较历史低点似乎还是高高在上，但如果仔细观察，就不难发现大盘其实已经处于历史性底部附近。

首先，中报数据显示，国内股市的价值投资时代即将来临。因为以 9 月 26 日收盘计，沪深两市的市盈率分别是 34.89 倍和 35.49 倍，而如果假设下半年上市公司业绩继续保持上半年增速的话，那么沪深两市的动态市盈率将分别是 27.21 倍和 23.55 倍。

从历史上看，23 倍正是 1992 年、1994 年的上证指数年平均市盈率，而 32 倍则是 1996 年的年平均市盈率，60 倍是 2001 年的年平均市盈率。由此得出一个结论：国内股市市盈率的相对底部在 34 倍以下，极限低点为 24 倍，相对顶部为 60 倍。

而目前 A 股的市盈率为 35 倍左右，动态市盈率将降低到 25 倍左右，这不仅意味着当前深沪两市的泡沫并不是很高，市场已经进入了投资区域，更重要的是表明在相当长的时间内，1380 点以下将成为市场历史性的底部区域。

其次，笔者在长期研究新股定价的过程中，发现一个现象：新股的首日涨幅高低往往预示着一个阶段股指的趋势。如果新股首日涨幅非常大，定位非常有规律时，股指往往面临一个阶段性高潮的结束；而如果新股首日涨幅非常低，而且开盘价格很杂乱，毫无规律可循时，表明股指阶段性的低迷期即将要过去。

具体来看，1993 年、1997 年、2000 年、2001 年其新股溢价的平均收益都大于 140%，则相继产生了历史上著名的高点 1558 点、1510 点、2136 点、2245 点。换句话讲，只要年度溢价收益大于 140% 以上，这一年必然是头部构造年。反之，我们发现如果收益低于 110%，就是构造历史大底年，比如，1996 年和 1999 年。而 1994 年和 1995 年两年平均溢价收益是 83%，统计表明，2003 年的新股溢价收益在 79% 左右，那么今年市场将有极大的可能雷同于上证 1994~1995 年以后的股指走势。

推论：由于 1994 年、1995 年市场的 250 日线基本在 600 点左右波动，处于一个相对较低的位置，底部区域的形成在 520 点附近，在年线位置以下 10% 的幅度内，为以后的上涨奠定了良好的基础。目前上证指数的 250 日线在 1500 点，因此，虽然这个点位的绝对位置不低，但是经过近 10 年的发展，证券市场规模、市场成本和重要性都得到了提高，我们根据"弱势市场底部区域一般不会偏离年线超过 10%"的规律，1350 点附近有望成为历史性底部区域重要的支撑点。

通过以上对比，不难看到，目前市场上已出现了多个与历史上几次著名大底产生时相类似的特征，比如，市盈率、新股的首日溢价涨幅。如果再结合其他的一些"风向标"，如成交量、技术指标等来研判的话，虽然不排除后市还会在金融政策方面遭遇一定的系统风险，但不可否认的是：大盘正处在历史性的大底部附近。

三、价值投资仍将是主流

今年以来，牛市第一波的特征就是基金发动的蓝筹股带来的"价值投资理念"。当前基金的作用就在于引导着市场主流的投资理念。因为无论是向新型行业投资、向高成长的新兴市场投资，还是向国内绩优蓝筹股投资，基金始终伴随着先进的产业理论、管理思想的武装，走在经济发展和改革的最前沿，领先于经济周期。

大盘至今深幅度的回调，使许多庄股水落石出。根据经验，当前是选取未来一年半载翻番股票的最佳时期。过去的投机理念将逐步淡出，继而转向投资价值发现这样一个古老的理念，挖掘上市公司的内在价值和成长性将成为中长期投资者价值发现的重要课题。

在机构为主导的市场结构下，一般来讲，缺乏实质内容的炒作极容易演变成无人接盘的惨淡局面，能不能获利并顺利出局，关键表现在对上市公司的内在价值和成长性认识的先后上，以及对未来股市中长期走势演变的把握上。只有通过公司的价值体现和成长性获得投资收益，才可能使盈利的模式由单一炒作转向多元化，从而降低市场风险。

综上所言，笔者认为国内股市牛市的第四次浪潮即将来临，"价值投资理念"会再度盛行，其力度将超过上半年。主要一个原因是，中国加入 WTO 之后，"价值投资理念"是国际流行的主题，百年来经久不衰，上半年由基金发动的"局部牛市"培育的价值投资理念，只是暴涨前的一次精彩预演而已。笔者认为没有2~3 年的炒作，并达到登峰造极的结局，这个游戏不会完结。

准备战斗吧！

（原载于《证券市场红周刊》2003 年 10 月）

第四节　十年磨一剑，今日把示君

总编和全国十大著名股评专家精彩对话

本期访谈主持人：《信息早报》主编叶建华

时间：2004 年 3 月 16 日

本期嘉宾：刘钟海

叶建华：您的有关市场分析文章非常受读者欢迎。听说有位股民为此专门写信给您，并且留下了两句诗："高瞻远瞩，宏论中国近年股市跌宕；旁征博引，综述业内多空精彩华章。"我想这种戏剧化的场面您一定经历了很多很多，您能不能就此谈一谈您对中国股市投资的领悟，让广大投资者从您的股市人生中窥探股市真谛、感悟您的多彩阅历。

刘钟海：与同龄人比，我是幸运儿，因为，我找到了成功的钥匙。与同时代的人相比，我是个失败者，因为，我离成功的目标还很远很远。回顾过去，我曾于 1990 年下海前往深圳淘金，一待就是四年，在那里度过了我人生中最美好的时光；回顾过去，几度沉浮，几度雄起！经历了同龄人没有经历过的各种人生滋味，欢乐与痛苦，成功与失败等不一而足，但最令我难忘的是与中国股市同成长、共命运。

首先，从事多年股票投资的人都清楚投资当中最大的敌人往往就是自己，因此，追随成功者的足迹，学习成功者的操作理念来克服自我身上和意识上的缺陷是投资者必备的课程，我们认为正确的投资理念和新的投资思维是成功的钥匙。

其次，一个好的投资者包括操盘手必须做到"言行一致，言必行，行必果"，这反映了我们对待生活的态度，同样反映了我们对待我们手中投资的正确态度，一种老老实实的态度，因此，我总结我十年的投资心得觉得最重要的是言行一致。为什么这样讲呢？因为我们在实践中发现一个人能先知先觉本来就不容易，可是要做到言行一致那就更难了。

叶建华：我们知道，带有宏源印记的股评文章在媒体上越来越多，你们宏源也出了不少名家，作为宏源研发的学术带头人，请谈谈你们是如何打造品牌和队伍的？

刘钟海：主要从机制创新，突出特色，提高水准入手。如何打造一流的研究所？首先，领导是关键，是龙头，我认为所长需要具备三大必要素质：①懂得研究方向（绝不是盘中的研究方向）；②能了解研究的过程与路径（监督与指导）；③关键在于管理思想（因为管理的大多是精英，因为产出的成果与产品没有事前的标准）。目前所长有两种类型：一是专业型；二是管理型。但各有缺陷！目前能两者融一身的国内寥寥无几。由于所长肩负着对部下专业的管理，所以首先要懂得专业，但不是自己去做专业，而是要管理专业！

叶建华：回头看，如果是一直在追踪早报的读者，不难发现，就在11月中旬大盘一片岌岌可危，业内人士一片看空之际，刘钟海先生，却毅然独行，坚决认为1308~1311点区域一定会守得住，并撰写了《迎接第四次浪潮》。其坚定的做多决心恐怕也只有著名的市场人士凯凯能并肩。而凯凯现在坚决看空，在此请您就下一步行情演变给投资者分析或再深入预测一下，这也是大家最关切的话题。

刘钟海：首先从大盘的中长期趋势来看，我表示乐观的态度。因为从股市的运行周期及中国高速增长的经济来说，一轮长达两年以上的牛市升浪应该开始了。根据我们的长期研究，中国股市存在四年一轮回的周期规律：具体地说就是1992年单边上涨，1993年上半年见顶；1996（92＋4）年单边上涨，1997年上半年见顶；而现在是2000（96＋4）年单边上涨，所以2001年见顶。那么如此算来，第四个单边上升应该在2004（00＋4）年的可能性极大。

叶建华：据统计，今年1月6日以来的两个多月时间内，先后有18家上市公司发布理财事项公告，涉及金额超过20亿元，沉寂了两年后，上市公司理财再度升温，您怎么看待这一现象？

刘钟海：这充分说明在市场大环境转暖的背景下，特别是人民币升值，通胀预期等相关因素的共同作用下，场外资金出现了积极回流的态势，近期不是有消息说，股票市场的火爆已经明显影响到了上海房地产市场，历年火爆的房展出现了罕见的低成交量吗？因此，我们对证券市场确定发展方向和地位后的长期走势还是充满信心的。

叶建华：近期新基金发行异常火爆，预计今年基金销售有望突破 2000 亿元，基金的热销非常有可能导致中国大牛市的再次来临，对此您如何看？

刘钟海：我们估计的数字可能更乐观一点儿，原因是资本市场的直接融资功能将在未来的几年内得到明显的加强，那么机构投资者的成长我们也是极为看好的，这部分新增资金 2004 年会超过 2000 亿元，迈向 3000 亿元的规模。另外，对于 QFII 的入市规模今年也会有一个明显的增长，毕竟中国经济的亮丽是举世公认的。

叶建华：目前沪深股市的现状有两点像美国 20 世纪 70 年代的证券市场：投资理念发生剧烈变化，基金发展进入第一次高潮。沪深股市核心资产中会出现"漂亮 50"吗？

刘钟海：会。基金等机构投资者的市场运作有别于以往的庄股操作，具有长期的生命力，现在仅仅处于价值发现阶段，纠正以往的错误认识和观念，今后未来会向价值投资、市场溢价方向转化，价值投资的进一步深化、发展、再上台阶就是"漂亮 50"产生的过程。

叶建华："漂亮 50"会出现在什么行业？

刘钟海：汽车（消费行业）、石油化工、钢铁、电力、港口、金融等行业。

叶建华：短期来看，您认为今年或者说后市中哪个板块最有希望？未来的潜力热点会是哪个板块？

刘钟海：春天来了，万物复苏。如今的股市需要更多创新，不管这种创新是来自制度上的，还是投资理念上的，抑或是相关概念的深入挖掘方面，其最后的结果都一样：创新才能让一切走得更远。因此，我觉得金融创新概念、奥运主题、科技潜力最大。

叶建华：基金已经取得相对于券商、QFII、私募基金等其他机构绝对优势的市场地位。这对于基金重仓持有的蓝筹股核心资产意味着什么？

刘钟海：2003 年以来，基金的市场主导地位已经得到确立，也同时确立了基金倡导的长期投资、价值投资的理念，现在市场对基金未来的操作方向产生了分歧，但是我们认为 2004 年"二八"现象还会存在，但是会逐步朝"五五"转化，这也是市场资金充裕和信心增强的具体表现。

叶建华：现阶段的价值评估行情对蓝筹股来说，很可能是价值投资的二次革命，新基金的加盟对这一过程产生什么作用？

刘钟海：新基金总体上来说会延续价值投资理念的认同，但是具体品种上可能更为灵活，比如我们密切关注的金融创新概念和国有股减持相联系的概念就有可能形成新的价值发现的亮点。

叶建华：市场面对的不稳定因素也很多，比如，如何消化全流通的阴影？大牛市的基础是否稳固，等等。

刘钟海：牛市当中利空会演变成利好！我想国有股减持和全流通只能成功，不能失败，从这个角度说，我们说国有股减持对股市的负面影响在逐步减少！

叶建华：最近有分析文章说钢铁市场价格有可能见顶，那么据此认为已经大幅上涨的钢铁板块的股价会不会也见顶回落呢？

刘钟海：市场在目前点位出现分歧很正常，毕竟相关板块和个股累积的获利盘是巨大的，但是调整并不会改变长期趋势，我们判断的依据是美国（国际上）钢铁股的市盈率水平在 30 倍左右，而中国仅处于 15~20 倍的水平。从中国经济未来的增长的速度和规模看，钢铁股的盈利能力不会出现很大的削弱，并且一些综合素质好的钢铁企业还会不断有新的业绩。

叶建华：石化板块近一段时间以来累计涨幅较大，许多个股都不断创出新高或者攀升至高位呈现整理的态势，后市该板块将如何表现呢？

刘钟海：石油化工这个行业在未来 2 年内都可能处于净缺口之中，也就是需求远远大于供给，所以齐鲁石化、上海石化、扬子石化等的业绩会处于不断的攀升过程当中，因此，对于目前看似过高的股票价格，其实从动态市盈率水平来看，也仅仅在 20~30 倍上。因此，石化行业股票的价格仍将会不断地创出新高，上行趋势难以改变。

叶建华：前些日子的高位震荡行情使许多股民都很谨慎，但上周五的大涨阳线使许多散户股民全仓杀入，有评论说大盘要涨到 1880 点，散户在这个点位追高是不是有风险？您如何看待这个问题。

刘钟海：我是一个坚定的多头！目前来看行情没有走完！如果 1800 点都不能达到，何谈一轮大牛市呢！对于本轮行情的性质，我们坚定地看好新一轮牛市展开的观点。因为从技术上，我们得到了历史资料的反复验证和肯定。首先，本轮行情类似于 1996 年或者 1992 年的行情走势，行情强势展开后，部分技术指标屡次摸顶拒绝调整，形成高位的钝化，我们之所以强调行情的发展将类似于1992年的走势，是因为行情所处的外部环境都同样出现了重大的变革，而市场的力量对于这种变革是认同的。

叶建华：股市经过近三年的洗礼后，您的投资理念与过去有什么变化？您最想与投资者说些什么？

刘钟海：首先，我认为本轮行情是国际化、国内消费结构升级、城市化进程不断加大、重工业化时代到来等多种因素共同作用下形成的，因此，行情的生命力很强，也就注定了本轮大牛市产生的基础。中小投资者只有注重并认同了这样一个事实基础，才能够在实际的操盘中把握正确的投资方向，才能确实地赚到钱。

叶建华：2001年6月，您在《加入WTO后，中国股市何去何从》一文断言股市见顶，将暴跌至1500点。事后证明您的判断非常准确。那么，本轮反弹中两市成交一直没有出现有效放大，您怎么看待这种现象？对后市会有什么影响？

刘钟海：根据我的预测，本轮牛市的天量两个市场合计应该到达800亿~1000亿元的规模，目前徘徊在300多亿元的水平，说明市场的持筹心态稳定，强势品种不断地通过波段运作来抬高整体市场的持仓成本。因此，市场的缩量对于强势个股就是机会，博弈双方在最后平衡的打破后会选择正确的突破方向。

叶建华：您是我们早报的大熟人、专栏作家，推出的股票往往一鸣惊人，这次能不能再给股民朋友们推荐几只中长期潜力品种。

刘钟海：上周四，我推出的十大潜力股表现良好，特别是中体产业（600158）不愧为十大牛股之首，本周一二连续两天暴涨。因此，我建议投资者第二季度可以特别关注，它们分别是：中体产业（600158）、北京城建（600266）、三星石化（600764）、万科股份（000002）、招商局（000024）、深发展（000001）、盐田港（000088）、中信证券（600030）、青岛啤酒（600600）、南方航空（600029）。

参考文献

一、主要资料来源

《中国统计年鉴》、《国民经济和社会发展统计公报》、中国经济信息网数据库、中国人民银行调查统计司信息网、中国人民银行营业管理部统计信息网以及国家统计局、国家信息中心、搜狐网、新浪网、金融界、雅虎网、东方财富网、和讯网、闽发在线、理想在线、MACD 股市分析俱乐部、中国华尔街网、浩瀚投资、今日投资、上海万国测评、上海财汇咨询网、广州飞狐软件、上海证券交易所、深圳证券交易所、上海证券报、中国证券日报、证券时报、华尔街日报、21世纪经济报道、经济观察报、中国经营报和证券市场周刊、证券导刊、国泰君安证券研究所、申银万国证券研究所、招商证券研究所、中金公司研究所、中关村证券研究所。

二、主要参考文献

1. ［美］戈登·J. 亚历山大. 投资学基础（第三版）［M］. 赵锡军等译. 北京：电子工业出版社，2003.

2. 李扬，王国刚. 资本市场导论［M］. 北京：经济管理出版社，1998.

3. 格林·W.. 经济计量分析［M］. 王明舰，王永宏等译. 北京：中国社会科学出版社，1998.

4. 吴思. 血酬定律［M］. 北京：中国工人出版社，2005.

5. 胡健颖，冯泰. 实用统计学［M］. 北京：北京大学出版社，1996.

6. 郎咸平. 操纵［M］. 北京：东方出版社，2004.

7. ［美］哈里·S.登特. 下一个大泡泡［M］. 阮一峰编译. 北京：中国社会科学出版社，2005.

8. 王梦奎. 中国中长期发展的重要问题（2006~2020）［M］. 北京：中国发展出版社，2005.

9. ［美］奥格·曼狄诺. 羊皮卷 ［M］. 王琼琼译. 北京：世界知识出版社，2004.

10. ［美］罗伯特·斯雷特. 索罗斯旋风 ［M］. 黄铮译. 海口：海南出版社，2001.

11. 陈晓栋. 合理估值永续型企业 ［Z］. 港澳资讯投资研究中心，2005.

12. ［美］菲利普·费舍，巴菲特. 怎样选择成长股 ［M］. 北京：中国财政经济出版社，2002.

13. ［美］比尔·威廉姆. 混沌操作法 ［M］. 王嘉斌译. 北京：宇航出版社，1999.

14. 孙志浩. 20 世纪期货百年风云录 ［N］. 期货日报，2006-03-19.

15. 钱穆. 中国历代政治得失 ［M］. 北京：三联书店，2001.

16. 明枫. 江恩测市大揭秘 ［M］. 广州：广东经济出版社，2001.

17. 曲波. 房地产经济波动理论与实证分析 ［M］. 北京：中国大地出版社，2003.

18. 世界银行. 金融与增长——动荡条件下的政策选择 ［M］. 北京：经济科学出版社，2001.

19. 谢识予. 经济博弈论 ［M］. 上海：复旦大学出版社，1997.

20. 张维迎. 博弈论与信息经济学 ［M］. 上海：上海三联书店，上海人民出版社，1996.

21. 张新. 中国经济的增长和价值创造 ［M］. 上海：上海三联书店，2003.

22. ［美］洛伦兹·格利茨. 金融工程学 ［M］. 上海：经济科学出版社，1998.

23. 朱绍文，俞品根. 现代微观经济分析 ［M］. 北京：商务印书馆，1996.

24. ［美］罗伯特·T.清崎，莎伦·L.莱希特. 富爸爸大预言 ［M］. 北京：电子工业出版社，2003.

25. ［美］华尔街日报编辑部. 华尔街巨人 ［M］. 海口：海南出版社，2000.

26. ［美］费利普·L.茨威格. 沃尔特·瑞斯顿与花旗银行 ［M］. 海口：海南出版社，1985.

27. ［美］彼得·林奇. 彼得·林奇的成功投资 ［M］. 北京：机械工业出版社，

2003.

28. ［美］里莎·埃迪里奇. 高盛文化 ［M］. 北京：华夏出版社，2001.

29. 姜戎. 狼图腾 ［M］. 武汉：长江文艺出版社，2004.

30. 王明夫. 蓝筹 ［M］. 北京：中国人民大学出版社，2004.

31. 王明夫. 资本经营论 ［M］. 北京：中国人民大学出版社，2004.

32. ［美］劳伦斯·彼得. 金科玉律 ［M］. 艾柯编译. 北京：机械工业出版社，2004.

33. 阳先伟. 中国低利率时代将持续 ［J］. 新财富，2005-06-06.

34. ［美］亨利·考夫曼. 悲观博士考夫曼论货币价值 ［M］. 海口：海南出版社，2001.

35. 刘涛. 解读金价——源复黄金研究 ［M］. 上海：上海财经大学出版社，2004.

36. ［美］罗杰·洛文斯坦. 一个美国资本家的成长 ［M］. 海口：海南出版社，1997.

37. ［美］爱德温·李费佛. 股票作手回忆录 ［M］. 海口：海南出版社，1999.

38. 侯本洲. 市场螺旋周期分析与应用 ［M］. 北京：航空工业出版社，1998.

39. ［美］威廉·F.夏普等. 投资学 ［M］. 赵锡军等译. 北京：中国人民大学出版社，1997.

40. 王成. 为什么我们关心通货膨胀 ［J］. 中关村证券，2006.

41. ［美］乔治·索罗斯. 开放社会 ［M］. 北京：商务印书馆，2000.

42. 李文泽，于榕. 财务分析 ［M］. 沈阳：白山出版社，2006.

43. I. J. 名家法则 ［EB/OL］. 美国证券网，USA Stock Trading Online，2003.

44. ［美］本杰明·格雷厄姆，戴维·多德. 证券分析 ［M］. 海口：海南出版社，2004.

45. 宋逢明. 金融工程原理——无套利均衡分析 ［M］. 北京：清华大学出版社，1999.

46. ［美］彼得·林奇. 战胜华尔街 ［M］. 上海：上海财经大学出版社，2000.

47. ［美］彼得·林奇，约翰·罗瑟·查尔德. 彼得·林奇的成功投资 ［M］. 北京：机械工业出版社，2001.

48. ［美］伯顿·麦基尔. 漫步华尔街 ［M］. 上海：上海财经大学出版社，

1999.

49. ［美］吉姆·罗杰斯. 风险投资家环球游记 ［M］. 上海：上海人民出版社，2005.

50. ［美］乔治·索罗斯. 金融炼金术 ［M］. 海口：海南出版社，1999.

51. ［美］本杰明·格雷厄姆，戴维·多德. 证券分析 ［M］. 海口：海南出版社，1999.

52. ［美］本杰明·格雷厄姆. 聪明的投资者 ［M］. 南京：江苏人民出版社，2000.

53. ［美］珍尼特·洛尔. 价值再发现：走近投资大师本杰明·格雷厄姆 ［M］. 北京：机械工业出版社，2001.

54. ［美］沃伦·巴菲特. 巴菲特：从 100 元到 160 亿 ［M］. 北京：中国财政经济出版社，2003.

55. 蔡东雷，温天. 汇市风云 ［M］. 上海：复旦大学出版社，1999.

56. ［美］吉姆·奥尼尔. 与 BRICs 一起梦想 ［M］. 海口：高盛公司，2003.

57. ［美］菲利普·费舍. 怎样选择成长股 ［M］. 海口：海南出版社，2004.

58. ［美］艾伦·加特. 管制、放松与重新管制 ［M］. 北京：经济科学出版社，1999.

59. ［美］兹维·博笛，罗伯特·C.莫顿. 金融学 ［M］. 北京：中国人民大学出版社，2000.

60. ［美］保罗·罗伯茨. 石油的终结 ［M］. 北京：中信出版社，2005.

61. 史振邦. 国际九大投资基金经理访谈录 ［M］. 北京：学林出版社，1990.

62. ［美］J.弗雷德·威斯通等. 兼并、重组与公司控制 ［M］. 北京：经济科学出版社，1998.

63. ［美］罗伯特·爱德华，约翰·迈吉. 股市趋势技术分析 ［M］. 北京：东方出版社，1996.

64. ［美］江恩. 华尔街四十五年 ［M］. 北京：中国财政经济出版社，2003.

65. ［美］小罗伯特·普莱切特. 艾略特名著集 ［M］. 北京：机械工业出版社，2005.

66. ［英］查理斯·麦基. 非同寻常的大众幻想与群众性癫狂 ［M］. 北京：中国金融出版社，2000.

67. ［美］查理斯·P. 金德尔伯格. 经济过热、经济恐慌及经济崩溃 ［M］. 北京：北京大学出版社，2002.

68. ［美］瑞克·本塞诺. 股票技术分析新思维 ［M］. 钟勇，曹颖编译. 北京：中国三峡出版社，2002.

69. 董登新. 道指解读：美国股市成长史 ［D］. 武汉：武汉科技大学文法与经济学院，2006.

70. ［美］佩因曼. 财务报表分析与证券定价 ［M］. 刘力，陆正飞译. 北京：中国财政经济出版社，2005.

71. ［挪威］拉斯·特维德. 金融心理学 ［M］. 北京：中国人民大学出版社，2003.

72. 张丽生. 笑傲股市——大师们的投资之道 ［M］. 郑州：河南人民出版社，2000.

73. 陆正飞. 财务报表分析 ［M］. 北京：中信出版社，2006.

74. 立春. 近年来美国十大牛股 ［EB/OL］. 闽发证券多彩博客，2006-08-16.

75. ［美］威廉·奥尼尔. 笑傲股市 ［M］. 江俊雄译. 北京：北京工商出版社，1997.

76. 高善文. 中国经济已越过周期拐点 ［Z］. 光大证券研究所，2005-10-14.

77. 陶冬. 软商品也会有牛市 ［J］. 新财富，2006（12）.

78. 李扣庆. 商品期货学 ［M］. 上海：上海三联书店，1996.

79. ［美］帕特里克，J.卡塔尼亚. 商品期货交易手册 ［M］. 北京：中国对外经济贸易出版社，1990.

80. 毛二万. 金融工程导论 ［M］. 北京：机械工业出版社，2006.

81. 共生. 孙子兵法在股市中的妙用 ［M］. 北京：华文出版社，2001.

82. 骆云成. 老子股经 ［M］. 北京：金城出版社，2000.

83. 彭麟. 捕捉超级黑马 ［M］. 成都：四川人民出版社，2001.

84. 黄丽彬. 股市《孙子兵法》之诡道十二法 ［EB/OL］. 新浪财经，2003-12-23.

85. 源泺潼.《道德经》与股市 ［J］. 汪洋证券，2005-03-30.

86. ［美］格雷厄姆. 格雷厄姆投资指南 ［M］. 王大勇，包文彬译. 南京：江苏人民出版社，2001.

87. E. N.洛伦兹. 混沌的本质 [M]. 刘式达译. 北京：气象出版社，1997.

88. [美] C.格里博格，J.A. 约克. 混沌对科学和社会的冲击 [M]. 长沙：湖南科学技术出版社，2001.

89. 杰里米·里夫金. 熵：一种新的世界观[M]. 吕明，袁舟译. 上海：上海译文出版社，1987.

90. 赵建兴. A 股市场 2006 年二季度投资策略报告——寻找中国的"Tenbagger"[Z]. 招商证券研究所，2006-04-29.

91. 高善文. 2007 "牛"什么：股市中"牛"，地市大"牛"[J]. 证券市场周刊，2006.